NIITE 国家信息技术紧缺人才培养工程指定教材

新媒体时代网络营销实战系列丛书

网络营销推广

黑马程序员 / 编著

清华大学出版社
北京

内容简介

本书基于“以技术为基础，以销售为导向”的开发理念，紧密结合当前网络市场快速发展现状，从读者角度出发，针对与电子商务、网络营销相关专业的学生及社会从业人员，对知识体系进行了系统的整合，详细介绍了网络营销学涉及的各个方面内容。全书以网络营销业务流程为主线，共9章。第1章为基础知识，能够为读者学习网络营销相关知识打下坚实基础，第2章和第6章是关于营销思维的知识，培养读者系统营销的宏观思维，需要读者掌握。而第3章、第4章、第5章作为重点章节，系统地讲解了网络营销的整个推广流程，所涉及的知识点较多，需要读者多动手练习，奠定坚实的基础。第7章、第8章、第9章属于网络营销的高级部分，重点讲解了企业客户关系管理、营销效果分析，以及危机事件公关的相关知识。该部分内容具有一定深度，需要读者深入思考和学习。

本书附有配套的教学PPT、题库、教学视频、教学补充案例、教学设计等相关资源。同时，为了帮助初学者及时地解决学习过程中遇到的问题，还提供专业的在线答疑平台，以便读者更好地学习和掌握这些知识。

本书既可作为高等院校本、专科相关专业的网络营销课程的教材，也可作为网络营销推广的培训教材，是一种适合初学者阅读与参考的优秀读物。

图书在版编目(CIP)数据

网络营销推广/黑马程序员编著. —北京：清华大学出版社，2017(2018.1重印)
(新媒体时代网络营销实战系列丛书)
ISBN 978-7-302-47606-1

Ⅰ.①网…　Ⅱ.①黑…　Ⅲ.①网络营销　Ⅳ.①F713.365.2

中国版本图书馆CIP数据核字(2017)第154197号

责任编辑：袁勤勇　薛　阳
封面设计：马　丹
责任校对：胡伟民
责任印制：李红英

出版发行：清华大学出版社
　　网　　址：http://www.tup.com.cn，http://www.wqbook.com
　　地　　址：北京清华大学学研大厦A座　　**邮　　编**：100084
　　社 总 机：010-62770175　　**邮　　购**：010-62786544
　　投稿与读者服务：010-62776969，c-service@tup.tsinghua.edu.cn
　　质量反馈：010-62772015，zhiliang@tup.tsinghua.edu.cn
　　课件下载：http://www.tup.com.cn，010-62795954
印 装 者：清华大学印刷厂
经　　销：全国新华书店
开　　本：185mm×260mm　　**印　张**：21.25　　**字　　数**：540千字
版　　次：2017年9月第1版　　**印　　次**：2018年1月第2次印刷
印　　数：2001～4000
定　　价：49.00元

产品编号：075058-01

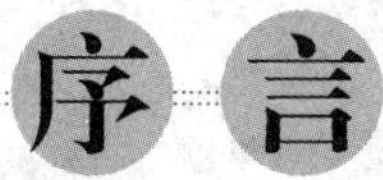

传智播客和“黑马程序员”

江苏传智播客教育科技股份有限公司(简称传智播客)是一家专门致力于培养高素质软件开发人才的科技公司,“黑马程序员”是传智播客旗下高端 IT 教育品牌。

“黑马程序员”的学员多为大学毕业后,想从事 IT 行业,但各方面条件还不成熟的年轻人。“黑马程序员”的学员筛选制度非常严格,包括严格的技术测试、自学能力测试,还包括性格测试、压力测试、品德测试等。百里挑一的残酷筛选制度确保了学员质量,并降低了企业的用人风险。

自“黑马程序员”成立以来,教学研发团队一直致力于打造精品课程资源,不断在产、学、研三个层面创新自己的执教理念与教学方针,并集中“黑马程序员”的优势力量,有针对性地出版了计算机系列教材五十多种,制作了教学视频数十套,发表各类技术文章数百篇。

“黑马程序员”不仅斥资研发 IT 系列教材,还为高校师生提供以下配套学习资源与服务。

为大学生提供的配套服务:

(1) 专注的辅学平台“博学谷”(http://yuanxiao.boxuegu.com),专业老师在线答疑解惑。

(2) 针对高校学生在学习过程中存在的压力等问题,面向大学生量身打造了“播妞”。播妞不仅致力推行快乐学习,还有定期的助学红包雨。播妞微信/QQ:208695827。

(3) 高校学生也可扫描右方二维码,加入播妞粉丝团,获取最新学习资源,与播妞一起快乐学习。

为 IT 教师提供的配套服务:

针对高校教学,“黑马程序员”为 IT 系列教材精心设计了“教案+授课资源+考试系统+题库+教学辅助案例”的系列教学资源,高校老师请关注码大牛老师微信/QQ:2011168841,获取教材配套资源,也可以扫描右方二维码,加入专为 IT 教师打造的师资服务平台——“教学好助手”,获取“黑马程序员”最新教师教学辅助资源相关动态。

前言

从1994年到2017年中国互联网经过了二十余年的发展，电子商务作为网络化、信息化的新型经济活动，正以其前所未有的速度迅猛发展，截止到2016年6月，中国网民人数已达到7.10亿人，互联网普及率达到51.7%，使用手机的网民达到6.56亿，网上支付用户规模达到4.55亿人……在这一连串的数字背后，中国的电子商务俨然已成为我国国民经济的重要组成部分，带动了与互联网经济相关的电子商务专业、网络营销专业人才的巨大需求。

面对如此巨大的市场需求，我们觉得有必要推出一种可以帮助读者快速入门电子商务和网络营销的教材，通过系统性的知识梳理，培养读者的网络营销思维。

本书基于"以技术为基础，以销售为导向"的开发理念，从读者角度出发，针对与电子商务、网络营销相关专业的学生及社会从业人员，对知识体系进行了系统的整合，详细介绍了网络营销涉及的各方面内容。全书主要以网络营销的业务流程为主线，共9章。下面分别介绍各章的主要内容，以帮助读者更好地了解本书的知识架构体系。

第1章：主要介绍了关于网络营销概述的相关知识，即网络营销的含义、特点、推广方式、运营流程等基础理论，以及当前网络市场的发展前景。此外，就网络营销与传统营销二者的关系，以及发展进行了梳理和讲解。

第2章：主要讲解关于网络营销战略制定的相关知识，从网络消费者行为分析、网络产品分析、网络市场调研、目标市场细分以及网络营销战略分析等方面，详细地讲解了网络营销战略制定的流程。该章的重点在于培养读者的系统性网络营销思维。

第3章：主要为网络营销平台建设的相关知识，该章详细介绍了企业网站、移动端网站、第三方平台店铺、微信公众平台及企业微博等当前市场主流的网络营销平台，以帮助读者更好地学习后续关于网络营销推广的知识。

第4章、第5章：主要讲解了网络营销物料的制作，以及网络营销推广知识，而这两章也是本书的重点章节。通过这两章的学习，读者能够将前期制定的营销战略真正运用到实践当中，进一步提升读者网络营销的操作能力。

第6章：讲解了网络营销活动策划的相关知识，主要包括事件营销策略、免费营销策略、精准营销策略等。通过本章的学习，读者可以将上一部分学习的各个推广渠道和方法按照活动的要求进行整合营销推广。

第7章：内容为客户关系管理，该部分内容属于网络营销的高级阶段内容，重点以当前市场主流的新媒体运营为基础，主要包括微信公众号、企业微博等相关运营知识。

第8章：主要讲解了网络营销效果分析，主要包括网站统计分析、电子邮件营销效果分析、新媒体营销效果分析、网络营销业绩评估考核等，就如何对企业的网络推广活动的营销效果进行针对性分析，找出影响因素，打通企业网络营销的各个环节，不断优化和提高营销效果等做出讲解。

第 9 章：主要讲解了企业危机公关，属于对网络营销知识体系的补充部分，也是结合近年来企业危机事件多发的现状而言的。读者通过本章的学习将熟悉危机公关的处理流程，制定出对应的公关方案。

上述 9 章中，第 1 章为基础知识，能够为读者学习网络营销相关知识打下坚实基础，第 2 章和第 6 章是关于营销思维的知识，培养读者系统营销的宏观思维，需要读者掌握。而第 3 章、第 4 章、第 5 章作为重点章，系统地讲解了网络营销整个推广的流程，所涉及的知识点较多，需要读者多动手练习，奠定坚实的基础。第 7 章、第 8 章、第 9 章属于网络营销的高级部分，重点讲解了企业客户关系管理、营销效果分析，以及危机事件公关的相关知识，该部分内容具有一定深度，需要读者深入思考和学习。

读者通过对本书的系统学习，可以对网络营销有一个整体的认识，了解网络营销的基础知识和关键运营思维，具备网络营销相关技术应用能力，成为市场需求的网络营销应用型人才。

致谢

本教材的编写和整理工作由传智播客教育科技股份有限公司完成，主要参与人员有吕春林、张鑫、陈卫栋、王哲、连蕊、韩旭、陈东琦、王秋莎、高镇国、吴喆、马丹、金鑫，全体参编人员在这近一年的编写过程中付出了辛勤的汗水，在此一并表示衷心的感谢。

意见反馈

尽管我们尽了最大的努力，但本教材中难免会有不妥之处，欢迎各界专家和读者朋友们来信来函给予宝贵意见，我们将不胜感激。您在阅读本书时，如发现任何问题或有不认同之处可以通过电子邮件与我们取得联系。

请发送电子邮件至：itcast_book@vip.sina.com。

黑马程序员

2016 年 10 月 10 日于北京

目录

第1章 网络营销概述

学习目标

- 掌握网络营销基础理论，包括其特点、推广方式、运营流程
- 了解网络市场的现状和发展前景，包括网络市场新技术、新模式
- 了解网络营销和传统营销的关系，能够理解两者的异同

【引导案例】

2014年，温州永嘉县巽宅镇龟背村村民种植的辣椒无人收购。当地一名热心民警在了解情况后，将村民的实际困难发上了微博和微信朋友圈。经过众多网友和一些网络“大V”的转发，村民的辣椒很快被抢购一空。还有多名热心人士表示要长期收购村民们种植的蔬菜，有多少要多少。此外，一些企业的负责人，以及在外经商的巽宅村民也来电表示，愿意帮助家乡的菜农。

无独有偶，平阳县腾蛟镇梅坑村瓜农见村里大片山地荒废，便组织人手开垦荒地500多亩，种植速成杉、油茶，并在油茶种植地套种近八千株西瓜，初步估计能够收获5万千克西瓜。因为担心销路，他们便试着通过当地的媒体、微信平台推广自己的西瓜，没想到取得了不错的效果。通过微信平台，在短短几天时间内卖掉了两万千克，同时他们种植的其他农产品也渐渐为人们知晓。

【案例思考】

由于农产品保鲜时间短，再加上信息闭塞，经常会导致一些地方的农产品销路不畅。微博、微信等网络平台很好地解决了信息闭塞的问题，有效地将农产品生产者和消费者联系在一起。利用微信公共平台，一天之内，就帮偏远山村的辣椒找到了买家，成功解决当地老人的后顾之忧；利用网络推广，短短两天时间将几万千克西瓜卖了出去。

传统的“酒香不怕巷子深”的时代已成过去，互联网时代中好的产品也需要配合好的营销才能取得成功。网上卖辣椒、微信卖瓜，正是农产品走向网络营销的一个不错尝试。因此，在某种程度上而言，农民通过互联网销售农产品正是传统农业向网络营销的转型。那么什么是网络营销？网络营销有什么特点？网络营销发展前景如何？网络营销与传统营销的关系如何？网络营销的整体运营流程是什么？本章将进行详细解答。

1.1 网络营销基础理论

网络营销是以互联网技术为基础，利用数字化的信息和网络媒体的交互性来辅助企业营销目标实现的一种新型的市场营销模式。虽然网络营销与传统市场营销一样以实现企业营销为目的，但它又不同于传统市场营销，它有着独特的内涵与特点。本节将从网络营销的

内涵、特点、推广方式和运营流程讲解网络营销基础理论的相关知识。

1.1.1 网络营销的内涵

网络营销是企业现有营销体系的有利补充，换句话讲是由互联网替代了传统的报纸、杂志、电视等媒介的新型营销媒介渠道，实质则是互联网对企业产品的售前、售中、售后等各环节的信息服务，贯穿了企业整个经营活动，包括市场调研、客户分析、产品开发以及产品销售等方面。因此在理解网络营销的含义时，需要注意以下几个方面。

1. 网络营销不等于网上销售

网络营销作为一种新型的营销模式，可以帮助企业实现产品销售、品牌形象塑造等，但它并不单纯是网上销售，而是企业现有营销体系的补充。不论从推广方法、营销效果、营销目的和营销内容来看，两者都有一定区别，具体区别如表 1-1 所示。

表 1-1 网络营销与网上销售的区别

区别	网 上 销 售	网 络 营 销
推广方法	相对单一，在网络上发布信息	线上线下结合，多渠道集合
营销效果	较为直观，表现在销售额上	产品的销售、企业品牌价值宣传、用户关系管理等
营销目的	产品销售	产品销售、企业品牌影响力、客户服务等
营销内容	产品信息	产品、品牌、企业文化等

通过表 1-1 可以看到网络营销与网上销售的区别，下面将对这些区别进行具体讲解。

1）推广方法

网络营销在推广方面不仅局限在线上推广，更会结合线下实体推广。以 O2O 营销为例，2015 年国内服务于本地化的美团、饿了么等 O2O 平台，为了抢占国内团购市场及餐饮市场，在其推广过程中，除了线上实施了大量的推广活动外还结合实体店铺开展了许多线下的营销活动，从而在短期内迅速抢占了多处市场。

2）营销效果

网络营销的营销效果对于企业的影响表现在诸多方面，而不仅仅是实现产品或服务的销售，还可以达到提升企业品牌价值、加强企业与客户沟通、改善客户服务等其他的网络营销效果。

3）营销目的

网络营销的目的不仅是促进产品销售的提升。部分企业在网上并没有产品销售的渠道，而这些企业进行网络营销的目的更多的是为了实现产品宣传和提升品牌影响力。

4）营销内容

网络营销在内容上也不等同于网上销售，根据营销目的的不同，企业在营销过程中选择的营销内容是不一样的。例如，许多传统的机械制造企业开展网络营销活动更多是为了展示企业信息和进行品牌宣传营销目标，因此其选择的营销内容主要与企业品牌、理念、文化相关。

2. 技术驱动营销

网络营销是以互联网技术的发展和普及为基础产生的，互联网技术的进步也必然带来网络营销的变革。例如，数字化技术的完善推动了网络营销的产生和发展；即时通信技术的发展推动了社会化媒体推广的流行；移动网络和移动支付技术的成熟推动了网络营销重点转向移动网络等。

3. 网络营销是对网上环境的经营

网络环境是网络服务环境、用户、合作伙伴、供应商、销售商等多种因素的混合体，企业的网络营销活动只是整个网络环境的组成部分。企业开展网络营销的过程，就是与网络环境建立关系的过程，将这些关系维护好了，网络营销才能取得成效。因此，网络营销是企业对网上经营环境的营造过程。

4. 网络营销是网络时代的市场营销

网络营销不是对互联网技术的简单运用，而是将互联网技术与营销活动有机结合，以新的方式、方法和理念在网络上开展营销活动。在这个过程中，企业可以借用互联网的多种渠道发布产品和服务信息，消费者可以通过互联网获取这些信息。同时消费者还可以针对这些信息发表意见，企业可以通过搜集这些反馈信息，优化自身产品和服务，从而提高产品和服务的质量。

1.1.2　网络营销的特点

在网络营销中，互联网好比是“万能胶”，将企业、团体、组织以及个人跨时空连接在一起，通过网络，信息交流变得更加方便。同传统市场营销相比，网络营销无疑具有巨大的优势，而这取决于它自身的特点，如图 1-1 所示。

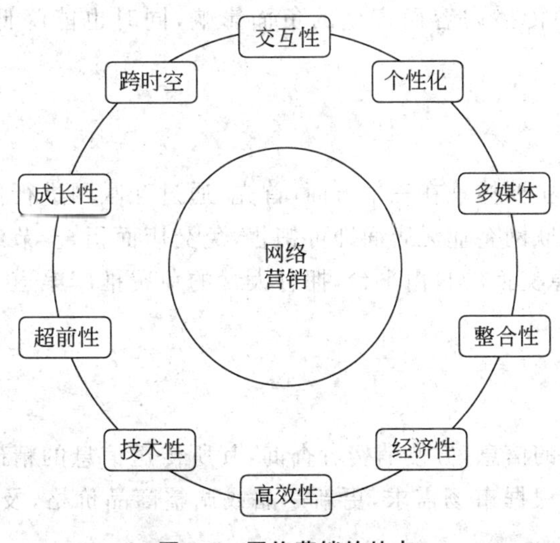

图 1-1　网络营销的特点

1. 跨时空

传统的市场营销受到时间和空间的约束，而通过互联网，企业能够进行 7×24 小时的全球性营销活动，使得营销活动脱离了时空的限制。

2. 交互性

网络营销是一种交互式的营销，表现在企业一方面可以利用网络展示商品具体信息，另一方面通过网络，利用即时通信工具与消费者在线沟通交流，进行客户关系管理活动，实现供需互动与双向沟通。同时，企业还可以通过互联网进行产品测试以及消费者满意调查等活动。

3. 人性化

网络营销是以消费者为主导的一对一的人性化营销。这种营销方式避免了推销人员强势推销的尴尬，同时通过信息交流，可以与消费者建立长期、良好的关系。例如，支付宝十年账单将每一个用户的账单制作成图片日记展现给用户，体现出其一对一的人性化服务。

4. 多媒体

企业在网络营销过程中，参与交易的双方可以通过网络传输文字、声音、图像、动画、视频等多种媒体承载信息，这样可以充分发挥营销人员的创造性，同时也给消费者带来丰富刺激的视听体验。

5. 整合性

网络营销对传统市场营销理念的重大突破和发展，企业在网络营销的过程中，可以对自身拥有的多种营销资源、营销渠道和营销方法进行整合。这样做的好处是不仅可以避免因不同传播渠道使用不同传播内容而产生的负面影响，同时也能降低营销成本，增强营销效果。

6. 经济性

网络营销的经济性主要体现在三个方面，首先，通过互联网进行信息交换，可以减少印刷与邮递费用；其次，互联网企业无店面即可销售，免交店面租金，节约水电与人工成本；最后，互联网作为一个信息交换的自由平台，拥有大量的免费推广渠道，营销费用远低于传统广告。

7. 高效性

互联网可储存大量的信息，方便消费者查询，其所传送信息的精确度，也远远超过传统媒体。同时企业还可以根据市场需求，更新产品或调整商品价格，及时了解和满足客户的需求。

8. 技术性

网络营销以网络技术为基础载体，因此企业实施网络营销时必须有一定的网络技术支持。同时网络营销离不开专业的营销人才，在进行网络营销时，企业只有改变传统的组织形态、提升信息管理部门的功能、引进专业的网络营销人才与计算机技术人才，才能具备市场竞争优势。

9. 超前性

互联网是一种功能强大的营销工具，它兼具渠道、促销、电子交易、客户服务、市场信息分析等多种功能，能够为消费者提供差异化定制服务，实现对客户的一对一营销，符合精准营销的发展趋势。

10. 成长性

目前，网络市场仍在快速发展着，主要表现在两个方面：一方面企业将开展网络营销视为企业发展的必经之路，开展网络营销活动的热情越来越高涨；另一方面消费者也越来越青睐于网络购物，消费群体逐渐由购买力强且具有市场影响力的人群扩展到普通人群，消费领域也从网络购物发展到 O2O 外卖、生活服务、旅游订票、互联网金融、在线教育及互联网医疗等多个行业领域。

1.1.3　网络营销推广方式

随着互联网影响的进一步扩大，互联网传播方式发生了翻天覆地的变化。新的传播方式的出现和普及促使网络信息传播从网站向用户的单项传播发展到互动性的双向沟通，在这个过程中，市场的主导者也由企业转变为用户，如图 1-2 所示。

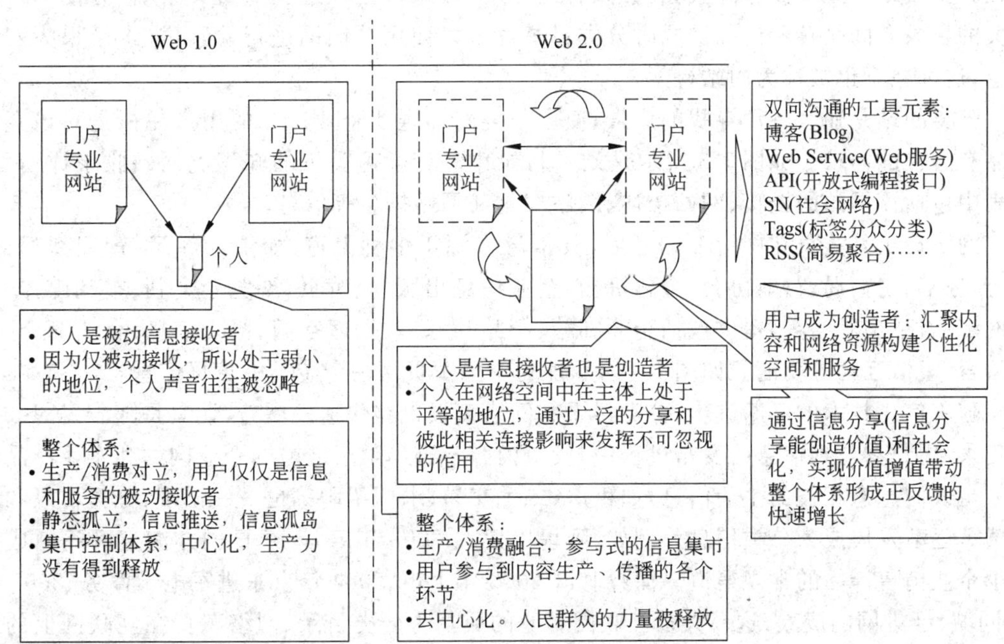

图 1-2　Web 1.0 与 Web 2.0 的区别

通过图 1-2 了解了 Web 1.0 和 Web 2.0 的区别，下面将针对不同时期出现的推广方式进行详细的讲解。

1. Web 1.0 时代的推广方式

Web 1.0 是互联网兴起的时代，此时的各个网站有诸多共同的特征，表现为以技术创新为主导模式、以点击量为盈利、门户合流、主营兼营的产业结构、动态网站居多等方面。这一时期常见的推广平台主要有以下几个方面。

1）企业网站

企业网站是企业开展网络营销活动的主要平台，相当于企业的网络名片。它不但可以宣传企业品牌形象，而且可以辅助企业的产品销售。企业网站在设计开发时应注重用户友好体验，加强客户服务，完善网络业务。在这一时期，出现了以提供网络资讯为盈利的网络公司，这些公司通过网站为用户提供社会热点、旅游、娱乐、经济等新闻资讯，网站广告是其主要盈利来源。

2）门户网站

门户网站是指提供某类综合互联网信息资源，并提供有关信息服务的应用系统，门户网站最初提供站内搜索引擎、目录服务。早期的门户网站向不同的方向发展，例如新浪、搜狐、网易等，继续坚持了门户网站的道路，而腾讯、MSN、Google 走向了门户网络。同时，网络新闻仍然是各大门户共同发展的方向，上述几个门户网站中网络新闻仍然是其网站的重要模块。

3）分类目录和网络黄页

分类目录网站是将网站信息系统地分类整理，提供一个按类别编排的目录网站。在每一类别中，排列着属于这一类别的网站站名、网址链接、内容提要，以及子分类目录，用户可以在分类目录中逐级浏览寻找相关的网站。分类目录中往往还提供交叉索引，方便用户在相关的目录之间跳转和浏览。同时分类目录也可以使用关键词进行检索，检索结果为网站信息，这种检索也被称为网站检索。

分类网站是顾客主动寻找的广告，使用分类网站查找企业产品的用户往往是对该企业产品有潜在的需求。如图 1-3 所示是站长目录中教育学习类下的知识类网站收录详情页，列表中包括该网站的链接、网站描述、网站权重和网站排名等信息。

网络黄页是黄页在网络上的延展，其信息来源于多种渠道，如统计部门、管理部门、海关、商务部、工商局、行业协会、金融机构、企业信息出版物、黄页、展览会会刊、报刊媒体、互联网络、名录出版物等，提供包括企业邮箱、产品动态、数据库空间、买卖信息、企业简介、即时留言、短信互动等功能。如图 1-4 所示即为中国黄页网中瓷砖类的黄页信息。

随着信息技术的不断进步，分类目录和网络黄页也在快速发展着，尤其是随着 Web 2.0 的到来，用户参与到信息的发布过程中，发布内容不再局限于之前的企业网站和企业产品信息。与人们息息相关的生活信息，如租房、二手交易、求职招聘等也一一出现，分类目录和网络黄页逐渐发展成为分类信息。例如，阿里巴巴在 2003 年 5 月 10 日创办淘宝网逐渐成为中小企业销售产品的常规渠道。而慧聪网 2003 年上市、2004 年京东进军电子商务、2005 年 58 同城、赶集网的成立，这一大批互联网企业的成功为分类目录、网络黄页在互联网上的发展指明了方向。

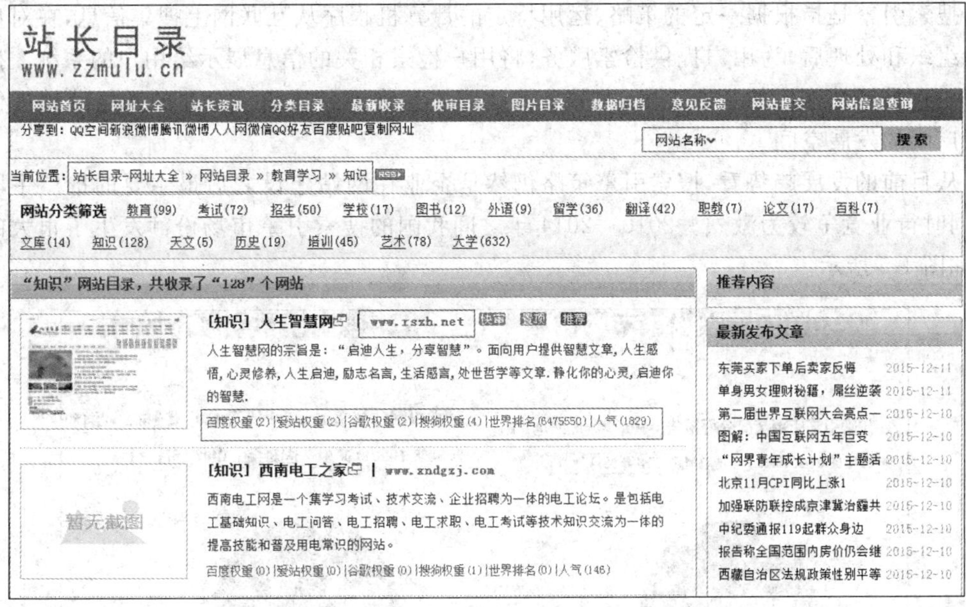

图 1-3　站长目录中的教育学习类知识类网站列表

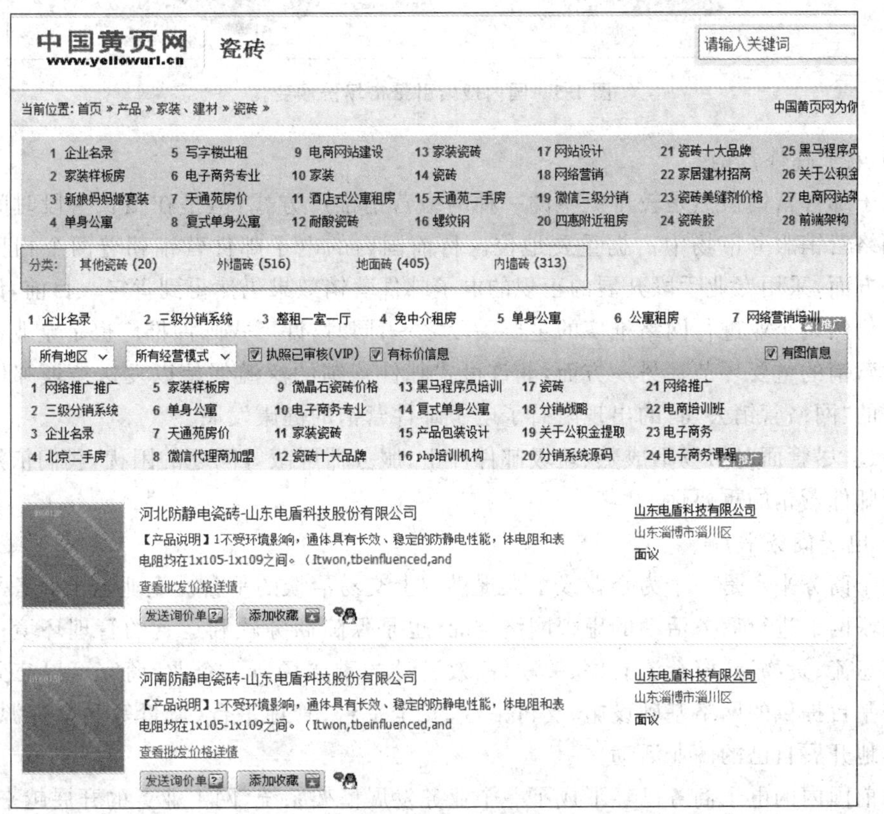

图 1-4　中国黄页网瓷砖类网络黄页信息

4）搜索引擎

搜索引擎是指根据一定的策略、运用特定的计算机程序从互联网上搜集信息，在对信息进行组织和处理后，为用户提供检索服务，将用户检索相关的信息展示给用户的系统。搜索引擎一直是网站推广的基本手段，尤其是关键词的竞价排名功能为企业的网络营销提供了更为广阔的发展空间。

从目前的发展趋势看，搜索引擎策略仍然是企业在网站建设之后最主要的推广手段之一，同时行业竞争较为激烈。2010—2014 年之间我国的搜索引擎市场份额发生了很大的变化，如图 1-5 所示。

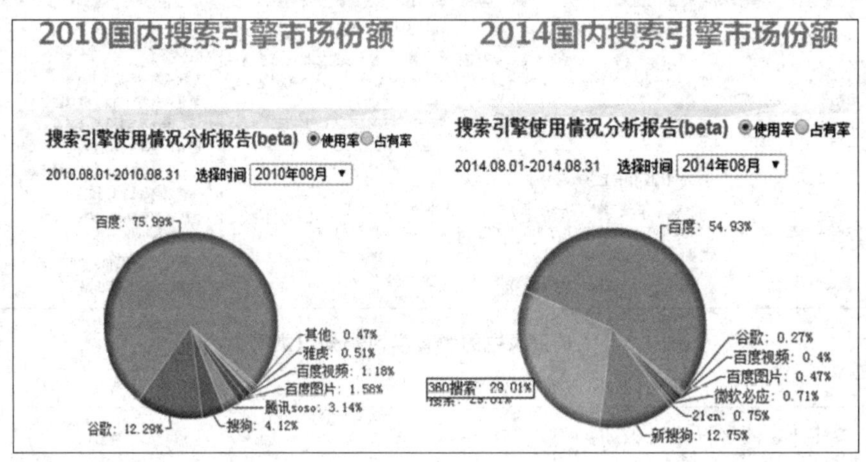

图 1-5 国内搜索引擎市场份额变化

5）电子邮件营销

电子邮件营销虽然是较早诞生的一种网络营销推广方式，但是在很长一段时间内并没有在网络营销服务市场中占据重要地位。目前国内的电子邮件营销朝着两个相反方向发展。一方面，采用专业手段开展的正规的电子邮件营销效果仍然得到肯定。目前，许可式邮件营销仍然是企业进行网络推广的主要手段之一；同时，许可式邮件推广也是企业进行精准化个性营销的重要环节。另一方面，非许可式邮件营销的泛滥促使以发送垃圾邮件等为主要业务的"网络营销公司"的出现阻碍了电子邮件营销的健康发展。

不过，尽管面对市场不成熟、垃圾邮件冲击、服务器屏蔽等问题的困扰，我们依然不能否认电子邮件营销的重要性。

6）电子商务平台

电子商务平台是一个为企业或个人提供网上交易洽谈的平台。企业电子商务平台是建立在互联网上进行商务活动的虚拟网络空间，也是保障商务顺利运营的管理环境；是协调、整合信息流、货物流、资金流有序、关联、高效流动的重要场所。企业、商家可以充分利用电子商务平台提供的网络基础设施、支付平台、安全平台、管理平台、流量等共享资源有效地、低成本地开展自己的商业活动。

目前国内的电子商务已经形成了一个业务发展框架系统，网上业务的开展越来越规范。淘宝、京东等电子商务平台为用户提供一个网络资源完善、支付环境安全的网络购物环境。同时移动电子商务也得到良好的发展。2015 年的天猫双十一购物狂欢节这一天仅天猫的总成交金额就达到了 912.17 亿元。

2. Web 2.0 时代的推广方式

Web 2.0 是相对于 Web 1.0 的新的时代，指的是一个利用 Web 的平台，由用户主导而生成内容的互联网产品模式。为了区别传统的由网站雇员主导生成内容的模式而定义为第二代互联网，即 Web 2.0，是一个新的时代。

Web 2.0 更注重用户的交互作用，用户既是网站内容的浏览者，也是网站内容的制造者，用户由单纯“浏览内容”向“创作内容”和“共同建设”发展；由被动地接收互联网信息向主动创造互联网信息发展，如图 1-6 所示。

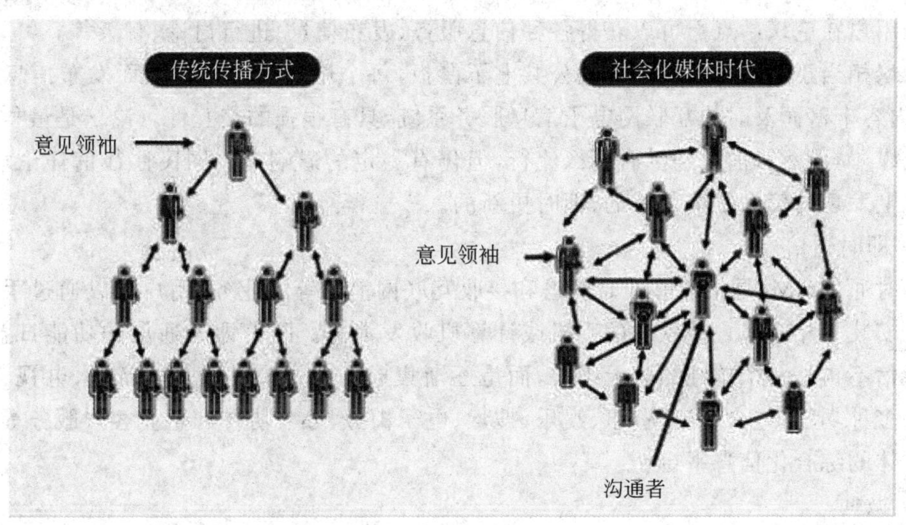

图 1-6　社会化媒体时代的传播方式

Web 2.0 相对于 Web 1.0 最大的不同是社会化媒体的兴起。社会化媒体指互联网上基于用户关系进行的内容生产与交换平台。即人们彼此之间用来分享意见、见解、经验和观点的工具和平台。社交媒体在互联网的沃土上蓬勃发展，爆发出令人眩目的能量，其传播的信息已成为人们浏览互联网的重要内容，不仅制造了人们社交生活中争相讨论的一个又一个热门话题，更吸引了大量传统媒体争相跟进。目前，常见的社会化媒体有下面几种。

1）博客

博客即“网络日志”，简单地说就是个人在网上的日记。博客通常由简短且经常更新的帖子构成，这些帖子都按照年份和日期倒序排列。而内容和目的有很大的不同，从对其他网站的超级链接的分享和评论，到有关公司宣传内容；从个人构想到日记、照片、诗歌、散文等，甚至科幻小说都有，内容包罗万象。

2）网络百科

网络百科是一种多人协作的写作工具，利用互联网技术对人类的知识信息进行编辑、出版，为用户提供海量、全面、及时的百科内容。网络百科可以由多人（甚至任何访问者）维护，每个人都可以发表自己的意见，或者对共同的主题进行扩展或者探讨。目前常用的网络百科有维基百科、百度百科、搜狗百科、互动百科、好搜百科等。

3）问答

问答是指用户自己具有针对性地提出问题，通过积分奖励机制，发动其他用户来解决该问题的搜索模式，同时这些问题的答案又会进一步作为搜索结果，提供给其他有类似疑问的用户，达到分享知识的效果。

问答系统的最大特点是和搜索引擎的完美结合，通过用户和搜索引擎的相互作用，实现搜索引擎的社区化。问答系统也可以看作是对搜索引擎功能的一种补充，通过对所回答的问题的积累和组织形成了新的信息库，信息可被用户进一步检索和利用。

4）论坛

论坛（即 BBS）是互联网上的一种电子信息服务系统，可以围绕着特定的话题进行在线讨论。用户在论坛站点上可以获得各种信息服务、发布信息、进行讨论、聊天等。

论坛相当于为用户提供了一块公共电子白板，每个用户都可以在上面发布信息或提出看法，内容丰富而及时的互联网电子信息服务系统，具有很强的交互性。论坛是最早出现的社会化媒体，虽然目前已经没有那么流行，但仍有一定的影响力。网民往往信任论坛，认为在论坛上发现的信息是第一手的、即时更新的。

5）即时通信

即时通信（IM）是指能够即时发送和接收互联网消息等的业务，用户可以通过手机与其他已经安装了相应客户端软件的手机或计算机收发消息。随着即时通信的功能日益丰富，即时通信不再是一个单纯的聊天工具，而是逐渐集成了电子邮件、博客、音乐、电视、游戏和搜索等多种功能，包含交流、资讯、娱乐、搜索、电子商务、办公协作和企业客户服务等众多功能为一体的综合化信息平台。

6）微博

微博，即微型博客的简称，是一种通过关注机制分享简短实时信息的广播式的社交网络平台。微博是一个基于用户关系信息分享、传播以及获取的平台。用户可以通过 Web、Wap 等各种客户端组建个人社区，以文字更新信息，并实现即时分享。微博的关注机制分为可单向、可双向两种。

微博作为一种分享和交流平台，其更注重时效性和随意性。微博客更能表达出每时每刻的思想和最新动态，而博客则更偏重于梳理自己在一段时间内的所见、所闻、所感。因微博而诞生出微小说这种小说体裁。

7）微信

微信是腾讯公司于 2011 年 1 月 21 日推出的一个为智能终端提供即时通信服务的免费应用程序，微信支持跨通信运营商、跨操作系统平台，通过网络快速发送免费语音短信、视频、图片和文字。截止到 2015 年第一季度，微信已经覆盖中国 90% 以上的智能手机，月活跃用户达到 5.49 亿，用户覆盖两百多个国家、超过 20 种语言。

此外，各品牌的微信公众账号总数已经超过 800 万个，移动应用对接数量超过 85 000 个，微信支付用户则达到 4 亿左右。在 2015 年第一季度末，微信每月活跃用户已达到 5.49 亿。

1.1.4 网络营销运营流程

网络营销是一个长期的过程，由多个相互关联的营销环节组成，具有整体性。从企业涉足网络营销开始，网络营销的流程大致可以分为营销战略制定、网络营销平台建设、网络营销物料策划制作、网络营销推广、网络营销活动策划、客户关系管理、网络营销效果分析等环节，如图 1-7 所示。

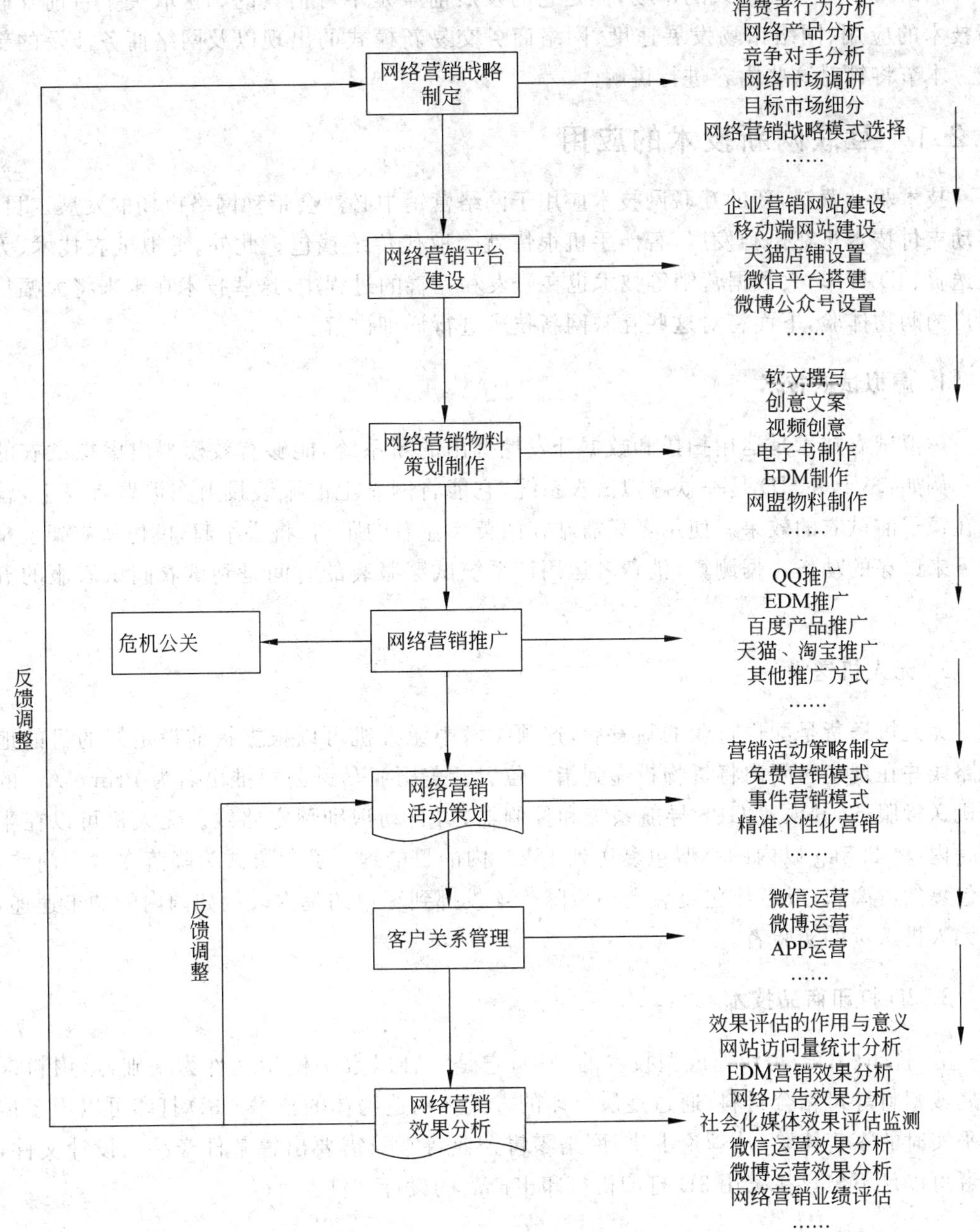

图 1-7　网络营销流程图

1.2 网络市场的发展前景

网络市场虽然是新兴的市场,但是它的发展前景是不可估量的。这取决于目前互联网新技术的应用、网络市场发展速度、网络商务交易新模式的出现以及网络商务涉及的新领域。本节将针对这些内容进行讲解。

1.2.1 互联网新技术的应用

技术驱动营销,新的互联网技术应用于网络营销中必然会带动网络市场的发展。目前,移动支付技术正在迅猛发展,智能手机很快就会取代传统钱包。此外,虚拟试衣技术、无人机送货、3D打印、大数据营销等技术也在研发和完善的过程中,这些技术在未来将大幅提升用户的购物体验,下面将对这些互联网新技术进行详细讲解。

1. 虚拟试衣技术

虚拟试衣技术是运用扫描和数据开发挖掘出的新系统,能够有效模拟出虚拟试衣的效果。例如,Swivel HD是一款虚拟试衣系统,它能将网站上的服装投射在消费者身上,营造出在镜子前试衣的效果。使用者只需站在两英尺左右的距离,将手举起,模仿从衣架上拿衣服下来试穿的动作。据测算,消费者运用该系统试穿服装的时间是到试衣间试衣服的五分之一。

2. 无人机送货

无人机送货是配送行业的新发展,这项技术中无人机可以根据提前设定好的目的地规划路线并在规定时间内将货物投递到指定位置。美国亚马逊公司推出名为Prime Air的无人机送货服务,其内置GPS导航系统和控制器,可自动识别预定路线。无人机可以在半个小时内,将2.5kg以内的小型包裹送到16km内的目的地。交付方式为降落在客户门前,放下包裹然后离去,或者给包裹装上小型降落伞投掷到客户的院内。例如国内的顺丰速递,就是无人机送货的实验者。

3. 3D打印商品技术

3D打印(3DP)是快速成型技术的一种,它是一种以数字模型文件为基础,运用粉末状金属或塑料等可粘合材料,通过逐层打印的方式来构造物体的技术。3D打印可以用于传递近乎实时的零售体验,从理论上讲,网络零售企业将来只需要出售某件产品的设计文件,消费者可以足不出户在家用3D打印机打印出产品的设计文件。

4. 大数据营销

大数据营销是在大数据技术的基础上,基于多平台的大量数据,应用于互联网广告行业的营销方式。大数据营销的核心是将网络广告在合适的时间,通过合适的载体,以合适的方式,投给合适的人。企业在进行大数据营销的同时可以利用大数据技术收集用户的反馈信息,并根据这些反馈信息优化产品设计,调整营销策略,大数据营销的过程如图1-8所示。

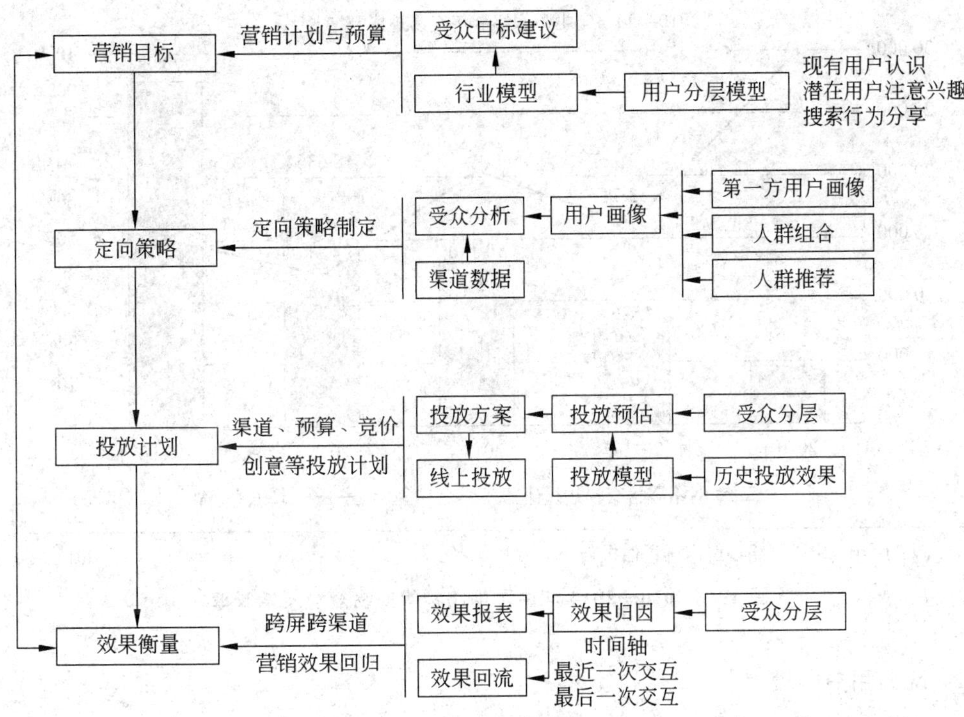

图 1-8　大数据营销的过程

5. NFC 支付技术

NFC 支付是一种新兴的移动支付方式。消费者在购买商品或服务时，可以通过手机等手持设备采用 NFC 技术(Near Field Communication，近场通信)完成支付。NFC 支付在交易现场进行，具有即时性；同时它也是在线下进行，不需要使用移动网络。

与网络支付软件相比，NFC 支付技术更加安全，NFC 技术使用安全芯片(SE)，芯片本身记录了用户的身份认证信息(SE_ID、批次、密钥等)，支付交易中的认证同样在芯片内完成，最终上传到服务器的只是"正确"或者"错误"的一个比较结果，而敏感的身份认证信息不会外传。

1.2.2　网络市场高速发展

近年来，越来越多的企业开始重视网络营销。网络已经成为企业扩大宣传、推广产品服务、塑造品牌形象的重要渠道。根据 CNNIC(中国互联网信息中心)发布的调查报告显示，近几年我国网络市场得到了高速发展，主要表现在以下几个方面。

1. 网络市场规模

2014 年我国网络零售市场继续保持高速发展的态势，网络零售交易额继续保持全球第一，全年网络零售额为 27 898 亿元，同比增长 49.7%，增速较社会消费品零售总额快 37.7 个百分点，相当于 2014 年中国社会消费品零售总额(262 394 亿元)的 10.6%，如图 1-9 所示是 2010—2014 年我国网络零售交易的规模及增长率。

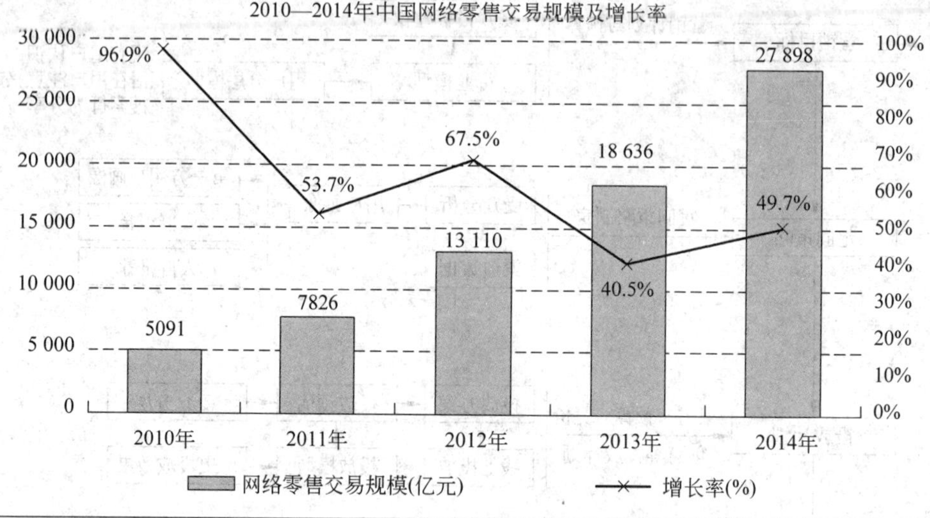

图 1-9 2010—2014 年中国网络零售交易规模及增长率

2. 网购用户规模

在用户规模方面，截至 2015 年 6 月，我国网络购物用户规模达到 3.74 亿，较 2014 年年底增加 1249 万人，半年度增长率为 3.5%；2014 年上、下半年，这一增长率分别为 9.8%和 9.0%，数字表明我国网络购物用户规模增速继续放缓。

与整体市场不同，我国手机网络购物用户规模增长迅速，达到 2.70 亿，半年度增长率为 14.5%，手机购物市场用户规模增速是整体网络购物市场的 4.1 倍，手机网络购物的使用比例由 42.4%提升至 45.6%，如图 1-10 所示。

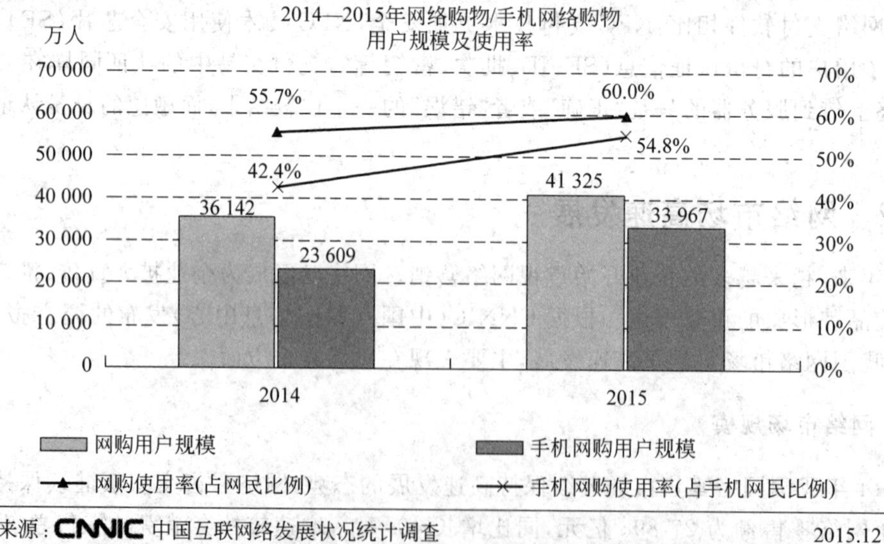

图 1-10 2014—2015 年网络购物/手机网络购物用户规模及使用率

3. 网购用户购买频次

2014 年，中国网络购物市场依然保持着较高的活跃度，全年交易总次数 173 亿次，年度人均交易次数 48 次。与 2013 年相比，全年交易总次数和人均交易次数均有所下降。究其原因是网络购物人群每笔订单的客单价有所提升，网购行为更加集中。2010—2014 年中国网民网络购物次数统计如图 1-11 所示。

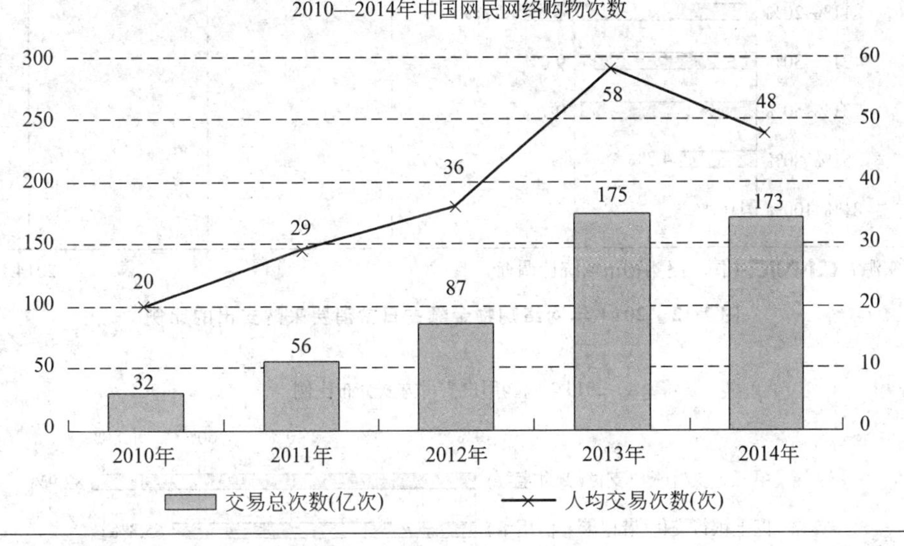

图 1-11 2010—2014 年中国网民网络购物次数

4. 网购用户网购支出占比

2014 年，网络购物仍然是消费者日常消费采购的辅助手段，网络购物金额占日常消费采购支出比例的平均值为 14.2%，支出比例在 20%以内的用户群体占比为 76.1%。随着网络购物平台在生鲜市场、虚拟产品等购物品类的拓展，人们对网络市场的依赖越来越高，网络购物金额占日常消费支出的比例也逐年增加，如图 1-12 所示。

5. 支付方式便捷多样

2014 年，消费者网络支付方式更加多元。第三方支付账户（如支付宝等）支付仍然是主流的支付方式，用户使用率占比 82.9%；其次是网上银行支付（如借记卡、信用卡），使用率占比 65.3%；使用快捷支付/卡通支付（通过关联银行卡，无须网银，直接输入密码进行支付）、手机支付和货到付款的用户占比相差不多，分别为 53.8%、52.6%和 49.7%，如图 1-13 所示。

1.2.3 网络市场新模式

2015 年网络市场得到良好的发展，团购网站向 O2O 模式发展，网上外卖、跨境电商、众筹等网络市场新模式也迅速兴起并颠覆了传统的商业模式，为推动网络市场的高速发展提

2014年网购用户支付方式分布比例
0%
10%
20%
30%
40%
1%以下 12.5%
1%~5% 26.8%
6%~10% 24.1%
11%~20% 12.7%
21%~30% 9.0%
31%~50% 9.7%
51%~80% 4.3%
81%~100% 0.9%
来源：CNNIC中国网络购物市场统计调查
2014.12

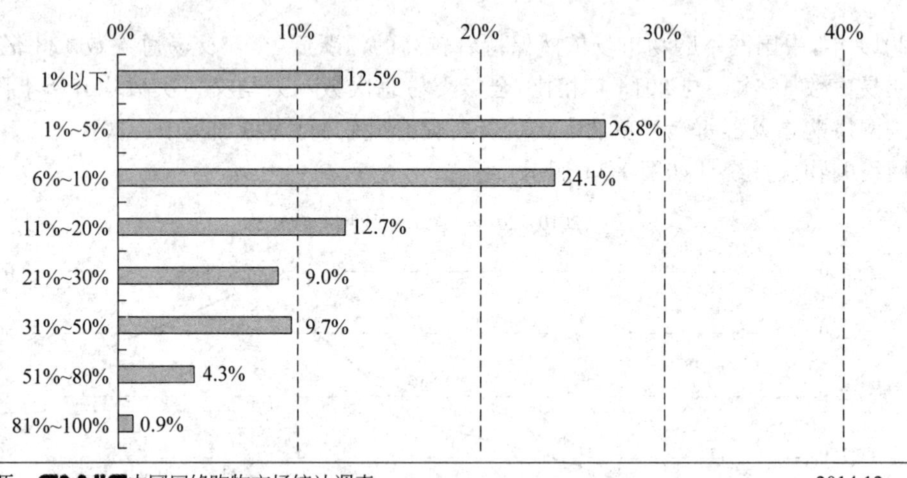

图 1-12 2014 年网络购物金额占日常消费采购支出的比例

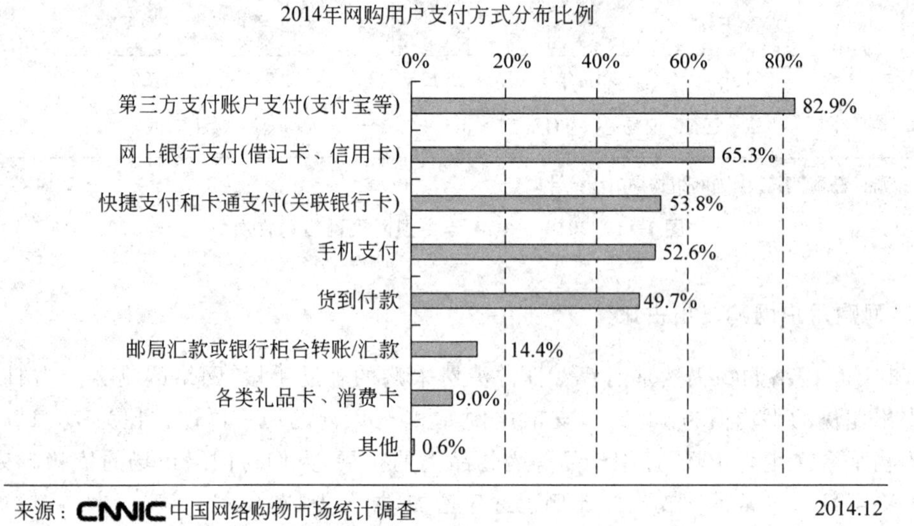

2014年网购用户支付方式分布比例
0%
20%
40%
60%
80%
第三方支付账户支付(支付宝等) 82.9%
网上银行支付(借记卡、信用卡) 65.3%
快捷支付和卡通支付(关联银行卡) 53.8%
手机支付 52.6%
货到付款 49.7%
邮局汇款或银行柜台转账/汇款 14.4%
各类礼品卡、消费卡 9.0%
其他 0.6%
来源：CNNIC中国网络购物市场统计调查
2014.12

图 1-13 2014 年网购用户支付方式分布比例

供了助力。下面针对网络市场中的新模式进行详细讲解。

1. 团购向 O2O 模式发展

截至 2015 年 12 月，我国团购用户规模达到 1.8 亿，较 2014 年年底增加 755 万人，增长率为 4.4%，有 26.2%的网民使用了团购网站的服务。相比整体团购市场，手机团购继续保持快速增长，用户规模达到 1.58 亿，增长率为 33.1%，手机团购使用率（占手机网民比率）由 21.3%提升至 25.5%，如图 1-14 所示。

在资本市场的支持下，团购平台逐步向 O2O 模式发展，同时分裂为以下两种不同的方向。

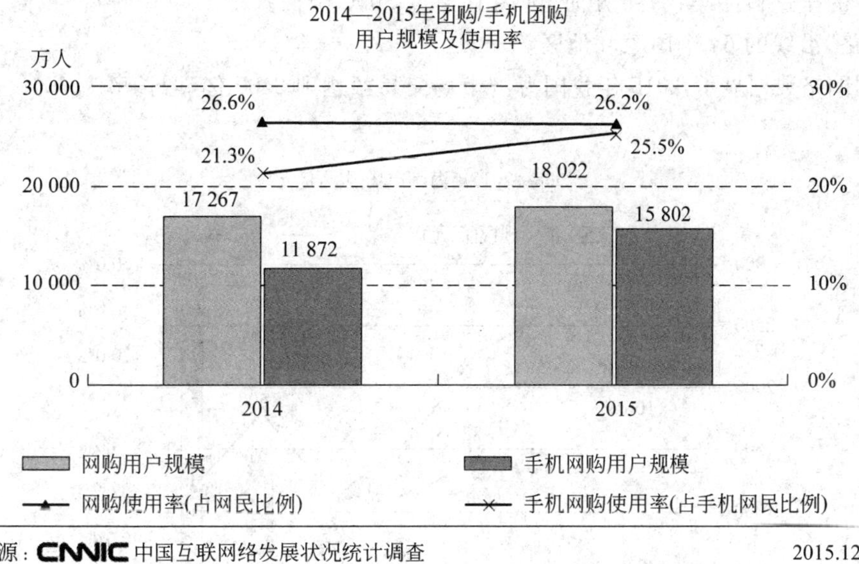

图 1-14 2014—2015 年团购/手机团购用户规模及使用率

(1) 一方面，发展成熟的团购平台开始向垂直领域发展，围绕发展成熟的团购业务进行深度挖掘。例如，美团寻求业务突破，拓展出较为成熟的单线业务：猫眼电影、美团外卖、美团酒店等，执行"T 型战略"。大众点评通过多年的点评数据吸引和维系高端用户，在 O2O 领域以高频业务带动低频业务，率先开辟美容、婚庆、家装市场业务。

(2) 另一方面，部分团购网站通过会员战略拓展原有团购业务的宽度，通过提供附加服务来提升用户体验，扭转用户黏性较低的局面。例如，百度糯米凭借百度的品牌背书、产品支持以及 O2O 战略注资专注于"会员＋"O2O 生态布局，围绕储值卡、到店付、VIP 会员服务开展业务。

2. 网上外卖

截至 2015 年 12 月，网上外卖用户规模达到 1.14 亿，占整体网民的 16.5%，其中手机网上外卖用户规模为 1.04 亿，占手机网民的 16.8%。同时，网上外卖由单一商户的外卖配送模式向一家专业配送平台对接多家商户的模式转型，并实现了高速发展。

2015 年下半年，国内各 O2O 领域在资本力量的推动下开始进行整合，大型互联网企业资本的进入使得之前混乱的网上外卖市场格局逐渐清晰起来。腾讯在美团与大众点评合并之后对其增加了投资以扩大对美团外卖的影响力，阿里巴巴在 2015 年年底也通过投资饿了么对其以口碑外卖为核心的 O2O 业务进行了补充，加上百度外卖，三家外卖配送平台的用户占到整体网上外卖用户的 83.4%，网上外卖平台的市场格局已然形成。

3. 跨境电商

随着我国网络购物市场的高速发展，跨境电商逐渐出现并成为网络零售市场新的增长点，影响力直达全球。商务部数据显示，中国主要跨境电商交易额平均增长率在 40%左右。一方面，网络零售平台引入美国、欧洲、日本、韩国等 25 个以上国家和地区的五千多个海外知名品牌的全进口品类;另一方面,国内有超过5000个商家的5000万种折扣商品售卖到"一带一路"沿线的64个国家和地区。

根据网络数据显示,2015年我国海淘市场交易额达到2400亿,增长率为60%,如图1-15所示。

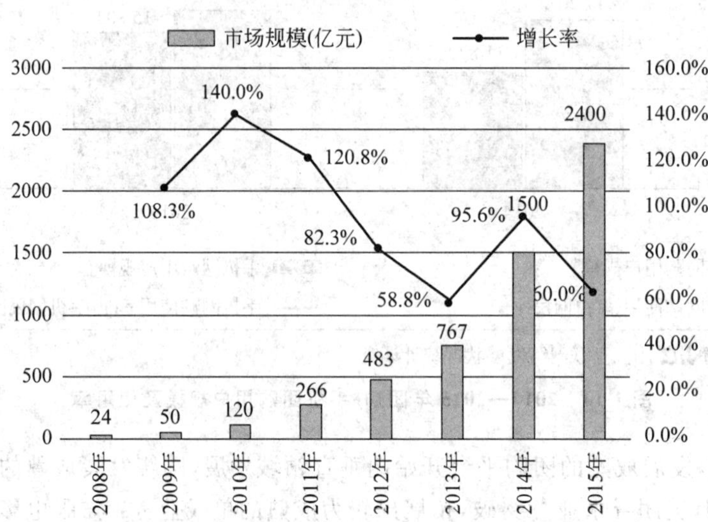

图1-15 2008—2015年海淘市场规模

4. 众筹

众筹是用团购+预购的形式向网友募集项目资金的模式。众筹利用互联网和SNS传播的特性,让小企业或个人对公众展示他们的创意,争取大家的关注和支持,进而获得所需要的资金援助。相对于传统的融资方式,众筹更为开放,只要是网友喜欢的项目,都可以通过众筹方式获得项目启动的第一笔资金,为小本经营和创作的人提供了更多可能。

2014年第一季度,国内众筹募资总金额约5245万元,其中包括奖励众筹募资520万元,股权众筹募资4725万元;2014年第二季度累计募资13 546万元,环比增长158.3%,其中奖励众筹募资金额2708万元,环比上涨420.8%,股权众筹募资金额10838万元,环比上涨129.4%;2014年第三季度,众筹募资总金额达到27 586万元,较上一季度增长了103.6%,奖励众筹达到7302万元,股权众筹达到20 284万元。第四季度我国众筹募资总金额达到4.45亿元,其中包括奖励众筹9998万元,股权众筹34 482万元。

2014年,国内众筹各个季度都达到了成倍增长,众筹行业进入飞速发展阶段,如图1-16所示。

5. 分享经济

随着互联网的普及,人们已经越来越习惯于"分享"。例如,出行时使用手机打专车或者顺风车;通过网络将自己暂时不使用的房子短租出去;将自己的资金短期出借。而这些就是

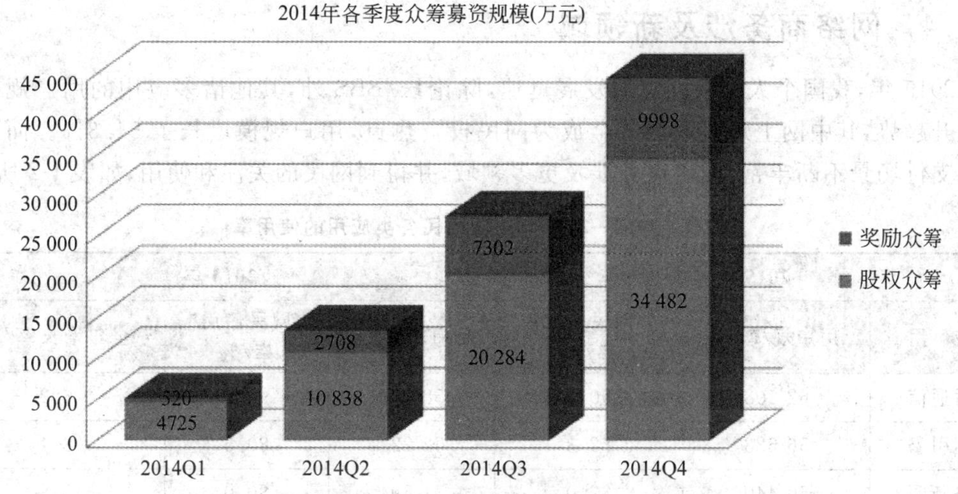

图 1-16　2014 年各季度众筹募资规模

"分享经济"。

据《中国分享经济发展报告 2016》显示，2015 年中国分享经济市场规模约为 19 560 亿元(其中交易额 18 100 亿元，融资额 1460 亿元)。报告中显示我国的分享经济主要集中在金融、生活服务、交通出行、生产能力、知识技能、房屋短租等 6 大领域。同时，分享经济在各个经济领域中拓展迅速，从在线创意设计、营销策划到餐饮住宿、物流快递、资金借贷、交通出行、生活服务、医疗保健、知识技能、科研实验，分享经济已经渗透到几乎所有的领域。

分享经济的出现还提供了大量的工作岗位，2015 年分享经济领域参与提供服务者约 5000 万人，其中平台型企业员工数约 500 万人，约占劳动人口总数的 5.5%。保守估计，参与分享经济活动总人数已经超过 5 亿人。未来 5～10 年，这一市场有望继续快速地成长，如图 1-17 所示，即为现有市场规模以及未来的预测。

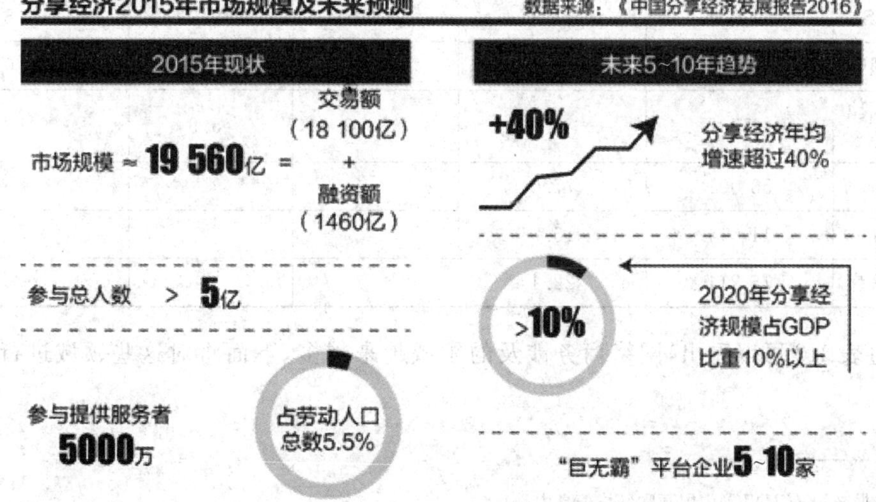

图 1-17　分享经济 2015 年市场规模及未来预测

1.2.4 网络商务涉及新领域

2015 年,我国个人互联网应用发展迅速,除论坛/BBS 外,其他诸多应用的用户规模均呈上升趋势,其中网上炒股或炒基金成为网民投资热点,用户规模增长了 54.3%。而随着网上支付场景不断丰富,网络商务涉及更多领域,并得到网民的关注和使用,如表 1-2 所示。

表 1-2 2014—2015 年中国网民各类应用的使用率①

	2015 年		2014 年		
应　用	用户规模/万	网民使用率/%	用户规模/万	网民使用率/%	全年增长率/%
即时通信	62 408	90.7	58 776	90.6	6.2
搜索引擎	56 623	82.3	52 223	80.5	8.4
网络新闻	56 440	82.0	51 894	80.0	8.8
网络视频	50 391	73.2	43 298	66.7	16.4
网络音乐	50 137	72.8	47 807	73.7	4.9
网上支付	41 618	60.5	30 431	46.9	36.8
网络购物	41 325	60.0	36 142	55.7	14.3
网络游戏	39 148	56.9	36 585	56.4	7.0
网上银行	33 639	48.9	28 214	43.5	19.2
网络文学	29 674	43.1	29 385	45.3	1.0
旅行预订	25 955	37.7	22 173	34.2	17.1
电子邮件	25 847	37.6	25 178	38.8	2.7
团购	18 022	26.2	17 267	26.6	4.4
论坛/BBS	11 901	17.3	12 908	19.9	−7.8
互联网理财	9026	13.1	7849	12.1	15.0
网上炒股/炒基金	5892	8.6	3819	5.9	54.3
社交应用	53 001	77.0			
在线教育	11 014	16.0			
互联网医疗	15 211	22.1	—	—	—

通过表 1-2 可以看出,网络商务涉及的领域越来越多,下面将对这些领域进行简单的介绍。

---

① 数据来源:CNNIC(中国互联网络信息中心)

其中,旅行预订定义为最近半年在网上预订过机票、酒店、火车票或旅游度假产品。

其中,社交应用仅包括社交网站、微博以及各垂直社交应用。即时通信工具用户规模较大,作为典型应用单独呈现,不包含在社交应用里。

1. 旅行预订

截至 2015 年 12 月，在网上预订过机票、酒店、火车票或旅游度假产品的网民规模达到 2.60 亿，较 2014 年年底增加 3782 万人，增长率为 17.1%。与此同时，手机预订机票、酒店、火车票或旅游度假产品的网民规模达到 2.10 亿，较 2014 年 12 月月底增长 7569 万人，增长率为 56.4%。同时，我国网民使用手机在线旅行预订的比例由 24.1%提升至 33.9%，如图 1-18 所示。

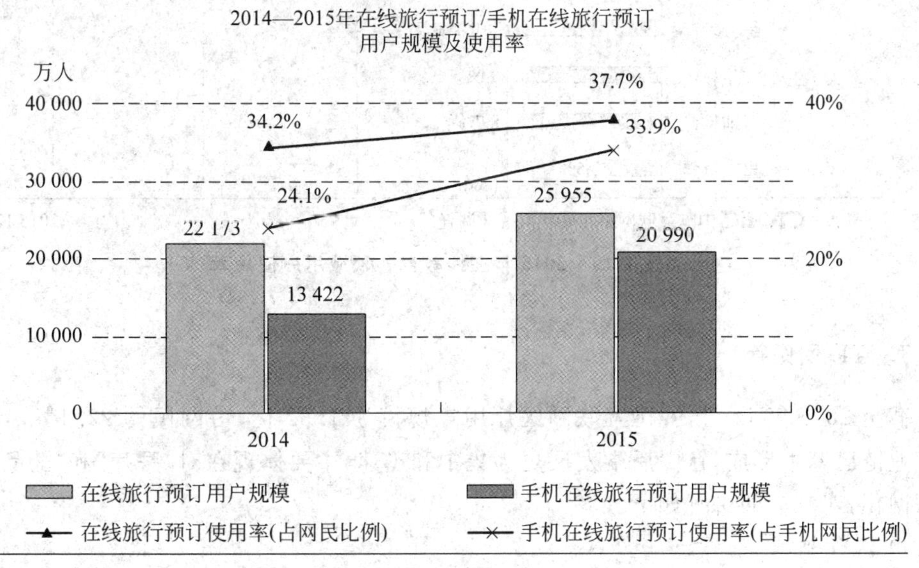

图 1-18　2014—2015 年 PC 端/手机端旅行预订用户规模率

国家旅游局数据显示，2015 年中国国内旅游、出境旅游人次和国内旅游消费、境外旅游消费均列世界第一，境外游市场持续火爆。这种情况的出现进一步促进了旅行预订行业的发展。而在线旅行预订企业在营销中采取低端和高端市场兼顾的策略，即利用高端市场赚取的利润支撑低端市场的竞争成本。从企业发展趋势来看，在机票预订领域，直营模式将成为行业发展主流。

2. 在线教育

目前，我国在线教育还处于发展初期，普及在线教育还需要较长时间。按照教育内容的不同，在线教育主要分为中小学教育（K12 教育）、职业考试、职业技能培训、语言培训、出国留学、兴趣教育、儿童早教、大学生/研究生教育、综合教育等 9 大领域。

在这些领域中，中小学教育用户使用率最高，为 37.7%，这部分市场用户数量最多，需求也最为强烈。其次是职业技能培训和职业考试，用户使用率都在 20%以上，随着社会经济的发展，企业对员工的要求会越来越高，未来这两大领域的市场会有十分广阔的发展前景，如图 1-19 所示。

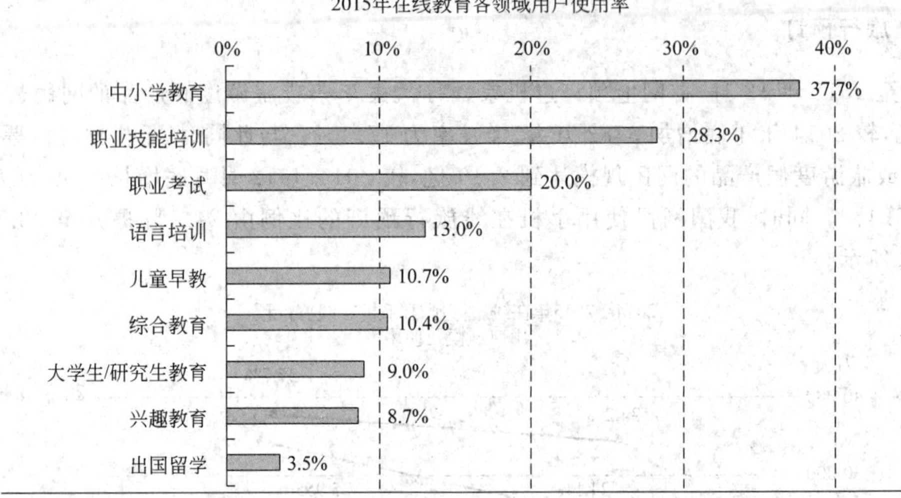

图 1-19　2015 年在线教育各领域用户使用率

3. 互联网医疗

截至 2015 年 12 月，我国互联网医疗用户规模为 1.52 亿，占网民的 22.1%，互联网医疗产业链已基本形成，在中后端发展更为集中和迅速，主要体现在对“医疗”和“药品”领域的互联网化，对它们的讲解如下。

1）医疗领域

“互联网＋”已经逐步覆盖全医疗流程，例如，健康管理环节出现了日常管理应用；诊前环节则出现了在线问诊平台、在线预约挂号及在线导诊服务；诊疗中间环节正在逐步实现远程问诊和诊疗结果的在线查询；诊后慢病管理环节，已经出现了医患在线平台、慢病管理应用、可穿戴硬件健康设备与健康保健 O2O 服务等，如图 1-20 所示。

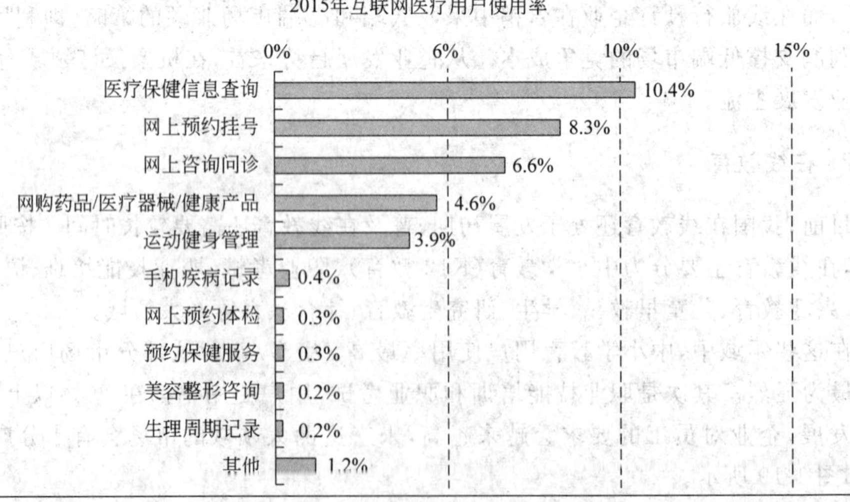

图 1-20　2015 年互联网医疗用户使用率

2）药品领域

2015 年互联网医疗被视为蕴含着巨大的市场潜力的行业，多家大型互联网企业加紧在互联网药品领域的布局，逐步形成了大型互联网企业、创业公司、医药产业链企业、地产保险企业等激烈竞争的局面。虽然还没有平台形成互联网医疗服务链的完整的闭环，但是已有一些平台初步获得了一定的用户规模和品牌价值，并开始向产业链的多个环节延伸，尝试构建完整的医疗生态圈。

4. 网络约租车

2015 年上半年，网络约租车市场中以网络预约出租车用户规模最大，为 9664 万人，在使用各种叫车服务软件的用户群体中占比 84.8%。网络预约专车用户规模为 2165 万人，在使用各种叫车服务软件的用户群体中占比为 19.0%，如图 1-21 所示。

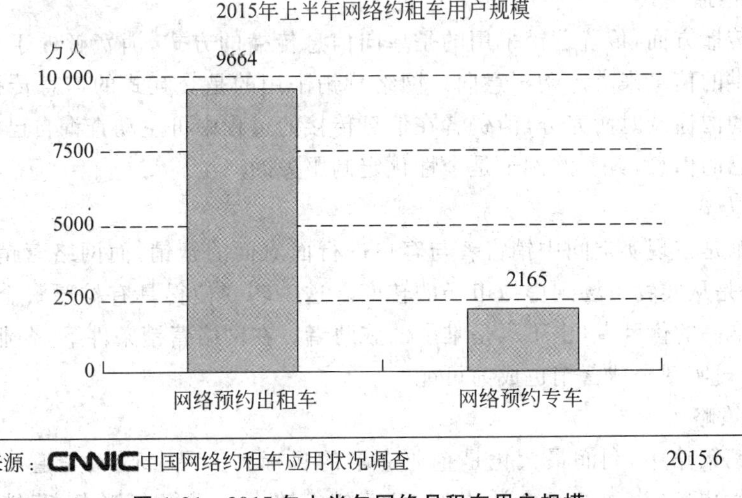

图 1-21　2015 年上半年网络月租车用户规模

由于出租车数量受到严格管控，难以满足人们日益增长的个性化出行需求，而专车以便捷化、精细化、品质化的服务弥补了市场缺口，用户规模得以迅速扩张。网络预约出租车运用互联网化手段提高了出租车服务品质和效率，不仅缓解了用户打车难的问题，而且满足了用户高品质个性化服务的需求，这一点说明了网络约租车领域仍有很大的发展空间。

1.3　网络营销与传统营销

与传统营销方式相比，网络营销具有无可比拟的优势。但是在目前的社会经济环境大背景下，网络营销不可能完全取代传统营销，二者在一定时间将处于共存和互补的状态。因此，如何做好网络营销和传统营销的整合变得尤为重要。本节将从网络营销与传统营销的关系和网络营销对传统营销的整合方面进行详细的讲解。

1.3.1　网络营销与传统营销的关系

网络的特殊性赋予了网络营销新的特点，这些特点使得网络营销与传统营销有很大区别，也使得网络营销对传统营销产生了很大的影响，对它们的讲解如下。

1. 网络营销与传统营销的区别

网络营销与传统营销的区别并不是从线上到线下的区别，而是更深层次的营销理念、信息传播模式、营销方式和营销策略上的区别，对它们的讲解如下。

1）营销理念

传统的市场营销观念是以企业利益为核心的，企业单纯地追求低成本大规模生产，并不能充分考虑到消费者需求，极易产生产销脱节的现象。现代营销观念（例如市场营销观念，社会营销观念等）尽管提出了以消费者需求为中心的口号，但执行状况并不尽如人意。而网络营销中，市场的主导转移到消费者手中，迫使企业以消费者需求为中心进行营销活动。

2）信息传播模式

在信息传播方面，传统营销采用的是单向信息传播的方式，消费者处于被动地位，只能根据企业提供的信息来决定购买意向。网络营销采用的是交互式的信息传播方式，企业与消费者之间的沟通及时而充分，消费者在信息传接的过程中可主动查询自己需要的信息，也可以反馈自己的信息，典型的例子是个性化定制服务的产生。

3）营销方式

传统营销是在现实空间中销售者与客户进行面对面的营销，而网络营销则是通过网络连接到客户，是从实物市场到虚拟市场的转变。这一转变使得具有雄厚资金实力的大规模企业不再是唯一的优胜者，也不再是唯一的威胁者。在网络营销条件下，企业站在同一条起跑线上，小公司实现全球营销也成为可能。

4）营销策略

传统营销策略中，利润最大化是企业追求的目标。产品、价格、渠道和促销成为企业经营的关键性内容，以上的组合被称为4P营销策略。在网络营销中，营销环境发生了变化，地域概念没有了，宣传和销售渠道统一到了网上，价格策略的运用也受到了很大限制，这就促使传统的4P组合策略向4C（消费者、成本、便利、沟通）组合策略转化，如图1-22所示。

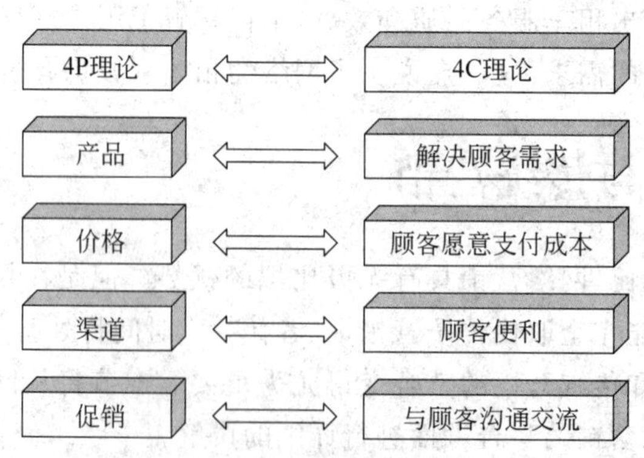

图 1-22 4P 理论与 4C 理论的区别

2. 网络营销对传统营销的影响

网络营销以全新的营销理念和营销方式从根本上改变了传统营销的思路和格局，对传统营销产生了很大的影响，主要表现在价格、品牌策略、传统广告、渠道策略、传统营销观念、营销方式和生产方式上，对它们的讲解如下。

1）价格

网络营销有力地冲击了传统营销中的企业定价的原则。传统营销中企业利用市场的封闭性进行高价销售的优势不复存在。价格对比类网站及应用的出现使得商品价格更加透明，企业失去了对产品定价的主导权，而消费者成为价格确定的主体。

2）品牌策略

网络技术的出现，对传统的广告品牌理论形成了巨大的冲击。品牌意识、品牌理念都被赋予了许多新的内涵。品牌已经成为一个企业的技术创新能力、资源运作能力、品质管理能力、市场拓展能力、企业文化建设能力和网络经营能力的综合反映。

3）传统广告

网络广告与传统广告相比具有明显的优势。首先，网络空间的无限拓展性使网络广告可以覆盖更多地域，这一点在传统媒体中只有少数大牌媒体才能做到，并且费用不低。其次，网络广告可以迅速提高广告效率，一方面是因为网络广告在制作上不需要经过传统广告中的印刷环节，节省了时间。另一方面是网络广告可以针对发布者圈定的特征用户进行发布，达到精准营销的效果，使得广告更有效。

4）渠道策略

网络营销对传统营销渠道的冲击是巨大的，不仅表现在传统营销中广告障碍的消除，更表现在对市场壁垒的冲击。传统营销渠道（如图 1-23 所示）和网络营销渠道（如图 1-24 所示）虽然都可以简单分为直接分销渠道与间接分销渠道，但是二者还是有区别的，主要表现在以下两个方面。

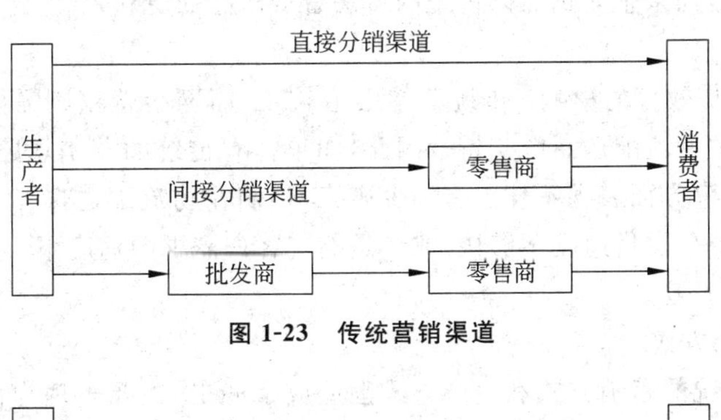

图 1-23　传统营销渠道

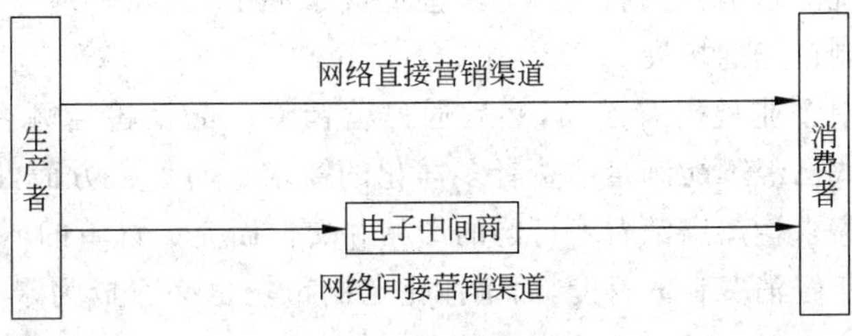

图 1-24　网络营销渠道

(1) 直接分销渠道：与网络直接分销渠道相比，传统的直接分销渠道受地域限制，覆盖地域较低，单个分销渠道辐射地域窄，企业需要铺设更多的直销点覆盖目标市场，渠道维护成本高。而网络直销只需要建立一个网站，利用快递和物流就能把产品销往全国甚至全球。

(2) 间接分销渠道：传统的分销渠道与网络分销渠道相比更加复杂，中间穿插多个分销商、批发商，这样不仅削弱了企业多渠道的控制，而且增加了企业营销成本，提高了产品价格。而网络分销渠道则方便企业对分销商手中的渠道进行整合，不需要代理商就能够很好地完善和控制自己的销售渠道。

5) 传统营销观念

传统营销观念一般指的是生产观念、产品观念、推销观念，在特定的时期这些观念曾经发挥了比较重要的作用。然而随着网络营销的发展，企业经营环境以及消费者需求逐渐发生改变，网络营销对这些传统营销观念产生了一定影响，主要包括以下几个方面。

(1) 对产品生产标准化的影响：在传统营销观念中，生产厂家倾向于大批量、标准化的生产来实现规模经济效益。在网络营销中，消费者通过网络接触到各种各样的信息，需求越来越个性化，企业如果仍然生产大批量标准化的产品，就会遭到消费者的抛弃。

(2) 对营销理念：传统市场下，企业更多的是注重产品本身，而忽视对产品的推广，有些商家经营着无论是质量还是款式都很好的衣服，但是由于客服态度不好、店面宣传力度不够、与消费者互动少、售后服务不好导致店面门可罗雀。

(3) 强行推销：部分企业为推销而推销，不考虑强制式的信息传播方式是否能为消费者接受，这种推销观念应用到网络营销中，就表现为强行跳出的产品广告窗口、各种垃圾邮件，引起消费者的反感。网络营销中，部分企业已经看到这方面的影响，推出扁平化的网页，减少弹窗和广告，提高用户体验。

(4) 产品更新换代的速度受影响：产品是具有生命周期的，网络营销下，更新速度比起传统营销要快得多，如果企业仍然以传统的看法看待产品的更新，那么将会很容易在激烈的营销竞争中错失良机。

(5) 对企业运作效率的影响：传统营销渠道较长，而网络营销则需要企业能快速响应顾客需求，有强大的物流配送系统支持。因此，如果持有传统的营销思路来开展网络营销，将会在企业运作效率方面表现不佳。有不少店家，他们在物流配送选择方面没能和物流达成很好的协议，或者是发货速度不够快，或者是响应客户需求的速度不快，导致退货率高升，最终导致店铺经营不善。

6) 营销和生产方式

网络营销对传统的营销方式和生产方式也造成了冲击，主要表现为传统大众化市场份额减少与个性化定制市场的拓展。

传统市场营销中企业是先有产品，然后通过营销将产品销售给顾客，如图 1-25 所示。这种营销与生产方式已经不能满足消费者多样化的需求。而另一方面，网络个性化定制市场是根据消费者的需求生产出消费者订购的产品并交付而完成订单的，如图 1-26 所示。这种模式越来越受到年轻消费者的喜爱，而个性化定制市场也必将成为未来市场发展的重要方向。

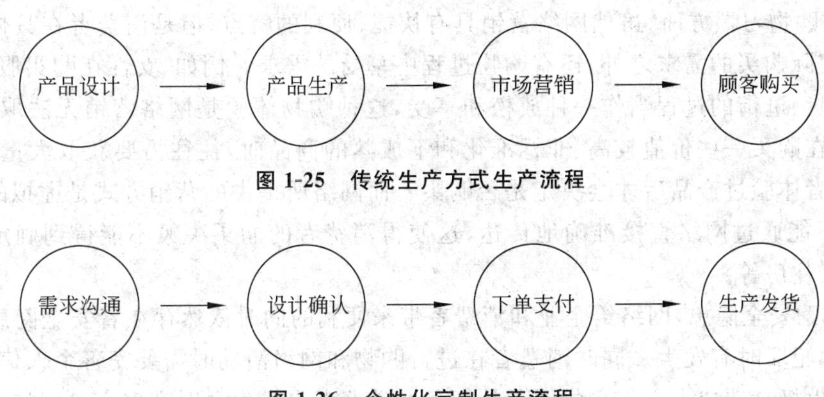

图 1-25　传统生产方式生产流程

图 1-26　个性化定制生产流程

1.3.2　网络营销与传统营销的整合

与传统营销相比，网络营销有着很大的优势，并且对传统营销产生了深刻影响，然而网络营销只是企业进行市场营销的手段之一，并不能完全取代传统营销，它只有和传统营销结合起来，才能更好地发挥作用。下面将针对为什么网络营销需要整合传统营销以及网络营销对传统营销整合的内容进行讲解。

1. 为什么网络营销需要整合传统营销

传统营销和网络营销都是经济发展的产物，传统营销是网络营销的理论基础，网络营销是传统营销的延伸，两者是相互促进的，传统营销仍然具有不可代替性，对它们的具体讲解如下。

1) 传统营销是网络营销的基础

随着网络营销的出现，传统营销模式虽然出现很大的弊端，但传统营销是网络营销的基础，仍然是现实生活中不可缺少的部分，主要表现在以下两方面。

(1) 从现实的市场经济来讲，虽然我国互联网得到了良好的发展，网民数量达到 6.68 亿，互联网普及率也达到 48.8%，但是互联网仍然只是人们生活中的一部分。部分消费者并没有上网，消费者在进行网络购物决策时也不会完全忽视传统媒体的信息，网络营销与传统营销结合起来才能发挥更大的作用。

(2) 从市场营销的实质上来讲，在营销活动中，网络营销相对传统营销在程序和手段上发生了很大的变化，但市场营销的实质并没有变化，网络营销和传统营销都是企业的营销活动，需要相互组合发挥功效。

2) 传统营销具有不可替代性

网络营销的快速发展已经成为企业和消费者不可忽视的力量，但传统营销在渠道建设、购物习惯、购买安全性等方面仍然具有无法比拟的优势，网络营销还不能完全代替传统营销，对它们的讲解如下。

(1) 在渠道建设方面，目前网络市场消费的主体主要是中、青年阶层，而消费量不容忽视的老年人市场和偏远农村地区市场仍有很大空白。而传统营销模式通过基础渠道的建设可以使产品达到任何有消费能力的地区。

(2) 在购物习惯方面,虽然网络营销具有快捷、便利的特点,但是消费者在具体购物时,除了具有实际购买的需求之外,还有购物过程中享受的需求。例如,女性在购买服装时将整个挑选、试货、逛街的过程当作一种放松和享受,这种购物体验是网络营销无法取代的。另外,消费者在购买一些价值较高、非标准化和不成熟的商品时,往往需要获取大量的实际产品信息,或者体验过产品后才会决定是否购买。而网络所提供的营销方式是虚拟的,产品的真实信息不能通过网络直接准确地传达,这使得消费者的购买决策不能得到确定,例如珠宝、奢侈品、住房等。

(3) 网购安全隐患,网络给企业和消费者带来便利的同时依然存在着安全隐患,网络黑客利用技术犯罪时有发生。同时消费者在进行购物和网络活动时需要完善个人信息以验证身份,这些也极易造成个人信息的泄漏从而危及消费者自身生命财产安全。例如,部分淘宝用户在给出购买商品差评后会收到淘宝店家发送的含有恐吓、诅咒性质的骚扰电话或快递包裹。

2. 网络营销与传统营销的整合内容

网络营销与传统营销都有着各自的优缺点,两者相互影响、相互补缺,企业需要将二者进行有效的整合,直至最后实现二者内在的统一。企业在对网络营销与传统营销进行整合的时候,需要从以下几点内容着手。

1) 营销思想的整合

传统营销中企业采取的是由内而外的规划模式,寻找的是"我们想要的消费者"而不是"消费者想要的是什么"。企业以大量的偶像、明星为代言人进行推广,以推销为目的来制作广告,能够快速带来效果。但是,网络的出现促使消费者对产品和服务的需求越来越个性化。而企业整合网络营销与传统营销的第一步就是要引入产品和服务满足消费者个性需求的理念。这要求企业借助网络的信息优越性对市场进行调研,了解消费者的需求,以把握消费者的需求动态,根据不同消费者设计制作不同的产品,减少商品制造的盲目性,从而提高企业的利润率。

2) 客户整合

由于传统营销模式和网络营销模式所覆盖的主要用户群体不相同,因此二者的整合可以扩大用户覆盖范围。同时网络的存在使企业与市场之间变得越来越扁平化,中间商渠道被压缩,企业与用户之间可以进行面对面的交流。

3) 营销方式的整合

传统营销方式主要是利用广告牌、电视广告、电话营销、人力业务、书面邮件、电台广告、付费平面广告等方式进行的,辐射到人们的现实生活中;而网络营销中的推广方式主要集中在各个网络平台上,辐射到网络中。两者需要相互配合,根据企业营销目标不同采取不同的方式。例如,针对大学生的营销活动可以选择线上线下相结合的方法,具体可以通过在大学校区及周边公交站、地铁站发布广告和在大学生集中的网络平台发布广告信息相结合的方式进行宣传。

4) 营销组织的整合

在网络营销中,网络信息是企业重要的无形财产,尤其是企业客户的信息,而传统营销中对信息的重视程度远远不够。这要求企业及时变更企业的组织结构,可以在销售部门和管理部门之间衍生出一个网络营销管理部门，负责网络营销具体事务，包括日常运营、负责网上信息的搜集和分析、网上顾客服务等事宜，加强对商业信息的重视程度。

同时网络市场中企业和市场之间越来越扁平化，客户来源发生了很大的变化，营销流程也相应发生了改变。为适应这种扁平化的网络营销模式，企业必须根据业务流程的变化对企业组织进行再造，完善客户服务部门的建设，做好客户关系管理工作。

小　结

本章首先对网络营销理论基础进行了详细的讲解；然后介绍了网络市场的发展前景，其中通过数据对网络市场规模、网络市场新模式和网络商务涉及的新领域进行了分析，通过这些分析，读者可以直观地看出网络市场广阔的发展前景；最后讲述了网络营销与传统营销的关系和整合。

通过本章的学习，希望读者对网络营销的内涵和发展前景有一个基本的认识，能够对今后的学习树立信心、指明方向，并在实际运用中正确地认识网络营销与传统营销的区别。

课下练习

一、填空题

1. 网络营销是互联网对企业产品的售前、售中、售后等各环节的信息服务，贯穿了企业整个经营活动，包括________、________、________以及产品销售等方面。

2. 网络营销的流程大致可以分为营销战略制定、________、________、________、网络营销策划、________、网络营销效果分析等环节。

3. 网络营销与传统营销的区别并不是从线上到线下的区别，而是更深层次的________、________和营销策略上的区别。

4. 网络营销对传统营销产生了很大的影响，主要表现在价格、________、________、渠道策略、________、营销方式和生产方式上。

5. 网络营销是一个长期的过程，由多个相互关联的营销环节组成，具有________。

二、判断题

1. 网络营销推广只有经济性和广泛性两个特点。（　）

2. 网络营销是以消费者为主导的一对一的人性化营销。（　）

3. 进行网络营销战略制定时需要做消费者行为分析、网络产品分析、竞争对手分析、网络市场调研等。（　）

4. 网络营销平台建设完成后仅需要进行网络营销推广工作。（　）

5. 传统营销观念一般指的是生产观念、产品观念、推销观念，在特定的时期这些观念曾经发挥了比较重要的作用。（　）

6. 4P 理论是指产品、价格、顾客便利、渠道。（　）

7. 与传统营销相比,网络营销有着很大的优势,并且对传统营销产生了深刻影响,然而网络营销只是企业进行市场营销的手段之一,所以可以完全取代传统营销。 ( )

8. 随着网络营销的出现,传统营销模式虽然出现很大的弊端,但传统营销是网络营销的基础,仍然是现实生活中不可缺少的部分。 ( )

9. 相对于传统的融资方式,众筹更为开放,只要是网友喜欢的项目,都可以通过众筹方式获得项目启动的第一笔资金,为小本经营和创作的人提供了更多可能。 ( )

10. 随着我国网络购物市场的高速发展,跨境电商逐渐出现并成为网络零售市场的增长点,影响力直达全球。 ( )

三、选择题

1. 网络营销物料策划制作不需要准备的是( )。
   A. 创意文案　B. EDM 制作　C. 软文撰写　D. QQ 推广
2. 以下哪个不是建立营销型网站必须具备的?( )
   A. 域名　B. Office 办公软件
   C. 网站程序　D. 空间
3. 不属于 Web 2.0 时期的推广方式的是( )。
   A. 博客　B. 电子邮件营销
   C. 网络百科　D. 论坛
4. 4C 理论包括以下哪些?( )
   A. 解决顾客需求　B. 顾客愿意支付成本
   C. 与顾客沟通交流　D. 引导顾客消费
5. 营销型网站策划/建设分为哪几个层次?( )
   A. 战略需求层　B. 用户体验层
   C. 搜索引擎优化层　D. 技术实现层
6. "喝垮王老吉"属于什么营销?( )
   A. 精准营销　B. 整合营销　C. 新闻营销　D. 搜索引擎
7. 市场营销中的 4I 原则指的是什么?( )
   A. 个性原则　B. 互动原则　C. 用户原则　D. 有趣原则
   E. 利益原则
8. 网络营销产生的技术基础是( )。
   A. 付款手段　B. 互联网　C. 计算机　D. 营销策略
9. 对网络营销的认识,以下哪种说法是正确的?( )
   A. 网络营销就是网上销售　B. 网络营销不仅限于网上
   C. 网络营销不是孤立存在的　D. 网络营销等于电子商务
10. 网路营销是( )。
    A. 营销的网络化
    B. 利用 Internet 等电子手段进行的营销活动
    C. 在网上销售产品
    D. 在网上宣传本企业的产品

四、简答题

1. 请简述网络营销与传统营销的区别。
2. 为什么网络营销需要整合传统营销？

第2章 网络营销战略制定

学习目标

- 掌握网络营销战略制定流程，能够制定网络营销方案
- 掌握网络市场调研方法和策略，能够对调研结果进行分析和研究
- 了解目标市场细分原则和依据，能够准确地进行市场定位
- 掌握竞争对手分析的方法，准确判断竞争对手的战略定位和发展方向

【引导案例】

随着经济的快速发展，礼品在日常生活与商业往来过程中的作用越来越明显，礼品行业发展成为一个高速增长的行业。礼品行业平均利润率高、市场发展空间大、风险相对较低等特点使得企业对礼品行业充满期望。但是，礼品行业也是一个自由竞争的行业，行业壁垒小、科技含量不高、入行门槛较低等原因也造成了礼品行业竞争激烈的局面。

印象礼品公司是一家从事礼品设计、制作、销售、服务的专业礼品公司，经营范围包括纪念礼品、商务礼品、广告礼品、工艺礼品、办公礼品、会议礼品、公关礼品、员工福利礼品、促销品以及办公用品。用户群体主要为企业用户、集团用户和个人消费者，同时公司在全国多省市拥有经销商和加盟店。内部管理上，公司拥有一支专业的营销队伍，服务意识强，能为客户提供周到、便捷、全面、热诚的服务。在产品方面，公司推出个性化定制服务，可以按照客户的需求进行批量定制。在货源方面，公司与工厂签订代工协议，保障充足、高质量的产品供应。在价格方面也有很大的优势。

然而，面对日益激烈的行业竞争与网络市场的大势所趋，公司亟须转型，需要在互联网上进行企业礼品定制服务，通过互联网建立自己的网站和第三方平台店铺，开展网络营销活动。

【案例思考】

网络营销不是简单的网上销售，而是包含营销战略制定、网络平台建设、营销物料策划与制作、网络营销推广、网络营销活动策划、客户关系管理和网络营销效果分析等多个环节的整体活动。其中，网络营销战略的制定为之后的营销活动确定了目标和方向，是网络营销活动中不能缺少的部分。

那么，如何制定网络营销战略呢？企业在制定网络营销战略的时候需要考虑哪些问题呢？下面将站在印象礼品公司的角度上，从以下几个角度来思考网络营销战略制定过程中需要注意的问题。

- 消费者需求是什么？
- 产品策略如何制定？
- 企业的竞争对手在哪里？

- 网络市场调研的目的是什么？
- 目标市场如何定位？

……

这一系列问题都需要通过网络营销战略的制定给出答案，而本章也将从这几个方面进行详细讲解。

2.1　网络消费者行为分析

随着市场主导权由卖方转向买方，消费者成为市场营销活动的中心。了解消费者行为特征，分析消费者行为成为企业制定网络营销战略、开展网络营销活动过程中必不可少的工作内容。本节将针对网络消费者行为分析的内容进行详细讲解。

2.1.1　网络消费者行为特征

网络消费者的行为特征是根据网络环境的改变而不断变化的，根据中国互联网络信息中心(CNNIC)2015 年 7 月 23 日发布的《中国互联网发展状况统计报告》可以看出，目前我国的网络消费者的总体特征表现为以下几点。

1. 手机网民规模持续增长

截至 2015 年 6 月，我国网民中使用手机上网的比例为 88.9%，较 2014 年年底增长了 3.1 个百分点，继续保持增长。而通过台式计算机和笔记本接入互联网的比例分别为 68.4%和 42.5%，较 2014 年年底分别下降了 2.4 和 0.7 个百分点，计算机端向手机端迁移趋势明显。使得手机网民规模持续增长的因素有三个，分别如下。

1) 移动上网设备逐渐普及

智能手机的普及为手机上网奠定了基础。根据艾瑞咨询发布的数据显示，截止到 2015 年第二季度，中国智能手机用户达到 6.01 亿人。自 2013 年以来，各大互联网厂商和传统家电企业纷纷进入智能手机市场促使智能手机价格持续走低，是智能手机用户迅速增长的有效推动力。

2) 网络大环境日趋完善

网络大环境的日趋完善表现在政策和技术两个方面。在政策方面，政府加大对于移动上网的扶持，通过督促运营商降低上网资费、提升网络覆盖能力等措施降低手机上网门槛，优化了网民上网的外部环境。在技术方面，3G/4G 网络技术的出现和普及大大提高了移动端网络速度，提高了用户使用移动设备上网的体验。

3) 移动互联网应用场景日益丰富

移动互联网应用场景的丰富提升了网民使用意愿。移动互联网与传统行业加速融合，开发出各类与生活紧密相关的新应用，一方面方便了人们生活，另一方面也吸引传统行业向移动互联网转移，例如外卖、团购、打车服务等通过移动互联网使人们的生活更加便利。

2. 移动网络和 Wi-Fi 无线网络用户增多

截止到 2015 年 6 月，我国手机网民中通过 3G/4G 上网的比例为 85.7%。除 3G/4G

外，Wi-Fi 无线网络也成为主要的上网方式，83.2%的网民在最近半年曾通过 Wi-Fi 接入过互联网，其中在家里接入 Wi-Fi 无线网络的比例为 88.9%，在单位和公共场所 Wi-Fi 无线上网的比例相近，分别为 44.6%和 42.4%，如图 2-1 所示。

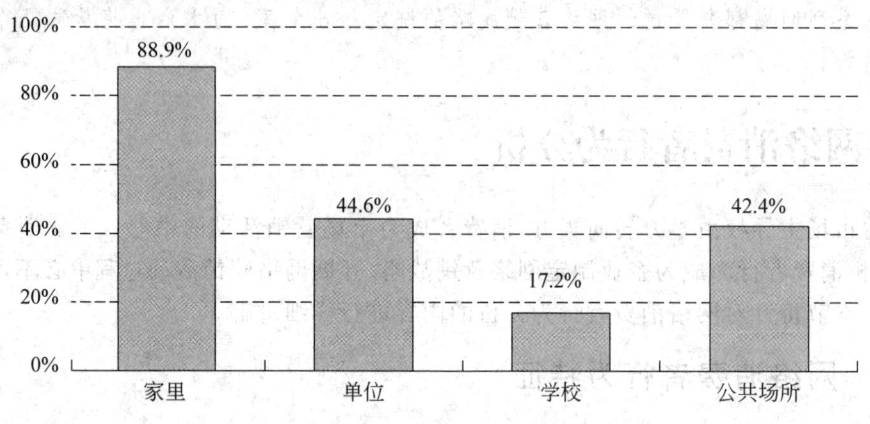

图 2-1　网民 Wi-Fi 无线网络接入场所

3. 移动网络购物和支付备受青睐

随着移动互联网信息技术的不断发展，信息基础设施建设的不断完善，以及智能设备的不断普及，使得手机网民近年来快速增长。而移动网络购物和支付因其方便快捷的巨大优势更是受到了越来越多的网民的青睐，移动商务类应用逐渐成为拉动网络经济增长的新引擎。下面通过近年的手机网络购物比例和网民使用手机支付比例的数据，进行详细分析。

1）手机网络购物比例上升

我国手机网络购物用户规模增长迅速，截至 2015 年 6 月，我国网络购物用户规模达到 3.74 亿，较 2014 年年底增加 1249 万人，半年度增长率为 3.5%，而其中手机网络购物用户达到 2.70 亿，半年度增长率为 14.5%，手机购物市场用户规模增速是整体网络购物市场的 4.1 倍，手机网络购物的使用比例由 42.4%提升至 45.6%，如图 2-2 所示。

2）网民手机支付使用比例上升

支付方面与购物方面相似，截至 2015 年 6 月，我国使用网上支付的用户规模达到 3.59 亿，较 2014 年年底增加 5455 万人，半年度增长率为 17.9%。与 2014 年 12 月相比，我国网民使用网上支付的比例从 46.9%提升至 53.7%。而手机支付用户规模达到 2.76 亿，半年度增长率为 26.9%，是整体网上支付市场用户规模增长速度的 1.5 倍，网民手机支付的使用比例由 39%提升至 46.5%，增长迅速，如图 2-3 所示。

从上面的数据可以看出互联网商业活动正在往移动端转移，消费者利用移动端进行购物与支付的习惯逐渐养成。通过这一点，企业在开展网络营销活动时可以更加注重移动端市场的开发，发挥移动端即时、便捷性的特点，确保企业移动端网站和应用操作简单、浏览舒适。

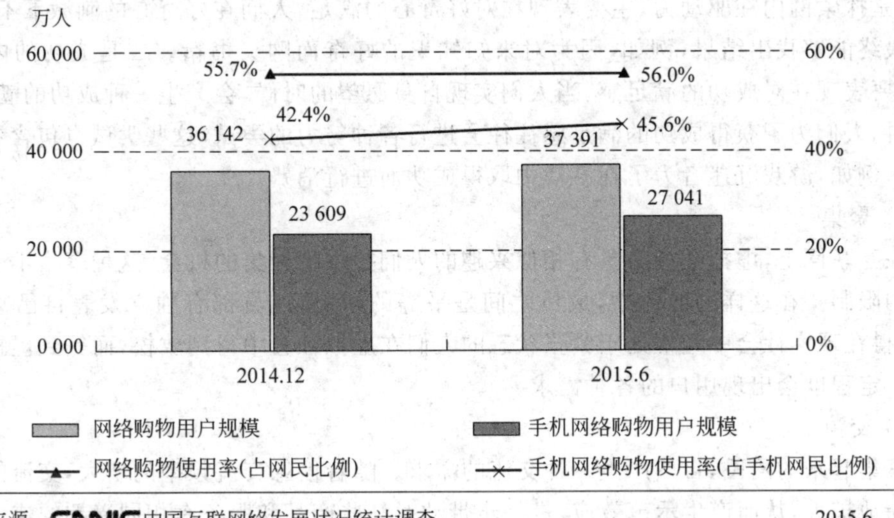

图 2-2　2014.12—2015.6 网络购物/手机网络购物用户规模及使用率

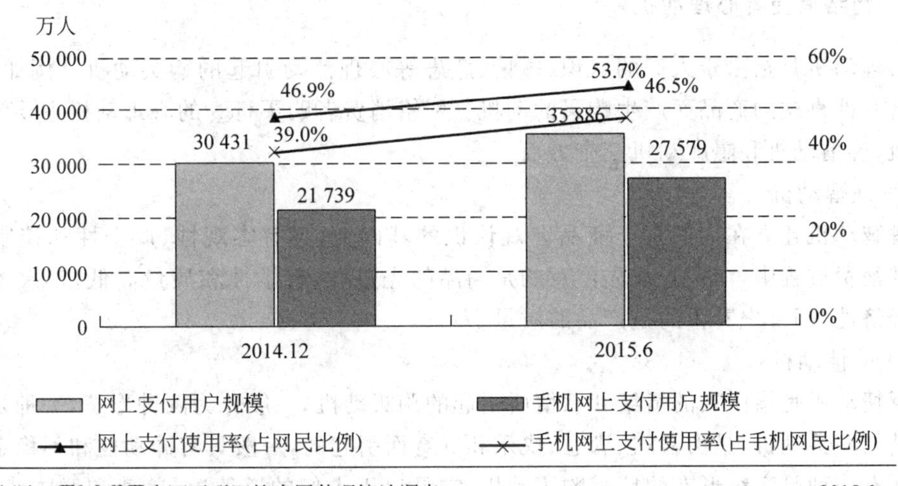

图 2-3　2014.12—2015.6 网上支付/手机网上支付用户规模及使用率

2.1.2　网络消费者购买动机

网络消费者的购买动机是指在网购过程中驱动消费者产生购买行为的内在驱动力，是网购过程的初始点。网络消费者的购买动机基本上分为两类，即需求动机和心理动机。

1. 网络消费者需求动机

需求动机是指人们由于各种低级的或高级的需求而引发的购买动机，如在网络上购买基本的生活必需品。需求动机通常包括兴趣、聚集和交流三个层面。

1）兴趣

兴趣往往会促使人们自发地进行某些活动，而兴趣的产生，主要出自于两种内在的驱动,一是探索的内在驱动力,主要表现在对好奇心的满足,人们在好奇心的刺激下不断查询,希望最终能够找出结果,例如,因为对未知知识的好奇而购买书籍。二是成功的内在驱动力,主要表现在对成功的满足感,当人们实现自身愿望的时候,会产生一种成功的满足感,反过来讲,人们为了获得成功的满足感往往会进行各种努力的尝试,这些尝试也包含各种购买行为。例如,游戏沉迷者为了在游戏中取得成功而进行消费。

2)聚集

在互联网上,虚拟社会为具有相似兴趣的人们提供了聚集的机会,这种聚集不受时间和空间的限制。在这样的群体中,成员之间是平等的,每位成员都有独立发表自己意见的权利,使得在现实社会中经常处于紧张状态的人们在虚拟社会中得到放松,而等到虚拟社区发展到一定程度会出现用户的各种需求。

3)交流

聚集起来的网民,自然产生一种交流的需求。随着信息交流频率的增大,交流的范围也在不断地扩大,从而产生示范效应,进一步带动对某些产品和服务有相同兴趣的成员聚集在一起,这时便会产生商品信息的交流,从而实现网络上的交易。

2. 网络消费者心理动机

心理动机是指由于人们的认识、感情、意志等心理活动引起的购买动机。例如,在网络上发现一件喜欢的商品而产生购买的动机。网络消费者购买行为的心理动机主要体现在理智动机、感情动机和惠顾动机三个方面。

1)理智动机

理智动机建立在人们对于商品客观认识的基础上,具有客观性、周密性和控制性的特点。在消费过程中,消费者首先注意的是商品的先进性、科学性和质量高低,其次才注意商品的经济性,即首先看重的是产品的质量。

2)感情动机

感情动机是指由人的情绪和感情所引起的购买动机,一般分为两种形态,一种是低级形态的情绪购买动机,是由喜欢、满意、快乐和好奇而引起的,一般具有冲动性和不稳定性的特点。还有一种是高级形态的情感购买动机,它是出于人们的道德感、美感和群体感,具有较大的稳定性和深刻性的特点。

3)惠顾动机

惠顾是基于理智经验和感情之上的,是指消费者对特定商品产生特殊的信任与偏好而进行重复性购买。具有惠顾动机的网络消费者,往往是某一品牌和商品的持续支持者,简单地讲就是网络上的"回头客"。

惠顾动机的形成,往往是由于品牌具有相当的地位和一定的权威性,或者是因为产品质量在网络消费者心中树立了可靠的形象。企业在网络营销过程中要注意客户关系的管理,培养消费者的惠顾动机,将其变为企业的忠实粉丝。

2.1.3 网络消费者购买过程

网络消费者的购买过程是指网络消费者购买行为形成和实现的过程。从酝酿购买开始,到购后评价结束,简单地分为5个阶段,即诱发需求、收集信息、比较选择、购买决策和购后评价，如图 2-4 所示。

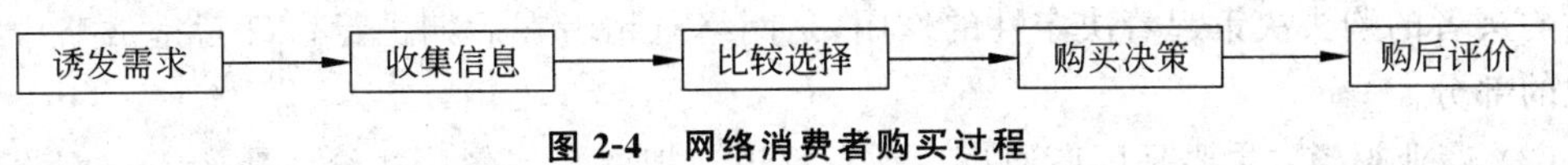

图 2-4　网络消费者购买过程

1. 诱发需求

网络购买过程的起点是诱发需求。当消费者对市场中出现的某商品产生兴趣后，才可能产生购买欲望。这是消费者做出消费决定的基本前提。

在传统的购物过程中，诱发需求的动因是多方面的。人体内部的刺激，如饥饿、口渴，可以引发对食物、饮料的需求，外部的刺激也可以成为“触发诱因”，例如看到同事新买了一部手机，因而产生了自己也要买一部的想法。

对于网络营销来说，消费者不能直接体验到产品，使得产品对消费者的直接吸引力有限。这就要求企业深入了解产品能够满足消费者什么样的需求，了解这些需求是由哪些刺激因素诱发的，利用这些刺激因素去吸引更多的消费者浏览网页，诱导这些用户的购买需求。

2. 收集信息

需求被诱发之后，消费者需要进行产品信息的收集，产生一个信息收集渠道，如图 2-5 所示。这个环节就是收集商品的有关资料、了解行业情况，为下一步的比较选择奠定基础。在信息收集的过程中常见的渠道主要有两个，即内部渠道和外部渠道，具体如下。

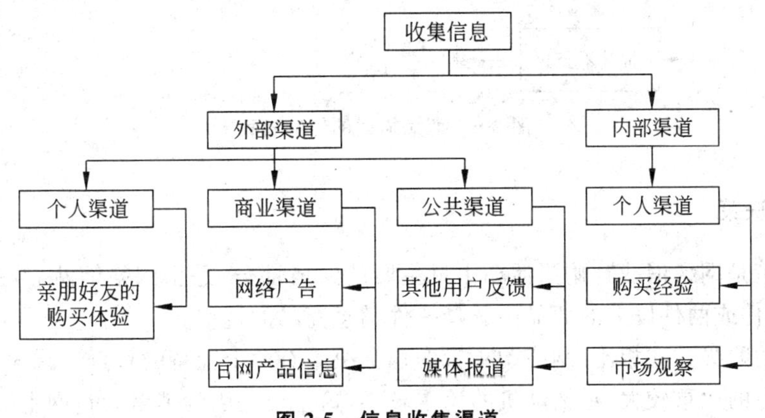

图 2-5　信息收集渠道

1）内部渠道

内部渠道是指用户通过用户自身收集信息的渠道，主要包括消费者个人之前购买商品的经验以及个人对市场的观察等。

2）外部渠道

外部渠道是指消费者可以从自身以外收集信息的通道，主要包括个人渠道（如亲朋好友的购物体验）、商业渠道（主要来自于企业自身发布的信息）和公共渠道（如媒体报道和其他用户的反馈）等三个方面，具体解释如下。

(1) 个人渠道：主要来自消费者的亲戚、朋友和同事的购买体会。这种信息和体会，通常对购买者的购买决策起着决定性的作用，是网络营销者在后期进行口碑营销战略中需要重视的部分。

(2) 商业渠道：主要是厂商通过活动有意识地把商品信息传播给消费者。在网络营销过程中表现为网络广告和官网中的产品介绍等。

(3) 公共渠道：泛指不专属于任何一个人的途径，例如各种各样的媒体及论坛等网络平台。消费者在公共渠道收集的信息主要有媒体报道和其他用户在网上的反馈信息。

3. 比较选择

比较选择是购买过程中必不可少的环节，是消费者将收集来的资料进行比较、分析、研究，了解各种商品的特点和性能的过程。一般来说，消费者的综合评价主要考虑产品性能、样式、价格和售后服务等。

企业对商品的描述是消费者比较网上商品的重要依据，包括文字描述、图片描述和视频描述等。企业对自己的产品描述得不充分，就不能吸引用户的关注。而如果企业对产品的描述过分夸张，甚至带有虚假的成分，则可能永久地失去顾客。对于这种分寸的把握，是企业必须认真考虑的，如图 2-6 所示，即为商品描述对顾客的影响过程。

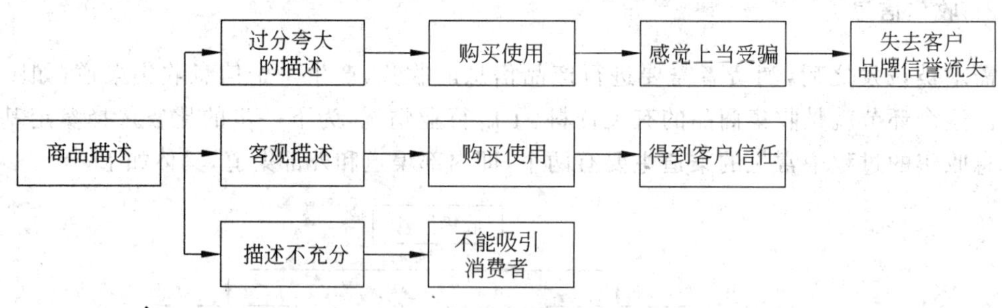

图 2-6　商品描述的影响过程

4. 购买决策

购买决策是网络消费者购买活动中最主要的组成部分，是指网络消费者在购买动机的支配下，从两件或两件以上的商品中选择一件满意商品的过程。

与传统的购买方式相比，网络购买者的购买决策有两个独特的特点。首先，网络购买者理智动机所占的比重较大，感情动机的比重较小，这主要是因为消费者在网上寻找商品的过程本身就是一个思考的过程。其次，网络购买受外界的影响较小，这是由于购买者与外界接触较少，决策范围有一定的局限性，大部分的购买决策是自己做出的或是与家人商量后做出的。

5. 购后评价

消费者在购买商品并使用后，会对自己购买的商品进行评价，评价使用效果是否理想，以及服务是否周到等问题。这种购后评价体现了消费者对商品的满意程度，同时也会间接影响其他潜在消费者是否购买此商品。

消费者在购买和试用某商品后，如果感到满意或很满意，今后才会重复购买此商品，并且在其他人问及的时候给予此商品正面评价，进而促进此商品的销售。反之，就不会再去购买此商品，同时会对此商品做出负面评价，进而影响此商品的销售，如图 2-7 所示。

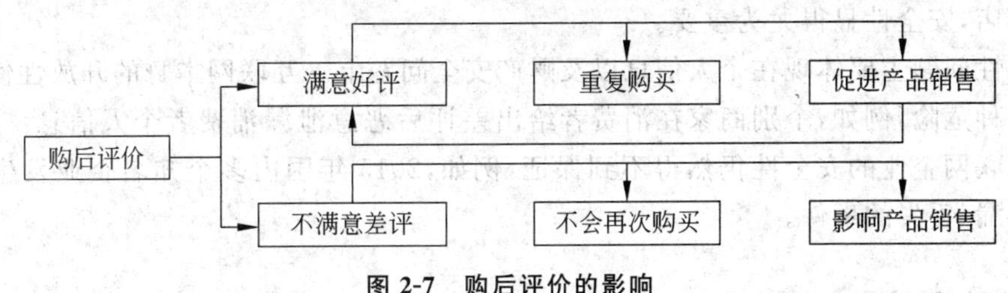

图 2-7　购后评价的影响

2.1.4　影响网络消费者购买决策的因素

网络消费者在进行消费时会在综合考虑后做出购买决策，影响消费者购买决策的因素有很多，主要有产品因素、购买的便捷性和安全性。

1. 产品因素

产品是影响到消费者购买决策的直接因素，也是企业赖以生存的根本。产品因素对消费者购买决策的影响主要体现在产品属性和产品价格上。

1）产品属性

产品属性是指产品本身所固有的性质，是产品在不同领域差异性（不同于其他产品的性质）的集合。网络消费者大多是青年人，它们追求个性化；以礼品行业为例，礼品本身要具有独特性才能吸引到网络消费者，印象礼品公司在面向个体消费者时可以推出个性化定制礼品，用以满足青年消费者对个性化礼品的需求。

2）产品价格

产品价格指的是产品的销售价格，是消费者购买该产品所要付出的价值，针对网络购物，企业还要考虑到物流费用。消费者在购买前对于网络市场的产品往往有一个价格的心理预期，即使网上的商品不是免费的，那么价格也应该比传统的销售渠道的价格要低。

2. 购物的便捷性

购物的便捷性是影响消费者在网上购买决策的重要因素，网上购物的便捷性主要体现在两个方面，即时间的便捷性和地域的便捷性。

1）时间的便捷性

由于互联网跨时空的特性，网络市场可以全天候为顾客提供销售服务，方便顾客在任意时间挑选商品。同时，消费者在网络上挑选商品比线下外出购物更加快捷方便。

2）地域的便捷性

网络消费者通过互联网可以足不出户地选择全国各地的商品，同时消费者在挑选商品的过程中更可以“货比多家”，选择质量最好、价格最便宜、各方面最实用的产品。

3. 安全性

影响消费者网上购买决策的另一个重要因素是安全性问题。网上购物时消费者面对的是虚拟商店,安全性显得尤为重要。

安全性问题主要体现在个人信息以及财产安全问题上。互联网本身的开放性使网上交易面临种种危险,例如,个别商家在消费者给出差评后恶意泄漏消费者个人信息。同时,国内许多互联网企业的安全性仍然得不到保证,例如,2015 年国内多个知名企业发生用户注册信息泄漏、丢失的事件。

2.2 网络产品分析

网络产品分析是指企业针对自身产品进行分析总结并最终提炼出产品卖点的过程,在这一过程中企业不能只局限于自身的产品,还需要针对竞争对手的产品进行分析总结,并与自身产品做出对比,本节将针对网络产品和产品卖点提炼的相关知识进行详细讲解。

2.2.1 网络产品概述

网络产品是一种具有跨时空、多媒体、交互式、拟人化、成长性、整合性、超前性、高效性、经济性和技术性等多种特点的产品,不只包含虚拟的网络产品也包含实物产品。下面将从网络产品的层次和分类详细讲解网络产品的有关内容。

1. 网络产品的层次

在传统市场营销中,产品满足的是消费者的一般需求,相应地分为核心产品、有形产品和延伸产品。而网络市场中市场主导权转向消费者,个性化需求突显,因此,网络产品除了要包含传统市场中产品的特性外,还需要包含期望产品层次和潜在产品层次。在网络营销中,产品的整体概念可分为 5 个层次,如图 2-8 所示。

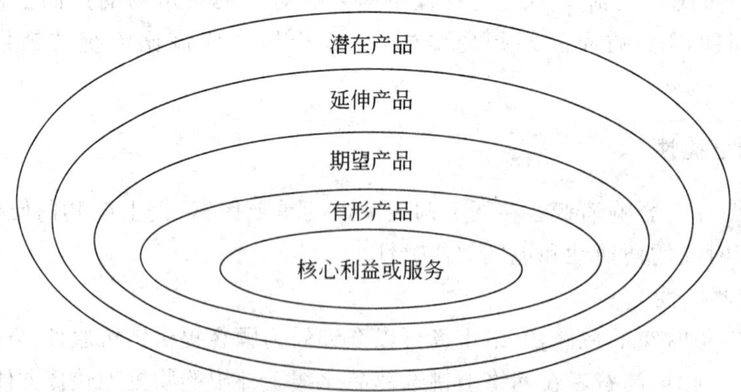

图 2-8 网络营销产品层次

通过图 2-8 了解到网络产品分为核心利益或服务、有形产品、期望产品、延伸产品和潜在产品 5 个层次,下面将对它们进行详细讲解。

1）核心利益或服务

核心利益或服务是指产品能够提供给消费者的基本效用，是消费者购买商品的基本原因所在。如消费者购买礼品是为了送人、购买书籍是为了阅读、购买 MP3 是为了听音乐等。由于网络营销是以用户为中心的营销策略，企业在设计和开发产品核心利益时要从用户的角度出发。

2）有形产品

有形产品是产品在市场上出现时的具体物质形态，是核心利益的物质载体，主要表现在品质、特征、样式、商标和包装上。

对于有形产品来说，第一，产品的品质必须保障；第二，必须注重产品的品牌；第三，注意产品的包装，这点在礼品行业中尤为重要；第四，在式样和特征方面要根据不同地区的风俗文化来进行针对性加工。

3）期望产品

在网络营销中，消费者作为主导地位，消费需求呈现出个性化的特征，不同的消费者可能对产品要求不一样。例如在礼品行业中，消费者在购买礼品前对所购礼品的个性化方面有很高的期望值，就是期望产品。

4）延伸产品

延伸产品是指由产品的生产者或经营者提供的购买者的需求，主要是帮助用户更好地使用核心利益和服务。在网络营销中，对于物质产品来说，延伸产品层次主要有提供满意的质量保证、送货及时和售后贴心等与核心利益配套的服务。

5）潜在产品

潜在产品属于延伸产品层次之外，是企业提供能满足消费者潜在需求的产品层次。它主要是产品的一种增值服务，它与延伸产品的主要区别在于潜在产品层次是消费者需要的产品核心利益和服务之外的附加效果。

2. 网络产品分类

产品的分类是复杂的，同时也是随着网络市场环境的变化而变化的，如何正确划分产品，以及制定良好的产品发展战略对网站的创建和后期的推广至关重要。一般来说，网络商品分类可以按照两种方法进行，即按照产品形态分类和按照产品盈利模式分类。

1）按照产品形态分类

按照产品形态分类是指将网络产品根据产品形态和性质的不同进行分类的方法，大致可分为两类，即实体产品和虚拟产品。

(1) 实体产品：实体产品是指有具体物理形状的物质产品。消费者通过卖方的主页收集产品信息并购买，企业通过快递或上门送货完成货物配送。常见的网络实体产品可分为个人消费品、二手物品和工业半成品等。

(2) 虚拟产品：虚拟产品与实体产品的本质区别是虚拟产品一般是无形的，即使表现出一定形态也是通过其载体体现出来，即虚拟产品，比如电子书。在网络上销售的虚体产品一般可以分为两大类，即软件和服务，如图 2-9 所示，即为网络营销产品的分类体系图。

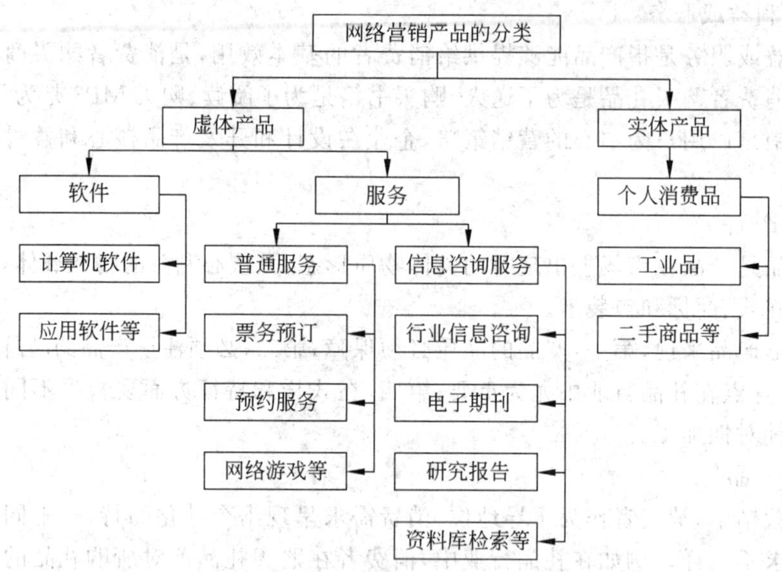

图 2-9 网络营销产品的分类体系图

2）按照产品盈利模式分类

一般来说，简单地将产品按照形式和性质进行分类是不能够满足企业营销需求的。在日常的营销活动中，企业往往根据产品在营销活动中扮演角色的不同(即产品盈利模式)将产品分为主要产品、盈利产品和辅助产品三类，具体如表 2-1 所示。

表 2-1 营销活动中的产品分类

分 类	功 能 描 述
主要产品	满足大众需求，不盈利或极少盈利，目的是增加品牌凝聚力。例如，新浪的"新闻"、腾讯的 QQ 等
盈利产品	满足小部分用户，主要盈利产品，目的就是盈利。例如，腾讯的"QQ 会员"、在线小游戏等
辅助产品	增加产品纬度，让消费者有更多选择，盈利是次要的，价格灵活，目的是丰富产品系列扩大目标客户的范围

表 2-1 列举了营销活动中的产品分类，通过这样的划分，可以使产品分布更有层次，能够为不同阶层的消费者提供更多的选择。例如在电子商务中，企业往往会推出一款性价比很高的产品用来吸引流量，就是基于这种对产品的划分方法。

2.2.2 产品卖点和提炼方法

随着各个行业市场日趋成熟，许多企业在品牌形象塑造、产品技术研发甚至采用营销方式上都越来越相近时，如何细分市场进行差异化营销成为企业营销能否成功的重要因素。而进行差异化营销就需要提炼产品卖点，以区别于其他企业产品，提高企业产品的市场竞争力。那么，产品卖点又是如何提炼的呢？有哪些方法呢？下面将从产品卖点定义和产品卖点提炼方法两方面详细讲解产品卖点提炼的相关内容。

1. 什么是产品卖点

所谓“卖点”，是指产品具备的别出心裁或与众不同的特色。这些特色一方面是产品与生俱来的，另一方面也是通过营销策划人的想象力、创造力“无中生有”的。然而，不论它从何而来，只要能使之落实于营销的战略战术中，使消费者能够接受和认同，就能达到促进产品销售、树立品牌形象的目的。

卖点需要满足目标受众的需求点，这是必要的条件，同时需要满足优于竞品这个条件。如果在满足目标受众的需求的对比中体现不出优势，那卖点也不能称之为卖点了。

2. 产品卖点提炼的方法

产品的卖点并不是凭空得来的，而是通过将自身产品属性和特色进行收集、整理、分析、提炼的。不同的产品具有不同的卖点，因此提炼产品卖点的方法也因产品而异。下面将从产品卖点分析和卖点提炼操作过程讲解产品卖点提炼的方法。

1）产品卖点分析

产品卖点分析的主要内容是怎样创造出与竞争对手不同的差异化特色。差异化的实质就是给顾客一个购买理由，即为什么买你的产品而不买别人的产品，但是在提炼产品卖点的过程中，除了寻找差异性还需要遵守下面几点原则。

(1) 寻找产品的目标受众，哪些目标受众是企业的潜在客户，这是确定目标受众的第一过程。只有针对目标受众进行卖点提炼和卖点传播，才具有实际的商业价值。

(2) 分析交易对象的需求点，卖点提炼是根据交易对象的需求点来展开的，如果卖点不能解决目标客户需求问题，就不能纳入卖点的领域。当然，这里的需求是广义的，也是多种多样的，有物质的需求，也有精神的需求，有有形的需求，也有无形的需求。

(3) 分析产品信息，当明确了企业经营目标后，需要认真分析企业现有的资源，并对企业内外所有资源进行相应的整合。这些资源有什么特色和优势是其他竞争对手的产品所不具备的。

2）卖点提炼的操作过程

产品卖点提炼的过程大致可以分为 7 个步骤，即获取、识别、界定、分离、评估、调整和确定，如图 2-10 所示。

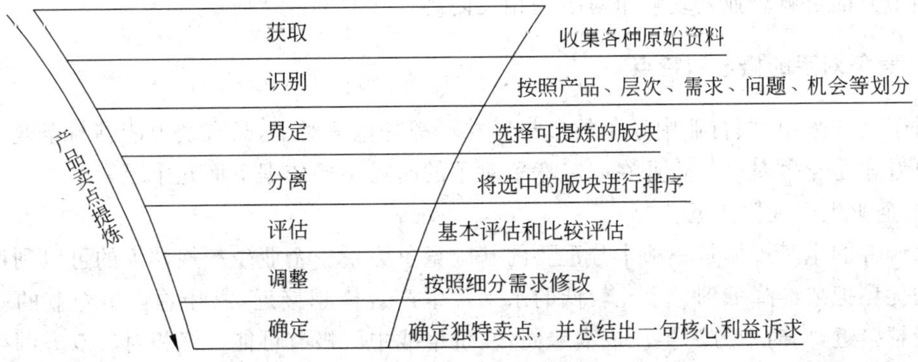

图 2-10　产品卖点提炼

图 2-10 列举了产品卖点提炼的相关流程，对其中的各部分解释如下。

(1) 获取：是指获取我方产品能满足目标用户的需求信息，需要企业根据自身产品定位及行业同类产品寻找相关产品的属性和特点，将这些产品属性一一列出，包括竞争对手产品的属性和特色。

(2) 识别：是指将获取的需求信息整理、分类，是将列出的产品属性进行分类归纳的过程，这个过程中需要将竞争对手的产品信息和自身产品信息进行分类。

(3) 界定：是指按目标受众对相关需求的思维进行排序，调查出在这些类相关需求中哪些需求是重要的，哪些需求是紧急的。

(4) 分离：是指将这些罗列出来的优势根据需求的重要和紧急程度进行重新排列，突出最大优势，满足目标受众需求的优势。

(5) 评估：是指对于各有特色的产品需要按照有利于企业自身利益的方式去评估，然后整理出目标受众需求的信息。

(6) 调整：是指将整理出的产品卖点按照商品优势、优势识别、需求满足优势的策略进行调整，做到区别于竞争对手产品，领先行业普遍商品的程度。

(7) 确定：是指将这些产品卖点根据传播过程中的表达思路，总结成一句核心利益诉求。口号需要简单易记，让用户容易理解，同时容易记忆。

2.3 竞争对手分析

竞争对手分析是指企业通过分析识别出竞争对手，并对它们的目标、资源、市场力量和当前战略等要素进行评价。进行竞争对手分析的目的是通过了解竞争对手的信息，获知竞争对手的发展策略以及行动，以做出最适当的应对。本节将从发现竞争对手和竞争对手分析两个方面详细介绍竞争对手分析的相关内容。

2.3.1 发现竞争对手

竞争对手是指在某一行业或领域中，拥有与你相同或相似资源（包括人力、资金、产品、环境、渠道、品牌、智力、相貌、体力等资源）的个体或团体，同时该个体（或团体）的目标与你相同，产生的行为会给你带来一定的利益影响。下面将从竞争对手的概念和特点、竞争对手查找两个方面讲解企业发现竞争对手的相关内容。

1. 竞争对手的概念和特点

对于企业来说，同行业中竞争的参与者并不都是竞争对手，只有实力能够与企业相抗衡的竞争者才是竞争对手。企业在确定竞争对手的时候主要依据下面几个因素。

1) 企业生产规模接近

生产者的生产规模是一项十分重要的基础竞争力量。企业生产规模大的可以利用规模经济的优势把成本降低到一个比较低的水平。生产规模越接近，意味着竞争企业的基础竞争力量越接近，同时双方的生产成本趋同，在价格战中就极有可能针锋相对。双方因生产能力接近，为寻求市场吸纳而进行市场份额的争夺程度也就会更激烈。

2）企业产品形式接近

产品形式接近并不是说双方的产品一模一样，而是指双方产品在很多地方具有高度相似的特点，这些特点可能是它们的使用价值，也可能是产品的性能、名称、生产工艺、包装工艺等。

3）企业产品价格接近

市场零售价格接近的产品，才会成为竞争性的产品。市场零售价格，一般是市场的终端价格，是直接面向消费者的价格。它不但反映着产品的价值，也反映着顾客的接受程度，不管对中间商如何让利，市场零售价将决定胜败。

4）销售渠道相同

产品从生产出厂到顾客消费是一个漫长的过程。企业把产品交给中间商，中间商就成为企业的销售渠道，中间商把产品交给零售商，零售商就成为中间商的渠道。销售渠道相同的企业，才会成为竞争者。销售渠道相同，就会在相同渠道内产生竞争。市场主体的销售渠道越多，销售面就越大。但只要是在一个窗口里销售，双方的竞争就不会停息。

5）定位档次相同

产品的定位，在顾客心目中通常是档次的定位，一般分为三种：高档产品、中档产品、低档产品。不同档次的产品对应不同消费水平的人群，低消费水平者很难承担高档次商品的消费，而高消费水平者很少去购买低档次的产品，即便低档产品带来的使用价值与高档产品相差不多，但它给消费者带来的满足感是不一样的。

6）目标顾客相同

产品使用价值的满足对象是产品的目标顾客。现代营销的潮流是进行市场筛选和市场细分，制造商的产品不再用来打动所有人，而是只能满足一部分人的需求。目标顾客相同，企业双方竞争的市场就一样。如果企业双方生产的同一种产品销售给了两种不同对象，那么两者就算不上是竞争对手，只有目标顾客相同，才能引起竞争。

7）开拓市场努力程度相同

传统市场中，有一些企业重视固定资产投资，而轻视市场无形资产投资。主要表现在企业决策者有没有积极的营销意识，生产成本远远高于销售成本，甚至期待销售零成本，这类企业属于加工型企业。反之，销售成本大于生产成本的企业属于营销型企业。但在目前的现实中，销售成本能占生产制造成本的 40％的是营销型企业。

营销型企业的经营行为在广告上、促销上、市场推广，以及市场竞争上都表现出惊人的勇气和不懈的努力。企业双方拓展的努力程度越大，市场竞争就越激烈。而没有拓展精神的企业不是竞争者，因为这类企业根本不存在竞争意识。

2. 竞争对手查找

网络竞争对手的查找一般可以从搜索引擎开始。以礼品行业为例，可以在搜索引擎上进行关键词“礼品”的搜索，搜索引擎将检索结果进行展示。这些搜索引擎反馈过来的信息中大部分都是礼品行业的从业者，之后用户可以从这些结果中筛选出自身的竞争对手。如图 2-11 所示，通过搜索引擎对关键词“礼品”的检索结果。从这些搜索结果中打开目标站点，通过对目标站点的对比可以得到相关信息，从而查找出企业的竞争对手。

以印象礼品公司为例，印象礼品公司在业内有一定基础，在传统市场发展时必然了解行

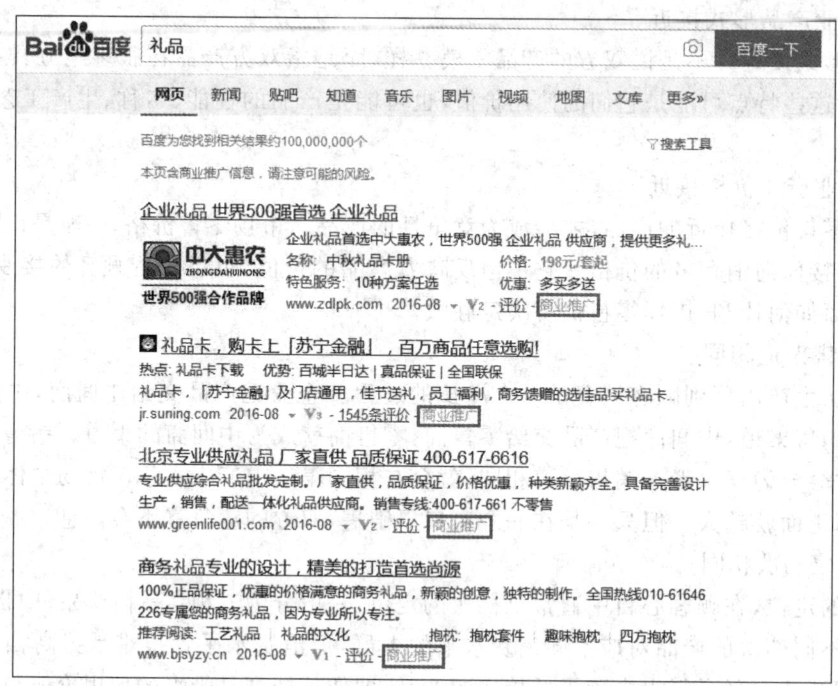

图 2-11 百度搜索“礼品”的结果

业内竞争对手的基本情况。在这种情况下可以通过搜索引擎直接检索竞争对手的品牌词，查看竞争对手在网络市场中的发展情况。

通过对互联网信息的收集以及对收集信息的筛选，并结合印象礼品公司目前的发展状况和网络市场的发展规划，可以将印象礼品网的竞争对手分为以下几种。

(1) 综合性礼品网，如中国礼品网、慧聪礼品工艺品网等，这些网站公司汇集大量礼品企业，建立起行业性的礼品销售平台和咨询平台。在礼品行业拥有较强的实力和话语权。

(2) C2C 网站店铺，如淘宝网、京东上的第三方店铺，借助这些 C2C 网站的流量进行网上零售，产品个性化程度高，深受年轻学生和白领的喜爱。

(3) 礼品行业垂直电商，如卡当网、礼意久久网等专注于礼品行业，商品种类齐全。一件起订的定制化服务与快速送货服务等获得用户的认可。

2.3.2 竞争对手网站分析

竞争对手分析的目的是为了准确判断竞争对手的战略定位和发展方向，并在此基础上预测竞争对手未来的战略，准确评价竞争对手对本组织的战略行为的反应，估计竞争对手在实现可持续竞争优势方面的能力。下面将针对竞争对手网站分析和网站分析的重点进行详细讲解。

竞争对手网站分析可以通过对竞争对手网站基本情况的查询来进行。例如，以印象礼品公司的竞争对手中国礼品网(www.lipingov.cn/)为例，针对该网站进行网站分析。分析过程中应关注以下几个指标。

1. 百度权重和谷歌 PR 值

百度权重是爱站、站长工具等网站推出的，是针对网站关键词排名预计给网站带来流量的评估数据，划分等级 0～10，百度官方并不承认百度权重的存在。PR 即网页级别，是谷歌用于评测一个网页"重要性"的一种方法，级别从 0 到 10 级。PR 值越高说明该网页越重要。

上述两个值的查询可以通过站长工具网站进行，如图 2-12 所示。

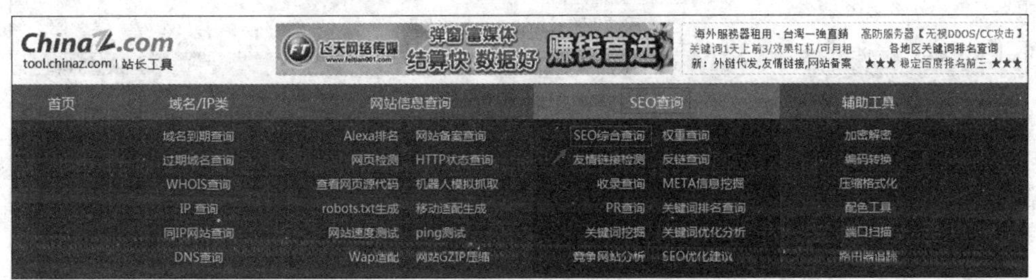

图 2-12　站长工具选取页面

通过站长工具中的 SEO 查询，选中"SEO 综合查询"，进入"SEO 综合查询"页面，如图 2-13 所示。

图 2-13　站长平台 SEO 综合查询页面

输入查询网站的网址进行查看分析，即可得出该网站的 SEO 多项指标的数据，如图 2-14 所示。

2. 网站标题

网站标题是衡量网站 SEO 情况的一个重要指标。而网站 SEO 优化的好坏决定了网站的自然排名情况，也客观地反映了企业在网络推广过程中的实力。通过查询竞争对手的标题，可以分析出竞争对手在网络市场上的定位，了解竞争对手网络推广的实力。

3. 域名历史的追查

域名历史的追查不但可以查看到域名存在的历史时间，还可以查出域名是否进行过程序更换。在网络营销中老域名相对新域名来说有明显的优势，如果老域名没有被搜索引擎惩罚过，继承老域名会比新注册域名更有优势，因为它不仅有域名的时间优势，还有权重的

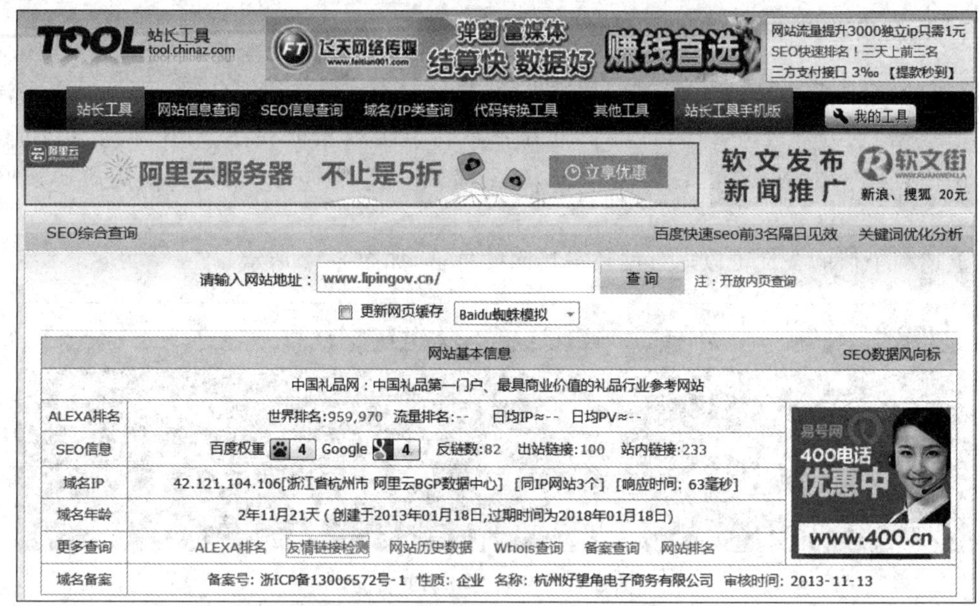

图 2-14 中国礼品网 SEO 综合查询

传递。

4. 网站关键词分析

网络关键词的好坏决定网站排名的前后，分析竞争对手网站核心关键词的好坏可以看出竞争对手的网站实力，也可借鉴竞争对手的长尾关键词来优化自身网站。竞争对手网站关键词查找可以通过访问竞争对手网站进行查看，这里以中国礼品网为例，通过访问网站了解网站的核心关键词，如图 2-15 所示。

图 2-15 中国礼品网首页

进入中国礼品网(http://www.lipingov.cn)首页，在首页空白处单击右键，出现菜单栏，选中“查看页面源代码”命令后单击左键即可进入如图 2-16 所示页面。页面中红线所圈定的部分即为中国礼品网站关键词，从中可以看到中国礼品网包含“中国礼品网、礼品、礼品网、礼品行业、礼品网站、礼品门户”6 个关键词。

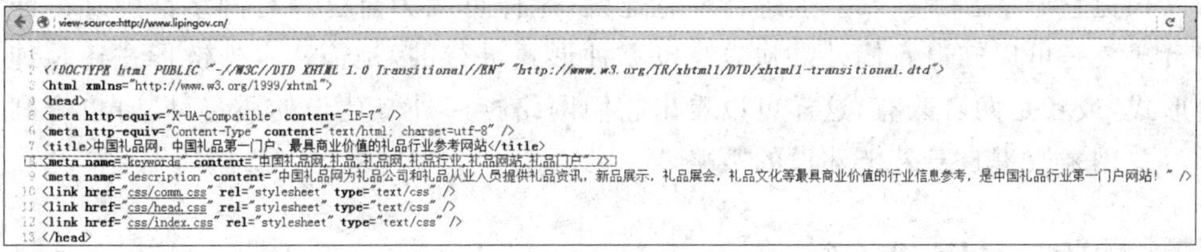

```
view-source:http://www.lipingov.cn/

<!DOCTYPE html PUBLIC "-//W3C//DTD XHTML 1.0 Transitional//EN" "http://www.w3.org/TR/xhtml1/DTD/xhtml1-transitional.dtd">
<html xmlns="http://www.w3.org/1999/xhtml">
<head>
<meta http-equiv="X-UA-Compatible" content="IE=7" />
<meta http-equiv="Content-Type" content="text/html; charset=utf-8" />
<title>中国礼品网：中国礼品第一门户、最具商业价值的礼品行业参考网站</title>
<meta name="keywords" content="中国礼品网,礼品,礼品网,礼品行业,礼品网站,礼品门户" />
<meta name="description" content="中国礼品网为礼品公司和礼品从业人员提供礼品资讯，新品展示，礼品展会，礼品文化等最具商业价值的行业信息参考，是中国礼品行业第一门户网站！" />
<link href="css/comm.css" rel="stylesheet" type="text/css" />
<link href="css/head.css" rel="stylesheet" type="text/css" />
<link href="css/index.css" rel="stylesheet" type="text/css" />
</head>
```

图 2-16　中国礼品网关键词查找

网站关键词还可以通过对网站进行 SEO 综合查询来获得，如图 2-17 所示，通过对中国礼品网的 SEO 综合查询，即可看到中国礼品网的 6 个关键词。通过网站 SEO 综合查询不仅可以看到网站关键词的指数以及排名，还可以通过查询结果中的“长尾词推荐”查看对应关键词的长尾关键词，对于一些新建网站有很大的指导意义。

关键词排名　长尾词推荐 NEW　　+添加关键词

关键词	PC指数	移动指数	360指数	百度排名[历史]	排名变化	预估带来流量(IP)
中国礼品网	192	253	170	1	-	289 ~ 489
礼品	696	1797	371	7	↓3	24 ~ 49
礼品网	1339	341	448	1	↑1	1092 ~ 1848
礼品行业	48	18	0	3	↑1	9 ~ 13
礼品网站	91	54	20	3	↑2	21 ~ 29
礼品门户	0	0	0	6	↑1	0

图 2-17　中国礼品网 SEO 综合查询——关键词排名

5. 搜索引擎收录情况

搜索引擎的蜘蛛程序是一只有思维、有辨别能力的蜘蛛，搜索引擎蜘蛛在读取网站内容的时候，同时会对这些内容进行价值，以及其他方面的辨别。搜索引擎收录的页面数量越多，收录的时间越快，证明此网站对搜索引擎越友好。目前，比较重要的搜索引擎收录一般有百度搜索、谷歌搜索、360 搜索和搜狗搜索。

6. URL 分析

URL 分析主要分为样式分析和结构分析。样式分析主要是看它们采取的是动态的 URL 还是静态的 URL。在搜索引擎上，静态的 URL 还是比较受欢迎的。结构分析主要是看结构层次，URL 层级越浅蜘蛛抓取的速度越快。

7. 友情链接的查询

友情链接可以提升关键词排名及网站的 PR，所以一般站点都会找寻相关的高权重的网站推广进行链接交换。另外，追查竞争对手的友情链接情况，也是为自己寻找友情链接交换的资源。

8. 外链建设情况分析

外链优化对于网站优化有很重要的作用，对竞争对手的外链进行追查也尤为重要。一是可以知道它们都在哪些站点上进行外链建设，这样可以为自己进行网络推广外链建设找到平台。二是可以知道它们外链建设是以哪种形式进行的，是锚文本外链形式还是纯文本外链形式，或者是两者兼有，这样可以看出它们网络推广外链建设的质量，同时也有利于借鉴学习并用来改进自身外链建设的策略。

2.4 网络市场调研

随着计算机技术的发展，互联网逐渐成为信息传播媒体的主流，而网络市场调研也随之产生。同时，网络市场调研与传统市场调研相比更加便捷、开放、广泛的特性获得企业的青睐。本节将针对网络市场调研的相关问题进行讲解。

2.4.1 网络市场调研概述

传统的市场调研一方面要投入大量的人力物力，如果调研面较小，则不足以全面掌握市场信息，而调研面较大，则时间周期长，调研费用大；另一方面，在传统的市场调研中，被调查者始终处于被动地位，企业不可能针对不同的消费者提供不同的调查问卷，而针对企业的调查，消费者一般也不予以反应和回复。同时网络市场调研可以节省大量调查费用和人力，其费用主要集中在建立调查问卷网页的链接费用上。下面将针对网络市场调研的含义和网络市场调研的优势和特点进行详细讲解。

1. 网络市场调研的含义

所谓网络市场调研是指基于互联网系统地进行营销信息的收集、整理、分析和研究的过程，以及利用各种搜索引擎寻找竞争对手信息、客户信息、供求信息的行为。

网络市场调研是一种通过信息将消费者、顾客和公众与营销者连接起来的职能。这些信息用于识别和确定营销机会及问题，产生、提炼和评估营销活动，监督营销绩效，改进人们对营销过程的理解。网络市场调研规定了解决这些问题所需的信息，设计收集信息的方法，管理并实施信息收集过程，分析结果，最后要了解沟通所得的结论及其意义。

2. 网络市场调研的优势和特点

与传统市场调研相比，网络营销充分利用互联网开放、便捷的特点，有着得天独厚的优势和特点，主要表现在以下 6 点。

1）网络信息的及时性和共享性

网上调查的过程是开放的，任何网民都可以进行投票和查看结果；同时，网络信息能够快速地传送到网络上，在投票信息经过统计分析软件初步处理后，网民就可以查看到阶段性的调查结果。

2）网络调研的便捷性和低费用

实施网上调查节省了传统调查中耗费的大量人力和物力，调查过程中只需要调研者在网上发布电子调查问卷，提供相关的信息。之后计算机会自动对被调查者反馈的信息进行收集、整理、统计和分析。

3）网络调研的交互性和充分性

网络具有良好的交互性，在网上调查时，被调查对象可以及时就问卷相关问题提出自己的看法和建议，问卷发起者可以根据这些看法和建议对问卷进行合理的修改，使得调查问卷更加合理。

4）调研结果的可靠性和客观性

实施网上调查，不同于传统市场调查过程中的“强迫性”，而是在被调查者自愿或兴趣的情况下进行调研，调研的针对性更强。被调查者的自愿参加也使得问卷填写更加真实可靠，调研结论更加客观。

5）网络调研无时空、地域的限制

这点主要是由于互联网跨时空和地域限制的特性导致的，网上市场调查基于互联网跨时空和地域限制的优势可以进行全天候、跨地域的网络调研。这使得网络调研与受区域制约和时间制约的传统调研相比范围更广，效率更高。

6）网络调研的可检验性和可控制性

利用互联网进行网上调研收集信息，可以有效地对采集信息的质量实施系统的检验和控制。

（1）网上市场调查问卷可以附加全面规范的指标解释，有利于消除被访者因对指标理解不清或调查员解释口径不一而造成的调查偏差。

（2）问卷的复核检验由计算机依据设定的检验条件和控制措施自动实施，可以有效地保证对调查问卷 100％的复核检验，保证检验与控制的客观公正性。

（3）通过对被调查者的身份验证技术可以有效地防止信息采集过程中因重复提交而产生的舞弊行为。

2.4.2　网络市场调研步骤

网络市场调研需要遵循一定的步骤与方法，一般来讲，网络市场调研过程中应包含确定调研目标、制定调研计划、收集信息、分析信息和提交调研报告这 5 个步骤。

1. 确定调研目标

确定调研目标对网络市场调研尤为重要，调研目标的确定可以为网络市场调研指明方向，可以使网络市场调研做到有的放矢，避免不必要的麻烦。因此，在开始网络市场调研时，要确立一个清晰的调研目标。

以印象礼品公司为例，该企业正处在由传统市场向网络市场转型时期。在这一阶段，可以将调研目标设定为礼品网络市场竞争者情况、礼品网络市场需求和消费者购买行为等。

2. 制定调研计划

网上市场调研的第二个步骤是制定出最为有效的调研计划。具体来说，要确定资料来源、调查方法、调查手段、抽样方案和联系方法。

1）确定资料来源

确定资料的来源是指确定企业想要从什么渠道获得信息，是需要二手资料（他人搜集的资料），还是一手资料（原始资料）。

2）确定调研方法

这点需要根据资料来源和调研目标来确定使用哪种具体的调研方法。比如收集第一手资料可以通过网络问卷、电子邮件的方法；若收集第二手资料可以通过搜索引擎、直接访问目标网站的方法。

3）抽样方案

抽样方案是指企业从收集到的信息中抽取需要分析的信息的方法，即要确定抽样单位、样本规模和抽样程序。网络市场调研成本低，企业在进行网络市场调研时可以收集尽量多的样本以确保调研结果的准确性。

4）联系方法

即需要通过什么方法接触到被调研者。网络市场调研采取网上交流的形式，诸如电子邮件、传输问卷、网上论坛等。

3. 收集信息

网络通信技术的突飞猛进使得资料收集方法迅速发展。互联网跨时空和不受地域限制的特性，使得网络市场调研可以在全国甚至全球进行。同时，收集信息的方法也很简单，直接在网上递交或下载即可，这与传统市场调研的收集资料方式相比有很大的优势。

4. 分析信息

收集信息后要做的是分析信息，这一步非常关键。分析信息是指数据分析师针对收集到的信息进行分析的过程，调查人员如何从数据中提炼出与调查目标相关的信息，直接影响到最终的结果。

5. 提交调研报告

调研报告的撰写是整个调研活动的最后一个阶段。报告不是数据和资料的简单堆砌，而是需要把与市场营销关键决策有关的主要调查结果罗列出来，并以调查报告所应具备的正规结构写作。

2.4.3 网络市场调研方法

按照调查者组织调查样本的行为，网络市场调研主要分为网络市场直接调研和网络市场间接调研。网络市场调研具体应采用哪一种方法，要根据实际调查的目的和需要而定。需注意的是，无论采用哪种方法进行网络市场调研都应遵循网络规范。

1. 网络市场直接调研

网络市场直接调研指的是为当前特定的网络市场调研目标在互联网上收集第一手资料（原始信息）的过程。直接调研的方法主要有四种，即观察法、专题讨论法、网络问卷法和实验法。但目前网上使用最多的是专题讨论法和网络问卷法，在这里只介绍一下专题讨论法与网络问卷法。

1）专题讨论法

专题讨论法是指通过新闻组、电子公告牌或邮件列表针对某一专题进行讨论并得出结果的调查方法。具体地说，可以将讨论的话题根据 BBS 讨论组或邮件列表讨论组的分层话题选择，也可向讨论组的参与者查询其他相关名录。在讨论中应注意查阅讨论组上的常见问题，以便根据参与调查者的反馈意见对调查问卷进行合理的改进。

2）网络问卷法

网络问卷法是将问卷在网上发布，被调查对象通过互联网完成问卷调查并将结果反馈给企业的调查方法。网上问卷调查一般有三种途径，具体如下。

第一种是将问卷放置在万维网站点上，等待访问者访问时填写问卷。这种方式的优点是填写者一般是自愿性的，缺点是无法核对问卷填写者真实情况，同时为了获得足够的问卷数量，企业自身还必须进行适当宣传。

第二种方法是通过发送电子邮件将问卷发送给被调查者，被调查者完成后将结果通过电子邮件发送给企业，或者用户可以通过单击邮件进入企业制作的网上问卷页面进行。这种方式往往需要一定的物质奖励来吸引用户配合问卷调查。

第三种方法是通过第三方问卷调查网站来实施网络问卷调研。企业只需将问卷调查发布在第三方问卷调查网站上，然后由网站访问者接受问卷调研。图 2-18 所示为第三方调查网站问卷星上关于关键词“礼品”的调查问卷。目前这类平台分为付费和免费两种。

图 2-18　第三方问卷调研网站——问卷星

最后，企业在进行网络问卷调查的过程中有些问题需要注意，如网络问卷不能过于复杂、详细，否则会使被调查者产生厌烦情绪，从而影响调查问卷所收集数据的质量。

2. 网络市场间接调研

网络市场间接调研是指企业利用互联网络发掘和了解顾客需求、市场机会、竞争对手、行业潮流、分销渠道以及战略合作伙伴等方面的情况，针对特定营销环境进行简单调查设计、收集资料和初步分析的活动。即企业利用互联网收集和整理与企业经营相关的二手信息资料的方法。

互联网上有着海量的二手资料，而企业在互联网上进行间接调研时主要通过搜索引擎搜索、访问相关网站收集及利用电子商务平台进行收集等方法。以印象礼品网为案例，可以通过以下途径进行礼品行业的网络市场间接调研。

1）通过搜索引擎搜索

通过搜索引擎搜索产品相关的关键词是最直观的市场需求调查方法。搜索引擎会根据输入的关键词进行搜索并对结果进行排序，得到关键词相关网页，通过对这些网页的访问，可以得到调研者需要的相关信息。通过搜索引擎的排序页面也可以看出检索关键词是否投入竞价广告。检索关键词投入竞价广告的网站数量越多，说明该关键词竞争越激烈。如图 2-19 所示以“创意礼物”为检索关键词，展现结果中带有“商业推广”字样的链接及右侧下方“推广链接”字样之下的图片和文字链接都是投放了搜索引擎的竞价广告。

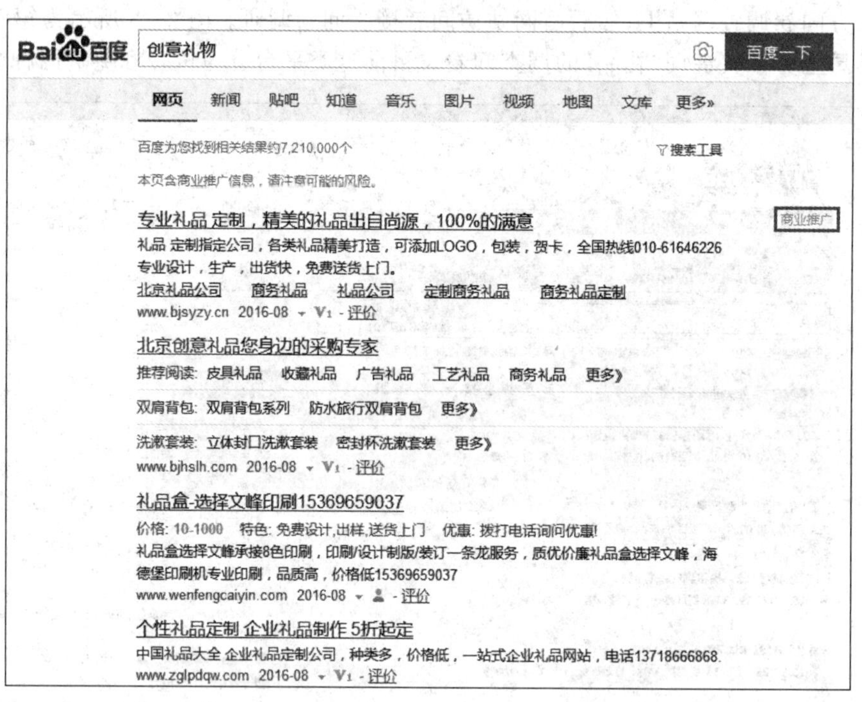

图 2-19　检索“创意礼物”搜索结果排序

2）百度指数

通过搜索引擎不但可以直接搜索产品及品牌关键词，还可以通过关键词工具查询关键词竞争度，获得更准确的关键词竞争度，如谷歌的 AdWord、百度的百度指数等。

如图 2-20 所示，是以百度指数为例检索关键词“礼物”“礼品”和“创意礼物”得出的关键词指数，从中可以看出关键词“礼品”搜索指数最高，全年指数相对平稳，而在 2 月 14 日情人节、七夕情人节及圣诞节前后搜索指数会有大幅度的提高。说明大量网民习惯在网上挑选节日礼物，礼品行业在互联网上受节日的影响较大。

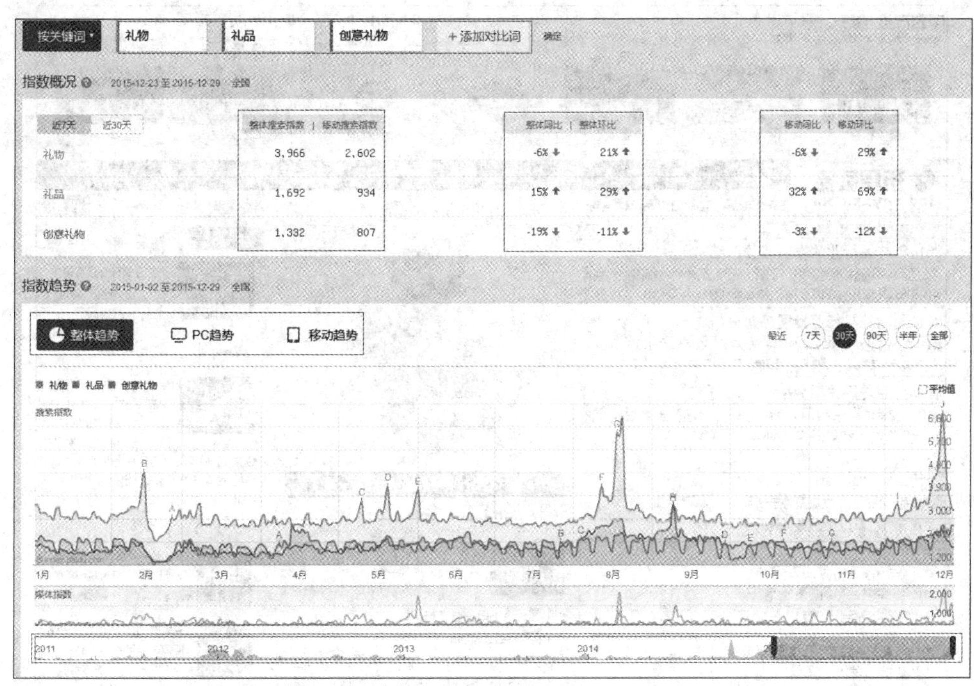

图 2-20　“礼物”“礼品”及“创意礼物”百度指数分析

3）利用行业网站收集资料

利用相关的专题性或者综合性网站查找相关的内容信息，可以直接获得所需数据较全面、实时性强的资料。如果不知道相关网站可登录中国产业信息网（http://www.chyxx.com/）查询相关子栏目，例如，礼品行业可通过单击中国产业信息网首页中的“礼品”栏目，如图 2-21 所示，进入礼品行业页面，如图 2-22 所示。

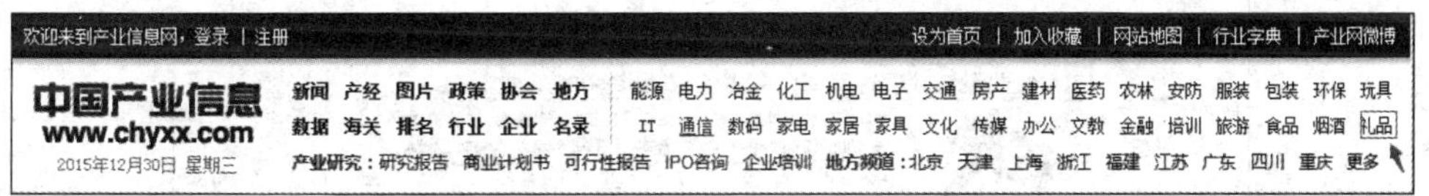

图 2-21　中国产业信息网子栏目查找

通过检索关键词也可以找到行业网站，例如，礼品行业可以通过检索关键词“礼品行业网站”来查找礼品行业的行业网站。如图 2-23 所示的关键词“礼品行业网站”的检索结果，在排除竞价广告的网站链接（即带有“商业推广”字样的链接）后，从自然搜索排名中打开各个站点查找符合自身需求的行业网站。

据国家统计局发布的 2014 年第一个季度礼品行业数据显示，礼品行业以 7684 亿元市场需求占据了国民生产总值 GDP 的 2%，这其中个体礼品需求 5055 亿元，团体（含组织单位）礼品需求 2629 亿元。中国礼品行业市场广阔，个体礼品需求增长迅速并占据主要市场份额，在未来的发展将会表现出以下几个特点。

（1）个性化的需求增加，同质化产品面临淘汰。大量同质化的产品很难打动消费者，对于个性化的需求越来越明显。时尚和个性将成为礼品行业的新主题，创意礼品是未来重要

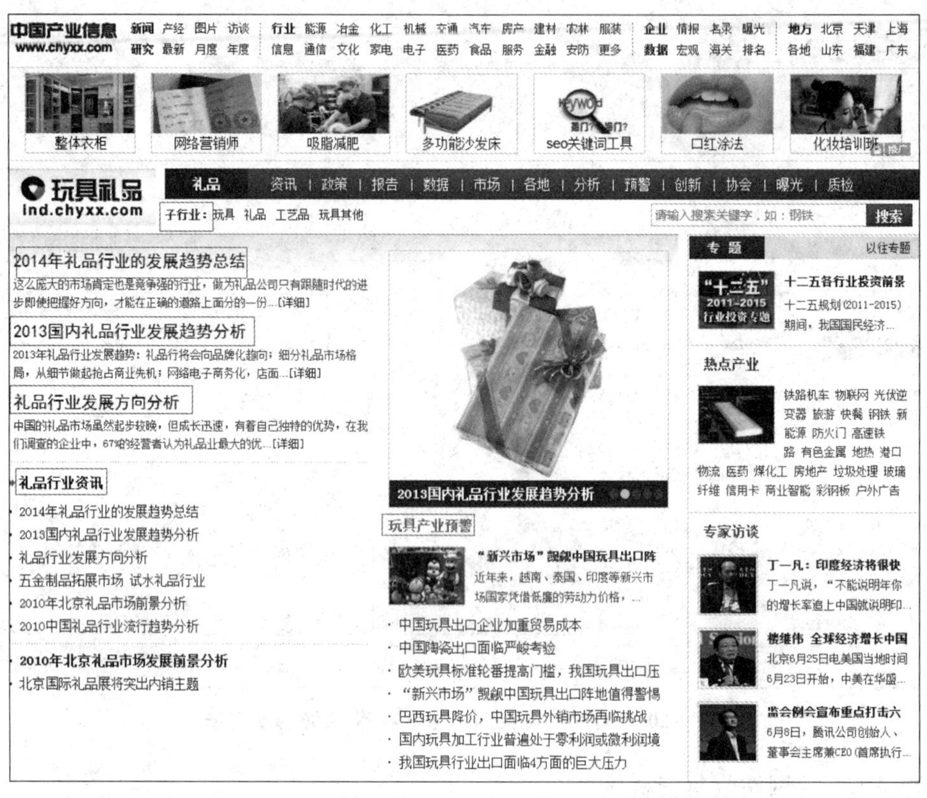

图 2-22 中国产业信息网礼品栏目页

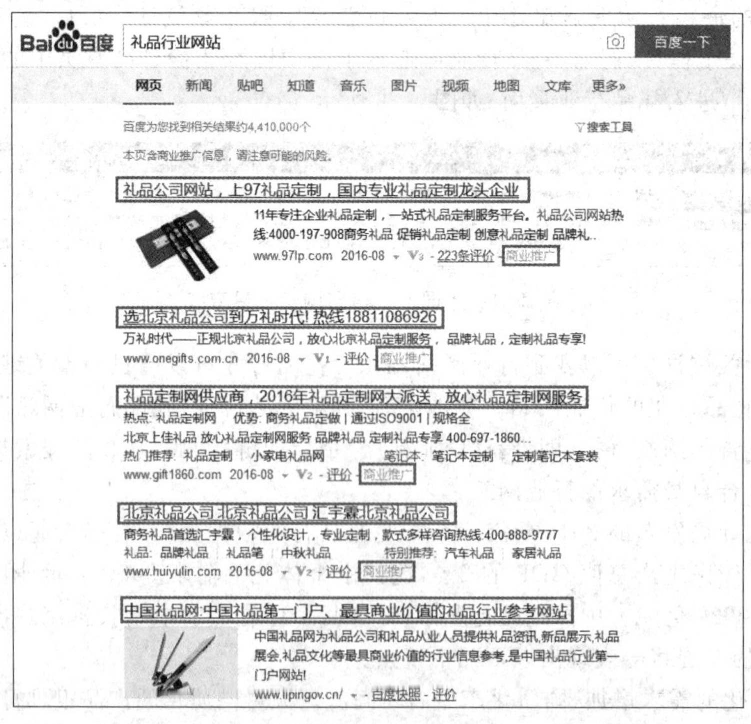

图 2-23 礼品行业网站检索

发展趋势。

(2) 营销渠道逐渐从线下转移到线上。传统的礼品企业主要通过线下批发与团购渠道进行销售，然而 B2B、C2C 等电子商务模式以及物流产业的不断完善，网络市场对传统营销渠道造成较大冲击。

(3) 行业协会的作用日益突显。我国礼品企业数量众多，市场竞争激烈，恶性竞争导致市场运行模式简单，容易造成资源浪费。行业协会通过加强企业间沟通、制定行业标准、组织开展行业培训、帮助行业自我规范和自我完善。

(4) 行业需要趋向专业化、规范化。礼品业到目前为止，还没有自己的行业标准，现行政策是按照这件礼品原来所属的行业标准作为其标准，比如一条床单，它可以当作礼品，但同时它也是一件普通纺织品，就应用纺织品的相关标准，因此，制定行业标准是必需的。

通过搜索引擎可以得到海量数据，这些数据有的对于企业进行网络市场调研有着重要的作用，但是有的数据对企业的市场调研没有什么作用。因此企业在进行网络市场调研时一定要有足够的耐心，收集整理有用的信息，排除无用的数据。

4) 利用电子商务平台进行收集

企业在电子商务平台的调研可以根据自身产品的特点，从各类主流的电子商务平台着手，比如阿里巴巴、淘宝网、京东商城、当当网等。以印象礼品公司所处的礼品行业来讲，可供选择的平台较多。以淘宝网为例，如图 2-24 所示，在淘宝网搜索关键词“礼品”，显示出多个自主品牌和多种产品分类，说明礼品行业在淘宝网上发展成熟，竞争较为激烈。

图 2-24　淘宝网创意礼品分类

从图 2-24 还可以看出，淘宝网不仅将礼品从品牌、适用年龄、商品类型、高度、选购热点、材质等维度进行了较为细致的分类，还以情人节、圣诞节等节日为分类依据，以满足用户在不同节日的需求。这一点可以作为企业进行市场细分的参考。

5）利用其他方式收集

在互联网上，除了借助搜索引擎、直接访问有关网站收集二手资料及借助电子商务平台进行网上市场调研外，还有其他的方法。如利用相关的网上数据库，通过论坛、博客、社会化网络进行调研，通过电子邮件进行调研等，企业可以根据自身实际情况选择合适的调研方法。

2.5 目标市场细分

目标市场细分是指按照消费者欲望与需求把因规模过大导致企业难以服务的总体市场划分成若干具有共同特征的子市场的过程。本节将从网络市场细分的作用与原则、细分的依据、网络目标市场策略和网络市场定位 4 个方面详细讲解目标市场细分的相关内容。

2.5.1 网络市场细分的作用与原则

网络市场细分是指企业在调查研究的基础上，依据网络消费者的购买欲望、购买动机与习惯爱好的差异性，把网络营销市场划分成不同类型的群体，每个消费群体构成企业的一个细分市场。

1. 网络市场细分的作用

按照市场营销学的角度来讲，市场是一个多层次、多元化消费需求的几何体，企业不可能满足所有消费者的需求。企业网络营销要取得理想的效果，就得重新定义自己的目标市场，选择自己的目标用户并为这些用户提供服务。因此对于企业来说，市场细分是必不可少的。同样，网络营销市场细分是企业认识和选择网络市场的基础，是企业进行网络营销的一个非常重要的战略步骤。具体来说，网络营销市场细分有以下几个方面的作用。

1）有利于企业发掘和开拓新的市场

网络市场调研在细分市场的基础上，可以使企业深入了解网络市场顾客的不同需求，进而发现消费者的隐性需求（即消费者在头脑中有想法，但没有直接提出或者不能直接清楚描述的需求），并根据各市场隐性需求的数量、竞争状况及本企业实力的综合分析，发掘新的市场机会，开拓新市场。

2）有利于制定和调整市场营销组合策略

网络市场细分是网络营销策略运用的前提。企业在对网络营销市场细分后，细分市场的规模、特点显而易见，消费者的需求清晰了，企业可以针对各细分市场制定和实施网络营销组合策略，做到有的放矢。

3）有利于集中使用企业资源，取得最佳营销效果

在网络营销中，企业不仅要确定自己的目标市场在哪里，还要确定哪些是主要的，哪些是次要的，从而选择对自己最有利的目标市场，合理使用企业有限的资源，以取得最理想的经济效益。

2. 网络市场细分的原则

实现网络市场细分化，并不是简单地将消费者按照需求的不同进行划分，而是要遵循一定的原则，这些原则主要有下面几点。

1）可衡量性

可衡量性是指消费者特征及获取资料的难易程度是可以衡量的。按照这个原则细分出来的市场范围比较清晰，同时能够大致判定出该市场的大小。

例如，以地域因素、消费者的年龄和经济状况等这些相对宏观的因素进行市场细分就很容易衡量，同时，资料获得也比较容易。而以消费者心理因素和行为因素进行市场细分时，消费者的特征就很难衡量。

2）实效性

实效性是指细分出来的各子市场必须使企业能够实现它的利润目标。这取决于细分市场的人数和购买力。因此，市场细分并不是分得越细越好，而应保持一定的规模，确保企业能够实现市场目标。

3）可接近性

可接近性指企业能有效地接近网络目标市场并有效地为之服务的程度。主要表现在两个方面，一方面指企业能够通过网络推广把产品信息传递到细分市场的消费者；另一方面指产品经过一定的渠道能够到达细分市场。对于企业难以接近的网络市场，细分就没有用处。

4）稳定性

稳定性是指网络细分市场必须在一定时期内保持相对稳定，以使企业制定较长期的营销策略，有效地开拓并占领该目标市场，获取预期收益。

网络市场细分并不是越细越好。随着细分数量的增加，一方面增加了市场细分的变数，给市场细分带来困难；另一方面使得企业需要开拓多个细分市场，增加了企业的成本，同时减少了单个细分市场的利润空间，不能有效地确保企业实现自身的盈利目标。因此，在进行网络市场细分的时候需要控制好细分市场数量，略去或集中某些太小的细分市场。

2.5.2　网络市场细分的依据

消费者需求的差异性使得市场进行细分成为可能。网络市场细分的依据是多方面的，概括起来大致可以归纳为 4 个要素，即地域特征、人口统计特征、行为特征、心理特征，如图 2-25 所示。

1. 按地域特征细分市场

不同地域存在不同的区域文化，分布不同的人口数量，拥有不同的地域特征。这些差异导致消费者消费理念、消费习惯的差异化产生，主要表现在以下几个方面。

1）区域文化差异

不同地理区域之间的人口、文化、经济是存在差异的，不同地域的消费者拥有不同的消费理念和消费习惯。比如我国南方多食用大米，而北方偏好面食。

2）人口分布

不同地域人口分布状况是不一样的，就目前我国的情况来讲，区域经济发展的不平衡导

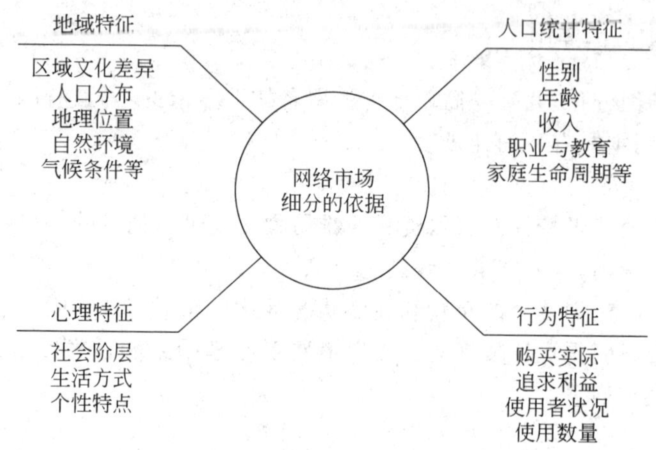

图 2-25 网络市场细分的依据

致不同地域上网人口的数量是不平衡的，这一特点也就构成了企业在网络市场细分过程中需要考虑的一个重要因素。

3）地域特征

消费者所处的地理位置、自然环境是不一样的，可以根据城市规模、气候条件等方面的差异将整体市场分为不同的细分市场。

据调查显示，我国华东地区网民网购行为活跃，网购用户规模在全国区域占比 31.5%；其次是中南地区，网购用户占比 18.5%；东北地区和华北地区相差不多，网购用户占比分别为 16.7%和 16.6%；西南地区网购用户占比 10.1%；西北地区网购用户占比 6.7%，如图 2-26 所示为中国 6 大区域市场网购用户分布比例。

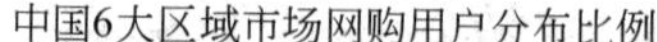

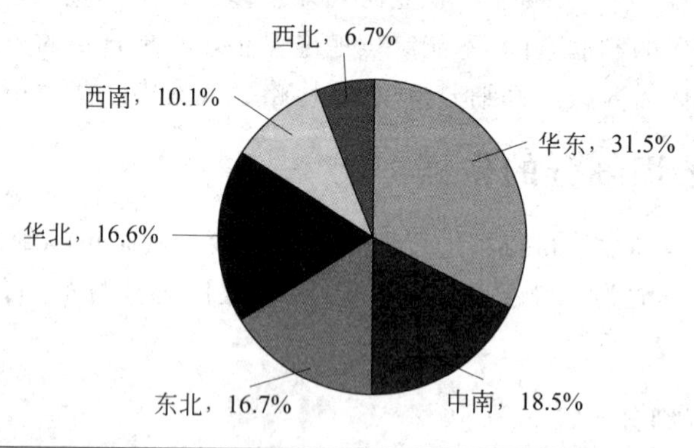

来源：CNNIC中国网络购物市场统计调查 2014.12

图 2-26 中国 6 大区域市场网购用户分布比例

2. 按人口统计特征细分市场

人口统计特征指年龄、性别、家庭规模、家庭生命周期、收入、职业、教育程度、宗教、种族、国籍等为基础细分市场。不同特征的消费者的消费需求、消费习惯及消费能力是不一样的，比如，女性消费者喜欢化妆品，而不同年龄阶段的女性对于化妆品的需求也是不一样的。按照人口统计特征细分市场一般可遵守下面几种属性。

1）性别

男性与女性在产品需求与偏好上有很大不同，尤其是在服饰、鞋帽、化妆品等方面的需求明显有别。而在礼品赠送的性别中来看，此比例是比较均衡的。

2）年龄

不同年龄的消费者对商品需求的特征有着明显的差异。按年龄细分市场，有利于满足各年龄档次的消费者的特定需要。因此，企业必须掌握网络消费者的年龄结构、各年龄段的消费者占整个消费者群体的比重等不同年龄阶段消费者的需求特点。

3）收入

不同收入的消费者对商品的需求也有明显的差异。一般而言，低收入者对商品价格会比较敏感，而高收入者更看重商品的品质以及购买的方便性。

如图 2-27 所示，目前网民中 2001～5000 元的收入的网民比例占到 37.3%，是网民中比例较大的一个群体。这一收入阶层同时也是印象礼品公司需要针对的目标用户，即白领阶层。这是因为日常生活中礼品的用途大多是过节送礼、商务送礼，而这些消费都需要有较高的经济能力。

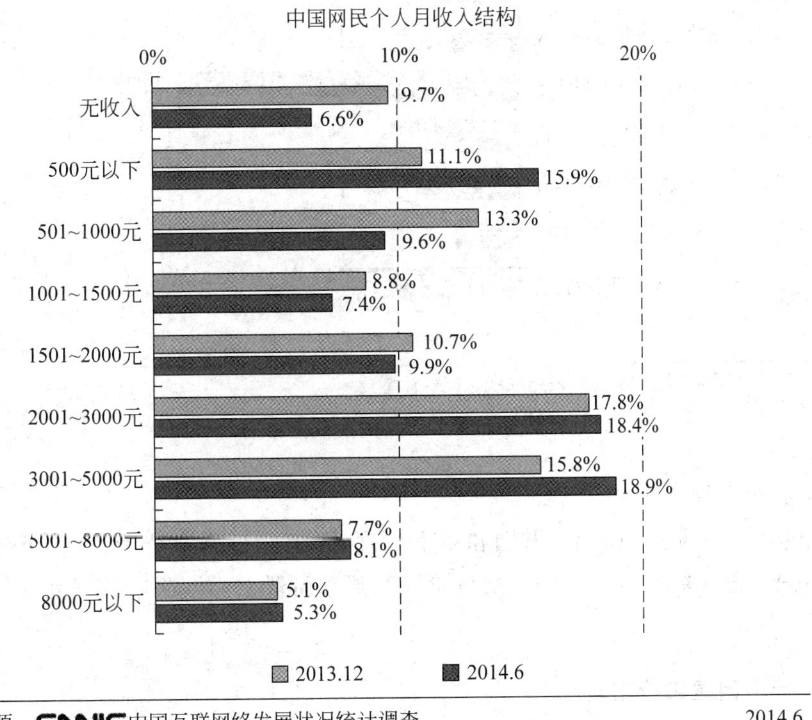

图 2-27　中国网民月收入结构

4）职业与教育

指按消费者职业的不同，所受教育的不同，以及由此引起的需求差别细分市场。比如，消费者所受教育水平的差异所引起的在志趣、生活方式、文化素养、价值观念等方面的差异，会影响到他们的购买种类、购买行为、购买习惯等。

如图 2-28 所示，中国网民规模排列前三的分别是学生、个体户/自由职业者及企业/公司一般职员。而学生与企业、公司一般职员的人际关系来往较多，对礼品的需求量相对较高，同时收入稳定，是很好的目标用户。此外，企业/公司中层管理人员和专业技术人员，这两个高收入群体的人员占比达到了网民总数的 8.5%，是中高端礼品市场的主要消费者。

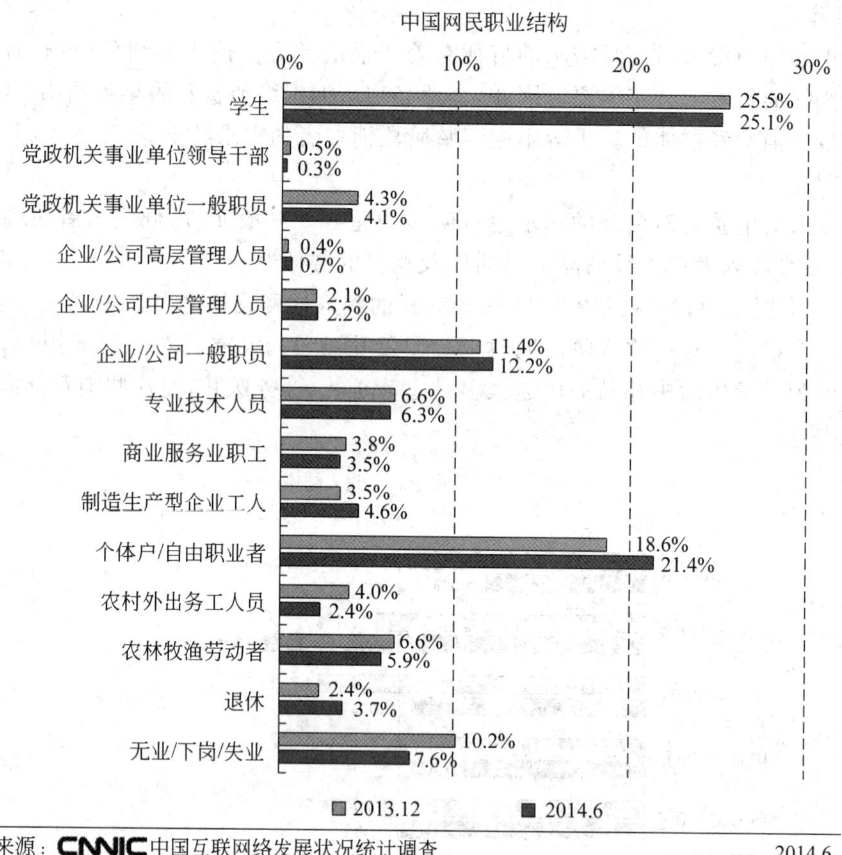

图 2-28 中国网民职业结构

5）家庭生命周期

家庭的生命周期按照年龄、婚姻和子女状况等，可划分为 7 个阶段：单身阶段、新婚阶段、年轻夫妻、满巢阶段、年长夫妇、空巢阶段和孤独阶段。不同阶段的家庭支付能力和消费需求是不一样的。

3. 按行为因素细分市场

根据购买者对产品的了解程度、态度、使用情况及反应等将他们划分成不同的群体叫作行为细分。许多人认为，行为变数能更直接地反映消费者的需求差异，因而成为市场细分的最佳起点。按行为因素细分市场主要包括下面几个方面。

1）按购买时机分类

根据消费者提出需要、购买和使用产品的不同时机，可将他们划分成不同的群体。例如，按照不同的节日，人们对礼品有不同的需求，情人节送情人要爱意、教师节送尊师要庄重、中秋节送家人要团圆美满等。

2）按追求利益分类

即依据消费者期望得到的主要利益，进行市场细分。消费者购买某种产品总是为了满足某些需求，而不只是满足某一种单一的需求。同时，消费者对这些需求的满足是有侧重的。比如消费者购买礼品在满足送礼需求的同时还要考虑自身的经济承受能力。

3）按使用者状况分类

根据顾客使用程度细分市场，通常可分为：经常购买者、首次购买者、潜在购买者、非购买者。大企业往往注重将潜在购买者变为实际使用者，较小的公司则注重于保持现有使用者，并设法吸引使用竞争产品的顾客转而使用本公司产品。

4）按使用数量分类

根据消费者使用产品的数量大小进行细分市场可以分为大量使用者、中度使用者和轻度使用者。轻度使用者一般面向的是个人消费者，而中度使用者面向的是小中型企业或团体，大量使用者一般面向大型企业。

4. 按心理特征细分市场

根据购买者所处的社会阶层、生活方式、个性特点等心理因素细分市场就叫心理细分。这种分类方式是将目标人群进行一个清晰的划分，使企业能够更加快速地找到对自身产品有需求的目标用户。

1）社会阶层

社会阶层是指在某一社会中具有相对同质性和持久性的群体。处于同一阶层的成员往往具有类似的价值观、兴趣爱好和行为方式，同时同一阶层的消费群体也拥有类似的消费水平。

2）生活方式

通俗地讲，生活方式是指一个人怎样生活。人们追求的生活方式各不相同，有的追求新潮时髦，有的追求简约，有的追求稳定。相同的生活方式决定了人们拥有相同的审美和追求。

3）个性特点

个性是指一个人比较稳定的心理倾向与心理特征，它会导致一个人对其所处环境做出相对一致和持续不断的反应。

2.5.3　网络目标市场策略

目标市场策略是指企业将产品的整个市场视为一个目标市场，用单一的营销策略开拓市场，即用一种产品和一套营销方案吸引尽可能多的购买者。下面将从网络目标市场的概念和目标市场选择战略两个方面讲解网络目标市场策略。

1. 网络目标市场的概念

所谓目标市场，就是指企业根据市场调研将市场细化并从中选取一个或多个细分市场的过程。例如，现阶段我国城乡居民对照相机的需求，可分为高档、中档和普通三种不同的消费者群。一个好的网络目标市场，需要满足以下条件。

1）有一定的规模和发展潜力

企业进入细分市场要确保有利可图，这就需要细分市场有一定的规模和发展的潜力，如果细分市场规模狭小或者趋于萎缩状态，不足以满足企业盈利需求或企业进入后难以获得发展，此时不能轻易进入该细分市场。

2）细分市场结构的吸引力

细分市场可能具备理想的规模和发展特征，然而从盈利的观点来看，它未必有吸引力。有 5 种力量能够决定整个市场或其中任何一个细分市场的长期的内在吸引力，即同行业竞争者、潜在的新参加的竞争者、替代产品、购买者和供应商。

3）符合企业长期发展目标

企业在选择目标市场的同时需要注意与自身发展目标相结合，如果细分市场不能推动企业实现发展目标，即便有较大的吸引力也应慎重考虑。

4）企业具备开拓该网络市场的能力

某些细分市场虽然有较大吸引力，但不能推动企业实现发展目标，甚至分散企业的精力，这样的市场应考虑放弃。另一方面，还应考虑企业的资源条件是否适合在某一细分市场经营，只有选择那些企业有条件进入、能充分发挥其资源优势的市场作为目标市场，企业才能立于不败之地。

2. 目标市场选择战略

目标市场策略是指企业将产品的整个市场视为一个目标市场，根据所选择的细分市场数目和范围，目标市场选择策略可以分为无差异性目标市场策略、差异性目标市场策略和集中性目标市场策略三种方式，如图 2-29 所示。

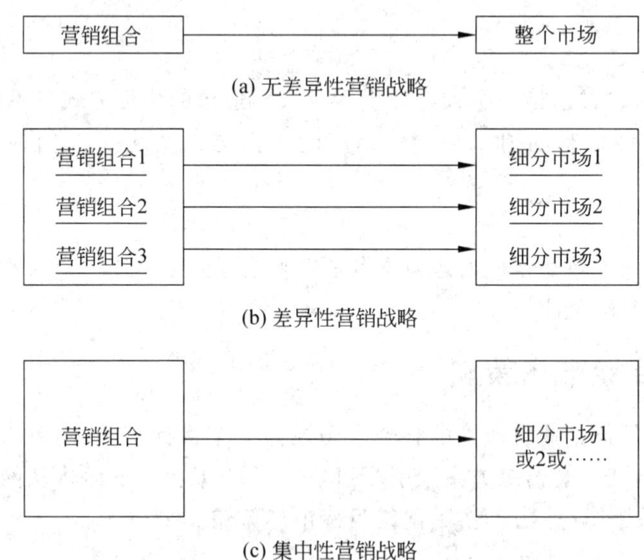

图 2-29　目标市场选择战略

1）无差异性目标市场策略

无差异性目标市场策略是指企业将整个市场作为一个大目标开展营销，强调消费者的共同需要，忽视其差异性。采用这一策略的企业，一般都是实力强大进行大规模生产方式，又有广泛而可靠的分销渠道，以及统一的广告宣传方式和内容。

2）差异性目标市场策略

该策略通常是把整体市场划分为若干细分市场作为其目标市场。针对不同目标市场的特点，分别制定出不同的营销计划，按计划生产目标市场所需要的商品，满足不同消费者的需要。

3）集中性目标市场策略

企业选择一个或几个细分后的市场作为营销目标，集中优势力量，对某细分市场采取攻势营销战略，以取得市场上的优势地位。一般说来，实力有限的中小企业多采用集中性市场策略。

2.5.4　网络市场定位

企业在进行网络商务过程中，需要通过先进的理念、方法和技术，突出企业，以及企业产品的特色，以求梳理与竞争者有差异化的产品和形象，这就是企业市场的定位。下面将从网络市场定位的含义、网络市场定位的步骤、网络市场定位的原则讲解网络市场定位的相关内容。

1. 网络市场定位的含义

所谓的市场定位是指在顾客或消费者心目中确定企业或产品的形象和地位。而网络营销市场定位是指树立企业产品或服务在网络目标顾客心目中的形象，使企业提供的产品或服务获取一定顾客信任和支持。

企业在进行市场定位时，一方面要了解竞争对手的产品具有何种特色，另一方面要研究消费者对该产品的各种属性的重视程度，然后根据这两方面进行分析，再选定本公司产品的特色和独特形象，如图 2-30 所示。

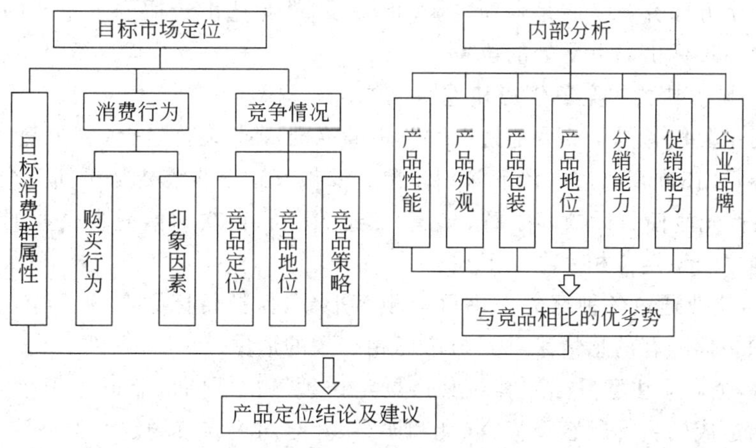

图 2-30　网络市场定位

2. 网络市场定位的步骤

市场定位的关键是企业要设法在自己的产品上找出比竞争者更具有竞争优势的特性。因此在进行市场定位前需要先了解企业的竞争优势类型,然后结合自身特点进行市场定位。

1) 企业的竞争优势类型

企业的竞争优势类型一般有两种,一种是价格竞争优势,另一种是偏好竞争优势,具体解释如下。

(1) 价格竞争优势:就是在同样的条件下比竞争者定出更低的价格,这就要求企业采取一切努力来降低单位成本。

(2) 偏好竞争优势:即能提供确定的特色来满足顾客的特定偏好,这就要求企业采取一切努力在产品特色上下功夫。

2) 结合自身特点进行市场定位

在了解了企业竞争优势的类型后,企业可以进行自身的市场定位,这个过程可以分以下三个步骤来完成。

【Step1】 分析目标市场的现状,确认本企业潜在的竞争优势。

这一步骤的中心任务是要回答以下三个问题:竞争对手产品定位如何?目标市场上顾客欲望满足程度如何以及确实还需要什么?针对竞争者的市场定位和潜在顾客的真正需要的利益要求企业应该及能够做什么?

要回答这三个问题,企业市场营销人员必须通过一切调研手段,系统地设计、搜索、分析并报告有关上述问题的资料和研究结果。同时,通过回答上述三个问题,企业就可以从中把握和确定自己的潜在竞争优势在哪里。

【Step2】 准确选择竞争优势,对目标市场初步定位。

竞争优势表明企业能够胜过竞争对手的能力。这种能力既可以是现有的,也可以是潜在的。选择竞争优势实际上就是一个企业与竞争者各方面实力相比较的过程。比较的指标应是一个完整的体系,只有这样,才能准确地选择相对竞争优势。

通常的方法是分析、比较企业与竞争者在经营管理、技术开发、采购、生产、市场营销、财务和产品等7个方面究竟哪些是强项,哪些是弱项,借此选出最适合本企业的优势项目,以初步确定企业在目标市场上所处的位置。

【Step3】 显示独特的竞争优势和重新定位。

这一步的主要任务是企业要通过一系列的宣传促销活动,将其独特的竞争优势准确传播给潜在顾客,并在顾客心目中留下深刻印象。要做好这一步需要从下面三个方面进行。

(1) 企业首先应使目标顾客了解、知道、熟悉、认同、喜欢和偏爱本企业的市场定位,在顾客心目中建立与该定位相一致的形象。

(2) 其次,企业通过各种努力强化目标顾客形象,保持目标顾客的了解,稳定目标顾客的态度和加深目标顾客的感情来巩固与市场相一致的形象。

(3) 最后,企业应注意目标顾客对其市场定位理解出现的偏差或由于企业市场定位宣传上的失误而造成的目标顾客模糊、混乱和误会,及时纠正与市场定位不一致的形象。

企业的产品在市场上定位即使很恰当,但是在遇到一些突发状况时还应考虑重新定位。例如竞争者推出的新产品定位与本企业产品相似,侵占了本企业产品的部分市场,使本企业产品的市场占有率下降;或者消费者的需求或偏好发生了变化,使本企业产品销售量骤减等。

重新定位是指企业为已在某市场销售的产品重新确定某种形象,以改变消费者原有的认识,争取有利的市场地位的活动。重新定位对于企业适应市场环境、调整市场营销战略是必不可少的,可以看作是企业的战略转移。重新定位可能导致产品的名称、价格、包装和品牌的更改,也可能导致产品用途和功能上的变动,在重新定位过程中企业应当重点考虑定位转移的成本和新定位的收益问题。

3. 网络市场定位的原则

各个企业经营的产品不同,面对的顾客也不同,所处的竞争环境也不同,因而市场定位所依据的原则也不同,总的来讲,市场定位所依据的原则有以下三点。

1) 根据具体的产品特点定位

构成产品内在特色的许多因素都可以作为市场定位所依据的原则,例如所含成分、材料、质量、价格、用途等。为老产品找到一种新用途,是为该产品创造新的市场定位的好方法。以小苏打为例,起初小苏打用于家庭的刷牙剂、除臭剂和烘焙配料,后来逐渐应用于冰箱除臭、调味汁和肉卤的配料,甚至还可以作为冬季流行性感冒患者的饮料。根据这些特点,不同的企业对自身的小苏打产品的定位也是不一样的。

2) 根据顾客得到的利益定位

产品提供给顾客的利益是顾客最能切实体验到的,也可以用作定位的依据。顾客进行购买活动需要从自身利益出发,根据顾客得到的利益定位能使顾客明白自身从产品中得到了什么,能够有效地刺激顾客的购买行为。

3) 根据使用者类型定位

企业常常试图将其产品指向某一类特定的使用者,以便根据这些顾客的看法塑造恰当的形象。根据使用者类型定位能够激发群体的认同感,以情感促使用户进行购买。

事实上,许多企业进行市场定位的依据的原则往往不止一个,而是多个原则同时使用,这是因为要体现企业及其产品的形象,市场定位必须是多维度的、多侧面的。

2.6 网络营销战略分析

网络营销战略是指企业在现代网络营销观念下,为实现其经营目标,对一定时期内网络营销发展的总体设想和规划。企业要引入网络营销,首先要清楚网络营销通过何种机制达到何种目的。然后企业可根据自已的特点及目标顾客的需求特性,选择合理的网络营销战略。本节将从 SWOT 分析、口碑营销策略和整合营销策略讲解网络营销战略分析的相关内容。

2.6.1 SWOT 分析

SWOT 分析是用来确定企业自身的竞争优势、竞争劣势、机会和威胁,从而将公司的战略与公司内部资源、外部环境有机地结合起来的一种科学的分析方法,下面将从分析方法和分析模型两方面详细讲解 SWOT 分析的相关内容。

1. SWOT 分析法

所谓 SWOT 分析，是指企业基于内外部竞争环境和竞争条件下的态势分析，就是通过列举出与研究对象密切相关的各种内部优势、劣势和外部的机会、威胁等因素，然后用系统的分析方法，把各种因素相互匹配起来并加以分析，最终得出一系列决策性结论。

优劣势分析主要是着眼于企业自身的实力及其与竞争对手的比较，而机会和威胁分析将注意力放在外部环境的变化及对企业的可能影响上。运用这种方法，可以对研究对象所处的情景进行全面、系统、准确的研究，从而根据研究结果制定相应的发展战略、计划以及对策等。

2. SWOT 分析模型

企业在运用 SWOT 分析表来进行形式分析的时候分为 4 种分析模型，如图 2-31 所示。

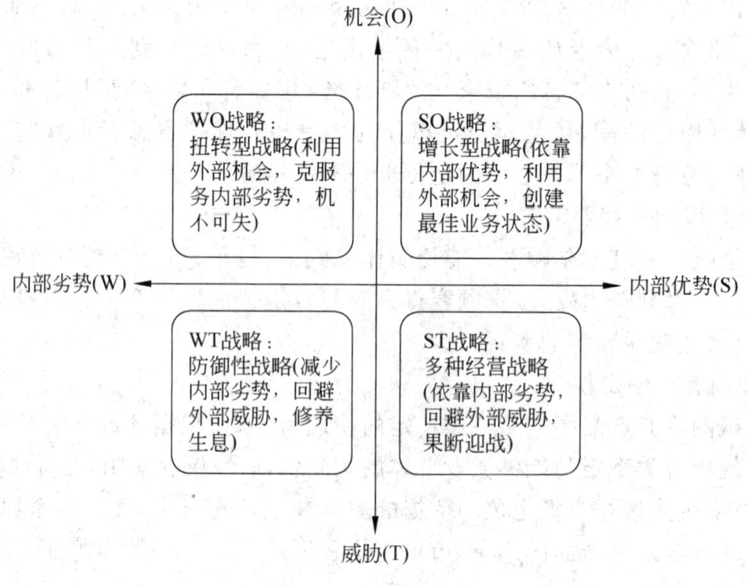

图 2-31 SWOT 分析

通过图 2-31 容易看出，SWOT 分析中有内部优势、内部劣势、机会和威胁 4 个要素，将这四个要素结合能够得出 4 种战略，分别是 SO 战略、WO 战略、ST 战略和 WT 战略。

1）优势与机会(SO)战略

这是一种发展企业内部优势与利用外部机会相结合的战略，也是一种理想的战略模式。当企业具有特定方面的优势，而外部环境又为发挥这种优势提供有利机会时，可以采取该战略。例如良好的产品市场前景、供应商规模扩大和竞争对手处于困境等外部条件。

2）弱点与机会(WO)战略

这种情况下需要利用外部机会来弥补内部弱点，使企业改劣势而获取优势。如企业弱点是原材料供应不足和生产能力不够，那么需要企业充分利用外部有利条件来弥补自身内部的不足。充分利用供应商扩大规模，把握市场前景。同时可考虑购置生产线来克服生产能力不足及设备老化等缺点。通过克服这些弱点，企业可以很好地降低成本，取得成本优势，最终赢得竞争优势。

3）优势与威胁（ST）战略

是指企业利用自身优势，回避或减轻外部威胁所造成的影响。如竞争对手利用新技术大幅度降低成本，给企业很大成本压力；同时材料供应紧张，其价格可能上涨；这些外部的威胁都会导致企业成本状况进一步恶化，使之在竞争中处于非常不利的地位。但若企业拥有充足的现金、熟练的技术工人和较强的产品开发能力，便可利用这些优势开发新工艺，简化生产工艺过程，提高原材料利用率，从而降低材料消耗和生产成本。

4）弱点与威胁（WT）战略

是一种旨在减少内部弱点，回避外部环境威胁的防御性技术。当企业存在内忧外患时，往往面临生存危机，降低成本也许成为改变劣势的主要措施。当企业成本状况恶化，原材料供应不足，生产能力不够，无法实现规模效应，且设备老化，使企业在成本方面难以有大作为，这时将迫使企业采取目标聚集战略或差异化战略，以回避成本方面的劣势，并回避成本原因带来的威胁。

2.6.2　口碑营销策略

口碑营销是指企业在品牌建立过程中通过客户间的相互交流，将自己的产品信息或者品牌传播开来并获得新用户的营销模式。下面将从口碑营销的定义、特征与核心、流程、推动力、关键点等几个方面讲解口碑营销策略的相关内容。

1. 口碑营销的定义

口碑营销是企业在买方市场条件下，对自身的产品或服务进行，使得用户在接触这些产品时所获得的实际利益超出了他们的预期，通过他们向别人介绍这些产品而促进产品销量增加的一种营销活动方式。

口碑营销作为一种新型的市场营销策略，同传统价格策略、促销策略和渠道策略一样，都是针对具体的市场情况而采取的创新策略。尽管口碑传播很早之前就已经存在了，但是由于信息时代的到来使营销环境和消费者心理等产生了变化，从而使传统营销策略受到了挑战，口碑传播随着社会的发展不断发生着变化，互联网时代的口碑营销在网上传播的范围更广，速度更快，如图 2-32 所示。

2. 口碑营销的特征与核心

任何营销方式都有自己的特色和核心内容，口碑营销也不例外，其营销方式主要包括以下几种。

1）可信度高

一般情况下，口碑传播都发生在朋友、亲友、同事、同学等关系较为亲近或密切的群体之间。在口碑传播的过程之前，它们之间已经建立了一种特殊的关系和友谊，相对于纯粹的广告、促销、公关、商家推荐等而言，可信度要高，如图 2-33 所示。

可信度高是口碑传播的核心，也是企业开展口碑宣传活动的一个最佳理由。在销售过程中，口碑传播的主体多是消费者本身，他们不会主动帮助劣质的企业产品和服务做宣传，他们对于产品和服务的评价不会偏向企业，也更增加了可信度。

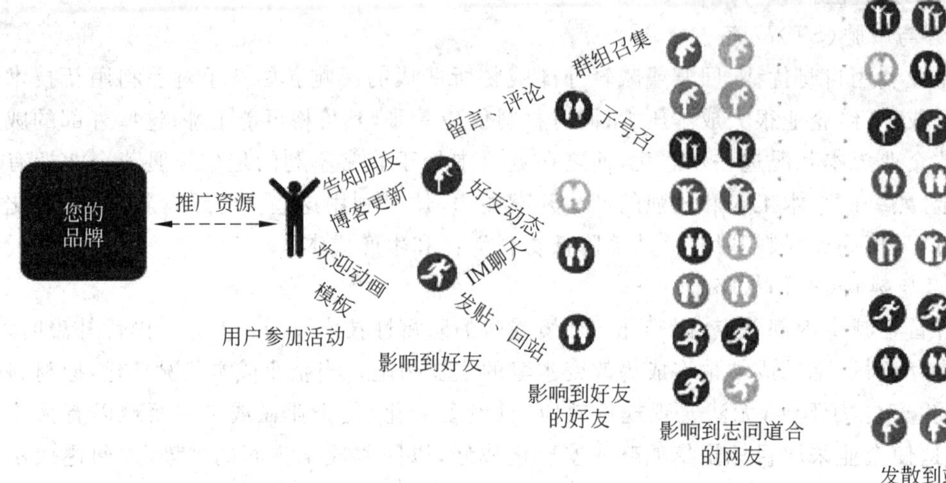

图 2-32　口碑的传播

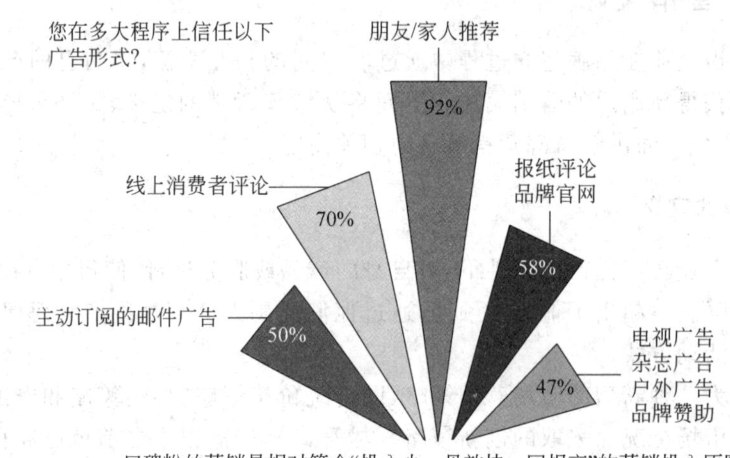

图 2-33　消费者信赖的广告形式对比

2）网络营销中的策略机制

口碑营销作为一种新型的市场营销策略，同传统价格策略、促销策略和渠道策略一样，都是针对具体的市场情况而采取的创新策略。尽管口碑传播很早之前就已经存在了，但是由于信息时代的到来使营销环境和消费者心理等产生了变化，从而使传统营销策略受到了挑战。口碑传播随着社会的发展不断发生着变化，因此在实际运用中要作为网络营销中的一种策略机制，根据市场的变化而做出策略上的调整。

同时，一个品牌的口碑效应不是几次营销策划就可以建立起来的，需要长时间的市场考验，所以想通过一两次口碑营销策划就能达到建立品牌的想法，是不切实际的。没有长期稳定的质量保证和良好的品牌形象，想要取得好口碑只能是空谈。所以，口碑营销应该作为企业在网络营销中的策略机制来进行长期的执行和操作。

3）口碑营销的优势

“口碑传播”指的是用户个体之间关于产品与服务看法的非正式传播。口碑营销的特点就是以小搏大,在操作时要善于利用各种强大的势能来为己所用,可以借助自然规律、政策法规、突发事件,甚至是借助竞争对手的势能。口碑营销的优势主要表现在宣传费用低、可信任度高、针对性强、更加具有亲和力,能够有效地避开竞争对手的锋芒。

3. 口碑营销的流程

口碑营销是企业有意识或无意识地生成、制作、发布口碑题材,并借助一定的渠道和途径进行口碑传播,以满足顾客需求、实现商品交易、赢得顾客满意和忠诚、提高企业和品牌形象为目的,而开展的计划、组织、执行、控制的管理过程。口碑营销的实行主要包括以下几个方面。

1) 关注反馈

随着用户对产品越来越熟悉,对自己的判断越来越自信,用户敢于承担一定的风险,根据自己的判断与评估进行产品的购买,并很乐意对产品进行评价。

企业若能充分地重视客户对产品的评价,将有助于了解客户需求,并可作为制定销售战略的指导。基于客户评价的客户管理战略一旦与客户建立了一个良好的关系,企业就必须致力于如何珍惜维持这些市场份额。然而随着时间的推移,客户的需求发生改变,企业随时面临着"只落得个两手空空"的风险。但如果企业能认识到客户评价的影响,相应地根据客户期望利益来制定客户管理战略,那么企业就占据了市场竞争的优势。

2) 推动宣传

利用网络社区、论坛、博客、视频、邮件等工具将营销信息在网上大量发布与传播,利用公众的积极性和行为,造成轰动效应。

3) 引发体验

推广宣传只是让用户知道了我们的品牌,而需要进一步地引发用户进行体验,为下一步的购买转化提供条件。

4) 购买转化

企业的推广活动最终目的是为了实现购买转化,口碑营销也不例外,也是为了实现最终的购买转化而服务的。但是其前提是要有过硬的产品质量,在实现购买转化的同时可以获得一个好的口碑传播,达到口碑营销的目的。

5) 鼓励分享

企业在开展口碑营销前,要明确企业的产品或服务的利益点与价值点在哪里,然后通过鼓励分享将企业的口碑宣传出去。

4. 口碑效应的推动力

口碑营销每一个必经步骤都是营销人员可以发挥才能展示的地方。产品、服务的任何一点儿瑕疵都可能在市场上引起一场口碑风暴。因此做好产品和服务是口碑营销的推动力,主要表现在以下几个方面。

1) 产品品质过硬

口碑营销不是靠创意取胜,也不是靠炒作来一鸣惊人。而且用户的口碑可以是正面的,也可以是负面的,如果仅靠炒作,最后很可能都会变成负面的传播。一个良性的口碑营销应该建立在产品品质和服务有保障的前提下,这样才能形成持久而正面的口碑效应。

2）产品有故事

在口碑营销中，制造有趣和易于传播的故事是个非常好的策略。口碑在传播的过程中需要话题作为载体，好的产品故事可以使得话题更持久。

3）新奇、乐趣

当人们遇到新奇而有趣的事时，总会情不自禁地关注并分享，同时快乐的东西也会促动人们进行分享，如果企业的营销能够给用户带去快乐时，那么想让用户不传播都难。

4）关怀回馈，感动客户

一般的商业活动中，企业和消费者之间是纯粹的利益关系，而企业如果能够在交易过程中从消费者的角度出发，经常性地对客户进行关怀慰问就可以很好地感动客户，促使客户在有需求的时候选择企业的产品和服务。

5）利益诱惑

用户在网络上进行商品选购的时候往往会注重利益的得失，给顾客让出小部分的利益往往会得到他们的好感和认同，继而选购企业的产品和服务。

6）树立大使

树立大使可以让企业在用户群众中有一个很好的任务形象，使企业形象化，同时大使可以通过自身的影响力将他的粉丝转化为企业的粉丝。通过树立大使可以很好地宣传企业，提升企业品牌形象，有利于企业口碑的宣传。

5. 口碑营销的关键点

进行口碑营销的企业，首先要做的是为消费者提供好的产品与服务。在提供好的产品与服务之外，营销人员才可以帮助消费者方便快捷地获取商品，发布评论，传播观点，放大良好口碑的影响力，口碑营销成功的关键点主要有以下几点。

1）品质有保证

产品质量是企业赖以生存的根本，也是企业进行口碑营销必不可少的支持点。以品质去创造口碑有句话叫“酒香不怕巷子深”，关键是酒要香。没有让顾客满意的产品质量，良好的口碑只能是空谈。可以说，产品或服务优良的品质是企业进行口碑营销的基础，在口碑营销中“重质量者成，轻质量者败”是一条永远不变的真理。有的企业，没有将精力放在提高产品的核心竞争力上，只一味地进行铺天盖地的广告宣传和大量的促销活动，却往往没有取得很好的效果。也有的企业，虽然曾经有过良好的口碑，却故步自封，忽视了对产品和服务质量的提升，最终只能被激烈的市场竞争所淘汰。

2）营销有道德

缺乏营销道德只会搬起石头砸自己的脚，随着市场经济的发展，人们知识水平的提高和消费经验的增加，消费者已经变得越来越理性，更加倾向于向周围的人了解关于产品的信息，避免直接体验产品带来的风险和成本，因此，口碑营销也变得更加重要。有的企业用所谓的“实际效果”来宣传，请了许多名人，却丝毫没有“名人效应”，请了许多顾客“现身说法”，却给人以“托儿”的嫌疑。相反，有的企业在宣传的过程中对自己产品的缺点毫不避讳，实事求是地宣传产品的功能，却更能赢得顾客的信任、带来良好的口碑。营销道德是企业口碑营销的前提。企业应首先保证自己宣传的客观性和真实性，不能过分夸大自己的产品和服务，否则很可能带来负面的口碑传播。

3) 产品有独特性

个性化的需求决定了产品要有独特性才会在用户当中获得良好的效应,以独特性的产品吸引用户的关注,不一定是关于品牌本身的信息。产品如果足够独特就可以通过产品制造话题,形成病毒式的传播,这样更容易引爆流行,掀起一场口碑营销风暴。

4) 广告容易记忆

广告的目的是为了向用户传达一些信息,因此广告传达的信息是否被用户真正记住了、理解了,这是一个非常重要的评价指标。如果看过广告的人中,能够记住广告关键信息的不多,那么这支广告的效果就不会很好。而脑白金的广告曾经被很多的所谓广告业内人士评价为缺乏创意和美感的广告案例。但是,靠着这在网上被传为"第一恶俗"的广告,脑白金创下了几十个亿的销售额。从这一层面上来说,脑白金是一个成功的广告。

5) 危机公关及时有力度

对于企业来说,目前处于一个危机四伏的时代。经常会遇到竞争对手恶意诽谤造成的信用危机,也有因自身原因或者其他原因造成的危机。企业在面临竞争对手故意抹黑的情况下,如果能够及时、有效地调查出危机的前因后果,抓到竞争对手故意抹黑的证据,并将这些证据公诸于众,不但不会让企业遭受更大的危机,反而会提升企业的品牌形象。

2.6.3　整合营销策略

整合营销是一种对各种营销工具和手段的系统化结合,根据环境进行即时性的动态修正,以使交换双方在交互中实现价值增值的营销理念与方法。简单来说,整合就是把各个独立的营销综合成一个整体,以产生协同效应。下面将从整合营销的定义、特点、层次和操作思路讲解整合营销策略的相关知识。

1. 整合营销的定义

整合营销是根据企业自身经营战略和营销目标,以消费者为核心,将多种营销方法策略有机地结合,并建立监测分析机制,从而形成系统化的营销体系,产生协同效应,提高营销产出,为企业创造最大利润的过程。整合营销并不是简单地将企业现有的营销手段整合在一起,如图 2-34 所示,在企业进行整合营销之前需要战略性地审视自身的营销体系(媒介、平台、营销方式等)、行业、产品及客户,从而制定出符合企业实际情况的整合营销策略。

2. 整合营销的特点

网络营销区别于传统营销的一个重要的特征是其交互性,而随着市场主导权转移到消费者手里,营销活动更加注重与消费者的交互性,因此在整合营销的过程中消费者处于核心位置,同时整合营销还拥有其他特点。整体来说,整合营销的特点主要表现在以下几个方面。

1) 消费者处于核心地位

整合营销应该和消费者本身有关,企业需要全面地观察消费者。一名消费者不仅是在某个时间购买产品(如牛仔裤)的个人。如购买牛仔裤的同一位消费者很可能购买其他的衣物来搭配牛仔裤。多角度地观察消费者将创造更多的机会,使得消费者不是"一次性购买"或重复购买同一商品。甚至企业还可以考虑到系统的"跨行销售"和"上游销售"。这些要素对于消费者行为的各个角度来说都是有效的。营销需要综合考虑各个时间消费者行为的其

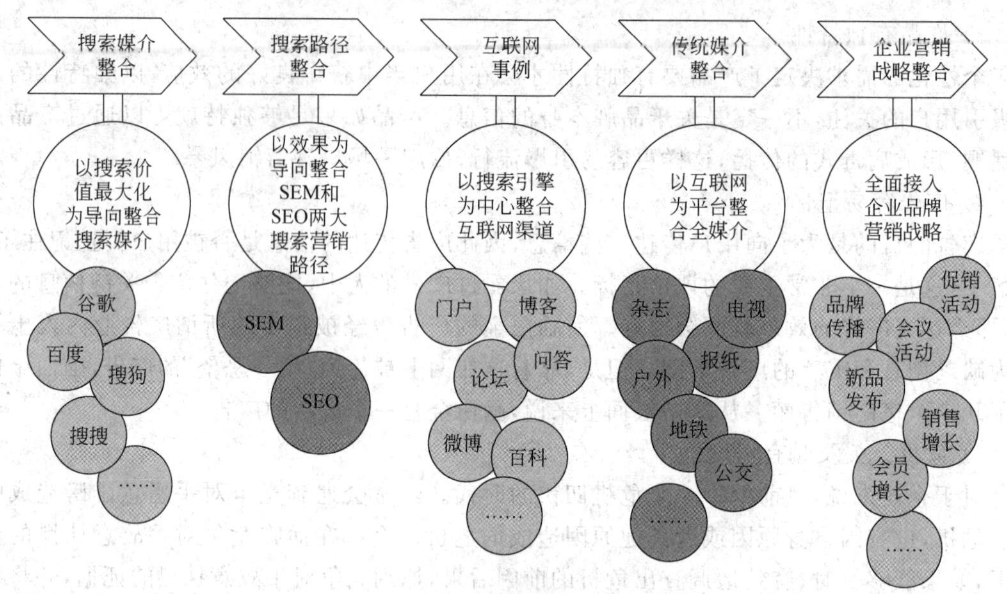

图 2-34 整合营销体系

他角度。

2）以各种传播媒介的整合运作手段进行传播

互联网的发展是迅速的，同时消费者在网络上的行为也是多样的，企业在进行整合营销时需要紧跟移动互联网发展的趋势。尤其是互联网向移动互联网延伸、手机终端智能化以后，新技术对原有 PC 互联带来了前所未有的颠覆和冲击，在这个过程当中应当紧盯市场需求，整合现有的资源，包括横向和纵向的资源，成为一个移动营销价值的整合者和传播者。就如优秀移动营销整合服务商百分通联已覆盖金融、汽车、IT 数码、房地产等行业，已拥有一些典型案例和成功用户。

3. 整合营销的层次

一般来说，整合营销包含两个层次的整合，一是水平整合，二是垂直整合，具体介绍如下。

1）水平整合

水平整合主要分为信息内容整合、传播工具整合、传播资源整合三方面。

(1) 信息内容的整合：企业的所有与消费者有接触的活动，无论其方式是媒体传播还是其他的营销活动，都是在向消费者传播一定的信息。企业必须对所有这些信息内容进行整合，根据企业所想要的传播目标，对消费者传播一致的信息。

(2) 传播工具的整合：为达到信息传播效果的最大化，节省企业的传播成本，企业有必要对各种传播工具进行整合。所以企业要根据不同类型顾客接收信息的途径，衡量各个传播工具的传播成本和传播效果，找出最有效的传播组合。

(3) 传播资源的整合：企业的一举一动、一言一行都是在向消费者传播信息，应该说传播不仅是营销部门的任务，也是整个企业所要担负的责任，所以有必要对企业的所有与传播有关联的资源（人力、物力、财力）进行整合，这种整合也可以说是对接触管理的整合。

2）垂直整合

垂直整合是一种提高或降低公司对于其投入和产出分配控制水平的方法，或者说是公司对其生产投入、产品或服务的分配和控制程度。垂直整合主要分为市场定位整合、传播目标的整合、4P 整合和品牌形象整合 4 个方面。

(1) 市场定位整合：任何一个产品都有自己的市场定位，这种定位是基于市场细分和企业的产品特征的基础上制定的。企业营销的任何活动都不能有损企业的市场定位。

(2) 传播目标的整合：有了确定的市场定位以后，就应该确定传播目标了，想要达到什么样的效果？多高的知名度？传播什么样的信息？这些都要进行整合，有了确定的目标才能更好地开展后面的工作。

(3) 4P 整合：所谓 4P 整合指的是将传统市场营销中产品、价格、渠道以及促销这 4 个方面整合在一起，其主要任务是根据产品的市场定位设计统一的产品形象。各个方面之间要协调一致，避免互相冲突、矛盾。

(4) 品牌形象整合：主要是品牌识别的整合和传播媒体的整合。名称、标志、基本色是品牌识别的三大要素，它们是形成品牌形象与资产的中心要素。品牌识别的整合就是对品牌名称、标志和基本色的整合，以建立统一的品牌形象。传播媒体的整合主要是对传播信息内容的整合和对传播途径的整合，以最小的成本获得最好的效果。

4. 整合营销操作思路

在社会经济发展的背景下，社会产品和选择的渠道更加多样化，消费者在选择和接受产品及企业信息的方式上，有了更加多元化的选择，然而企业在进行整合营销时需要遵守一定的操作思路。

1）以整合为中心

着重以消费者为中心并把企业所有资源综合利用，实现企业的高度一体化经营。整合既包括企业营销过程、营销方式以及营销管理等方面的整合，也包括对企业内外的商流、物流及信息流的整合。

2）讲求系统化管理

整体配置企业所有资源，企业中各层次、各部门和各岗位，以及总公司、子公司，产品供应商，与经销商及相关合作伙伴协调行动，形成竞争优势。

3）强调协调与统一

企业营销活动的协调性，不仅是企业内部各环节、各部门的协调一致，而且也强调企业与外部环境协调一致，共同努力以实现整合营销。

4）注重规模化与现代化

整合营销十分注重企业的规模化与现代化经营。这样不仅能使企业获得规模经济效益，还为企业有效地实施整合营销提供了客观基础。整合营销同样也依赖于现代科学技术、现代化的管理手段，现代化可为企业实施整合营销提供有效保障。

消费者本身就受到生活环境、教育程度、消费方式等多重因素的影响，企业单一的营销方式已经远远不能跟上这一发展趋势。例如，消费者在选择就餐时，在饮食口味、消费能力、就餐需求及就餐便利性的选择上就会导致不同的结果，分别可能出现网上订餐、电话或者手机订餐，以及团购餐券等形式消费，与其对应的营销方式也就分别不同。

小　结

本章主要介绍了网络消费者行为分析、网络产品分析、竞争对手分析、网络市场调研、目标市场细分和网络营销战略分析的相关内容。

通过这些内容的学习，读者应该熟悉对消费者、产品、竞争对手，以及目标市场的分析方法，掌握企业对网络营销战略的制定流程及规范，能够利用所学知识制定企业营销战略。

课下练习

一、填空题

1. 需求动机是指人们由于各低级的或高级的需求而引发的购买动机。需求动机通常包括________、________和________三个层面。

2. 网络消费者购买过程包括诱发需求、________、________、购买决策和购后评价。

3. 在日常的营销活动中，企业往往根据产品在营销活动中扮演角色的不同（即产品盈利模式）将产品分为________、________和________三类。

4. 所谓网络市场调研是指基于互联网系统地进行营销信息的________、________、分析和________的过程，以及利用各种搜索引擎寻找竞争对手信息、客户信息、供求信息的行为。

5. SWOT 分析中有内部优势、________、机会和________ 4 个要素。

二、判断题

1. 移动互联网与传统行业加速融合，开发出各类与生活紧密相关的新应用，吸引传统行业向移动互联网转移。（　　）

2. 产品卖点提炼的过程可分为 7 个步骤，顺序为识别、获取、分离、界定、评估、调整、确定。（　　）

3. 获取是指获取的需求信息整理、分类是指将列出的产品属性进行分类归纳的过程，这个过程中需要将竞争对手的产品信息和自身产品信息进行分类。（　　）

4. 网络调研与受区域制约和时间制约的传统调研相比范围更广，效率更高。（　　）

5. 互联网跨时空和地域的限制的特性，使得网络市场调研可以在全国甚至全球进行。（　　）

6. P 理论是指产品、价格、顾客便利、渠道。（　　）

7. 网络营销市场定位是指树立企业产品或服务在网络目标顾客心目中的形象，使企业提供的产品或服务获取一定顾客信任和支持。（　　）

8. 优劣势分析主要是着眼于企业自身的实力及其与竞争对手的比较，而机会和威胁分析将注意力放在外部环境的变化及对企业的可能影响上。（　　）

9. 目前我国的网络消费者总体特征表现为手机网民规模持续增长，移动网络和 Wi Fi 无线用户增多。（　　）

10. 网络消费者的购买过程是指网络消费者购买行为形成和实现的过程。（　　）

11. 界定是指按目标受众对相关需求的排序思维进行排序，调查出在这些类相关需求中哪些需求是重要的，哪些需求是紧急的。　(　　)

三、选择题

1. 消费者购买行为的心理动机主要体现在什么方面？(　　)
   A. 理智动机　B. 感情动机　C. 惠顾动机　D. 从众动机
2. 影响消费者购买决策的因素有哪些？(　　)
   A. 安全性　B. 产品因素　C. 购物的便捷性　D. 消费习惯
3. 一个良好 SEO 的网站程序，要满足以下几点？(　　)
   A. table 布局　B. 静态页面生成技术
   C. DIV+CSS 布局　D. 规范化的网站结构
4. 企业在确定竞争对手的时候主要依据哪些因素？(　　)
   A. 企业生产规模相近　B. 企业产品形式接近
   C. 企业定位相近　D. 销售渠道相同
5. 针对竞争对手网站分析过程中应关注的指标有(　　)。
   A. 百度权重　B. 外链情况分析　C. 网站布局　D. 网站关键词分析
6. 采用 SWOT 分析方法对企业内外部环境进行综合分析。其中，T 表示(　　)。
   A. 优势　B. 劣势　C. 机会　D. 挑战
7. 采用 SWOT 分析方法对企业内外部环境进行综合分析。其中影响企业制定经营发展战略的内部因素有(　　)。
   A. 优势　B. 劣势　C. 机会　D. 挑战
8. 以下哪一项是做口碑营销的目的？(　　)
   A. 找到传播途径
   B. 制定推广计划
   C. 为消费者提供优质产品和用户服务
   D. 品牌传播和产品销售
9. "喝垮王老吉"属于什么营销？(　　)
   A. 精准营销　B. 整合营销　C. 新闻营销　D. 搜索引擎
10. 目标市场按地域特征细分主要表现在哪些方面？(　　)
   A. 区域文化差异　B. 人口分布
   C. 地域特征　D. 气候条件

四、简答题

1. 什么是产品卖点？
2. 请简述市场调研的优势和特点。

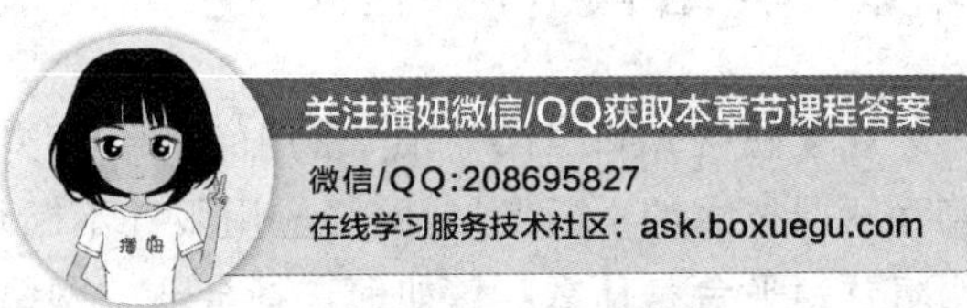

第3章 网络营销平台建设

学习目标

- 了解网络营销平台的含义,包括网络营销平台的分类与选择
- 掌握企业网站的建设流程,能够建设简单的企业网站
- 掌握微信公众平台的搭建流程,能够搭建企业微信公众号
- 掌握第三方平台店铺的搭建,主要包括天猫店铺的分类和搭建流程

【案例引导】

1990年12月26日,苏宁第一家空调专营店在江苏省南京市宁海路开业。2004年7月,苏宁电器在深圳证券交易所上市。凭借优良的业绩,苏宁电器得到了投资市场的高度认可,围绕市场需求,按照专业化、标准化的原则,苏宁电器形成了旗舰店、社区店、专业店、专门店4大类,成为全球家电连锁零售业市场价值最高的企业之一。

2011年,苏宁推进新十年"科技转型、智慧服务"的发展战略,云服务模式进一步深化,逐步探索出线上线下多渠道融合、全品类经营、开放平台服务的业务形态,以"店商+电商+零售服务商"的云商模式探索新出路。

2013年2月19日,苏宁拟将公司名称变更为"苏宁云商销售有限公司",以更好地与企业经营范围和商业模式相适应。此次更名是苏宁电器的科技转战网络的开始,同时也宣告着苏宁"云商"新模式的正式面世。

随后苏宁在微博、微信等社会化媒体平台开设公众号,并于2015年同阿里巴巴展开合作,在天猫平台开设"苏宁易购旗舰店"。通过这些渠道,苏宁逐步建立起自己完善的网络营销平台。

【案例思考】

随着Web 3.0的到来,网络营销平台呈现多样化的发展,同时Web 1.0和Web 2.0时代的营销推广平台在新时代下又有了新的发展。苏宁作为传统家电零售业的巨头在线下业务高歌猛进的同时还要发展完善自身的网络平台。然而,网络营销平台该怎么进行分类?企业该如何选择合适的网络营销平台?这些网络营销平台该如何建设和运用?本章将针对这些内容进行详细的讲解。

3.1 网络营销平台概述

在互联网Web 1.0时代,常用的网络营销平台主要有搜索引擎门户网站和论坛,而随着互联网技术的不断发展,网络应用服务不断增多,网络营销平台也有了新的发展。然而,网络营销平台是什么?该如何选择合适的网络营销平台?本节将对网络营销平台的相关知

识进行详细讲解。

3.1.1　网络营销平台是什么

1. 网络营销平台的定义

网络营销平台是指企业以互联网为基础建立的营销及推广平台，是企业开展网络营销的有形界面，它由服务器、网络设施、软件系统和计算机终端组成。通常，网络营销平台可分为前台和后台两部分，企业通过网站后台将信息发布到网站上，用户通过访问网站前台获取信息，提交订单，如图 3-1 所示，即为网络营销平台的功能示意图。

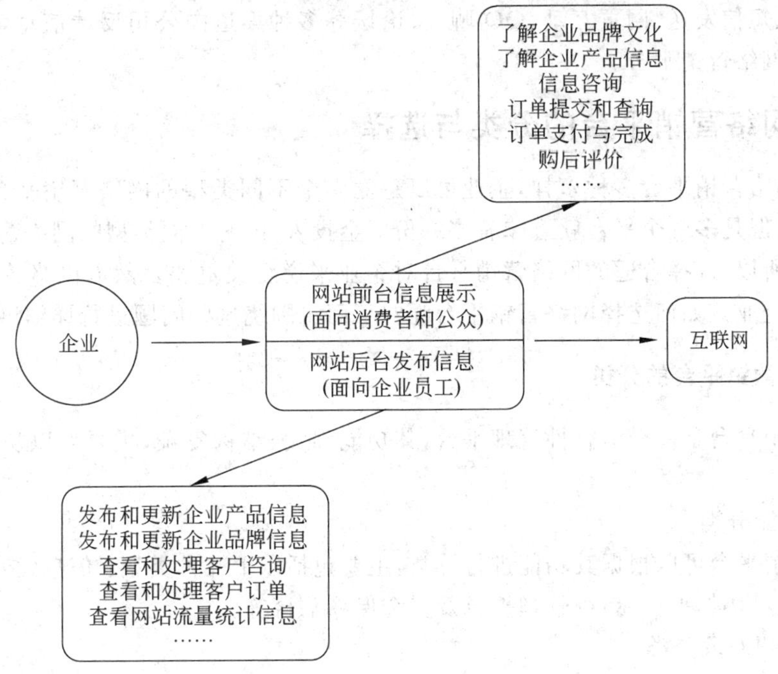

图 3-1　网络营销平台功能示意图

2. 网络营销平台的功能

网络营销平台是企业进行网络营销的必要条件，担负着与客户进行沟通互动、向客户动态发布与传送信息的重要作用，其功能主要包括以下几个方面。

1）信息发布

信息发布功能主要是指企业在网络营销过程中，通过利用网络营销平台的信息发布功能及时发布各种信息，包括产品信息、新闻动态、企业文化、促销活动等。

2）网上调查

网上调查是指在网络营销过程中，企业可以利用网络营销平台，根据网民的消费心理特征与网上购物的行为特征，对公司产品与服务需求特性进行调查的创新市场营销调研方式，这种方式成本低、效率高、时效性好。

3）客户服务

客户服务在企业日常经营中占有重要地位，通常可采取分级制、星级制等，例如，可简单地分为注册会员、非注册会员，而在这两类中还可以进行更细致的划分，例如会员的等级制度管理。同时要不定期针对老客户与意向客户进行回访和慰问，进行二次营销等。

4）产品展示

产品展示是网络营销平台提供的针对产品与服务的动态展示功能，主要包括：展示模板的设计、展示模型的设计、展示的美工处理、产品展示的更新与维护等。

5）信息反馈

信息反馈是网络营销平台针对客户服务提供的另一种与客户互动的方式，客户可以通过电子邮件、短信发送、网页互动、QQ 聊天、论坛等多种渠道向公司反馈信息，为公司营造一个动态的网络营销平台。

3.1.2 网络营销平台的分类与选择

目前，网络营销平台多种多样，企业可以建立多个不同类型的网络营销平台，达到最佳的推广效果，但是多一个平台就意味着多一份资金投入，同时不同类型的网络营销平台有不同的特点。所以，选择合适的网络营销平台对企业来说至关重要。然而网络营销平台都有哪些分类？企业该如何选择网络营销平台呢？下面将围绕这些问题进行详细讲解。

1. 网络营销平台的分类

网络营销平台是一个综合性管理平台，其功能强大、结构复杂，主要可以从以下几方面来分类。

1）按功能分类

网络营销平台可以根据其功能进行分类，主要包括以下几种类型：信息发布平台、客户管理平台、交易协作平台、系统管理平台及安全保障平台等。

2）按客户对象分类

网络营销平台根据客户对象不同进行分类，主要包括以下几种类型：B2B 企业对企业采购平台、B2C 企业对消费者的直销平台、O2O 线上线下营销模式、C2C 消费者对消费者的转让平台等。

3）按平台的所有者分类

根据企业所使用的网络营销平台的归属权来分类，网络营销平台可分为：企业自建的网络营销网站、租用的第三方电子商务平台店铺、虚拟社区中建立的公众账号。不同类型的网络营销平台各自有不同的优势和劣势，具体如表 3-1 所示。

表 3-1 不同网络营销平台优势对比

网络营销平台分类	优　势	劣　势
企业自建网站	1. 归企业所有，利于保障客户信息的安全 2. 可以与企业内部信息管理系统进行对接 3. 网站功能多样，可以灵活选择	1. 建设费用高，需要专业人员和相关设施 2. 技术要求高，需要专业的开发和维护人员 3. 企业宣传需要从零开始，推广费用高

续表

网络营销平台分类	优　　势	劣　　势
第三方电子商务平台店铺	1. 建设成本低，只需缴纳少量保证金和店铺租金 2. 技术要求低，不需要专业技术人员建设和后期维护 3. 借助第三方平台流量，有利于企业宣传	1. 店铺功能固定，可选择性弱 2. 存在触犯平台规则被关闭的风险 3. 店铺样式相似，难以满足企业个性化需求 4. 平台竞争激烈，流量费用越来越高
虚拟社区中建立的公众账号	1. 能够有效地与客户互动，有利于客户关系管理 2. 可进行二次开发，实现企业需要的功能 3. 虚拟社区人气高，拥有大量用户，利于企业宣传 4. 申请认证公众账号技术要求低，后期维护简单 5. 公众账号建立费用低	1. 公众账号客户信息难以导出 2. 二次开发费用较高，需专业人员进行 3. 主要与客户进行互动，转化购买难度较大 4. 存在触犯平台规则被关闭的风险

表 3-1 列举了各个网络营销平台的优势和劣势，企业在选择网络营销平台时需要根据它们的不同特点，并结合企业的实际需求进行合理的选择。

2. 网络营销平台的选择

进入 Web 2.0 时代，社会化媒体网络逐渐成为企业进行网络营销的首要阵地，企业在进行网络营销平台选择的时候不能盲目地一拥而上，而是需要根据自身的需求结合这些社会化网络营销平台的特点进行选择。目前，常见的社会化媒体有很多，如图 3-2 所示。

企业在网络营销过程中选择合适的网络营销平台是营销成功的重要一步，但是正如前面提到的，现阶段可供企业选择的网络营销平台有如此之多。然而，企业应该如何在如此多的平台中选择适合自己的网络营销平台呢？具体可以从以下几个方面进行考虑。

(1) 选择知名度高，品牌形象好，流量大的平台。

对于网络消费者来说，最关心的问题是网上支付的安全性，在条件相近的情况下，消费者更倾向于在知名度高的网站购物，这就是品牌效应。而相对于企业而言，最关心的是流量的多少，高流量带来更多的营销机会，知名的网站更容易获得消费者的信任，会有更高的访问量。

(2) 选择拥有完善的支付和配送体系的平台。

支付与物流是影响网络营销发展的重要因素，要使网上商店的业务能顺利开展，支付和配送体系是否完善是开店者选择网络营销平台的重要标准。目前在众多的商业网站推出的支付系统中，淘宝的支付宝、QQ 的财付通、微信的微信支付通都比较成功。

(3) 选择功能完善、方便管理、系统稳定的平台。

选择网络营销平台时要考虑其功能是否完善，平台是否好用，能否满足其业务发展策略。提供的这些技术支持是网上商店业务顺利开展的重要保证。目前一些知名的网络营销平台，可以根据企业的不同需求提供不同的功能，分别有入门级、标准级、专业级的网站功

图 3-2 社会化网络营销平台①

能，级别越高，功能越多越全面，当然收费也越高。

(4) 考虑平台的租金、费用。

选择租金相对低的网站较好，因为经营效果的好坏，除了基本条件之外，还有许多其他因素，例如产品或服务是否适合网上销售，网站的访客中是否有潜在顾客，在网站上是否占据显著的位置等。如果其他条件跟不上，为此支付高额租金，就是浪费。因此，是否可以提供多种收费模式也是一个判断标准。如果可能的话，可以对几个有意向的网站进行试用再做最后的决定。

通常企业在选择网络营销平台时可以将备选平台及其价值列成表格，如表 3-2 所示。表 3-2 列举了各类网络营销平台的作用价值，根据企业营销目标对这些平台进行筛选，找到一个或者多个满足企业需求的网络营销平台。

表 3-2 网络营销平台选择

	网络营销平台	作用价值	是否采用
网络营销平台选择	官方网站	展示品牌	
	着陆页	需求还原转化	
	移动端官网	展示移动化	

① 此图来源于 http://baike.baidu.com/link?url=8UveN2hmlcfaJ96xsD8ECD1EGtcTU8rmQqxx0k8Mn6Yl5xOlapgkm7wYlEl0pCZ5YzDRHtYLzuJoUFMwVY2u-q

续表

	网络营销平台	作用价值	是否采用
网络营销平台选择	论坛	互动黏性停留资料	
	APP	移动化交互	
	微信公众号	互动用户关系管理信息	
	电商平台	产品展示、促成交易	

3.2 企业网站

网站是企业进行网络营销的重要平台，企业在进行网站建设时需要从多方面考虑。本节内容将从企业网站概述、网站定位、域名选择、网站服务器分类和选择、网站内容模块策划，以及网站工具和网站安全等几个方面详细地讲解建设企业网站的基本流程。

3.2.1 网站建设可行性分析

可行性是指在当前组织内外的具体条件下，网站系统的开发是否已具备了必要的资源及条件。创建网站之前的系统可行性分析工作很多，概括起来主要包括网站系统建设的技术可行性分析、管理可行性分析和经济可行性分析。

1. 技术可行性分析

技术方面的可行性分析，是指根据现有的技术条件，分析能否达到网站建设的要求。技术的可行性可以从硬件(包括外围设备)的性能要求、软件的性能要求(包括操作系统、数据库系统、网站开发软件工具等)、能源及环境条件、辅助设备及备用品配件条件等几个方面去考虑。技术可行性分析主要做以下几方面的工作。

1) 细化网站目标

分析具体目标的技术可行性。通过与相关人员的交流与沟通，进一步了解网站的建设目标和具体要求，探讨每一个具体目标和功能在技术上是否可实现，同时还要考虑需要什么条件和需要多少人来实现，列出每个具体目标的内容、任务和实现条件清单。

2) 分析网站的可用性

所设计的网站必须易于使用，而不只是信息的简单堆砌。这一要求直接与网站的版面布局和服务器的功能定义相关。

3) 分析网站的交互性

交互性是网站发展的主流趋势。网站的交互应用大大增加了对网站的处理功能、存储容量、网络带宽的要求，网站的内部结构设计要相应地调整。

4) 分析网站的性能

网站用户的数量随着网站的性能和功能而变化，如何在保证网站高性能的前提下，不断满足越来越多用户的需求，将涉及网站内部结构的规划、设计、扩展与系统维护。

网站的性能可以用网站的响应时间、处理时间、用户平均等待时间和系统输出量来衡量。提高网站性能的技术步骤开始于网站建设的起始，首先是确定容量计划，由用户数量和信息处理量来确定网站服务器的功能、存储容量和接入互联网的速度及相应的网络设备要求。

2. 管理可行性分析

管理可行性主要保证网站系统建设中所需要的人力资源，并为网站系统开发建立一套管理制度。管理可行性分析中，很重要的一项工作就是进行组织结构调查与分析。组织结构调查与分析，即组织内部的部门划分及它们之间的相互关系。信息的流动关系是以组织结构为背景的，在一个组织中，各部门之间存在着各种信息和物质的交换关系。管理可行性分析可以从以下两个方面去考虑。

1）科学管理的基础工作是建立信息系统的前提

只有在合理的管理体制、完善的规章制度、稳定的生产秩序、科学的管理办法和程序，以及完整、准确的原始数据基础上，才能有效地建立信息系统。否则，必须先对企业的管理进行一番改进和规范，再逐步过渡到信息化和电子商务系统应用等较高层次。

2）社会环境因素的变化对管理现代化的要求具有影响

社会环境因素一般涉及科学技术、经济体制、法律法规、市场竞争、与世界经济接轨、建立健全管理机制、信息高速公路、无纸化办公等。目前这些因素常常促使用户努力学习和掌握先进的科学技术，以适应时代发展的要求。对此，应该强调新系统建设的重要性是从长远发展的角度出发，从提高组织的素质、增强组织竞争力的意义上看待新系统的必要性。

3. 经济可行性分析

经济可行性分析主要是对网站开发项目的成本与收益做出评估，即分析网站建设所带来的经济效益是否超过开发和维护网站所需要的费用。

1）网站费用

网站费用一般包括设备费、开发费、运行费、维护费等。其中的运行费还包括网站或服务器与互联网的接入费等。

2）网站收益

网站的收益有直接收益和间接收益两个方面。直接收益的网站一般指有偿服务的网站，通过运行后逐步产生效益。间接收益一般包括网站的建设和运行使企业工作效率的提高，企业管理水平的提升，节省人力资源和减轻业务人员的工作负担，及时给领导者提供决策支持信息和提高企业综合素质，以及网站为企业树立新的形象等社会效益。

企业在进行网站建设可行性分析时可将企业自身的条件和网站建设需求条件进行对比，进而得出是否可行的报告。表 3-3 列举了企业网站建设可行性分析的相关类型，具体如下。

表 3-3　企业网站建设可行性分析

类　型	网站建设需考虑问题	解决方案	可行性分析
技术指标	建站基础设施准备如何(空间服务器、域名等)		
	开发使用何种脚本语言		
	网页制作技术如何		
	服务器运行环境搭建		
	其他问题		
管理可行性分析	网站归属哪个部门管理和维护		
	网站维护人员配置如何		
	网站开发和维护人员如何配置		
	网络营销部门和传统营销部门如何协调		
	其他问题		
经济可行性分析	网站能够带来什么效益		
	企业要通过网站实现什么目标		
	目标用户对企业网站有何需求		
	网站建设和维护成本如何		
	其他问题		
结　论			

3.2.2　域名选择

域名是由一串用点分隔的名字组成的 Internet 上某一台计算机或计算机组的名称，用于在数据传输时标识计算机的电子方位，域名是便于记忆和沟通的一组服务器的地址(网站、电子邮件、FTP 等)。企业网如果希望在网络上建立自己的主页，就必须取得一个域名。然而如何选择域名呢？下面将通过域名的级别、价值、选择技巧和注意事项来讲解域名的选择问题。

1. 域名的级别

域名级别是网址分类的一个标准，包括顶级域名、二级域名等。一个完整的域名由两个或两个以上部分组成，各部分之间用英文的句号"."来分隔，最后一个"."的右边部分称为顶级域名(TLD，也称为一级域名)，最后一个"."的左边部分称为二级域名(SLD)，二级域名的左边部分称为三级域名，以此类推，每一级的域名控制它下一级域名的分配，如图 3-3 所示。

1) 顶级域名

顶级域名(又称一级域名)通常分为两类，一类是国家顶级域名，二百多个国家都按照 ISO3166 国家代码分配了顶级域名，例如中国是 cn，美国是 us，日本是 jp 等。另一类是国际

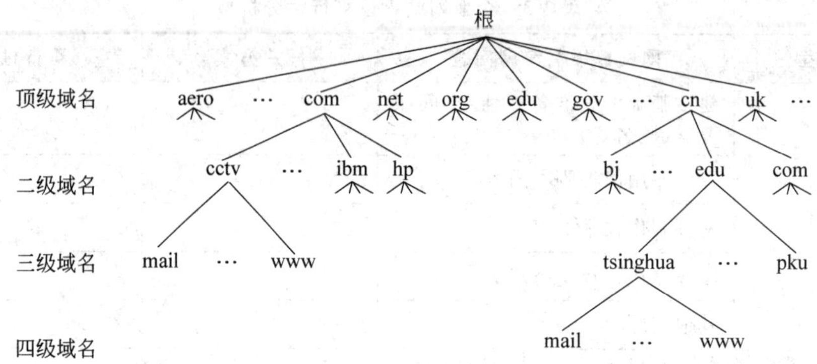

图 3-3 域名的级别

顶级域名，不同行业有不同的域名，例如表示工商企业的.com，表示网络提供商的.net，表示非盈利组织的.org 等。

2）二级域名

二级域名是指顶级域名之下的域名，主要包括两类。一类是指域名注册人的网上名称，例如 www.itcast.com 中的 itcast；另一类在国家顶级域名下，表示注册企业类别的符号，例如 www.itcast.com.cn 中的 com。通常中国的二级域名又分为类别域名和行政区域名两类，具体如表 3-4 所示。

表 3-4 二级域名分类

二级域名分类		
类别域名	.ac	用于科研机构
	.com	用于工商金融企业
	.edu	用于教育机构
	.gov	用于政府部门
	.net	用于互联网络信息中心和运行中心
	.org	用于非盈利组织
行政区域名	.bj.cn	北京市行政区域名
	.sh.cn	上海市行政区域名

表 3-4 列举了相关的类别域名和行政区域名，其中行政区域名按照中国的各个行政区进行划分，共有 34 个。

3）三级域名

三级域名用字母（A～Z，不区分大小写）、数字（0～9）和连接符（—）组成，各级域名之间用英文字符中的实点“.”连接，三级域名的长度不能超过 20 个字符。

下面将以 www.baidu.com、news.baidu.com、jiaoyu.news.baidu.com 三个域名为例，进行具体分析，如例 3-1 所示。

例 3-1 域名分类示例

【例 1】 www.baidu.com

顶级域名：com

二级域名：baidu

三级域名：www

【例 2】 news. baidu. com

顶级域名：com

二级域名：baidu

三级域名：news

【例 3】 jiaoyu. news. baidu. com

顶级域名：com

二级域名：baidu

三级域名：news

四级域名：jiaoyu

例 3-1 所示的域名，它们的顶级域名和二级域名都是相同的，可见域名的排列是遵循一定的规范的，这些规范主要体现在以下几点。

(1) 级别最低的域名写在最左边，而级别最高的域名(顶级域名)写在最右边。

(2) 域名中的标号由英文字母和数字组成。

(3) 每一个标号不超过 63 个字符，也不区分大小写字母。

(4) 由多个标号组成的完整域名总共不超过 255 个字符。

注意：如无特殊原因，建议采用申请人的英文名(或者缩写)或者汉语拼音名(或者缩写)作为三级域名，以保持域名的清晰性和简洁性。

2. 域名的价值

域名的注册遵循先申请先注册的原则，管理认证机构对申请企业提出的域名是否违反了第三方的权利不进行任何实质性审查。在互联网上每一个域名的注册都是独一无二、不可重复的，在互联网上是一种相对有限的资源，其价值主要体现在以下几点。

1) 商业价值

域名的商业价值直观地体现在域名交易上。域名交易是指个人或商业团体，将自己所注册的尚未到期且属于自己的互联网域名通过有偿方式授权，给中介网站和域名平台网站转让、出售等方式进行所属权变更的行为。通过域名交易，小小的域名往往能体现巨大的商业价值，如例 3-2 所示。

例 3-2　小域名大利润

20 世纪 90 年代，国内一批人趁着互联网进入中国抢注大批域名获得丰厚的利润，其中非常出名的代表就是蔡文胜(福建石狮人，典型的生意型个人网站主，中国著名的天使投资人、被广大站长尊称为个人网站教父)。1999 年蔡文胜开启域名生意，抢得十多万个互联网域名，现在总估值超过一亿美元，其拥有域名跨足各行各业，如视频网站奇艺网 qiyi、视频网站土豆网站 tudou、苹果域名 pingguo、家居拼音域名 jiaju、洁具域名 jieju、神州租车网 zuche、网上车市的 CheshiJijin(基金)、Huangjin(黄金)、Zuanshi(钻石)、Puyang(濮阳)、chuzhou(滁州)、jingdezhen(景德镇)等。

2003 年，蔡文胜开始模仿 hao123 做网站 265；2004 年，获得 IDG 和 Google 投资；2007

年，谷歌中国高价收购265。其参与投资数十家互联网公司，包括暴风影音、快车、CNZZ统计、ZCOM、58同城等。

同时，通过域名交易更换更加符合企业品牌的域名也是诸多互联网企业做大做强后的选择，国内多个知名互联网企业在获得成功后开始更换新的域名，如例3-3所示。

例 3-3 知名企业更换新域名

优酷网：其前身域名为youkoo，当优酷规模日益庞大，公司也花高价回购了youku.com这一域名。

酷讯：在获得风险投资之后才花费60万回购了kuxun.cn域名，而后又花重金回购了kuxun.com。

腾讯：其域名前身为tecent.com、oicq.com，后花费11万美元高价从海外回购qq.com域名。

京东：花费3000万购买新的域名jd.com，而之前的域名是360buy.com。

通过上面的案例不难看出，随着市场经济体制的商业化，小小的域名也越来越为人们所重视，已逐渐成为网站运营中的重要角色。

2）品牌价值

在新的经济环境下，域名所具有的商业意义已远远大于其技术意义，而成为企业在新的科学技术条件下参与国际市场竞争的重要手段，它不仅代表了企业在网络上的独有的位置，也是企业的产品、服务范围、形象、商誉等的综合体现，是企业无形资产的一部分。

域名也是一种智力成果，它是有文字含义的商业性标记，与商标、商号类似，体现了相当的创造性。在域名的构思选择过程中，需要一定的创造性劳动，使得代表自己公司的域名简洁并具有吸引力，以便使公众熟知并对其访问，从而达到扩大企业知名度、促进经营发展的目的。可以说，域名不是简单的标识性符号，而是企业品牌信誉的凝结和知名度的表彰。

3）推广价值

域名贯穿了企业网络营销推广的全过程，从网站建立开始到分享链接结束的整个营销过程中都离不开域名的使用。其中，建站需要将企业注册的域名与网站空间解析到一起并生成网址，而推广过程中需要将企业自己的网站推送到用户面前，一样离不开包含域名的网址，用户通过网址进入网站、阅读网站内容并分享也是将网站里的网址分享出去。

3. 域名选择技巧

域名的重要性不用多说大家都知道，一个简单好记的域名，对于网站运营的推广能够起到事半功倍的效果，那么选择一个域名应该考虑哪些方面呢？

1）域名简短易记

对于网站域名，一般来说域名越短，用户越喜欢，也容易记住。用户在输入一个很长的域名时，可能输入到中间就不想继续输入了，简短的域名方便用户的使用。同时可以采用字母＋数字或者数字＋字母这样的方法增加域名的选择空间，例如hao123。

2）域名后缀首选.com

域名的后缀形式有很多，通常选择以.com结尾的。这是用户的通用习惯，也是大众搜索的习惯，所以在注册域名的时候要尽量采用.com结尾的域名。

3）域名含有网站关键词

在注册域名的时候，可以考虑把行业相关的词融合到域名里面，用户看到这样的域名时可以轻易地知道这个网站是干什么的。

4）域名采用全拼或简拼

域名采用全拼或简拼是比较好的，这不仅对优化有优势，还有助于用户的记忆，只要把汉字记住了，域名也就记住了。例如百度域名采用全拼形式为 baidu、京东域名采用简拼形式为 jd，这样不仅用户很容易记住，同时也有助于搜索引擎抓取和收录。

4. 域名注册的流程和注意事项

域名注册是付费的，同时需要提交相关的资料信息。在注册域名的过程中需要按照相应流程进行，如图 3-4 所示，即为域名注册的相关流程。

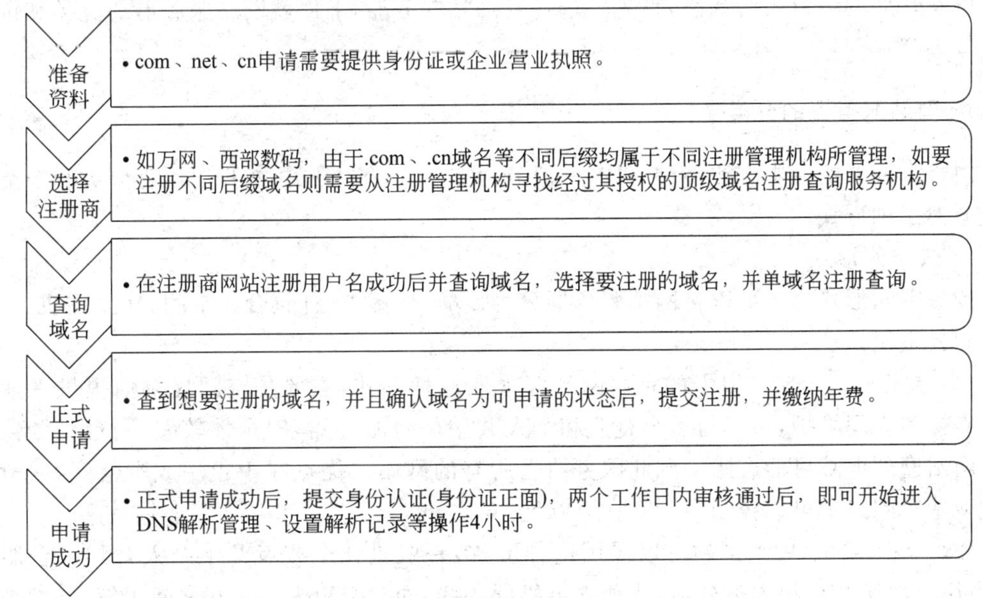

图 3-4　域名注册流程

域名注册需要到相关网站进行申请和购买，目前国内较大的平台有万网（已被阿里云收购）、新网、西部数码等。在注册域名的过程中，还需要注意一些事项，具体如下。

1）注册多个后缀

如果条件允许的话，建议把域名的重要后缀都注册，这可以尽可能地保证域名的唯一性，减少竞争压力。例如. cn 是中国国际域名，. com 是国际顶级域名，. net 表示网络提供商等。

2）域名含义不要牵强

域名要容易理解和记忆，以方便域名的传播，但是不能为了使域名达到某个含义而牵强解读，这样往往不能得到用户的认同。

3）使用独立域名

一些网站为企业和个人提供免费的二级域名供企业展示产品信息，在企业花费大量精力获得一定效果后提出收费要求，使得企业得不偿失。因此最好使用独立域名，这样利于企业保护品牌资源，避免浪费成本。

4）不要使用符号

不要使用符号，例如“-”，带“-”符号的域名在输入过程中很麻烦，往往给人不专业的印象。

5）首次购买最好在两年以上

域名使用时是有时间期限的，很多用户因为到期忘记续费而失去了至关重要的域名，一次性购买多年，可以降低这种丢失的风险，同时在价格上也会享受更多的优惠。

3.2.3 网站服务器分类和选择

网站服务器承载着网站的所有程序以及网站存储的全部数据，所以网站的运行离不开服务器的支撑。如果服务器不稳定的话，会给用户带来不友好的用户体验，所以企业在建设网站以及开展网络营销活动前，首先要选择好网站服务器，下面就网站服务器的分类和选择做具体讲解。

1. 网站服务器的分类

网站服务器的分类方法多种多样，一般分为按空间形式分类、按程序语言分类和按空间接线分类三种方式。

1）按空间形式

按照空间形式分类可以将网站服务器分为5类，即虚拟空间、合租空间、独立主机、VPS主机和云主机。

(1) 虚拟空间：90%以上的企业网站都采取这种形式，主要是空间提供商提供专业的技术支持和空间维护，由于与多个企业和个人共用一台服务器，安全性较差，同台服务器上若有网站遭到屏蔽可能会影响到此服务器上所有的网站。优点在于租用成本低廉，一般的企业网站空间成本可以控制在100～1000元/年之间。

(2) 合租空间：中型网站可以采用这种形式，一般是几个或者几十个人合租一台服务器，费用上由于与合租人员分摊，比独立主机低一些，同时合租人员相互之间了解，与虚拟空间相比相对安全。

(3) 独立主机：客户独立租用一台服务器来展示自己的网站或提供自己的服务，比虚拟主机有空间更大、速度更快、CPU计算独立等优势。对于安全性能要求和网站访问速度要求高的企业，可以考虑单独建设或租用整台服务器，但成本较高。

(4) VPS：即虚拟专用服务器，将一部服务器分割成多个虚拟专享服务器的优质服务。每个VPS都可分配独立公网IP地址、独立操作系统、独立超大空间、独立内存、独立CPU资源、独立执行程序和独立系统配置等。用户除了可以分配多个虚拟主机及无限企业邮箱外，更具有独立服务器功能，可自行安装程序单独重启服务器。

(5) 云主机：是在一组集群主机上虚拟出多个类似独立主机的部分，集群中每个主机上都有云主机的一个镜像，从而大大提高了虚拟主机的安全稳定性，云主机是整合了计算、存储与网络资源的IT基础设施能力租用服务，能提供基于云计算模式的按需使用和按需付费能力的服务器租用服务。云主机没有明显的单双线之分，采用的是云计算，在全国各地拥有很多节点，线路覆盖全国多个城市的电信、网通、BGP，如图3-5所示即为云主机运行原理。

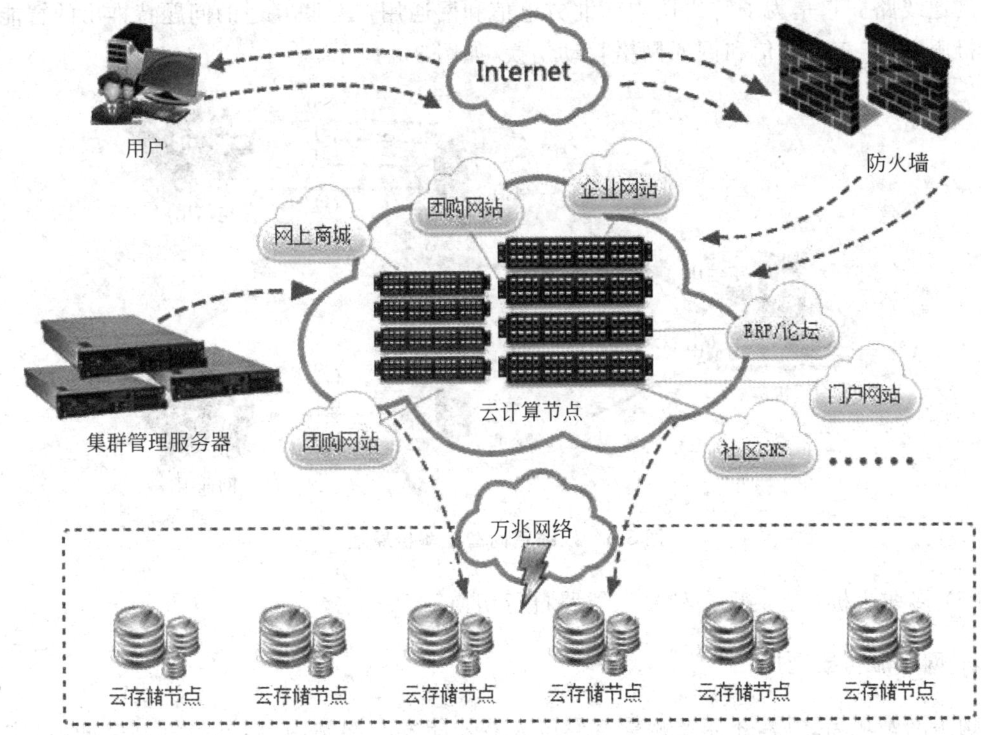

图 3-5 云主机运行原理

2）按程序语言

按程序语言分类是按照空间支持的编程语言来进行的分类方法，不同的编程语言能够达到不同的效果，在选择服务器时建议选择程序语言要求的专业虚拟主机。

（1）ASP 虚拟主机：支持 ASP＋Access，成本较低，安全性能较低。

（2）PHP 虚拟主机：支持 PHP，一般会赠送 MySQL 数据库（PHP 程序需要 MySQL 数据库才能执行），成本较低，高效稳定。

（3）虚拟主机 ASP/ASP＋Access：一般需要购买 MS SQL 数据库。

（4）JSP 虚拟主机：支持 JSP，需要 MySQL 数据库支持。

（5）静态空间：支持 HTML 静态页面，不支持 ASPPHASP. NT/JSP。

（6）全能空间：一般支持 ASP/PHP。

3）按空间线路

按空间接线分类是指按照服务器接入的网络服务商不同进行的分类方法，国内的网络接入商有网通、电信和铁通，而服务器空间则可分为电信主机、网通主机、铁通主机、双线主机和多线主机。

（1）电信主机：接入光纤为电信网络。

（2）网通主机：接入光纤为网通网络。

（3）铁通主机：接入光纤为铁通网络。

（4）双线主机：双线主机是指一台服务器同时拥有电信网络和网通网络两条线路，通过路由智能判断用户 IP 地址实现电信用户访问网站时访问电信线路，网通用户访问网站时访问网通线路。它是为了解决国内南北方电信和网通用户互联互通的问题特推出的智能双线主机服务，能实现电信和网通网络自动切换，如图 3-6 所示。

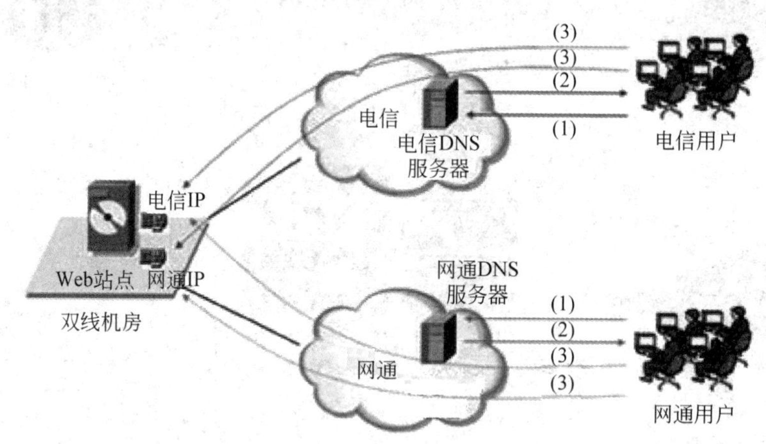

图 3-6　双线空间智能解析原理

(5) 多线主机：能实现多种接入线路自行切换。

2. 网站服务器选择

购买网站域名之后，还需要购买空间服务器才能发布网站内容，选择网站空间时，主要应考虑的因素包括：网站空间的大小，操作系统，对一些特殊功能如数据库的支持，网站空间的稳定性和速度，网站空间服务商的专业水平等，具体如下。

1) 根据网站程序选择功能匹配的空间

虚拟主机有多种不同的配置，如操作系统、支持的脚本语言及数据库配置等，要根据自己网站的配置要求进行选择。如 HTML 静态语言开发的一般企业介绍性网站，基本上普通的空间都支持其运行。

2) 负载量

负载量的重要性要远远高于空间容量，虽然虚拟主机业务应用的前提是建立在多个用户共同分享一台独立服务器资源的基础上实现的，但是用户有必要向相关服务商了解，究竟会有多少用户与自己共同分享一台服务器的资源。如果共享用户过多、服务器属于超量负载，势必会导致服务器稳定性差，出现 CPU 处理能力低下、程序运行困难等状况，用户的网站在被访问时会频繁遇到诸如找不到相关页面、无法连接到数据库，甚至不能进行访问等情况。

3) 连接数

连接数是指在瞬间内、能够同时接受申请打开用户网站页面的人数，连接数值的大小直接关系到用户网站的登录水平。如果将连接数限制得较少，然而同时访问用户网站的人数就不会太多，用户网站便会出现让访问者等待时间长等不顺畅的情况。

4) 流量

流量是指网站支持每个月多少用户的访问量，是根据用户网站提供的内容和用户访问量来计算。假设网站的某个页面是 10KB，平均每天有 100 人访问，一天的流量就约是

1MB。如果流量数值提供得很小,网站空间给得再大也没有用处,因为这会使得用户网站的浏览速度非常慢。

5）网站空间容量

网站空间容量是指网站空间的大小,决定了网站能放多少的内容,要根据网站系统程序、以后运营中产品图片的多少、在线人数来预算空间的容量,应留有足够的余量,以免影响网站正常运行。一般来说,虚拟主机空间越大II级流量配置越大,价格也相应较高,因此需在一定范围内权衡,有没有必要购买过大的空间。一般企业介绍性网站及网店空间大小通常在300～500MB足以够用。同时需要注意的是：最好选择限制流量、IIS的空间,这样有效保障速度。没有流量、IIS限制的空间,速度是无法保障的,无限制就是说,速度可以快也可以慢,这是很多用户在选择空间时最容易犯的一个错误。

6）网站速度

决定网站速度的主要因素是机房环境线路,根据网站访客对象选择适合的主机空间机房线路,能提高网站的运行速度。表3-5中列举了不同访客群体应选择的主机空间机房线路,具体如下。

表3-5　访客群和主机空间机房线路

访客群体	主机空间机房线路
国外欧美用户	美国虚拟主机
亚太地区或海外华侨	中国香港虚拟主机
国内用户	国内的双线虚拟主机
北方或南方客户	选择单电信或单网通的空间(优势不及双线空间)

7）网站数据的安全性

网站程序难以避免地会出现技术人员误操作、木马病毒、网站被入侵或是空间服务器不可避免地会发生各种各样的故障,如系统硬件、网络故障、机房断电等导致数据的丢失。因此备份数据安全的能力至关重要,有技术实力的服务商在增强数据的安全性方面,会采用同城和异地双重数据备份保护,以满足数据恢复需求。

8）服务商的信誉和售后服务

由于域名、主机、邮局等IDC产品有其特殊性,其后续稳定服务必须作为重中之重。一般来说,规模较大的服务商,其在硬件设备、网络资源、安全保障、人力资源、商业信誉等方面有较多投入,普遍能对用户网站的安全、负载均衡、稳定性、速度等都能做出有效保障,服务也能到位。

3.2.4　网站工具和网站安全

企业网站在搭建完之后,网站就可以进行相应的营销推广工作了。但是为了能够给用户和到访网站的网民及时提供更好的服务和用户体验,就需要网站运营人员在运营企业网站时借助相关的网站工具,分析网站存在的问题并不断调整优化,本节将对网站工具和网站安全进行具体讲解。

1. 网站在线客服工具

网站在线客服工具作为网络营销过程中提高用户体验和产品转化的重要手段，其主要作用是在企业网站上通过使用相关在线客服沟通软件来实现的。在线客服软件是指用于网上在线客服或主要功能为网上客服的即时通信软件，多用于各种商业网站与企业网站。基于网页会话的在线客服系统的出现替代了传统的客服 QQ 在线，MSN 在线等。在线客服软件作为一个专业的网页客服工具，是针对企业网站访客方便及时地和企业进行即时沟通的一款通信软件。

网站在线客服工具有许多种类，常见的网站在线客服工具主要有营销 QQ、53KF、乐语、CC 在线客服等，它们的主要功能基本相似，都是以方便网站访客与企业之间沟通。为了方便读者能更好地学习本节知识，这里主要以营销 QQ 为例详细讲解营销 QQ 的安装操作流程。

【Step1】 打开营销 QQ 官方登录页面 https://id.b.qq.com/login/index，登录营销 QQ 管理账号，如图 3-7 所示。

图 3-7 营销 QQ——企业账户中心登录

【Step2】 登录后，单击导航中的“营销 QQ”，再单击左侧导航的“在线代码生成”，选择代码用途，即在线咨询，如图 3-8 所示。

图 3-8 营销 QQ——选择代码用途

【Step3】　咨询图标风格选择，进入图标风格选择页面，根据企业需求选择图标样式。图标样式一共有三种，即固定图标（如图 3-9 所示）、浮动图标和自定义风格（如图 3-10 所示）。

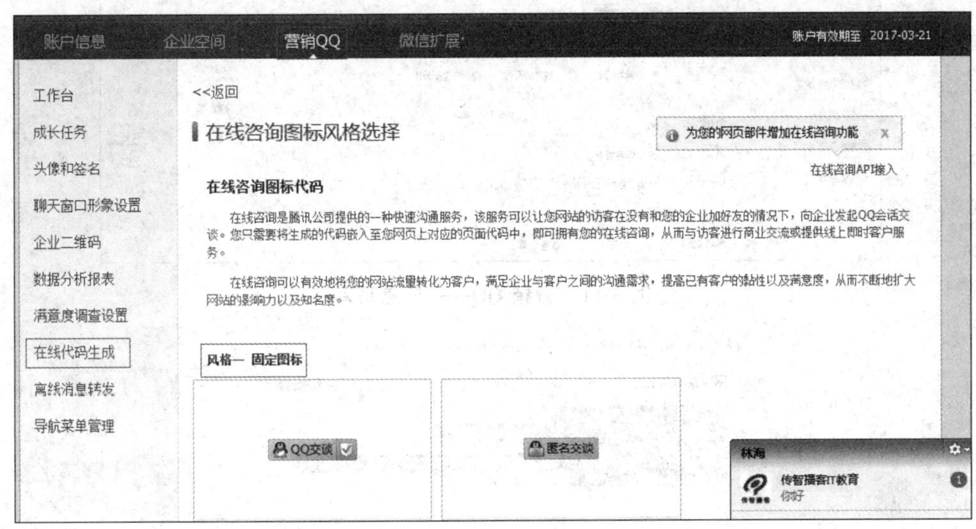

图 3-9　营销 QQ——图标风格样式 1

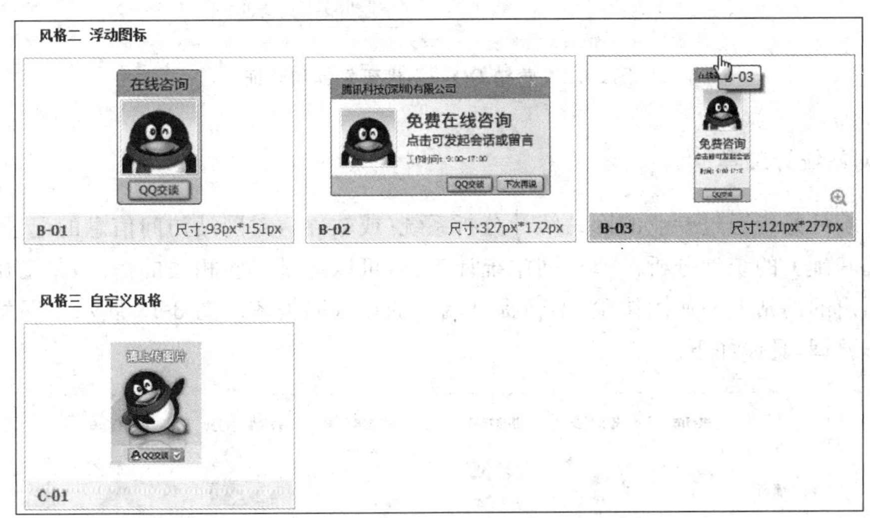

图 3-10　营销 QQ——图标风格样式 2

【Step4】　图标样式确定后，单击“下一步”按钮进入如图 3-11 所示页面，填写代码描述（用于识别代码）、企业网址，选择客服接入方式、内容文字、浮动方式和浮动位置。

【Step5】　单击页面下方“生成代码”按键，此时生成的代码会出现在弹出的对话框中，如图 3-12 所示。

【Step6】　生成代码后将所生成的代码复制，然后登录网站后台，选择“模板”→“默认模板管理”→“首页模板”，进行修改。将复制的代码粘贴到代码底部，然后保存，并在后台生成一下。

图 3-11 营销 QQ——信息填写

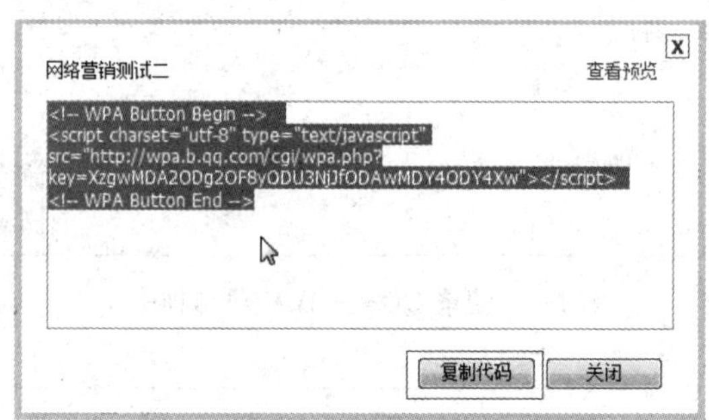

图 3-12 营销 QQ——代码复制和验证

2. 网站统计工具

网站统计是指通过专业的网站统计分析系统(或软件),对网站访问信息的记录并归类,以及在此基础上的统计分析。通过网站统计工具,可以记录一些相关的信息,帮助用户改善访客在用户的网站上的使用体验,不断提升网站的投资回报率。图 3-13 展示了网站统计工具的工作原理,具体如下。

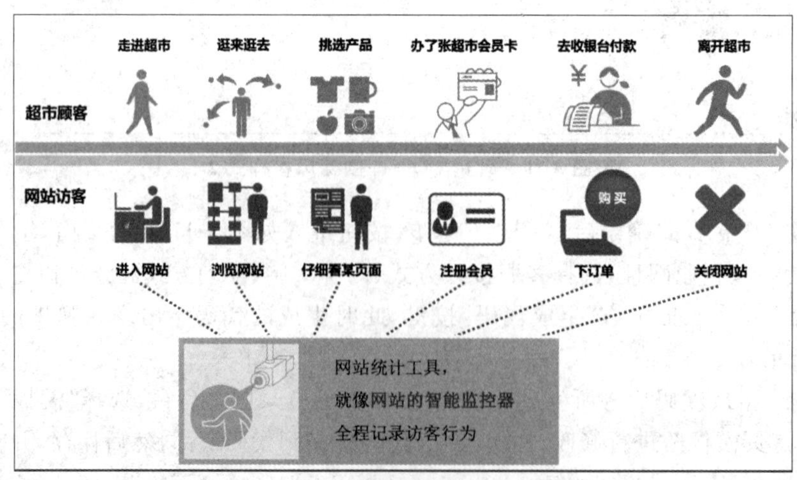

图 3-13 网站统计工具的工作原理

网站统计便于网站收集用户信息，加强与用户群体的沟通，对提高和改进网站建设具有重要意义。目前，国内常用的统计网站有友盟(CNZZ)、51la、百度统计等。

下面以友盟(CNZZ)为例，演示网站统计工具的安装过程。

【Step1】　登录账号：访问友盟(CNZZ)网站 http://web.umeng.com/，输入账户名和密码进行登录，进入如图 3-14 所示页面。如没有账号可在该页面进行注册后登录。

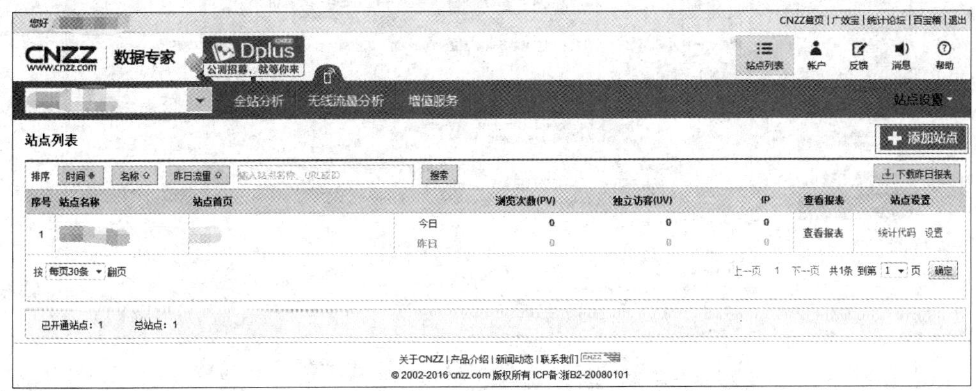

图 3-14　网站统计工具安装——CNZZ 登录后页面

【Step2】　填写网站信息：单击如图 3-14 中的“添加站点”按钮，进入如图 3-15 所示页面，按照要求填写网站信息。

图 3-15　网站统计工具安装——信息填写

【Step3】 获取代码：在网站信息填写完毕后单击图 3-15 中“确认添加站点”按钮，跳转到代码生成页面，如图 3-16 所示。CNZZ 统计有多种显示样式，包括文字和图片。

图 3-16 网站统计工具安装——获取代码

3. 网站安全

网站安全是指为防止网站受到外来计算机入侵者对其网站进行木马病毒植入，篡改网页等行为而做出一系列的防御工作。下面将从网站安全问题的危害以及如何做好安全维护两方面对网站安全进行具体分析。

1）网站安全问题的危害

大多数企业在建立网站时考虑的是如何满足用户需求，如何实现业务，而很少考虑网站应用开发过程中存在的网站安全问题。这些在不关注安全问题的代码设计人员眼里几乎不可见，因此网站在正常使用过程中，即便存在安全问题使用者也并不会察觉。而网站存在的这些安全问题一旦被黑客挖掘出来，就会成为他们直接或间接攻击的对象，从而给企业网站带来严重危害，如例 3-4 所示。

例 3-4 网络安全问题的危害 1

【例 1】

危害：精准客户信息被盗取 危害等级：★★★★★

2013 年，日本 NTT 通信公司公司运营的网络接入服务“OCN”的管理系统遭非法入侵，利用博客等服务的注册会员邮件地址等最多约四百万条用户信息可能已经外泄。

【例 2】

危害：导致正常营销活动夭折 危害等级：★★★★★

A 公司在市场旺季投入巨额广告费用进行网上展示、活动促销，但被竞争对手雇佣黑客进行 DDOS 大流量攻击，导致正常用户在单击广告后访问网站速度非常慢或者无法打开，造成A公司不仅损失巨额广告费用，同时也给用户带来不友好的用户体验。

【例3】

危害类型：网站被利用 危害等级：★★★☆☆

某企业网站被挂马，导致用户在访问企业网站时跳转到其他挂马网站，给大量用户带来不便，造成部分用户流失，同时严重损害了公司在用户中的形象。（挂马是指黑客向正规网站植入恶意代码，让浏览网站的用户偷偷访问黑客指定的挂马页面，最终会被搜索引擎K站或天汇风险。）

企业网络安全问题不但包含外部因素，而且包括内部因素，如内部账号权限管理混乱、离职员工账户未注销等问题也会给企业网站带来重大网络安全问题，如例3-5所示。

例3-5　网络安全问题的危害2

【例1】

危害：影响企业经营和声誉 危害等级：★★★★☆

某公司离职员工通过技术手段将浙江某国际汽车服务公司的网站进行篡改和删除，使该公司的网站链接至同行竞争对手的网站上，或加入黄色信息和图片，或发布该公司被收购的虚假消息，严重影响了该公司的网上业务活动，给公司造成了巨大的经济损失和严重的负面影响。

【例2】

危害：内部账号和密码外泄 危害等级：★★★★★

A公司的网络管理员为方便管理多个密码，有的人将密码记在纸上，贴在办公室里；有的人使用自己的生日、电话号码等常见数字；有的管理员会使用密码管理工具，保存在自己的个人PC上，导致管理账号和密码被黑客攻击并窃取，黑客通过这些账号和密码盗取了大量公司内部信息转卖给竞争对手，导致公司大量客户外流。

2）网络安全维护的基本要求

网络安全问题对企业网站至关重要，因此企业日常的网络运行中，需要做到下面几点网络安全维护的基本要求，以降低网络安全问题带来的危害。

（1）提升服务器管理水平，做好安全策略，屏蔽不经常使用的服务和端口，对网站目录权限进行控制，定期升级系统补丁，检查服务器安全日志及异常情况。

（2）安装网站安全防护软件（例如网站安全狗），及时对注入、CC等攻击进行拦截并对木马自动查杀，定期检查网站目录文件异常情况。

（3）部署在线Web应用防火墙服务（例如安全宝），实时阻断常见的提交垃圾信息、SQL注入和跨站脚本等攻击手段。

（4）安装部署正规、口碑好的软件公司发布的网站建站程序并及时进行补丁更新，或者自主开发网站应用程序，做好信息安全架构。

（5）建立网站数据安全备份机制及密码安全管理制度，防止突发事件数据损失，同时避免内部人员安全管理漏洞。

3.2.5　网站外包建设

网站外包是指企业利用外部优秀的专业化网站建设团队资源，来进行企业网站外包工作，或者将企业某个网站项目外包，从而达到降低成本、提高效率、充分发挥自身核心竞争力和增强企业对环境的应变能力的一种管理模式。由于网站建设并不是日常重复性的工作，而网站后期维护相对简单，外包建设费用比聘请专业建设人员的薪资低，因此许多企业更乐于采用外包的形式来建设自己的网站。在外包建设过程中，企业需要注意以下几个方面的问题。

1. 明确网站功能需求

不同定位和盈利模式的网站功能需求不同。网站功能需求不仅代表开发周期和开发成本，同时也决定了以后的运营资源投入。作为网站建设的主负责人需要在展现效果和技术成本、运营成本之间做出平衡。同时并不是所有的功能都是企业需要的，也不是所有的功能都对网站的建设和维护有利，例如大量 Flash 动画效果，将影响后期的 SEO 工作和网页加载。

2. 选择适合的开发语言

如果网站需要在线支付之类的安全程度比较高的站点，则建议采用 JSP 程序建站；如果站点需要简单维护，营销性强，则采用一般常见的网站程序建站就可以了，如 PHP 等后台编程语言，同时可以配合一些 JS 效果，使网站用户体验更好。

3. 网站开发商的选择

网站建设行业相对混乱，由于一般客户对建站技术不是很了解，所以一般的网站建设报价水分比较大，或者在后期需求实现上会有很多问题，所以需要多对比不同正规建站公司报价情况，查看以往案例，最后做出合理选择。如果需要长期运营的网站，那么在没有开发成本、开发周期问题的前提下可以考虑自主开发。在安全性要求不高的前提下，也可以使用成熟的开源程序。

4. 用户体验至上

网站是为最终用户浏览使用的，需要从目标用户的角度去策划设计并规划整体使用流程、SEO、版面风格、功能细节、内容规划、帮助反馈等。不好的用户体验是对用户的伤害和拒绝，是对推广流量的严重浪费。

5. 网站安全

企业经营必然会面对市场竞争，有竞争必然会面对对手不正当的网络攻击手段。因此在网站建设开发过程中必须重视信息安全性，尤其是有会员数据、业务订单、在线交易功能的网站。网站安全是相对的，也是需要一直维护优化的。

6. 考虑多种浏览途径

网站建设不仅要考虑 PC 端各种系统和浏览器兼容性，也要考虑到移动互联网大背景下用户的访问兼容需求，包括微信、APP 等。这不仅是技术方面的问题，更是网络营销多渠道并行、用户体验至上的原则。

网站外包是优势与风险并存的，其优势是企业费用的节省、企业员工招聘与培训费用的节省、办公地点的节省，降低突发事件带来的风险，企业可以更专注于核心服务。同时网站外包的劣势也不容小视，例如部分不良企业对项目不负责任，公司网站在建设过程中因没有专职人员而存在企业定位和信息被复制的风险。

3.3　移动端网站

根据网上相关数据显示，到 2014 年中国网民通过移动端搜索关键字的次数已经超过了通过 PC 端搜索关键字的次数，移动端网页浏览量已经达到整体浏览量的 60%以上，通过移动端交易的记录也在逐年增长。这表明移动互联网时代已经来临，移动端网站对企业今后的网络营销活动中的作用也将越来越重要。本节将以 Site App 为例，讲解移动网站建设的流程。

3.3.1　Site App 概述

Site App 是百度提供的 WebApp 在线生成服务平台，开发者可以直接通过平台操作，轻松实现 WebApp 在线效果定制及生成，无须线下开发成本。

理论上，只要不是全 Flash 网页或者大量 Frame 框架结构的站点，百度 Site App 都可以支持。但是由于 Site App 平台对一些复杂脚本的处理方式有待改善，且对于注重交互功能的页面转化效果欠佳，因此建议以阅读和浏览类为主的站点，优先选择使用百度 Site App；其他类型的站点，可以实际测试效果，根据效果的实际情况适时参考是否选用。

3.3.2　Site App 建站流程

Site App 建站简单方便，大致分为以下几个步骤。

【Step1】 添加站点，打开百度开放服务平台（http://siteapp. baidu. com/）并登录（如无账号可先进行注册），单击右上角“管理我的 webapp”按钮，进入如图 3-17 所示页面。

图 3-17　Site App 建站——添加站点

【Step2】 选择主体内容样式，输入需要生成手机站的网站地址，单击“提交站点”按钮进入如图 3-18 所示页面。根据要求,将名称、LOGO 等信息上传和填写。同时 Site App 提供多套主体内容的样式,不同的主体内容样式提供不同的导航和颜色,企业可以根据网站的特点进行相应的选择。

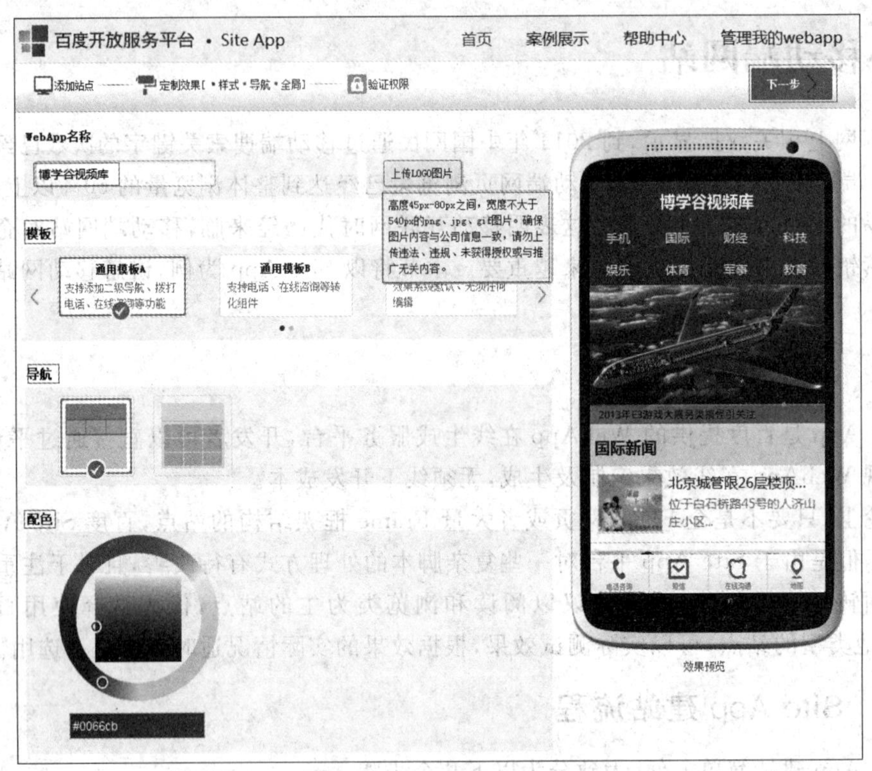

图 3-18 Site App 建站——选择主体内容样式

【Step3】 添加导航,为手机站定制导航,只需依次输入频道名称和对应 PC 的网址链接,如图 3-19 所示。Site App 支持定制三级导航,不过网页风格(公司官网版)只展示最高一级导航。

【Step4】 添加组件,网站导航添加完成后,单击右上角“下一步”按钮,进入如图 3-20 所示页面,单击屏幕中间“添加组件”按钮。

【Step5】 全局设置,这一步主要是一些特殊功能的定制,让手机站个性化更突出。企业通过全局设置可以添加填写名称、底部设置(包括添加计算机版链接、一键拨打电话、版权信息、客服工具接入等),如图 3-21 所示。这些客服工具的添加需要企业开通相关业务。

【Step6】 验证权限,全局设置完成后单击右侧“提交”按钮,返回如图 3-20 所示页面,单击右上角“下一步”按钮进入验证权限页面,如图 3-22 所示。验证方法和一般验证网站所有权一样,可以通过提交文件或者添加代码验证。

验证站点的目的只是确保用户拥有该网站的操作权限,不会对网站带来任何的风险。在下载验证文件或嵌入 HTML 标签时,不要关闭该页面,同时在下载代码或获取文件之后,不要尝试刷新页面或重新请求,以免造成动态文件变化,导致验证失败。下载验证文件或复制 HTML 代码有时间效应,需要当即验证,超过有效时间验证文件或代码将会失效,进而导致验证失败。

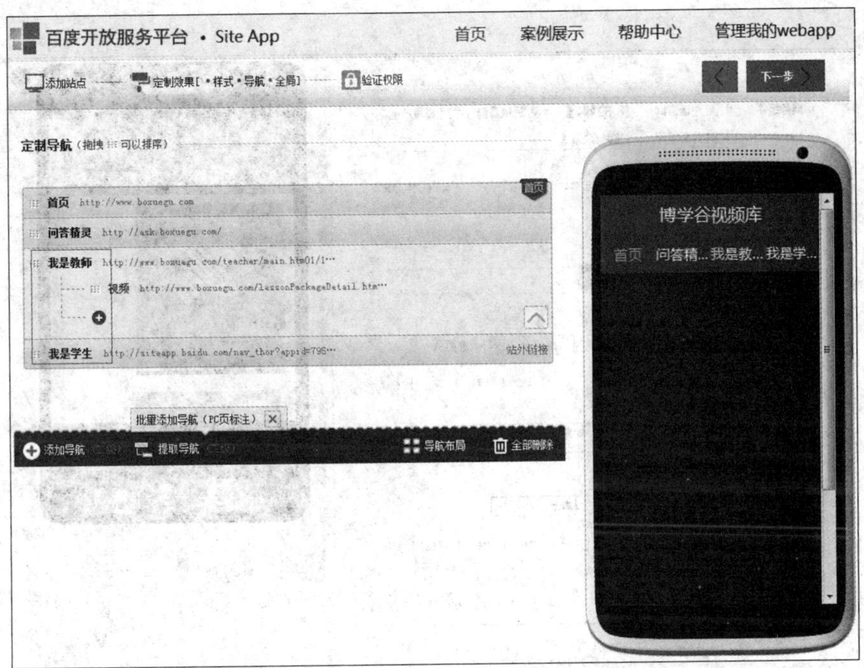

图 3-19　Site App 建站——添加导航

图 3-20　Site App 建站——添加组件

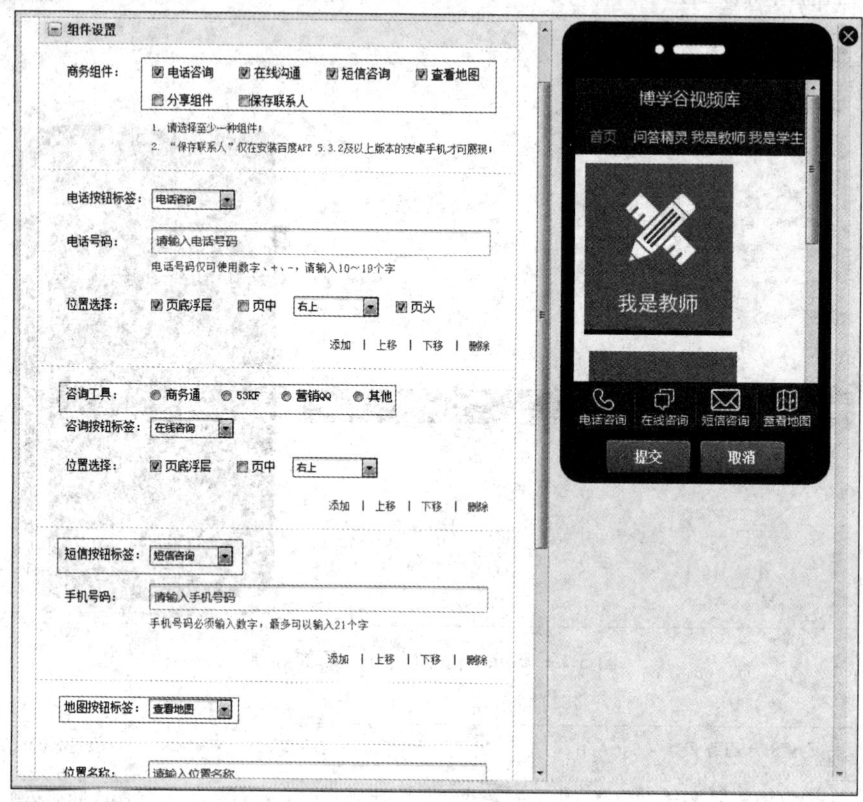

图 3-21 Site App 建站——全局设置

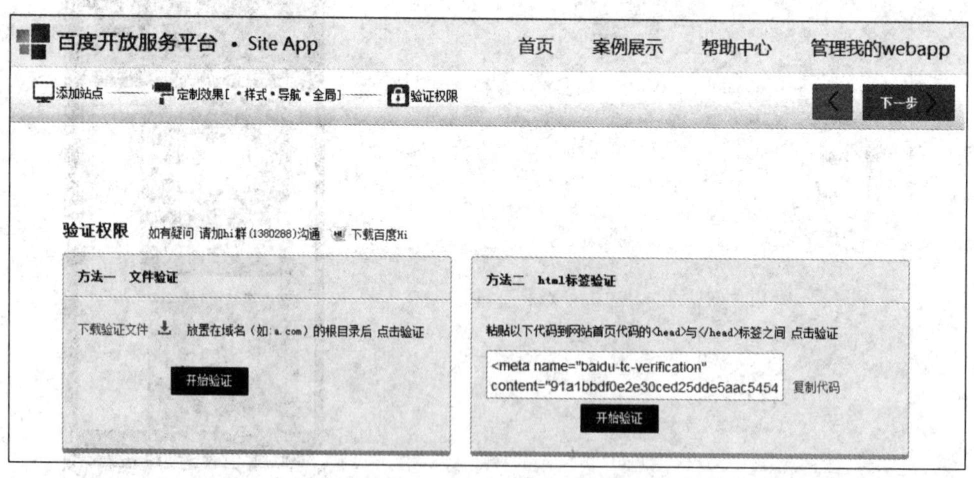

图 3-22 Site App 建站——验证权限

【Step7】 绑定域名，在权限验证通过后需绑定一个专属 WebApp 域名，同时将已提交的 WebApp 域名的 CNAME 解析到 siteapp. baidu. com，如图 3-23 所示。这一过程需要在 6 个小时内完成，否则域名配置将会失效。

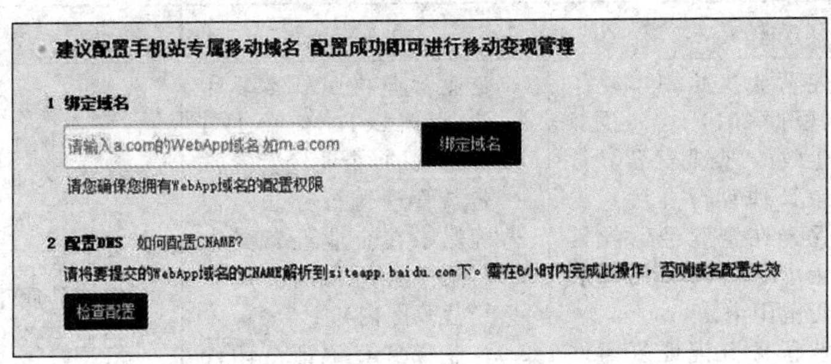

图 3-23　Site App 建站——绑定域名

完成以上所有步骤操作后 WebApp 基本创建完毕，等候审核通过后就可以访问移动网站并发布运营了。

3.4　第三方平台店铺

随着以信息技术为基础的互联网科技的不断发展，电子商务作为新兴的市场经济交易模式正迎来井喷式的发展。而在这其中，尤其以淘宝、天猫、京东、唯品会等第三方开发的电子商务交易平台为代表，它们因简单快捷高效安全的运营优势逐渐成为以零售业为主的企业进行网络营销的重要平台。本节将以天猫店铺开设为例讲解第三方平台店铺的搭建流程。

3.4.1　天猫店铺的分类

天猫店铺分为旗舰店、专卖店和专营店三类，各个类型的店铺对品牌的授权要求和品牌代理数量各不相同，如表 3-6 所示。

表 3-6　天猫店铺分类

店铺类型	旗舰店	专卖店	专营店
店铺定义	商家以自有品牌(商标为 R 或 TM 状态)，或由权利人出具独占性授权，入驻天猫开设的店铺	商家持他人品牌(商标为 R 或 TM 状态)授权文件在天猫开设的店铺	经营天猫同一经营大类下两个及以上他人或自有品牌(商标为 R 或 TM 状态)商品的店铺
品牌数量	一个(多品牌为邀约入驻)	一个(多品牌为邀约入驻)	至少两个
授权要求	品牌商直接授权的独占授权书	品牌商直接授权	以品牌商为源头的授权链条

同时，不同类型的天猫店铺开设的相关资质也是不一样的，各类型店铺开设的资质要求如表 3-7 所示。

表 3-7 不同类型天猫店铺相关资质要求

店铺类型	旗舰店	专卖店	专营店
企业资质	1. 企业营业执照副本复印件(根据2014年10月1日生效的《企业经营异常名录管理暂行办法》,需确保未在企业经营异常名录中且所售商品属于经营范围内); 2. 企业税务登记证复印件(国税、地税均可); 3. 组织机构代码证复印件; 4. 银行开户许可证复印件; 5. 法定代表人身份证正反面复印件; 6. 联系人身份证正反面复印件; 7. 商家向支付宝公司出具的授权书	1. 企业营业执照副本复印件(根据2014年10月1日生效的《企业经营异常名录管理暂行办法》,需确保未在企业经营异常名录中且所售商品属于经营范围内); 2. 企业税务登记证复印件(国税、地税均可); 3. 组织机构代码证复印件; 4. 银行开户许可证复印件; 5. 法定代表人身份证正反面复印件; 6. 联系人身份证正反面复印件; 7. 商家向支付宝公司出具的授权书	1. 企业营业执照副本复印件(根据2014年10月1日生效的《企业经营异常名录管理暂行办法》,需确保未在企业经营异常名录中且所售商品属于经营范围内); 2. 企业税务登记证复印件(国税、地税均可); 3. 组织机构代码证复印件; 4. 银行开户许可证复印件; 5. 法定代表人身份证正反面复印件; 6. 联系人身份证正反面复印件; 7. 商家向支付宝公司出具的授权书
品牌资质	由国家商标总局颁发的商标注册证或商标注册申请受理通知书复印件; * 若由权利人授权开设旗舰店,需提供独占授权书(如果商标权人为自然人,则需同时提供其亲笔签名的身份证复印件)。 * 若经营出售多个自有品牌的旗舰店,需提供品牌属于同一实际控制人的证明材料。此类店铺主动招商。 * 若申请卖场型旗舰店,需提供服务类商标注册证或商标注册申请受理通知书。此类店铺主动招商	1. 由国家商标总局颁发的商标注册证或商标注册申请受理通知书复印件; 2. 商标权人出具的授权书(若商标权人为自然人,则需同时提供其亲笔签名的身份证复印件); * 品牌属于同一实际控制人的证明材料(出售多品牌的专卖店),此类店铺主动招商	自有品牌:商标注册证或商标注册申请受理通知书复印件; 代理品牌: (1) 商标注册证或商标注册申请受理通知书复印件; (2) 以商标持有人为源头的完整授权(详见各类目对授权的级数要求),若授权中的授权方为自然人,则需同时提供其亲笔签名的身份证复印件

3.4.2 天猫店铺搭建流程

随着淘宝天猫等网络购物平台的交易规则的规范和市场运行机制的不断完善,商家入驻天猫店铺的门槛也越来越高,审核越来越严。整体而言,天猫店铺在开设过程中基本要经过提交入驻资料、等待审核、完善店铺信息和店铺上线等几个环节。下面对各个环节具体操作流程进行详细讲解。

1. 提交入驻资料

提交入驻资料是企业开设天猫店铺的准备工作,主要涉及企业品牌资质和营业资质等问题,企业在申请天猫店铺时需要提前准备相应的能够证明品牌授权和企业营业资质的证明文件，如商标注册证、商标注册申请受理通知书复印件、品牌授权书等入驻资料，具体的申请流程如下。

【Step1】 进入天猫招商页面 https://pages.tmall.com/wow/seller/act/zhaoshang，也可通过天猫首页“商家支持”→“商家入驻”进入，入口如图 3-24 所示。进入天猫招商页面后可以阅读了解入驻流程、入驻材料等内容，如图 3-25 所示。

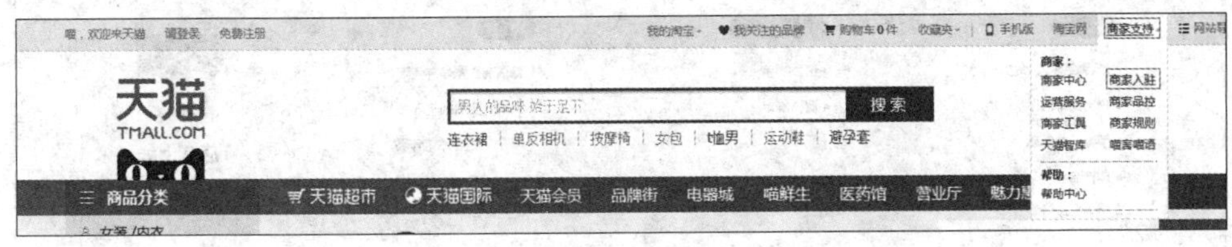

图 3-24　天猫店铺设置——进入天猫招商页面

图 3-25　天猫店铺设置——天猫招商页面

【Step2】 阅读了解入驻流程和入驻申请材料后单击“立即入驻”按钮进入登录页面，登录后自动跳转到天猫招商入驻流程页面，如图 3-26 所示。

【Step3】 选择申请店铺类型，勾选入驻须知，单击“立即入驻”按钮，跳转至提交入驻资料页面，如图 3-27 所示。选择需要开设的店铺类型、品牌名称和商品类目，如果企业的品牌在招商品牌池，则可以选择下拉框中已匹配找到的品牌，如果品牌池中没有申请的品牌，则可以单击“没有 XX 品牌，立即申请”继续申请入驻，但是需要先评估品牌实力，再进行资质审核，会延长审核时间。

【Step4】 店铺类型、品牌与类目信息填写后提交“下一步”，进入如图 3-28 所示页面。按照要求填写相关企业信息，包括商标注册人、商标注册号、商标类型、商标有效期、商标分类等(如经营非图书音像大类，请单击选择“所有类目”，如经营图书音像大类，请单击选择“图书音像”。如申请经营专营店，需至少提交两个品牌)，同时按照要求上传商标证(图片尺寸 800px×800px 以上，大小 800KB 以内，格式 png/jpg/jpeg，最多可上传 10 张)，之后下载商家经营产品清单，填写后上传，保存品牌信息，等待天猫客服审核通过。

【Step5】 选择申请的经营大类及类目，单击“选择类目”按钮，选好经营的类目后单击“确认”按钮，如图 3-29 所示。一个品牌只可以选择一个主要经营大类，切换大类则会覆盖

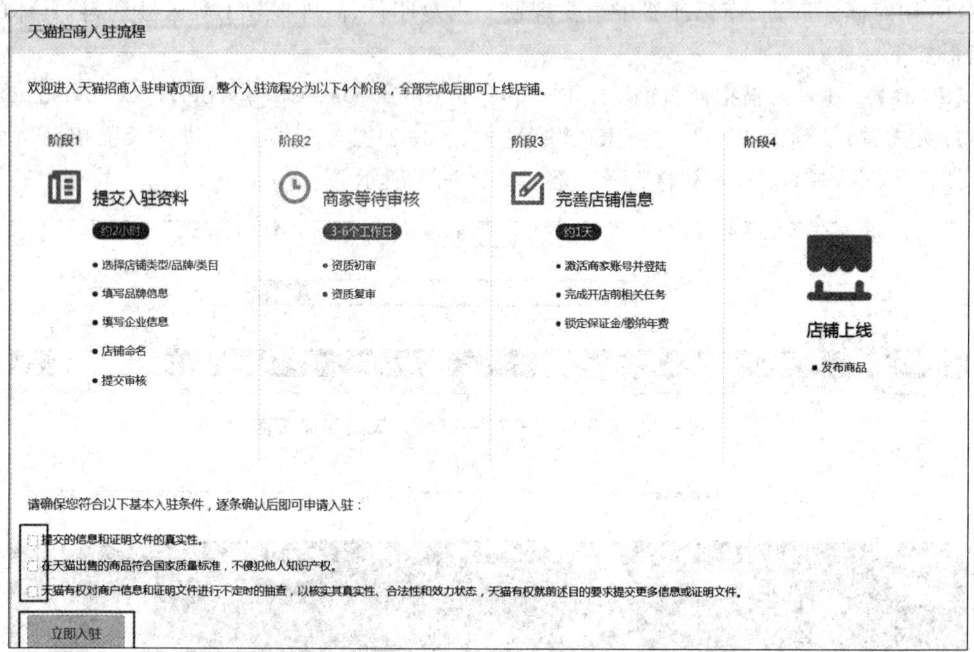

图 3-26　天猫店铺设置——天猫招商入驻流程页面

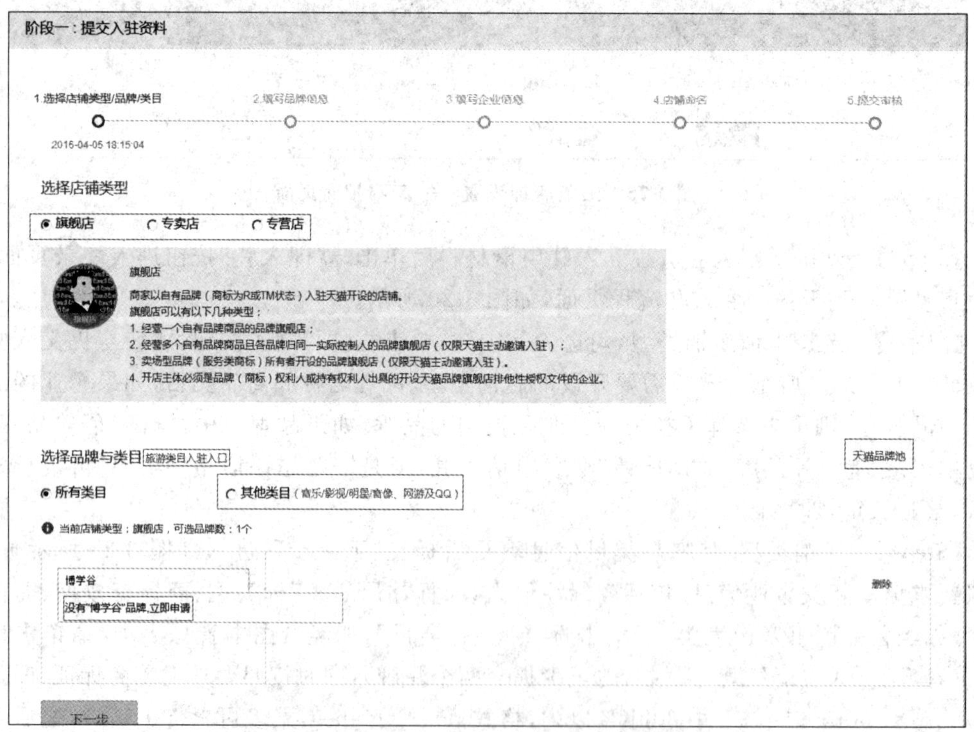

图 3-27　天猫店铺设置——提交入驻资料

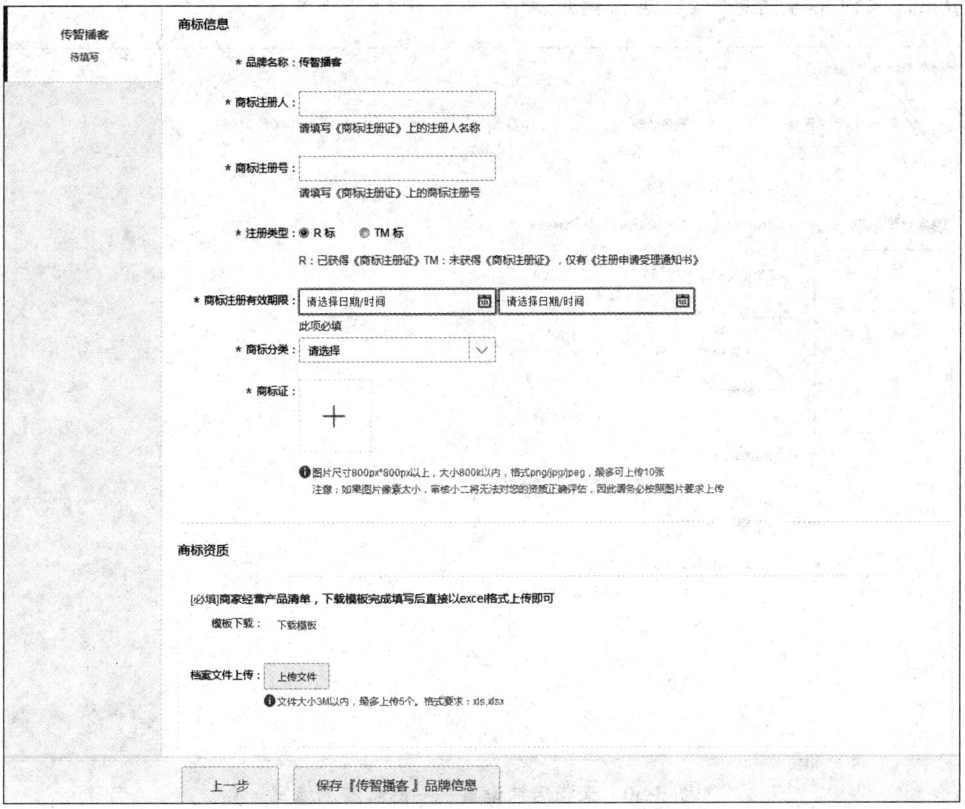

图 3-28 天猫店铺设置——品牌信息填写

之前的操作，需谨慎操作。如果搜索不到需要的类目，则说明该类目天猫暂不招商。如果一个品牌需要扩大类经营，需要企业在店铺上线后申请添加类目，添加新类目标准按照当前招商标准执行。

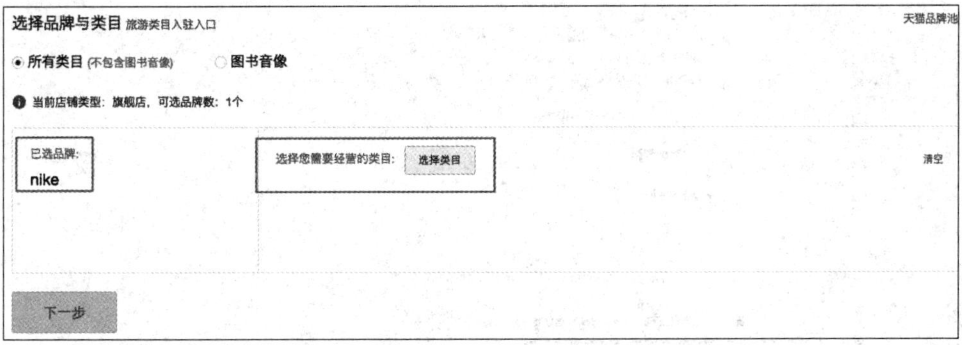

图 3-29 天猫店铺设置——经营类目选择

【Step6】 品牌和类目提交后，确认是否已符合基本入驻要求，若未能符合，则提交后可能会被小二审核拒绝。根据实际情况填写品牌信息，请注意左侧的选项卡，每个选项卡下内容均需填写完整。如该选项卡内容未填写完整，标签会显示“待填写”，填写完成后将显示“已填写”，如图 3-30 所示。同时在填写时要记得每个选项卡下的内容填写完成后，单击页面下方的“保存品牌信息”按钮进行信息保存。

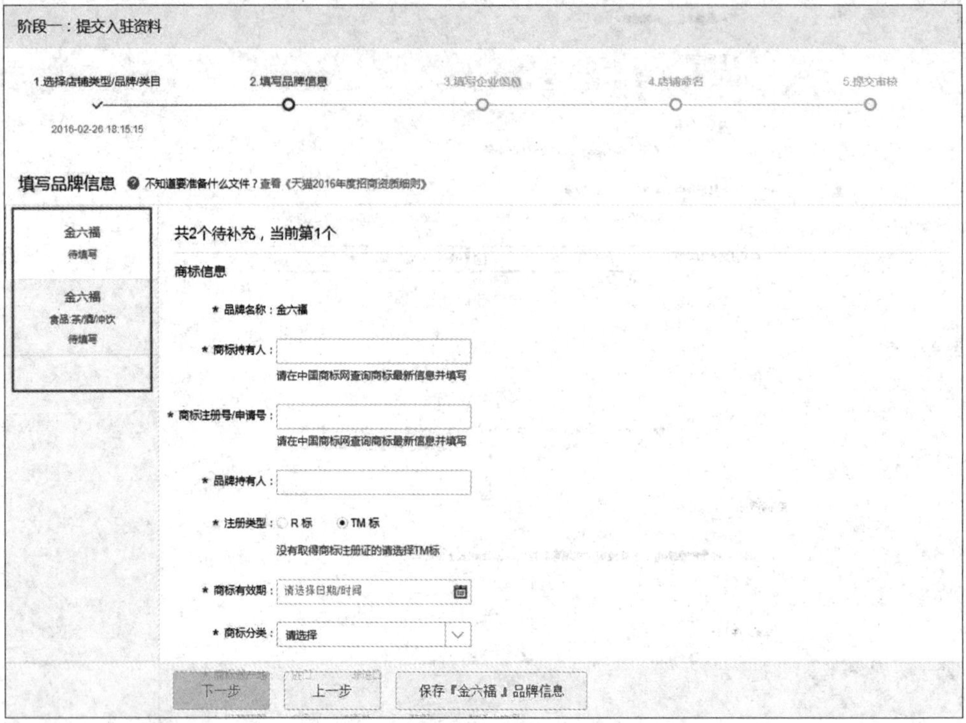

图 3-30 天猫店铺设置——品牌信息填写

【Step7】 如果所申请的品牌需要先评估品牌实力，则将在申请页面看到“更多详情信息上传”入口，如图 3-31 所示。品牌评估会参考企业申请品牌的影响力及天猫的品类结构和消费者需求，企业需要下载 Excel 模板，将品牌信息按照模板内容详细填入后上传，这些信息会让天猫更好地了解您的企业和品牌，有助于企业更快入驻天猫。

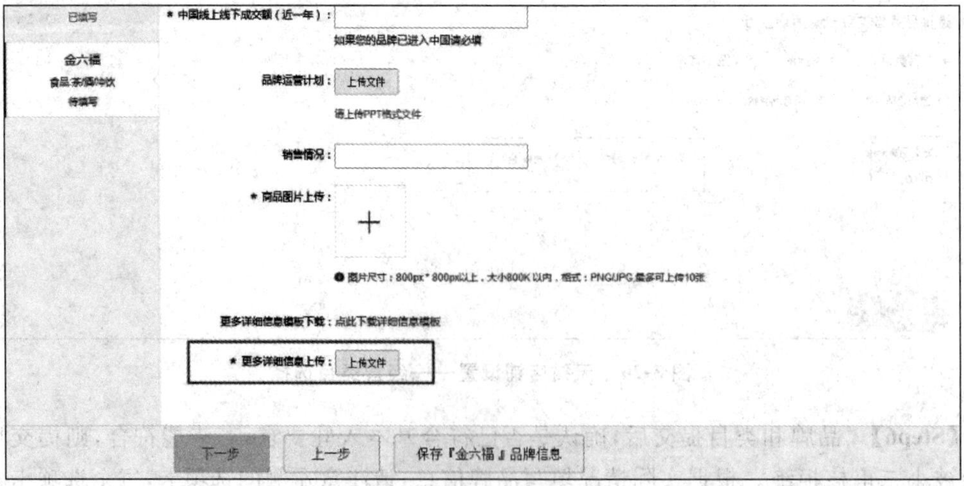

图 3-31 天猫店铺设置——更多详细信息上传

【Step8】 企业信息全部填写完成后，单击“下一步”按钮，进入企业信息填写页面，如图 3-32 所示。在提交支付宝授权书时，需要先下载模板，按照模板内容填写/签章后，将授权书拍照上传。

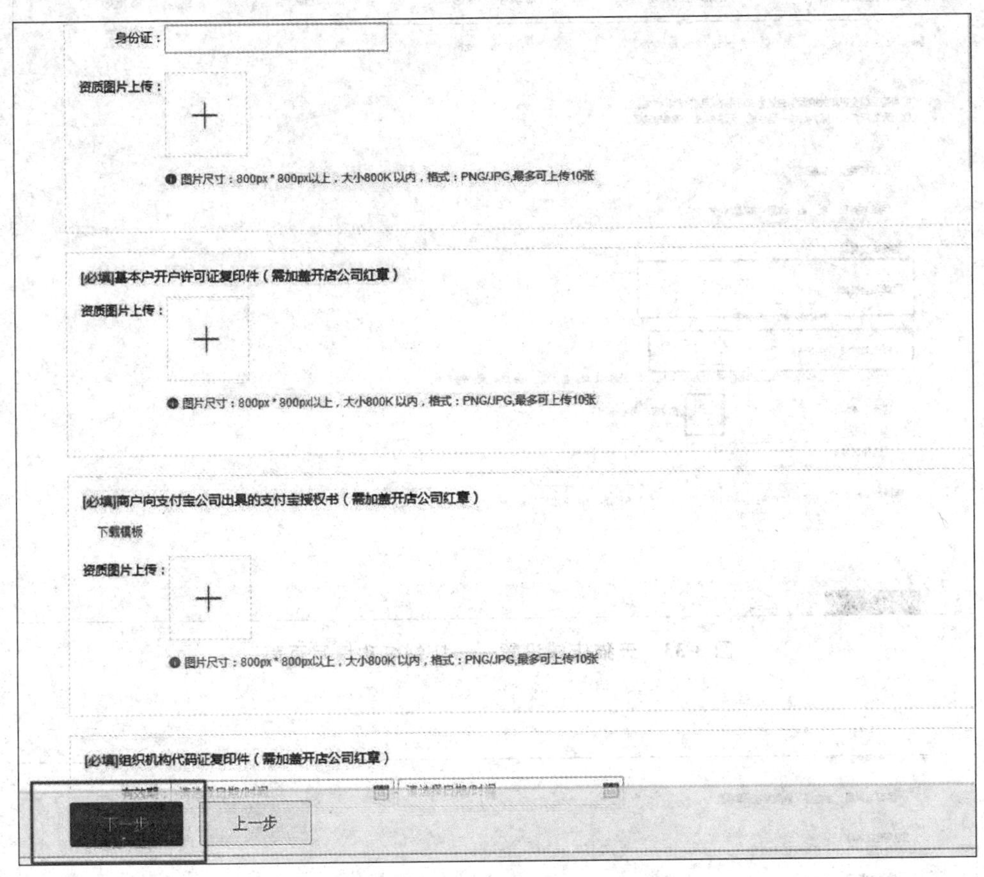

图 3-32　天猫店铺设置——企业信息上传

【Step9】 店铺命名，根据实际情况填写企业信息，填写完成后，单击“下一步”按钮，进入如图 3-33 所示页面。选择填写店铺名称中展现的关键词，并单击“选择店铺名”右侧的下拉框选择店铺名称及店铺域名，也可以在“店铺命名建议”中填写期望的店铺名称，如图 3-34 所示。企业在选择天猫店铺名称时需要注意选择的店铺名称必须符合《天猫店铺命名规范》，具体可参照网址 https://rule. tmall. com/tdetail-679. htm? spm = a215a. 7776149. 0. 0. lpMpq7。

【Step10】 提交审核选择完成后，单击“下一步”按钮，进入如图 3-35 所示页面。再次确认填写的信息是否正确，如需修改，可单击“返回修改”按钮，返回填写页面修改信息。如信息无误，无须修改，可单击“确认无误提交”按钮，提交申请资料给天猫。此信息一旦提交，将无法进行修改，需要企业认真核对。

【Step11】 申请资料提交成功后，需要等待淘宝小二进行审核。等待审核期间请保持电话畅通，并关注邮件、旺旺信息，方便淘宝小二在审核过程中与企业进行联系。如果审核期间联系方式发生变更，需要对联系方式进行变更，具体操作可通过页面下方联系方式旁边

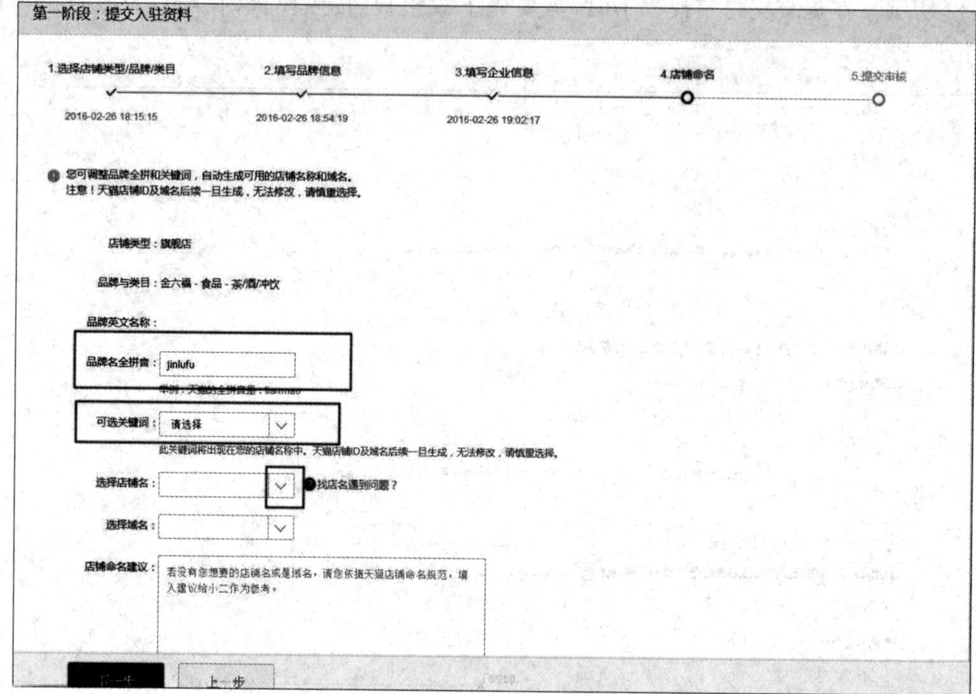

图 3-33 天猫店铺设置——店铺名称填写页面

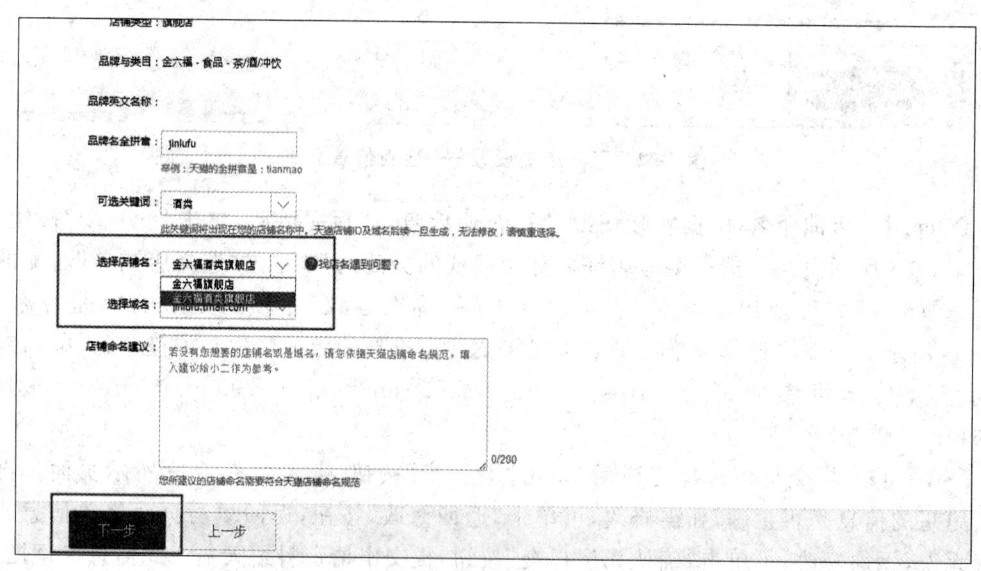

图 3-34 天猫店铺设置——店铺名称填写

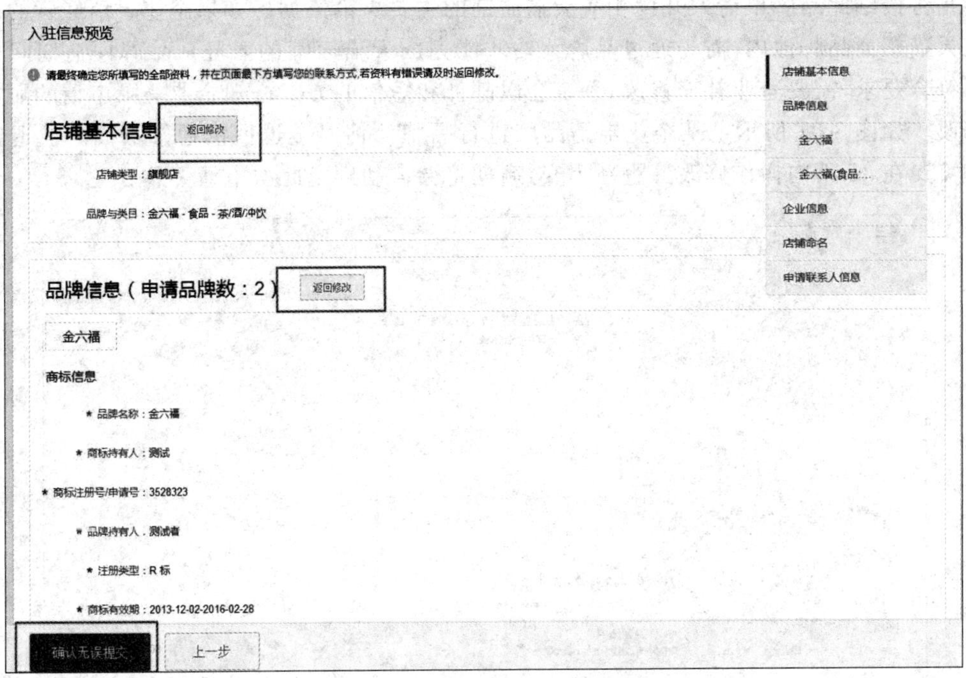

入驻信息预览

请最终确定您所填写的全部资料，并在页面最下方填写您的联系方式,若资料有错误请及时返回修改。

店铺基本信息　返回修改

店铺类型：旗舰店

品牌与类目：金六福 - 食品 - 茶/酒/冲饮

品牌信息（申请品牌数：2）　返回修改

金六福

商标信息

* 品牌名称：金六福

* 商标持有人：测试

* 商标注册号/申请号：3528323

* 品牌持有人：测试者

* 注册类型：R 标

* 商标有效期：2013-12-02-2016-02-28

确认无误提交　上一步

店铺基本信息

品牌信息

金六福

金六福(食品…

企业信息

店铺命名

申请联系人信息

图 3-35　天猫店铺设置——信息确认

的“修改”按钮进入相关页面，重新填写，如图 3-36 所示。

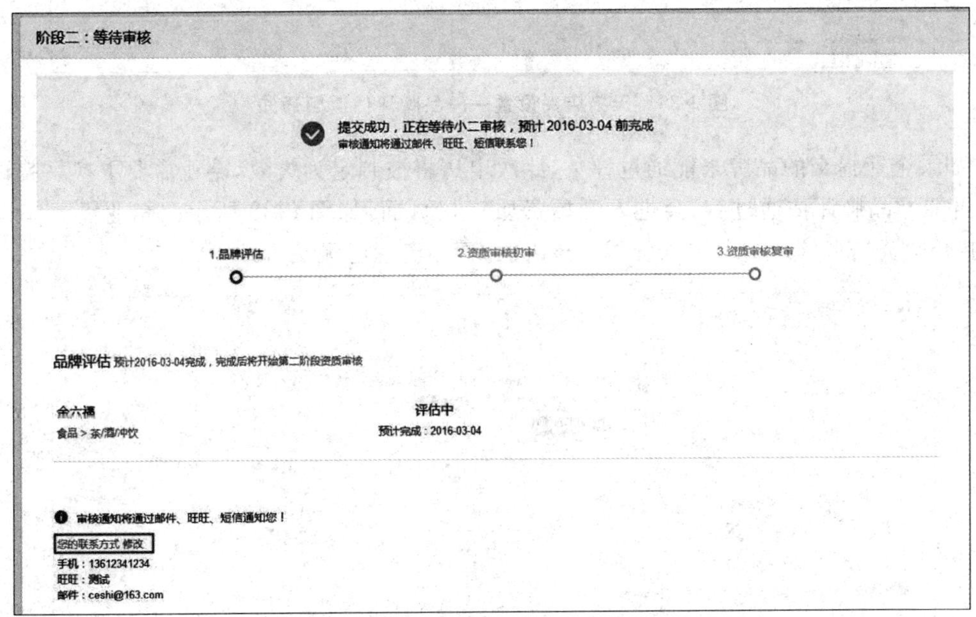

图 3-36　天猫店铺设置——等待审核

2. 品牌评估与审核

品牌评估是天猫针对非自主招商品牌提出入驻申请后进行的影响力评估活动，是用于决定是否接纳此品牌申请人开设相应天猫店铺的主要决策依据。如果企业申请经营的品牌不在天猫招商品牌池内，需先通过品牌评估才能完成天猫店铺的入驻。品牌评估期间如资料不符合要求，需要企业补充修改，系统会以邮件和短信的方式通知企业登录申请的账号查看修改。如图 3-37 所示是某企业申请品牌进行品牌评估时被退回的通知页面。被退回的品牌需要在 15 天内操作修改并重新提交，逾期将会自动判定此次申请失效。

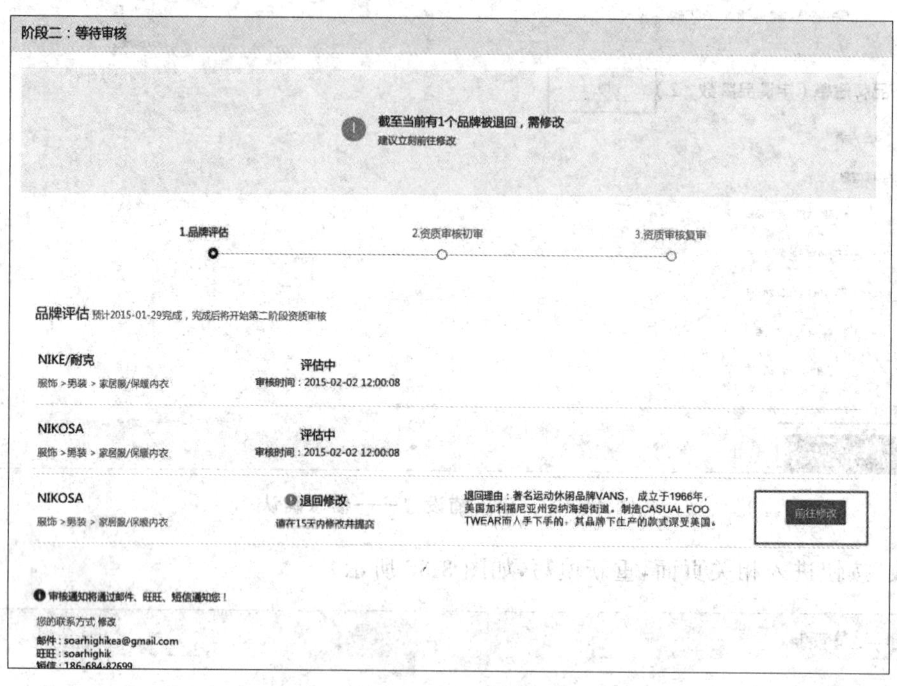

图 3-37 天猫店铺设置——品牌评估退回通知

如果企业提交的品牌未能通过评估，此次申请将被判定为失效，企业需要更换品牌再次提交申请。品牌评估通过后，会进入开始资质审核页面，如图 3-38 所示。企业需要单击图中的“开始资质审核”按钮，进入资质审核阶段，否则流程将无法继续。

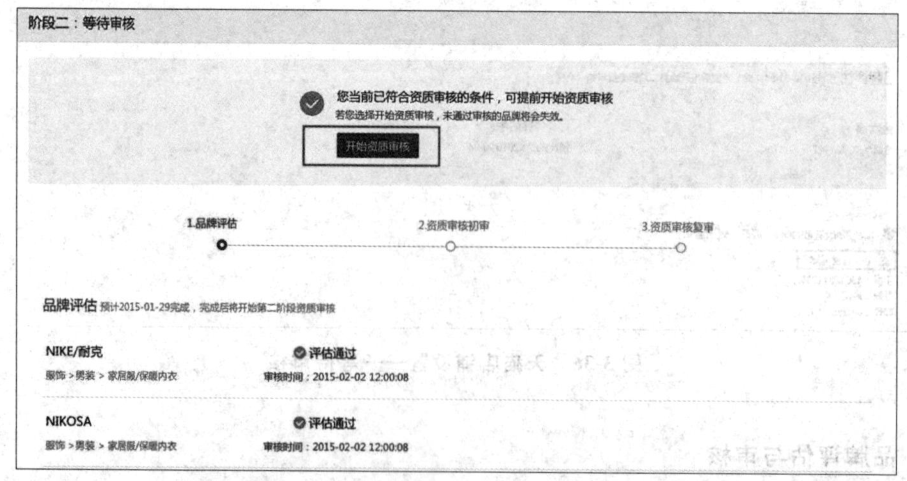

图 3-38 天猫店铺设置——开始资质审核

资质审核阶段分为初审和复审，审核期间如果企业提供的资料不符合要求，需要进行补充修改，系统会以邮件和短信的方式通知申请人登录申请的账号，然后查看修改。如图 3-39 所示单击“前往修改”按钮，可按照提示完成修改并提交。企业需要在 15 天内操作修改并重新提交，逾期此次申请将失效。

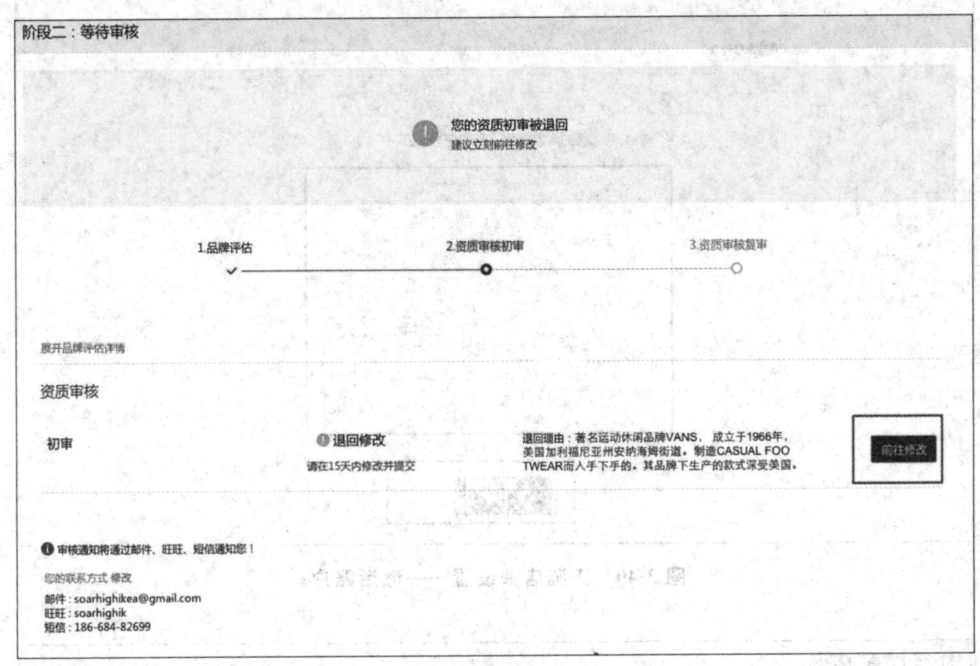

图 3-39　天猫店铺设置——企业信息修改

资质审核期间，可以在页面下方查看目前的审核状态，以及预计完成的时间。初审、复审均审核通过后，企业可以继续完善店铺信息、发布商品、操作店铺上线。

3. 完善店铺信息

资质审核通过后，企业可以进一步完善企业信息，包括激活商家账号并登录、完成开店前相关任务、锁定保证金/缴纳年费等，具体步骤如下。

【Step1】 激活账号，企业在通过资质审核后需要重新登录账户并设置密码，填写联系人手机，填写邮箱，填写企业支付宝账号，填写完成后单击“激活账号”按钮，激活店铺商家账号，如图 3-40 所示。值得注意的是此处填写的支付宝账号是店铺后期收款、资费结算的账号，需要企业谨慎选择，不能将该支付宝账户与任何淘宝账号绑定，也不能将支付宝邮箱设置为任何淘宝账号的登录邮箱，还需要确保该支付宝账号的企业认证信息与企业在天猫入驻资料提交的企业信息一致。

【Step2】 完成开店前相关任务后，激活账号后会跳转至如图 3-41 所示页面，需要登记企业的商家账号，完成开店前相关任务。可以单击“前去完成”前往相关页面进行操作，操作完成后单击“刷新状态”按钮查看进度。任务完成后，任务后面会显示“已完成”。

【Step3】 锁定保证金/缴纳年费，签署协议完成后，可以单击“马上锁定/缴纳”按钮进行锁定保证金/缴纳年费的操作，如图 3-42 所示。这时需要确保企业支付宝账户内余额充

恭喜您通过所有审核，请完善以下信息，激活您的商家账号。

1.激活商家账号并登录　2.完成开店前相关任务　3.缴纳年费

您的商家账号：商家账号123

设置密码：

确认密码：

请确保与第一次输入的密码相同

申请联系人手机：

邮箱：

企业支付宝账号：

什么是企业支付宝账号？

激活账号

图 3-40　天猫店铺设置——激活账户

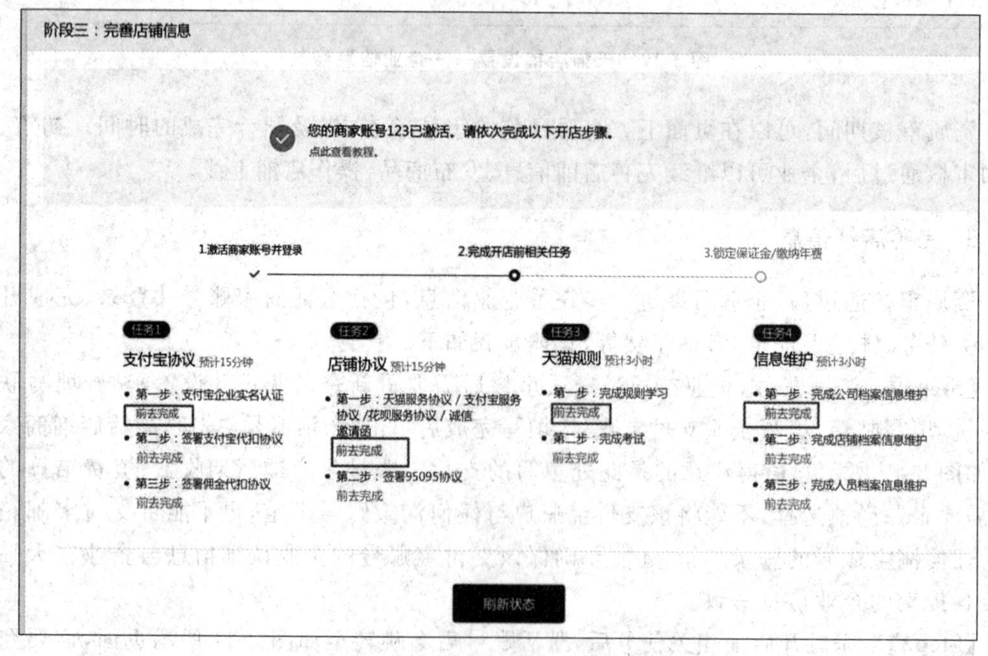

图 3-41　天猫店铺设置——完成开店前相关任务

足。同时需要企业在 15 个工作日内完成锁定/缴纳的操作，如未能按时完成，此次申请将失效。完成锁定保证金/缴纳年费操作 24 小时后，店铺可以进行商品发布的操作。

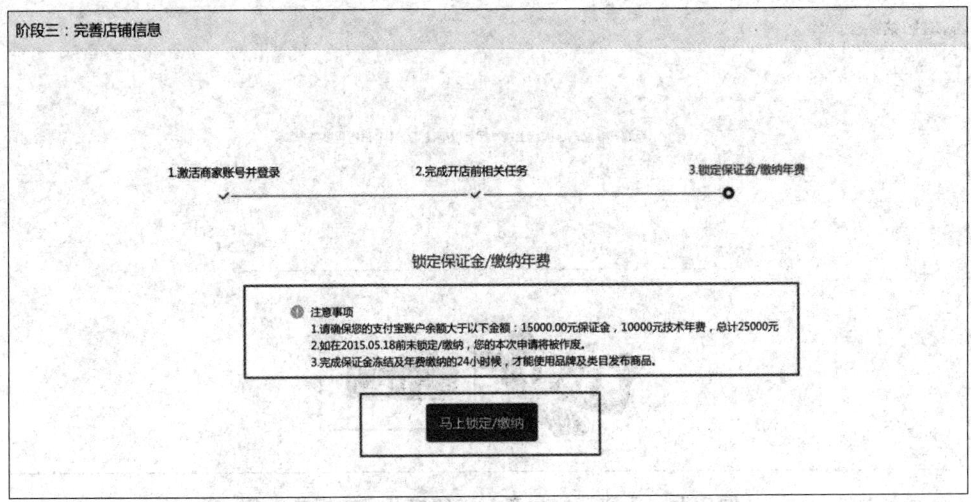

图 3-42　天猫店铺设置——完成开店前相关任务

4. 店铺上线

发布商品，完成锁定保证金/缴纳年费操作 24 小时后，企业可以发布商品及店铺装修。不同经营范围店铺上线需发布规定数量的商品，店铺上线页面会有相关提示，如图 3-43 所示。

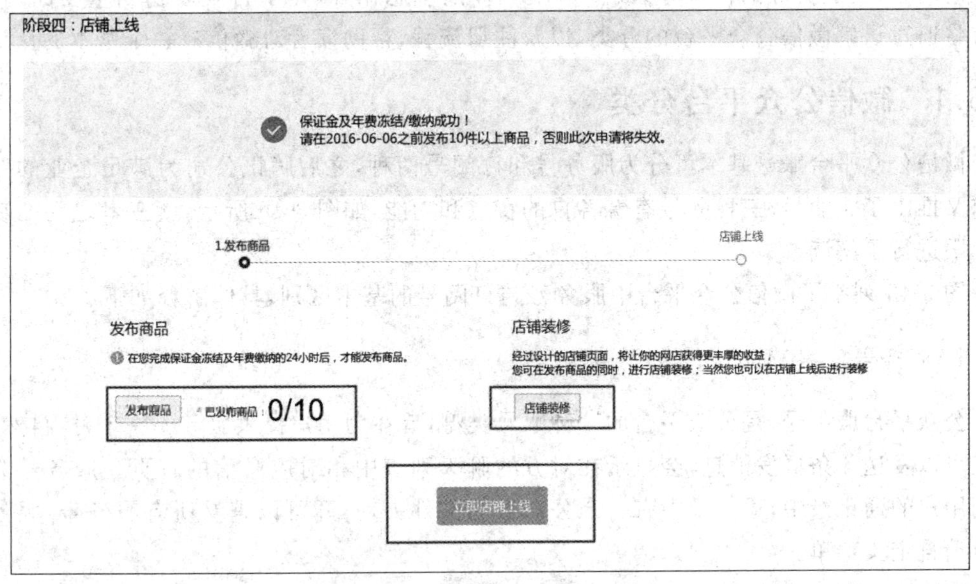

图 3-43　天猫店铺设置——店铺上线

商品发布和店铺装修完成后可以单击“立即店铺上线”按钮完成店铺上线的操作。可以前往商家中心进行更好的操作，如图 3-44 所示。

图 3-44 天猫店铺设置——完成开店前相关任务

3.5 微信公众平台

微信公众平台(简称 WeChat)，曾命名为“官号平台”和“媒体平台”，最终定位为“公众平台”。时至今日已经有了数以亿计的用户，挖掘自己用户的价值，为这个新的平台增加更优质的内容，创造更好的黏性，形成一个不一样的生态循环，是平台发展初期重要的方向。本节将通过讲解微信公众平台的分类，以及注册流程，帮助读者对微信有一个基本的认识。

3.5.1 微信公众平台分类

微信公众平台账号基本可分为服务号和订阅号两种，之后腾讯公司为满足企业的营销需求又推出了企业号，三种账号有着各自的特点和功能，如图 3-45 所示，就三者之间的功能和权限进行了解读。

图 3-45 列举了微信公众平台中服务号与订阅号的基本区别，具体解释如下。

1. 服务号

公众平台服务号，是公众平台的一种账号类型，旨在为用户提供服务。一个月(自然月)内仅可以发送 4 条群发消息，会显示在对方的聊天列表中相对应微信的首页。服务号会在订阅用户的通讯录中，通讯录中有一个公众号的文件夹，打开可以查看所有服务号，服务号可申请自定义菜单。

2. 订阅号

公众平台订阅号，是公众平台的一种账号类型，旨在为用户提供信息。每天可以发送一条群发消息。发给订阅用户的消息，将会显示在对方的“订阅号”文件夹中。在订阅用户的通讯录中，订阅号将被放入订阅号文件夹中。

在微信 4.5 版本之前申请的订阅号可以有一次机会升级到服务号，而现在新注册的微

微信公众平台服务号、订阅号的相关说明

一、服务号、订阅号的介绍（区别）

不同类型的公众号所具备的功能权限是不一样的，主要区别：

功能权限	普通订阅号	认证订阅号	普通服务号	认证服务号
消息直接显示在好友对话列表中			✓	✓
消息显示在"订阅号"文件夹中	✓	✓		
每天可以群发1条消息	✓	✓		
每个月可以群发4条消息			✓	✓
基本的消息接收/回复接口	✓	✓	✓	✓
聊天界面底部，自定义菜单		✓	✓	✓
九大高级接口				✓
可申请开通微信支付				✓

图 3-45　微信公众平台搭建——账号功能区别

信公众平台账号一旦选择好账号类型便不可进行更改。

3. 企业号

公众平台企业号，是公众平台的一种账号类型，旨在帮助企业、政府机关、学校、医院等事业单位和非政府组织建立与员工、上下游合作伙伴及内部 IT 系统间的连接，并能有效地简化管理流程、提高信息的沟通和协同效率、提升对一线员工的服务及管理能力。

3.5.2　微信公众平台注册流程

微信公众平台需要注册后才能投入使用，具体的注册流程如下。

【Step1】 首先登录微信公众平台，浏览器中打开网址 http://mp.weixin.qq.com。单击"立即注册"按钮，如图 3-46 所示。

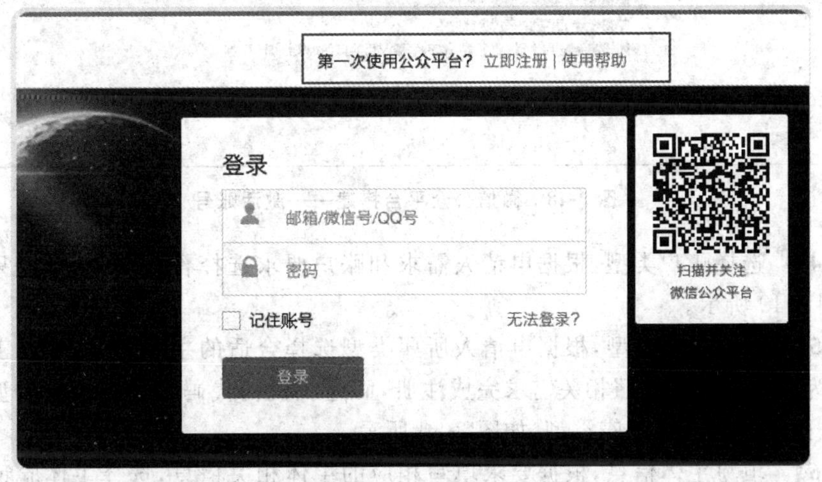

图 3-46　微信公众平台搭建——注册页面

【Step2】 在注册时用常用的邮箱去注册，企业最好用公司邮箱去注册，这样相对安全。资料全部输入完成后，直接单击“注册”按钮，如图 3-47 所示。

图 3-47 微信公众平台搭建——注册信息填写

【Step3】 邮箱激活，进入注册时填写的邮箱，找到激活邮件，直接单击激活链接，如图 3-48 所示。

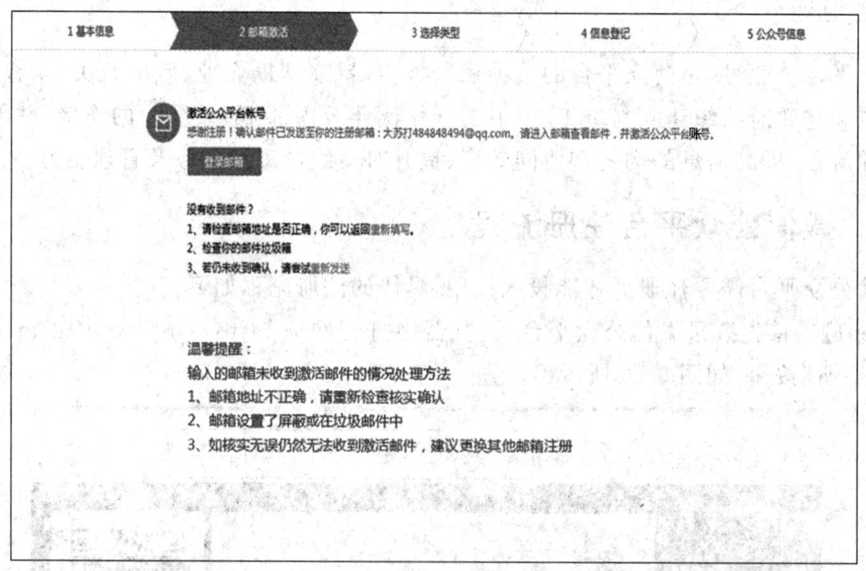

图 3-48 微信公众平台搭建——激活账号

【Step4】 选择账户类型，根据申请人需求和账户要求选择合适账号，个人只能申请订阅号，如图 3-49 所示。

【Step5】 选取主体类型，根据申请人所属类型选择合适的主体类型，个体工商户需要选择企业为主体类型并按照相关需求完成注册，而组织机构代码证上的机构类型为事业单位的学校、医院等可选择政府类型，如图 3-50 所示。

【Step6】 填写主体信息，根据要求填写相应的主体相关信息，选择主体验证方式并在

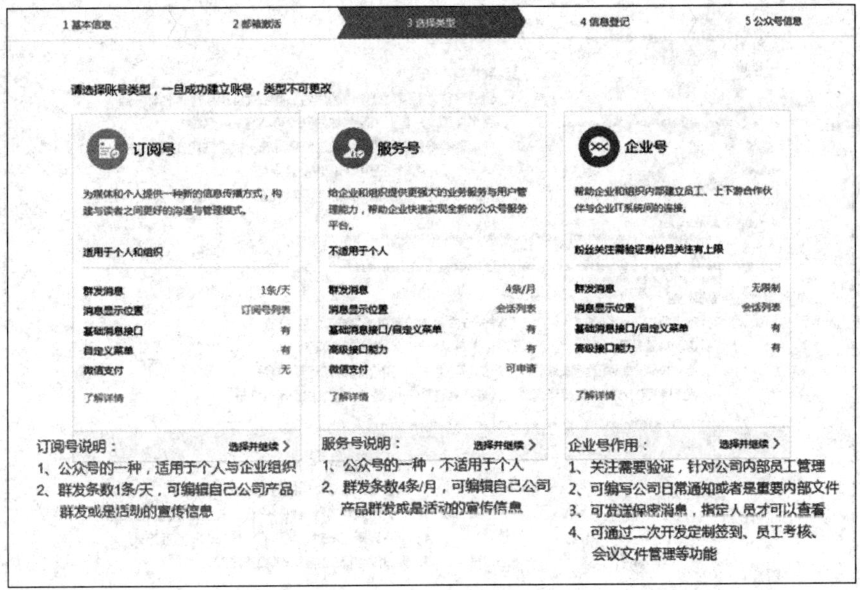

图 3-49　微信公众平台搭建——选择账号类型

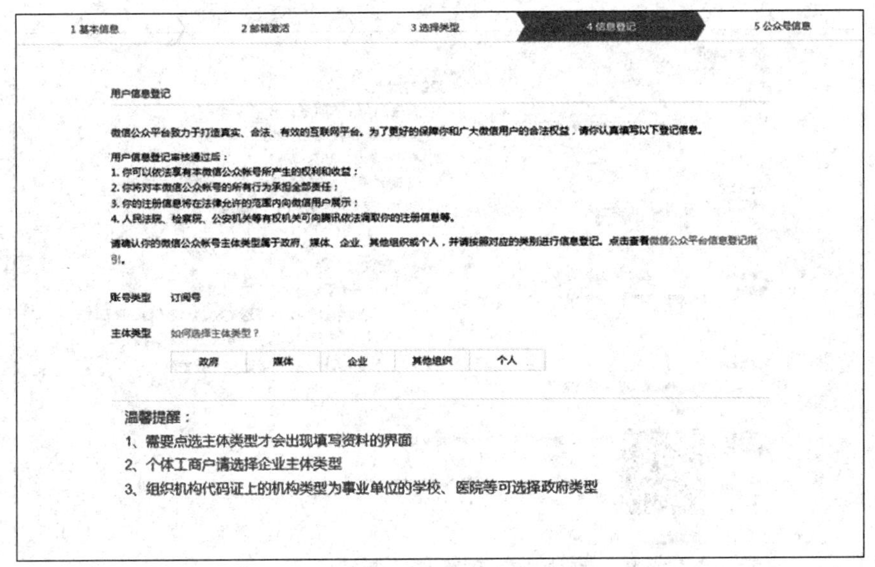

图 3-50　微信公众平台搭建——选取主体类型

规定的时间内按照规定的方式完成验证。如果企业有对公账号可以选择自动对公打款验证的方式，需要企业人工验证方式申请微信认证，并在 30 天内支付 300 元认证费，如图 3-51 所示。

【Step7】 运营者信息登记，根据运营者信息填写，需要运营者为持有效身份证的公司法人或者公司员工，需是中国大陆公民，目前暂不支持护照或者临时身份证，同一个身份证或者手机号码最多可注册 5 个公众账号，如图 3-52 所示。

【Step8】 设置公众号昵称，根据运营者需求设置账号名称，即公众号昵称。公众号昵

温馨提醒：
1、企业名称为后续对公账户的户名，需和营业执照主体名称一致
2、若个体工商户营业执照名称为空，可填写法人名称
3、所填号码必须要和营业执照注册号或统一社会信用代码完全一致
4、同一个公司可以注册和认证50个公众号
5、仅支持中国大陆的营业执照（不含中国香港、中国澳门、中国台湾）

温馨提醒：
1、有企业主体名称开户，可以正常对公账户收款的可以选择自动对公打款
2、自动对公打款时间为3个工作日内，请在10天内输入备注码验证
3、无对公账户或页面无法找到开户行的对公账户，可以选择人工验证的方式
4、人工验证的方式必须要申请微信认证，需在30天内支付认证审核费用300元

温馨提醒：
1、请对照《开户许可证》来填写对公账户信息
2、对公账户账号有横杠的请去掉再填写
3、若无法找到自己现有开户行，请重新申请页面显示有的开户行
4、不想重新注册对公账号的可选择人工验证方式
5、开户地点仅支持到市级和部分县级

图 3-51 微信公众平台搭建——注册信息填写

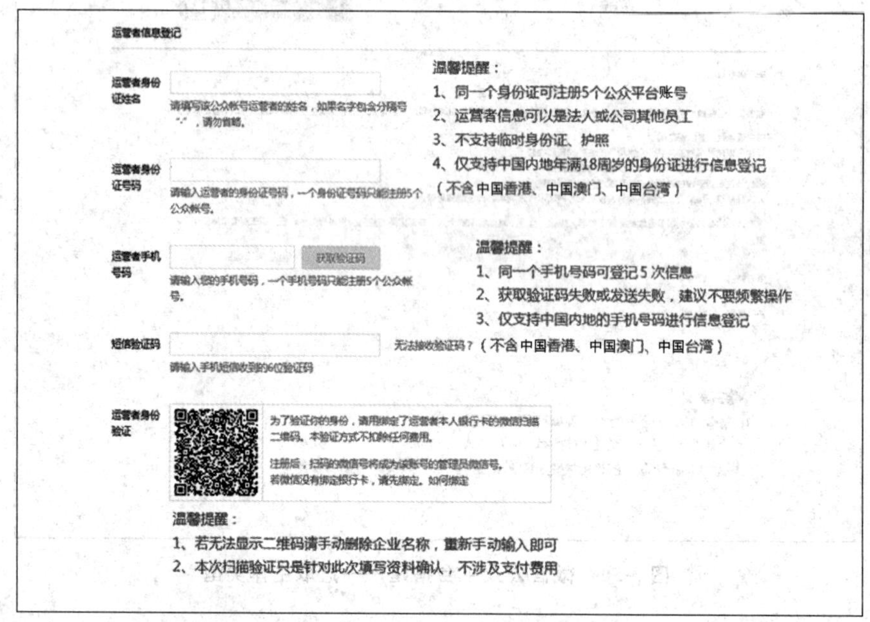

图 3-52 微信公众平台搭建——注册信息填写

称具有唯一性，已被注册的名称不能再次注册，不需要与申请者主体名称或相关品牌一致，可重新设计，但要注意回避违规词语，如图 3-53 所示。操作到这一步，微信公众账号申请工作基本完成。

注意：微信的企业订阅号和服务号注册时需要经过官方的认证。

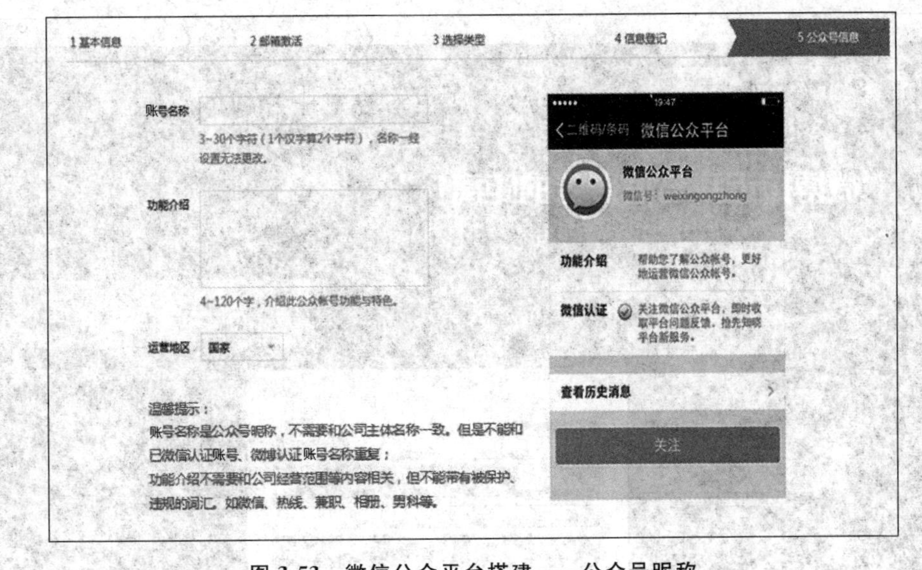

图 3-53　微信公众平台搭建——公众号昵称

3.6　企业微博

微博因其短平快的传播特点逐渐成为企业在网络营销过程中产品展示以及品牌曝光的重要平台。微博即微型博客的简称，是一种通过关注机制分享简短实时信息的广播式的社交网络平台。用户可以通过文字更新信息，并实现即时分享。目前国内比较出名的微博有新浪、腾讯、网易等，其中新浪微博的影响力最大，通常人们一般所指的微博即新浪微博。本节将以新浪微博为例，对企业微博的注册、认证和装修进行详细讲解。

3.6.1　企业微博注册与认证

企业微博是微博账号中的一种，其注册主体是企业，需要通过认证，认证后的企业微博在微博平台上以蓝 V 显示，是企业账号身份真实性的唯一体现。企业微博以粉丝作为潜在营销对象，通过企业微博与粉丝互动，向网友传播企业新闻、产品信息，树立良好的企业形象和产品形象。

个人账号通过补充企业认证信息的方式升级为企业微博账号，也可以单独申请为官方账号后直接认证，具体申请操作流程可以分以下几个步骤。

【Step1】 进入微博认证首页 http://e.weibo.com/，单击“立即开通企业微博”按钮出现对话框，如图 3-54 所示。

【Step2】 单击“注册新的账号并认证成为企业微博”按钮，进入企业微博注册页面，如图 3-55 所示。

【Step3】 此时会提示登录邮箱激活，如图 3-56 所示，需注册者登录注册邮箱进行操作。

【Step4】 邮箱激活后，跳转到机构身份认证确认页面，如图 3-57 所示。

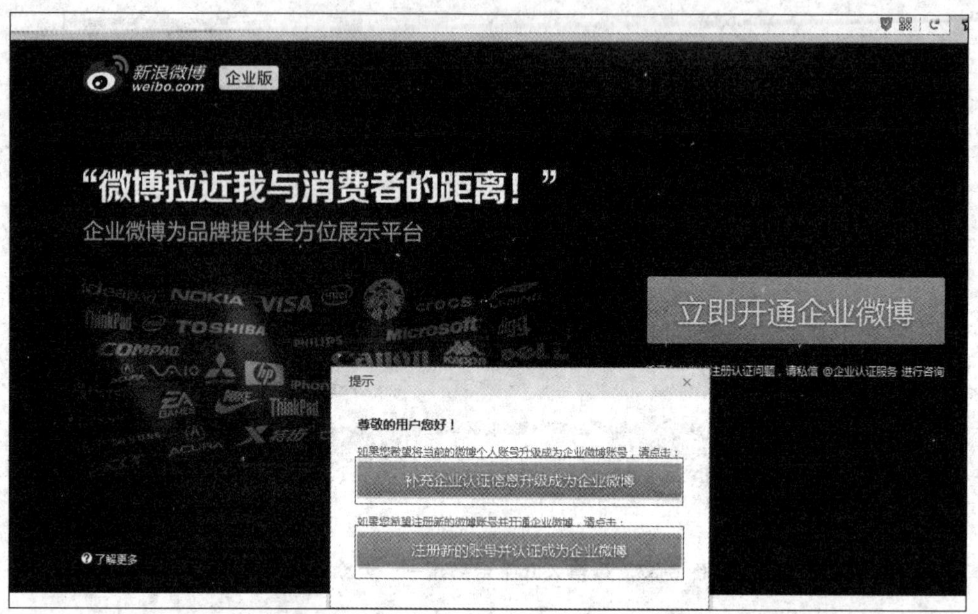

图 3-54 企业微博认证——企业微博首页

图 3-55 企业微博认证——企业微博注册

图 3-56　企业微博认证——企业微博激活

图 3-57　企业微博认证——机构身份认证

【Step5】 跳转至企业官方认证页面，如图 3-58 所示。按照要求进行填写并提交申请，申请过程中把营业执照和公函作为附件，上传到系统，对比成功后即可进行企业认证申请的提交，申请成功后，客服才能进行审核的工作，客服审核通过之后，企业微博的认证流程结束，企业便可通过该企业微博发布消息。

3.6.2　企业微博装修

微博的页面分为多个模块，要想做好企业微博的装修需要先了解企业微博首页结构，下面讲解企业微博首页结构由哪些部分组成和企业微博在装修时需要注意的事项。

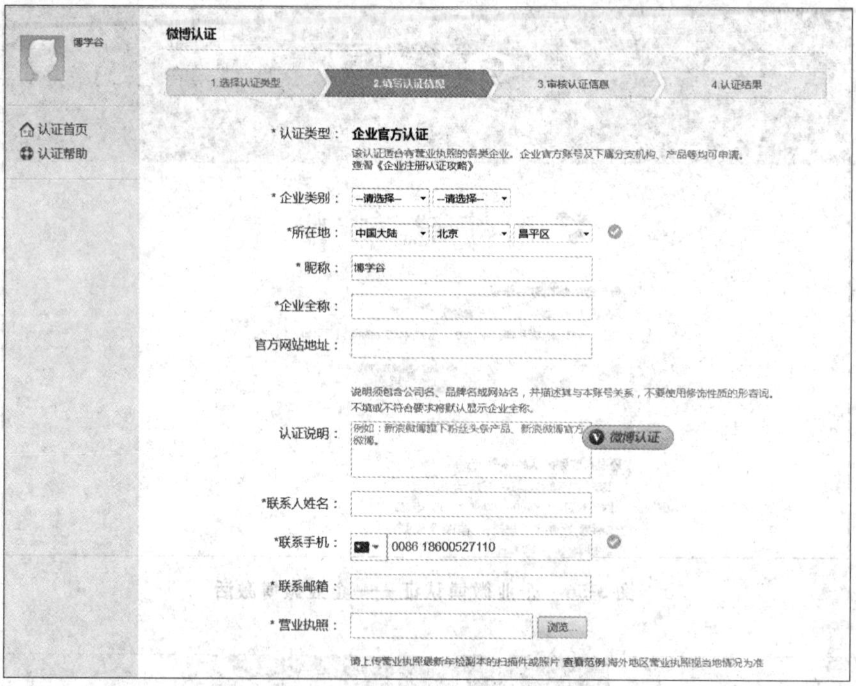

图 3-58 企业微博认证——企业信息填写

1. 企业微博首页结构

企业微博首页是企业展示其形象的重要平台，其内容既丰富又详尽，主要包括封面图/背景图、企业头像、企业简介、友情链接、焦点图、焦点视频、账号矩阵、置顶微博等几个方面，企业微博首页结构的具体分布如图 3-59 所示。

为了帮助读者更直观地感受企业微博主页的布局，这里特意选取了传智播客的企业微博作为参考，并将各个模块进行一个简单的标注，如图 3-60 所示。

2. 企业微博装修

新浪微博为企业微博提供了固定的模板，因此装修过程相对简单，在装修过程中需要注意以下几个方面。

1）企业昵称

一个好的企业微博昵称是企业开始微博营销的第一步，企业微博昵称应与企业有相关性，而且不能仅为通用性词语，例如不可以用"@中国"；同时新浪微博的昵称是唯一的，不可重名，在选择时需要注意昵称不要太长，否则在手机端会显示不全；此外，企业微博在认证用户改名时需要发私信给@企业认证服务进行申请。

2）封面图/背景图

封面图与背景图是企业微博装修中最大的模块，是企业微博的背景图片，通过它们可以确定企业微博装修的主色调，能够直观有效地展现企业微博的风格和企业形象。因此企业在选择背景图和封面图时应当注意图片色调和风格整体性，避免因图片色调和图片风格差

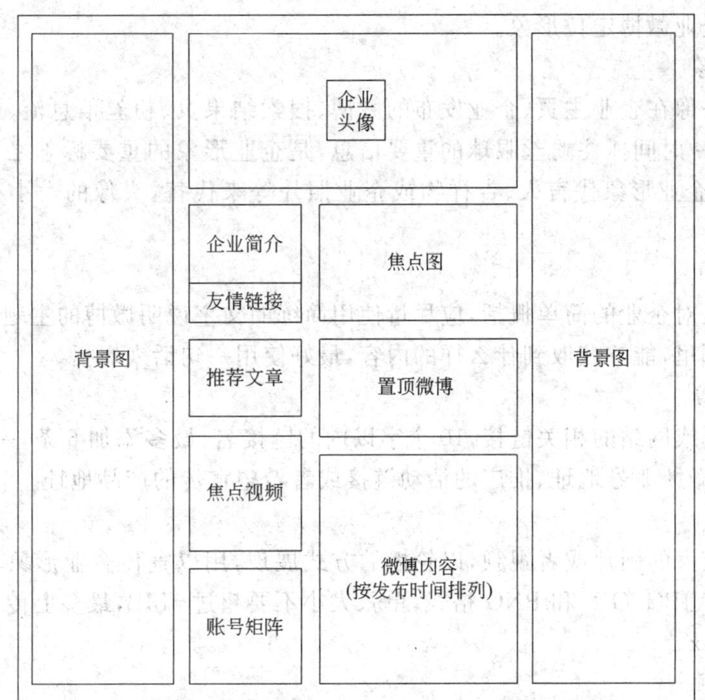

图 3-59　企业微博首页结构图

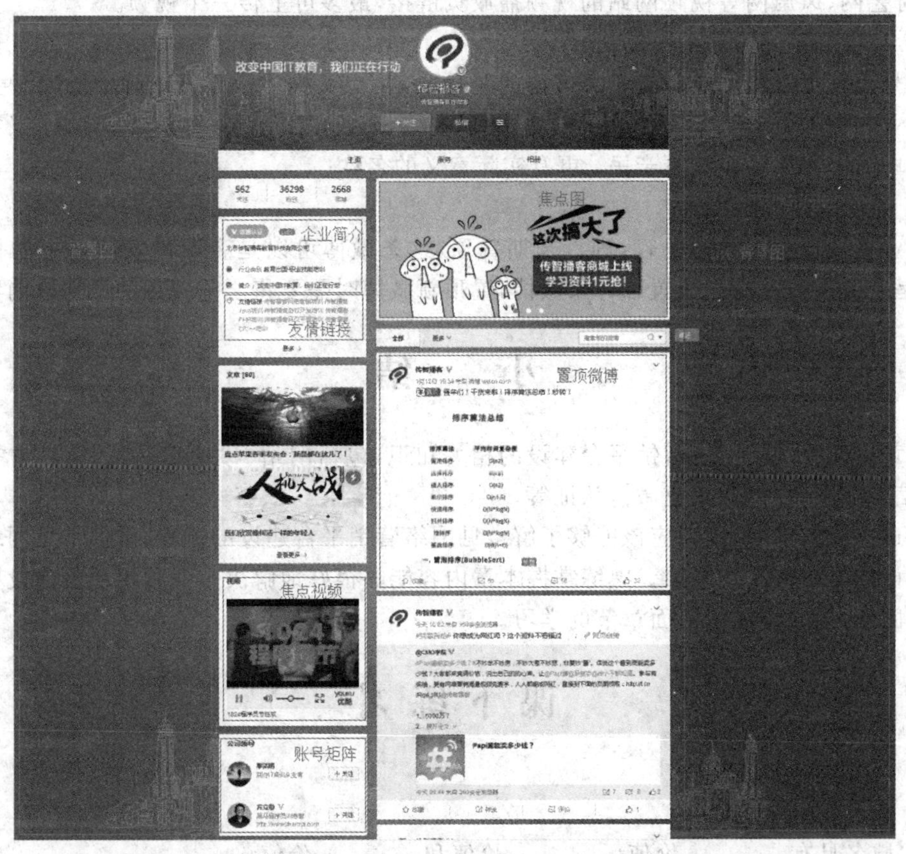

图 3-60　传智播客的企业微博首页

异过大而影响企业微博定位形象。

3）企业头像

企业微博头像在企业主页、企业发布的微博、搜索结果页、粉丝信息流、账号简介、账号推荐中，都是第一时间抓住粉丝眼球的重要信息，是企业形象的重要标志之一，一般可以用企业的 LOGO、企业形象代言人、吉祥物或企业照片等来代替，头像的大小有固定要求，为 180px×180px。

4）企业简介

企业简介是对企业的简单概括，应尽量使用简练的文字说明微博的主题，让粉丝知道关注你的好处在哪里，能够获取到什么样的内容，最好使用一句话来概括。

5）友情链接

可添加网页或网站的相关链接，10 个字以内的链接名，最多添加 6 条，一般会放置企业官网网址、其他微博账号地址、推广的活动链接或者希望宣传的产品地址。

6）焦点图

通过多张较大的图片或者视频，以轮播的方式展现，用以宣传企业形象、品牌、文化、活动等内容。支持 JPG、GIF 和 PNG 格式，单张大小不要超过 5MB，最多上传 5 张，最佳尺寸为 560px×260px。

7）焦点视频

添加视频，用以宣传企业形象与活动，目前已支持新浪播客、优酷网、土豆网、酷 6 网、我乐网、奇艺网、凤凰网等视频网站的视频播放页链接，最多可上传三个视频。

8）账号矩阵

账号矩阵可以将企业所有相关微博的账号联动、交叉推广。账号矩阵中的账号主体一般为企业领导人、员工、子品牌或子机构，最多收纳 39 条账号记录，每条最多 10 个汉字。账号矩阵中的名称尽量改成更亲民、更有实际意义的名称。

9）置顶微博

企业可任选一条微博内容，进行长期置顶，这条微博可以是企业已发微博中的任意一条，但是企业微博一次只能置顶一条微博，置顶新微博时需要将之前置顶的微博取消置顶。

小　结

本章主要介绍了网络营销平台建设的相关知识，包括网站、移动端网站、第三方平台店铺、微信公众平台，以及企业微博认证等。

通过本章的学习，读者应该能够了解常见网络营销平台建设的流程，掌握常见网络营销平台建设的方法和注意事项。熟练掌握本章内容能够很好地解决企业营销平台建设中遇到的常见问题，同时有助于后面章节的学习。

课下练习

一、填空题

1. 域名具有________价值、________价值和________价值。

2. 天猫店铺分为________、________和________三类。
3. 天猫开店应该具备企业资质、品牌资质和________。
4. 企业微博的轮播图最多可以放________张。
5. 企业微博中比较重要的信息可以选择________。

二、判断题

1. 网络营销平台是由服务器、网络设施、软件系统和计算机终端组成。（　　）
2. 网络虚拟社区中建立的公众账号能够有效地与客户互动，有利于客户关系管理。（　　）
3. 经济可行性分析主要是对网站开发项目的成本与收益做出评估。（　　）
4. 管理可行性分析中，很重要的一项工作就是进行组织结构调查与分析。（　　）
5. 专营店是商家持他人品牌（商标为 R 或 TM 状态）授权文件在天猫开设的店铺。（　　）
6. 品牌评估是用于决定是否接纳此品牌申请人开设相应天猫店铺的主要决策依据。（　　）
7. 个人也可以申请服务号。（　　）
8. 个人账号可以通过补充企业认证信息的方式升级为企业微博账号。（　　）
9. 网络营销平台只有企业自建的网络营销网站这一种方式。（　　）
10. 网络营销平台是一个综合性管理平台，其功能强大、结构复杂。（　　）

三、选择题

1. 下列选项中，对网络营销的描述正确的是（　　）。

A. 营销的网络化

B. 利用 Internet 等电子手段进行的营销活动

C. 在网上销售产品

D. 在网上宣传本企业的产品

2. 企业应该如何在如此多的平台中选择适合自己的网络营销平台呢？具体可以从哪些方面进行考虑？（　　）

A. 选择知名度高，品牌形象好，流量大的平台

B. 选择拥有完善的支付和配送体系的平台

C. 选择功能完善、方便管理、系统稳定的平台

D. 考虑平台的租金、费用

3. 下列选项中，.gov 是用于哪一类别？（　　）

A. 用于科研组织　　B. 用于教育机构

C. 用于工商金融企业　　D. 用于政府部门

4. 攻击企业网站，并在服务器上植入恶意代码，属于哪种网站攻击类型？（　　）

A. 阻断用户访问　　B. 在网站植入病毒和木马

C. 将域名劫持到恶意网站　　D. 内部账号和密码外泄

5. Site App 可以快速移动化以下哪几类网站？（　　）

A. 新闻类网站　B. 营销类网站　C. 门户类网站　D. 图片类网站

6. 百度 Site App 导航设置的方法有(　　)。

A. 手动添加导航　B. 自动添加导航

C. 从网页中提取导航　D. 自己编写导航代码

7. 一个淘宝会员能开几家店?(　　)

A. 三家　B. 一家　C. 两家　D. 没限制

8. 开设天猫店铺必备资质有哪些?(　　)

A. 专业资质　B. 企业资质　C. 品牌资质　D. 行业资质

9. 微博焦点图可使用哪种格式的图片?(　　)

A. GIF　B. JPG　C. PNG　D. TIFF

10. 下面哪一项不符合整合营销理论?(　　)

A. 营销的产品策略要以顾客为中心,企业辅助顾客设计和开发新产品,以满足顾客的需求

B. 网络营销产品的策略应是"生产和消费的合成"的策略

C. 产品应满足顾客的需求,因而以核心利益或服务、有形产品和延伸产品三个层次来满足顾客不同层面的需要

D. 网络整合营销的策略就是事先以消费者为中心的传播统一性和双向沟通

四、简答题

1. 请简答什么是网站外包。
2. 企业微博装修要注意的方面有哪些?

第 4 章 网络营销物料制作

学习目标

- 掌握软文写作的方法和技巧，能够进行软文写作
- 熟悉文案创作的类型和流程，能够进行各类广告文案的创作
- 掌握电子邮件制作的规范和技巧，能进行电子邮件的制作
- 掌握着陆页相关知识，包括着陆页的策划和布局技巧

【案例引导】

创建于 2010 年的“故宫淘宝店”是故宫博物院官方创办的唯一网店，以销售与故宫、中国古代历史有关的创意生活小物品为主，如雨伞、针线盒、手机壳等，把故宫元素和生活元素、卡通元素结合在一起。

故宫淘宝早期的内容是跟大部分官微一样老套的内容，并没有引起大的社会反应，随后故宫淘宝开始改革，不仅产品脑洞大开，连推广的文案风格也变得奇葩。

2014 年 8 月，“故宫淘宝”的微信公众号发布了一篇《雍正：感觉自己萌萌哒》的文章，被网友疯转，其内文为动态图＋萌贱文案。动态图是由故宫博物院工作人员创作，图片原材料则来自《雍正行乐图》。在这些动态图中，雍正或是泡脚、或是打虎、或是松下抚琴……各有造型，再配上故宫博物院工作人员拟定的搞笑解说词，萌萌哒的喜感油然而生。

2015 年 1 月 29 日，为了推荐一款骨瓷杯子，“故宫淘宝”微信公众号推出文章《她比四爷还忙》，连人民日报都给予了转载，朋友圈更是拥有 100 000＋的阅读量。

2015 年 11 月，《故宫淘宝招了一波有毒的设计师》的文章在微博以及微信朋友圈被网友广泛传播。故宫淘宝的设计师们结合当下时尚潮流，给故宫淘宝的产品赋予了新的寓意。例如，南红加鸡油黄老蜡，老佛爷亲盘百年包浆，轻松拥有皇家姿仪，带上这耳机享受路人朝圣目光，“扎!!! ——嬷嬷针线盒”等，让人捧腹的同时也让人们对故宫博物院，对中国古代历史产生了更多的亲切感。同时通过这一系列文案创作，“故宫淘宝”也获得了丰厚的经济效益。

【案例思考】

“故宫淘宝”的开通为博物馆文化产品的营销提供了新的思路，从本质来讲，“故宫淘宝”的创意是一种大胆创新，它将一种高高在上的古代人物和历史物件变得接地气，颠覆了以往人们对于这些账号形象的认知。而这些创新是通过大量的软文和文案实现的，企业在营销活动中不可避免地需要制作各种文案和软文，用来传递企业需要表达的信息。那么常见的软文类型有哪些？该如何创作？广告文案创作中需要注意什么？其他形式的网络广告的创作需要注意什么？本章将围绕软文写作、广告文案写作、网络视频创意、电子邮件制作和着陆页策划等方面详细讲解网络广告文案制作的相关内容。

4.1 软文写作

随着消费者对硬广告越来越反感，软文在营销过程中的作用越来越重要，尤其是网络营销过程中，一篇优秀的软文往往能够达到数十万甚至上百万的点击量，加之软文营销费用较低，导致企业越来越热衷软文营销。那么好的软文有什么样的标准？应该如何创作？本节内容将从软文概述和软文创作技巧两方面详细讲解软文写作的相关知识。

4.1.1 软文概述

软文是软性广告的意思，它是相对于传统的硬性广告而言，软文的突出特点就是一个"软"字。企业策划人员或者广告策划人员针对企业营销的策略，对于公司的产品或服务通过写一些技巧、实战性的文章，吸引读者的注意，在给读者提供他们所需要的精神食粮的同时也深深地把企业的品牌、理念等烙在了读者的心中，从而达到软文营销的效果。下面就从软文的定义、分类和作用等方面对软文进行详细的讲解。

1. 软文的定义

从字面意思来讲，软文就是文字形式的软广告，是指企业通过特定的概念诉求使消费者理解并认同企业的宣传进而引导用户产生购买行为的文字或图片载体。软文的含义一般有两种，一种是狭义的，另一种是广义的。

(1) 狭义的软文：指企业花钱在报纸或杂志等宣传载体上刊登的纯文字性的广告。这是早期的一种定义，即所谓的付费文字广告。

(2) 广义的软文：指企业通过策划在报纸、杂志、网络等宣传载体上刊登的，以提升企业品牌形象和知名度、促进企业销售为目的的宣传、阐释性文章，一般包括新闻报道、深度文章、付费短文广告、案例分析、知识分享等多种形式。

软文与硬广告不同，硬广告是"强制"消费者接触，而软文追求的是一种春风化雨、润物无声的传播效果，精妙之处就在于一个"软"字，它将宣传内容和文章内容完美结合在一起，让客户得到了他需要的内容，也了解了宣传的内容，等到消费者发现这是一篇软广告时已经了解了策划者需要传达的广告内容，如例 4-1《黄脸婆是如何变成自信白富美的?》是 me2u 发布的一篇软文，就很好地诠释了这一概念。

例 4-1 黄脸婆是如何变成自信白富美的?

一直以为电视剧上面的事情纯属虚构，没想到一个月前真的发生在我身上了。谈了 6 年的男朋友结婚那天离我而去，只是一条短信便结束了 6 年的感情，我却还在傻傻地一直等着他回来找我，来结束这场噩梦。

我们从高中懵懵懂懂的年纪相识，相知相爱。我一直把他当作我未来老公一样对待，不管什么事情我都会帮他想到，同学们都说我很傻，我却不这样认为，我感觉他就是我的全部，为他做任何事情都很值得。高考我没有考上他理想中的大学，因此我们不在一个学校，但这样并没有影响我们之间的感情，他常常很忙没空找我，我都是每天起得早早地去找他，只为见上他一面。每当我看到宿舍小雪男朋友来看她的时候，我是多么希望我男朋友抽空也来找我，但是我只是想想并没有责怪他。因为我知道他在为我们以后生活得更好努力奋斗。

后来我们顺利毕业、就业，好像一切都是这样顺理成章，在我们彼此事业有成的时候家里催我们结婚，我认为也该有个家了。那天周末，他工作忙，我就做好爱心午餐给他送到公司给他个惊喜，也没有提前通知他，在我进门的时候我惊呆了，我看到他和一个女同事聊得很亲热，当时我并没有多想，但是他在家从来没有这么高兴过，他一直都是很严肃的样子。他看到我就走了过来，我也没问，马上要结婚了感觉没必要这样折腾，他也很自然并没有解释。后来我一直忙着准备结婚的事情也没去过他公司了。最终结婚那天，我是怎么等都等不来他的消息，就这样当着这么多亲戚的面他抛弃了我，我也没勇气面对这样的打击，于是我工作也辞了，选择了一个人去旅游。我来到了海边，太阳太厉害了，晒得脸上红红的还有点儿疼，我回到宾馆照照镜子突然发现自己和黄脸婆没什么不一样啊，再回想起来办公室看到的那个美女白皙的皮肤，时尚的装扮就算是我也会多看几眼的，于是我开始注意起皮肤的保养，无意间看到 me2u 面膜刚刚上线，看到它的外观如此精美，打开面膜盒精美的小镜子深深地吸引着我，爱美就应该随时随地，就买了两盒打算用一个月试试，没想到用了一片就感觉自己的皮肤光光滑滑的，细纹也没有了，保湿效果就更不用说了，越看越喜欢，现在想想老公当初宁愿离开也不跟我结婚，看来也是因为自己一直不打扮，哪个男人愿意娶一个黄脸婆啊？现在对他已无恨意，只想能够挽回自己受伤的皮肤。坚持用完一盒后简直不敢相信自己的眼睛，效果太明显了，真不愧是肌肤的充电宝，2015 最值得拥有的全能面膜。

我坚持用完一个月后，走到大街上都会发现回头率高了很多，自己也变得更有自信了，偶然一次机会碰到前任，他看我的眼神全变了，总盯着我的脸一直夸我漂亮，但是我拒绝了他，我又重新找了份工作开始了自己新的生活，用心爱自己没有错，女人不再是弱者。现在的我已是公司的总经理，找到了珍惜爱护自己的老公，但我一直忘不了改变自己命运的 me2u 面膜让我从黄脸婆变成白富美，也因此不再求嫁豪门，因为我本身就是豪门。

在例 4-1 所示的软文中，前半部分创作者以第一人称讲述"自己的故事"，引起用户的阅读兴趣，而后半部分引出策划者要传递的宣传信息（即 me2u 面膜的神奇功效），将宣传内容和文章内容完美结合在一起。

2. 软文的分类

软文的表现形式多种多样，根据这些形式的不同可以将软文分为悬念式、故事式、情感式、恐吓式、促销式、新闻式和诱惑式，对它们的讲解如下。如图 4-1 所示，即为网络营销常见的软文类型。

1）悬念式

悬念式也可以叫设问式，核心是提出一个问题，然后围绕这个问题自问自答，这种写作的好处是能够通过疑问激发读者的阅读兴趣，取得较多人的关注。但是在创作过程中必须掌握火候，提出的问题要有吸引力，答案要符合常识。例如《人类可以长生不老？》《什么使她重获新生？》《牛皮癣，真的可以治愈吗？》等。

2）故事式

听故事是人类最古老的知识接受方式，通过讲一个完整的故事带出产品，使产品的光环效应和神秘感给消费者心理造成强暗示，最终达到销售的目的。例如，《1.2 亿买不走的秘方》、《神奇的植物胰岛素》、《印第安人的秘密》等。讲故事不是目的，而故事背后的产品线索才是文章的关键，故事式软文的写作要把握好知识性、趣味性和合理性。

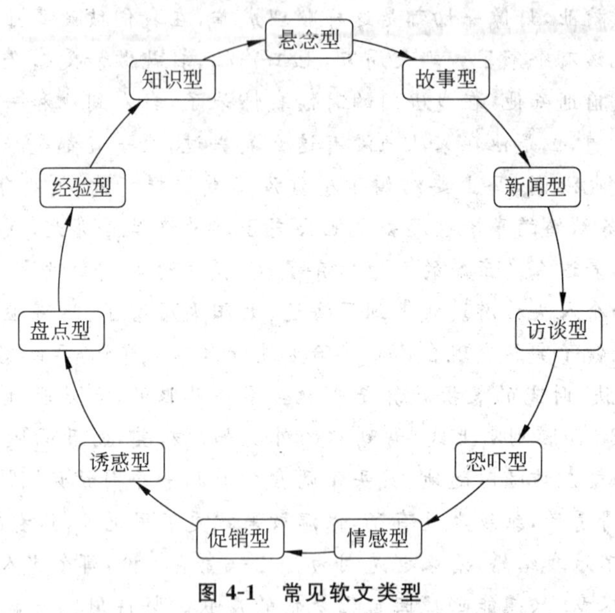

图 4-1 常见软文类型

3）情感式

“情感营销”一直是营销百试不爽的灵丹妙药，主要原因在于情感最容易打动人，是广告的重要媒介，软文的情感表达由于信息传达量大、针对性强，往往可以走进读者的内心世界，能够与读者心灵相通。例如，《老公，烟戒不了，洗洗肺吧》《女人，你的名字是天使》《写给那些战“痘”的青春》等。

4）恐吓式

恐吓式软文属于反情感式诉求，直击用户的软肋，形成的效果要比赞美和情感更深刻，例如，《高血脂，瘫痪的前兆！》、《天啊，骨质增生害死人！》、《震惊！洗血洗出一桶废油!!!》等。但是恐吓式软文往往会遭人诟病，创作过程中一定要把握住度，不要太过火，同时需要注意的是目前多个平台针对恐吓式的软文进行处罚和限制，在使用这种形式的软文时需要注意是否与平台规则相冲突。

5）促销式

促销式软文常常跟进在上述几种软文见效时，例如《一天断货三次，西单某厂家告急》，这类软文或者是直接配合促销使用，或者是制造一种产品供不应求的假象，通过刺激用户的攀比心理来促使用户产生购买欲。

6）新闻式

所谓事件新闻体，就是为宣传寻找一个由头，以新闻事件的手法去写，让读者认为就仿佛是昨天刚刚发生的事件。这样的文体有对企业本身技术力量的体现，此类软文要结合企业的自身条件，多与策划沟通，不能天马行空地写，否则会造成负面影响。

7）诱惑式

诱惑式软文一般分为实用性、能受益、占便宜这三种，这种软文对读者是有帮助的，可以使访问者主动单击或者是到处寻找。软文内容往往能给访问者解答一些问题，或者告诉访问者一些对他有帮助的东西及一些打折信息等。

需要注意的是，企业在运用软文进行营销时不会简单地使用某一种形式的软文，而是根据企业营销的需要选取多种形式的软文相互配合进行营销。软文的使用也不是孤立的，甚至一篇软文也不是简单地运用单一的形式，如例 4-1 中标题《黄脸婆是如何变成自信白富美的?》是悬念式的软文，通过抛出问题吸引读者的关注；软文整体通过讲故事的方式叙述，又是故事式的；在故事叙述中通过讲述被男朋友抛弃的过程，引起读者的同情和共鸣，这又是情感式的形式。因此这些软文的形式并不是孤立的，而是需要策划者灵活运用和巧妙布局的。

3. 软文的作用

一篇成功的软文，可以让企业迅速树立自己的品牌，扩大自己的知名度，还会为网站带来源源不断的流量，然而这只是软文的一部分作用，对于企业，软文带来的经济效益和品牌效益不止这些，那么软文都有什么作用呢？下面就软文的作用进行详细的讲解。

1）具有很强的广告效应

好的软文可以与用户建立情感共鸣，能有效避免硬广告带给用户的抵触情绪，更易于被用户接受，从而达到更好的广告效果。例如，新闻式软文具有新闻的权威性、真实性和客观性，能有效地打消用户的顾虑与疑问。

2）可以降低企业的广告成本

软文的价格远低于其他形式的网络广告。一篇好的软文能够使用户产生共鸣，让用户主动接受企业宣传的信息。同时，好的软文还会引起大量的转载，进一步扩大影响范围，而软文的影响力比普通的网络广告更持久，能够为企业带来长期效益。

3）可以辅助网站搜索引擎优化

企业将带有网站链接的软文发布到新闻源或者知名度较高的网站上能有效地增加网站高质量外链、提高网站曝光率，同时可以引导权重的传递。如果在软文中合理地嵌入网站相关的关键词，还可以增加被用户搜索到的机会。

4）可以提高品牌知名度

软文的重要作用是提高产品品牌知名度，塑造良好的企业形象。例如，情感式软文能够引起读者的共鸣，在达到最大范围传播的同时还得到读者的认同，而新闻式软文则通过主流媒体的刊登和转载增加产品和品牌的公信力，提高品牌的知名度。

5）提高网站流量

一篇优质的软文可以为网站带来大量的流量，而软文带来的流量转化率相对较高，对于营销型网站可以通过软文营销直接增加网站产品的销售量。

6）有助于企业危机公关

企业遇到危机公关需要及时有效地处理，以免事件持续发酵造成更大的负面影响，而软文在网络公关危机中却发挥着重要的作用。危机出现时，通过撰写大量针对企业危机的正面软文并在各大知名门户网站进行投放，可以妥善有效地化解公司危机，防止负面影响进一步扩大。

4.1.2　软文写作

一篇优秀的软文就像一个精彩的故事，能够将内容与产品完美地融合在一起，要达到这一标准，需要一定的文字功底和写作技巧，避免盲目创作。以下就软文撰写时需要注意的相关事项和写作技巧进行详解。

1. 标题撰写

软文写作中最重要的一点就是标题,标题是文章的点睛之笔,一个好的标题往往能达到事半功倍的效果。撰写出一个好的标题需要遵循一定的撰写原则和技巧。

1) 撰写原则

软文的创作是为了吸引用户的注意力,在创作软文标题时需要谨记这一创作目的,具体方法可以从下面几点着手。

(1) 标题要用熟悉、简单、通俗的字眼,这样有助于读者理解,能够一眼看出文章要表达的意思,而不是费劲脑汁还不知所云。

(2) 标题需要包含和读者利益相关的字眼,可以明确地告诉读者通过这篇文章能够得到什么样的利益,通过这些利益点引起读者兴趣。

(3) 标题里最好包含产品关键字,让用户通过标题就能知道产品,加深用户对产品的印象。

(4) 标题的词汇应该符合目标客户的搜索习惯,这样能够增加读者搜索对应关键词时文章的显示次数,增加文章的曝光率。

2) 撰写技巧

标题撰写的目的是吸引读者眼球,在撰写时可以加入一些能够吸引读者的元素,例如热门事件关键词、数字、提问和分享的关键词等,具体包括以下几方面。

(1) 借用热门事件关键词:用热门关键词作为软文标题,直接点明文章内容的中心。例如,“春运大幕开启 AI 应用‘图形验证码’阻黄牛囤票”“iPhone 6s 国行 5288 元:16GB 版失踪”等。

(2) 数字式标题:即在标题中加入数字,容易引起别人的注意。例如,“2015 最新服装加盟店 10 大品牌”、“揭秘你为何不能网络赚钱的 10 大原因”等。

(3) 提问式标题:可以为新手准备一些基础普及的知识性文章,通过有价值的信息吸引读者。例如,“新网站不收录有几种原因呢?”、“怎么才能成为百度新闻源网站?”等。

(4) 经验分享式标题:通过他人的成功经验引起读者的好奇,巧妙运用如何、怎么样、浅淡、透视、揭秘、秘诀、经验、忠告、某某方法技巧等字眼。例如,“21 天减掉 40 斤的痛苦经历”、“西藏 20 天自驾游经历”、“哪一类女人更容易变成黄脸婆”等。

2. 正文撰写

相对于软文标题而言,软文正文撰写有一定的难度,这主要表现为正文撰写的内容质量直接影响着软文对读者的营销效果。一篇优秀的软文内容往往是于无声处对潜在的目标用户潜移默化地营销,而这样的营销效果则需要长期的积累和大量的工作实践才能够达到,同时,在撰写正文时还需要注意一些技巧。

1) 找准文章切入点

所谓文章切入点,是指这篇文章撰写的角度,或者说文章的主题是关于什么的。软文是围绕产品和用户这两大属性创作的,而且不同产品所对应的目标用户也不同,即使是同款产品按照不同属性也可以划分出许多纬度,因此文案策划人员在创作时要先找准文章切入点,不论是从产品角度还是用户角度撰写都需要从文章开始立题的角度去撰写。例如，"如何把你的产品通过网络销售出去"这篇文章的切入点就是"网络销售"，只有找准这个切入点才能言之有物，把握软文的中心。

2）注意文章内容

软文中最重要的就是软文的内容，一篇软文中，好的标题将读者吸引进来，而好的内容则是读者能够认真看下去的必要条件，是传达作者理念和企业进行营销的必备条件，可以说内容是软文的核心和灵魂。因此写好软文的内容至关重要，那么怎样写好软文内容呢？可以考虑以下三点。

(1) 实用：是指文章对读者来说有价值、有用处，能够给读者带来帮助。例如，文章不必追求辞藻的华丽，关键是能够给读者带来实用的价值。

(2) 创意：就是文章比较新颖、让读者眼前一亮，这样容易引起读者的好奇心。

(3) 易懂：就是文章写得不要过于晦涩、咬文嚼字，内容通俗易懂。

3）拥有好的素材来源

素材来源也就是文章的内容从哪里来，针对不同的创作者，素材来源也不同，常见的文章素材获取方法有以下几种。

(1) 修改法：是指创作者将他人文章修改成为自己的文章，文章主要的话题不变，通过修改一些文章内容，然后再加上自己的感受和想法等，使之成为伪原创文章。这类文章质量较差，同时效果也不是很好，不建议使用。

(2) 拼凑法：即把几篇文章拼凑起来成为自己的文章，整理一下几篇文章的各自观点，然后对这些观点进行整合加工而产生，这类软文质量一般，初学者可以作为练习使用。

(3) 案例法：是指创作者将亲身经历的案例写出来，加上创作者对案例的分析、感受、评价等，这种方法创作难度较大。

(4) 总结法：是指创作者将自己的案例、热点时事、他人的案例，分析总结出来成为自己的东西，这种是比较普遍使用的素材收集方法。

4）品牌理念融合

品牌理念融合就是把企业的品牌理念融合到软文里，软文可以清晰地把企业的品牌理念传达给潜在的读者。将品牌理念加入文章的时候一定要选择合适的地方、隐性地加入，要让读者看了不反感，有一种浑然天成的感觉才行。

3. 软文广告植入技巧

软文是相对硬性广告而言的，它不同于我们在广播电视等传统媒体上看到和听到的纯广告，而软广告则正好相反，是更巧妙、更迂回、更隐蔽地将广告信息传达出去。这也是软广告植入方式与硬广告的不同之处。与硬广告相比，软文广告的植入需要注重一定的技巧，主要表现在以下几个方面。

(1) 利用新闻报道、访谈、评论：这类软文发布的主体相对官方或者相对客观，广告植入可以不用太软，利用这些发布主体的权威性达到宣传目的。

(2) 让用户得出结论：软文可以将自身产品与竞争对手产品以并列的方式展现，通过信息的介绍和对比让读者自己得出结论，因为留给读者对比思考的空间而使读者觉得结论更加客观可信，使用这类植入方法的前提是要确保自身产品优于竞争对手的产品。

(3) 借用第三者身份：第三者身份在读者潜意识中认为与企业没有直接的利益关系，其所述内容会相对真实可信，常见的第三者身份有新闻媒体、其他用户、行业专家等。

(4) 以标题关键词形式植入：可以通过标题传达宣传内容，通常应用于有一定权威的企业，利用已有知名度获取用户的信任。

(5) 故事揭秘形式：通过揭秘的形式可以使文章更有吸引力，同时故事本身就是一个事实的讲述过程，更具说服力。

(6) 插图形式及超链接形式：使软文更加生动形象，同时权威网站的链接内容可以有效地增加说服力。

(7) 将软文写成系列型：像连载一样，或相互有联系，增加读者的阅读频次，同时通过多次阅读树立企业在读者心目中的形象。

4. 软文创作的禁忌

软文创作中除了上面提到的技巧外，还有一些禁忌事项，具体包括以下几点。

1) 知己不知彼

通常软文写作需要对所要宣讲的产品做深入系统的研究，同时应把握市场热点，抓住目标受众对产品的关注点，找到目标受众易于接受的传播方式等，这样写出的软文才能生动形象，有利于更好地迎合消费者从而获得理想的市场回报。

2) 拖泥带水

读者的阅读通常没什么耐心，如果不能在简短的几行字之内吸引读者的眼球，后面的内容即使再精彩也毫无意义，避免文章像写流水账一样，要精练语言，前后呼应，使一篇软文浑然一体。

3) 传播无战略规划

软文的目的是要配合硬广进行延伸传播或者是要塑造品牌还是要新闻造势？这需要在创作前进行相适应的传播战略规划，明确传播的战略中心。只有确定了目的之后才可以根据目的制定传播计划：前期传播内容、中期传播内容、后期传播内容。同时还要根据市场变化，及时调整方案和内容。

4) 篇幅过长

软文撰写要避免篇幅过长，尽量做到短小精悍，言简意赅，使读者很快了解文章内容。如果是很长的软文就需要把整篇内容进行合理的划分，同写作一样包含起、承、转、合 4 个环节，这 4 个环节之间环环紧扣，条理清晰，每句话不可过长，尽可能用短句(每句话 10 字以内最佳)，这样易读易记也会使读者印象深刻。

5) 文章中包含禁忌词汇

很多做网站优化和关键字排名的站长在创作之初，不了解互联网的一些禁忌词语，没有软文经验，所以在创作时，没有注意这些词语，随意将禁忌词语穿插在文章中导致文章在推广过程中经常被自动删贴，给推广工作造成诸多麻烦，而且也使得推广效果大打折扣。

4.1.3 新闻式软文

新闻式软文是软文中的一种类型，其主要特点就是以新闻报道的口吻，直接介绍产品特色、服务性能等，新闻式软文以客观的语气进行宣传报道，具有相对的权威性和真实性，给用户以不可辩驳的事实,能够有效地树立企业正面形象,提高营销效率。

1. 新闻式软文的优势

新闻传播具有 5 大优势,这些优势决定了它在市场推广中不可替代的位置,新闻式软文以新闻的形式进行传播,能够将新闻传播的优势淋漓尽致地发挥出来。

1) 具有完整阐释功能

广告本身所具有的属性决定了它不可以采取说理或陈述的方式来表现,而新闻却可以通过文字把一件事讲清楚,通过新闻报道可以把企业要传达的目标信息传播得更准确、详尽。

2) 传播性价比高

同广告相比,新闻传播具有高性价比的优势。一般来说,同样版面的企业新闻传播,成本只有广告的五分之一,甚至更低,对于那些广告预算紧张的企业,新闻性软文的价格更容易被接受。

3) 能够二次传播

“二次传播”是指某条新闻被某个媒体首先发布出来之后被别的媒体转载的现象,好的新闻式软文往往能够被其他媒体转载传播,而百度新闻源的文章二次传播的效果会更好。

4) 可以辅助百度竞价

对于某些单个出价高的竞价词语,可以通过新闻源软文发布,在特定时段让关键词在搜索引擎相关网页出现,增加此关键词的临时权重从而通过低价格获得高排名。同样,通过这种方式也可以辅助相关网站关键词在搜索引擎中的排名。

5) 有利于网站外链建设

软文外链是一个很好的站外推广链接,通过软文发布的外链易于通过其他平台的审核,同时软文被转载后又增加了网站的外链。

2. 新闻式软文写作技巧

新闻式软文主要表现形式是新闻,通过新闻报道的形式将广告巧妙地植入进软文。要达到这样的效果在创作时还需要注意以下几点。

1) 明确软文创作目的

软文创作目的是软文写作的基础,在创作之前应明白软文的目的是什么,才能有针对性地确定软文的主题,创作的软文才能达到预估的效果,并配合企业的营销计划。

2) 使用新闻式标题

软文的标题创作要在事实的基础上尽可能地吸引用户眼球,而新闻式软文因其发布渠道的特殊性不能像普通软文一样不受限制,而应该遵守新闻标题的写作原则,使标题做到不但像新闻标题,而且比新闻标题更吸引人。

3) 使用新闻体结构

不仅是标题,新闻式软文的写作也需要采用新闻体的结构,完整的新闻结构一般包括标题、导语、文章主体、新闻背景、结语等。

4) 善用新闻惯用词汇

在软文的写作过程中,要善于运用新闻惯用的一些词汇,强调文章的“新闻性”,例如近日、昨天、我市、××商场等时间和地点词语，这些时间以及地点的概念可以引导读者产生与该时间、该地点的相关联想，加深印象，淡化广告信息。

5）通过新闻媒体发布

可以将新闻式软文发布在新浪、网易、新华、凤凰、腾讯、央视等权威媒体上报道，这是树立被网友、媒体、政府、权威机构认可的企业形象的最佳方式。

6）注重新闻稿件的排版

新闻式软文的编排设计也需要遵循新闻的体例，一般可以从字体和字号两方面来进行设置，具体包括以下几点。

(1) 字体：标题(包括引题和小标题)、正文的字体均应和发布媒体惯用的新闻字体一致。对字体的装饰(加粗等)也要和新闻的设计风格保持一致。

(2) 字号：除字体的设计与新闻保持一致之外，字号也要和新闻稿件惯用的字号一样，这样才会从整体上让读者感到是在阅读一篇新闻稿。

4.2 广告文案创作

广告文案创作是企业营销活动中不可缺少的活动，它能够表现广告创意的核心，传达广告意图、诉求和承诺，塑造企业形象和品牌形象，点活广告画面，突出内容。本节将从广告文案概述和广告文案创作两部分讲述广告文案的创作内容。

4.2.1 广告文案概述

广告文案是广告的核心，是广告信息桥梁功能的主要承担者。文案在广告中可以强化广告的主题，传达商品的独特信息，更能够使受众领会广告的卖点。下面对广告文案的定义、分类、基本要求等进行详细的讲解。

1. 什么是广告文案

广告文案是广告作品中的语言文字部分，是广告作品实施的基础，通常由标题、正文、广告词和随文组成，按其定义可划分为广义广告文案和狭义广告文案。

(1) 广义的广告文案：是指广告作品的全部，不仅包括语言文字部分，还包括图画等部分。

(2) 狭义的广告文案：仅指广告作品中的语言文字部分。广告文案的写作要求有较强的应用写作的能力。

广告文案不同于一般的文学作品，它更加强调功能第一。面对不同内容、不同主题、不同对象、不同媒介的广告，广告文案必须按照其不同的特征和要求来创作，这样才能做到有的放矢，以适合不同的广告信息与目标。

2. 广告文案的基本要求

广告创意是整个广告活动中的一个组成环节。除了必须遵循广告的真实性、心理性、实效性、艺术性、合法性等基本原则外，还应符合以下5个基本要求。

1）表现广告主题

广告主题是在广告目标和广告定位的基础上确立的，它是达到广告目标的最基本要素。广告创意必须以广告主题为核心，紧扣广告主题，要始终考虑到广告创意将引起什么效果，能达到什么目的，是否与广告目标相吻合。

脱离广告目标和广告主题，盲目追求新奇怪异、花哨噱头是广告创意的一个误区。从广告对象出发，最终回到广告对象上来，促成广告目标的实现，才是广告创意的根本任务。走入误区的广告创意，不仅会浪费大量的人力、物力、财力，有时还会有损受众的利益甚至给社会和公众带来不同程度的危害。

2）引人注目

引人注目是实现广告目标的第一步。一个好的广告作品首先应当能在众多同类广告互相竞争的市场环境中引起受众的兴趣和关注，这才是广告创意的首要任务。

广告作品如果仅仅是填鸭式地表现广告主题而毫无生动创意，那么即使在形式上完美无缺，实际上也没有多大价值，因为它不能使受众产生足够的兴趣。需要注意的是引人注目的意义因人而异，任何广告创意不可能也不能够让所有公众都引起注意并产生兴趣，所以在广告创意过程中，一定要对目标受众做清晰的画像。

3）独特新颖

广告创意对独特新颖有着相当高的要求，这主要表现在以下两方面。

（1）原创性，不能模仿抄袭更不能类同相似；

（2）恰如其分，必须能够被受众所接受。

独特新颖是引人注目的一个重要条件，它符合人们求新求变、标新立异的审美心理，是广告创意所刻意追求的，同样的主题不同的创意将会产生截然不同的效果。

广告创意除了要区别于同类广告作品外，还要适应时代的要求，体现时代的特征。科学技术在推动着社会生产力不断向前发展，人们的生活方式、消费观念和审美情趣也在发生着改变，而这些细微的变化都是广告创意构思中不可忽略的因素。

4）简明易懂

对于广大公众而言，接受广告信息通常处于被动状态。一般情况下，大部分人都会远离广告，如果你试图将大量的广告信息一次性传递给受众，那么将会引起受众的反感而最终受到排斥。因此广告创意应简洁明了，切中主题，突出重点，易于认知，这也是迅速有效传达广告信息的重要原则。

广告创意要求构思巧妙、出人意料，而不是挖空心思摆迷魂阵，让人琢磨不透难以理解。相反，好的广告创意让人一看就懂、回味无穷。如果你的创意需要受众花费大量的心思去解读，甚至难以苟同，那么作为受众只能是不屑一顾。

5）传达情感

广告是艺术与科学的结合，广告创意要通过艺术构思和艺术形象的诱导来使人们对广告的传播产生愉悦感和乐趣。而充满情感的广告创意更是具有强烈的生命力和感染力。

在广告信息中注入浓厚的情感因素，可以打动受众，感动受众，从而使受众产生强烈的感情共鸣，达到非同一般的广告宣传效果。把情感传达作为广告创意中的一个构成要素，已是当今广告创作中的一个主要趋势。

3. 广告文案的分类

广告文案的分类标准多种多样，按照不同的分类标准，可以从不同的角度对广告文案进行分类，通常，广告文案可以按照以下几种类型分类。

1）按媒体分类

按媒体分类是指按照文案投放的媒体不同而进行的分类方法，根据现行主流媒体的不同主要分为报纸广告文案、杂志广告文案、广播广告文案、电视广告文案、网络广告文案、户外广告文案、其他媒体广告文案等多种广告文案。

（2）按文体分类

按照文体分类是指按照广告文案创作使用的文体进行的分类，主要有记叙文广告文案、论说体广告文案、说明体广告文案、文艺体广告文案等形式。

3）按内容分类

按照内容分类是指按照广告文案所要传达的内容进行的分类方式，主要有消费物品类广告文案、生产资料类广告文案、服务娱乐类广告文案、信息产业类广告文案、企业形象类广告文案、社会公益类广告文案等。

4）按诉求分类

按照诉求分类是指按照广告文案表述的方式来进行的分类，可以分为理性诉求型广告文案、情感诉求型广告文案、情理交融型广告文案。

4. 广告文案的基本构成

广告文案是广告内容的文字化表现。在广告设计中，文案与图片同等重要，图片具有视觉冲击力，文案具有较深的影响力。广告文案主要由广告标题、广告副标题、广告正文、广告口号、随文组成。

1）广告标题

广告标题是广告文案的主题，也是广告内容的诉求重点。它的作用在于吸引人们对广告的注目，留下印象，引起人们对广告的兴趣，阅读广告正文。因此广告标题在撰写时要简明扼要，通俗易懂，传递清楚，新颖个性，文字数量通常控制在12个字以内为宜。

通常广告标题的设计形式有情报式，问答式、祈使式、新闻式、口号式、暗示式、提醒式等。

2）广告副标题

广告副标题是广告标题的补充部分，可以起到画龙点睛的作用。对标题的补充可以让读者对于之前不懂的内容进行了解。

3）广告正文

广告正文是对产品或服务，用客观事实向消费者说明产品及服务特性并以此增加消费者对产品及服务的了解与认识，达到以理服人的效果。广告正文撰写的内容要实事求是，通俗易懂，不论采用何种题材式样，都要抓住主要的信息来叙述，言简意赅。

4）广告口号

广告口号是企业战略性宣传的语言，目的是使消费者知道商品或服务的个性，这已成为推广商品不可或缺的要素。广告口号常有的形式有联想式、比喻式、许诺式、推理式、赞扬式、命令式。广告口号的撰写要注意简洁明了、语言明确、独创有趣、便于记忆、易读上口，方便消费者记忆，有利于消费者之间口耳相传。

5）随文

随文（又称附文），是对广告正文的补充，内容不宜罗列过多。广告随文通常位于广告文案的尾部，用来传达广告主身份以及相关的附加信息等内容。一般包含广告主名称、地址、电话、电传等联系信息，根据不同的广告形式和需要增加附加内容（如活动奖励）来激励受众积极参与广告活动，为实现与受众的反馈与互动起到积极作用。

4.2.2　广告文案创作

广告文案的创作需要遵循一定的写作原则、写作方法、写作技巧和注意事项，下面将围绕这几方面进行详细讲解。

1. 写作原则

广告文案写作不是盲目进行的，其写作过程中需要遵循一定的原则，这些原则能够更好地规范广告文案的创作。

1）真实性原则

真实是广告的生命。保证广告的真实性、维护广告的信誉，是广告客户应担负的社会责任和法律责任。我国《广告管理条例》中明确规定："广告内容必须真实、健康、清晰、明白，不得以任何形式欺骗用户和消费者"。广告是促销的一种手段，要想得到消费者的信任，诚实信用是最基本的职业道德。弄虚作假、夸大事实、欺骗公众，或许能骗取一时的利益，但最终只能是自欺欺人，造成严重后果的还要被追究法律责任。

2）心理性原则

受众对于广告的接受，要经过注意、兴趣、感情、思考、记忆，欲望等一系列的过程，这个过程可以归纳为 5 个方面：一是引起注意；二是产生兴趣；三是促进欲望；四是增强记忆；五是指导行动。

成功的广告，往往首先作用于受众的视觉、听觉心理，而后引发。心理效应，促成一系列心理活动，最后导致消费行为产生。把握好广告传达的心理过程是增强广告效果不可忽视的一个原则。

3）实效性原则

广告所传递的信息仅靠真实是不能引起受众注意的。广告要追求实效，具体体现在以下两个方面。

（1）传递的信息应当是有用的、有吸引力的，是受众所需求的；

（2）广告运作要科学合理，包括广告的目标定位、设计制作、媒介选择、发布时间、发布区域等，都要合情合理，恰到好处。

4）艺术性原则

广告是一门将造型艺术、语言艺术、表演艺术融为一体的综合艺术。它利用绘画、摄影、语言、文字、音乐、表演、歌曲等形式，塑造出生动而又富有创意的艺术形象来表现广告的内容，从而感染受众，使受众在自然而然的兴趣和愉悦中认知和接受广告的传播，并从中获得艺术的欣赏和美的享受。

5）法律性原则

广告文案是一种负有法律责任的信息传播活动，必须以法律为准绳，遵循相关的法律法规。广告文案作品不能有反动、淫秽、丑恶、迷信等不健康内容；不能违反国家保密规定；不能用不正当手段进行广告宣传竞争；不能用虚假广告坑害消费者利益等。

（1）国内广告：除了必须遵循我国的相关法律、法规外，其中利用广播、电影、电视、期刊以及其他媒介发布药品、医疗器械、农药、兽药等商品的广告，还必须在发布前提交有关行政主管部门对广告内容进行审查，未经审查同意的不得随意发布。

（2）国际广告：除了遵循世界各地的相关法律、法规外，还必须高度尊重当地民族的风俗习惯和宗教信仰，决不能为谋求自己的私利而损害公众利益，造成不必要的民族纠纷和事端。

2. 广告文案的写作方法

广告文案的创作，是广告作品的基础，它先于广告作品而存在。广告文案不仅要考虑到广告作品的构思立意以及与图片、图像、音响、字体的密切配合，更要考虑到广告的目标、对象、媒介等因素的要求与特征，从总体上进行把握，以达到最佳宣传效果，通常广告文案的写作方法主要包括以下几个方面。

1）目标定位

广告文案创作前首先面临 4 个问题：一是为什么做广告；二是做什么广告；三是广告做给什么人看；四是通过什么媒介发布广告。

要回答和处理好这 4 个问题，进行市场调查和收集市场信息资料是必不可少的前提。了解自身产品的特征、市场的份额、消费群体的构成、竞争对手的现状、同类产品的广告等，是广告目标定位的基础。只有通过知己知彼的分析对比，扬长避短的筛选，才能正确确定广告文案创作的目标与定位。

2）整体构思

在确定了广告文案创作的目标与定位之后，接下来便需要对广告文案进行整体创作构思。广告文案创作构思不仅要考虑文案的篇章结构、遣词造句、修辞风格等自身内容，同时还要考虑到图文结合、声文结合、视听结合等综合因素，因此，整体构思对于广告文案创作来说是相当重要的一个环节。

整体构思是由局部要素的内部因素维系的，不是各要素简单机械地相加和拼凑。整体构思是从广告文案的目标定位出发，突出重点、主次分明、删繁就简地进行组合安排，以整体和谐为基础，重点突破为核心，从而使广告文案形成独具个性、别开生面、形式与内容统一的艺术作品。

3）诱导感化

广告文案是以说服人的理念来传播广告信息的，它可以通过煽动诱导、感化渲染等各种方法来加强对受众的宣传。广告文案用“诱”的方法使受众在潜移默化中引起注意并产生兴趣，用“导”的方法让受众顺着你的方向产生丰富联想，在如同知心朋友般面对面的交谈中，用情感和智慧感化受众。广告文案要想使受众感化，首先就要把自己融入作品之中，并且要把自己作为目标受众中的一员，关注受众的感受。切不可一厢情愿、孤芳自赏，更不能用强加于人的方式来征服受众。

4）长短适宜

广告文案的长短由广告媒介、产品特性、广告形式、消费心理等多种元素决定，而不是由个人喜好决定。该长不长，该短不短，都不利于广告信息的有效传播。例如，从媒介特征上看，户外广告、影视广告的文案宜短不宜长，而印刷广告、广播广告的文案相对长些传播效果更好。下面将从产品特性和广告形式两方面做具体分析。

（1）从产品特性上看，性能比较复杂、高价耐用、比较实用的产品广告，长文案效果较好；而低值易耗的生活用品，广告文案长了可能劳而无效。从消费心理上看，广告文案较长的适应于偏重理性的消费者，而对于偏重感性的消费者往往适得其反。

（2）从广告形式上看，纯语言文字的广告作品，文案相对较长，而图文相结合的广告作品，其文案就应是点睛之笔，恰到好处。

此外，受教育程度高的消费者和老年消费者希望得到更多的信息。这些都是广告文案在创作时应当注意的事项。

5）简洁明了

广告文案无论长短，都要简洁明了。广告文案的长短，是对整个作品的量的把握，而简洁明了是对每一个语句的把握。无论广告文案多长，每个语句都要简洁明了，尽可能的简短，而少用长句和复杂的句子。

简洁明了不是指文章单薄空洞，而是说文字精练，也就是说要用最少的语言符号，表达出尽可能多的信息。

6）图文互补

通常在广告作品中，我们看到的大部分的广告文案是由静态或动态的图文相结合而成，从而达到图文相辅相成、互相补充的整体宣传效果。

广告作品中的图文结合不是一种“看图说话”的图解关系，而是优势互补、锦上添花的内在联系。图形的优势在于形象直观、逼真感人，易于认知识别，加上艺术的处理，有极强的感染力，这是语言文字无法替代的。但是图形在表现广告主题内容时往往又不如语言文字那么准确、全面、细致，尤其是对许多抽象理念的表述，更是非语言文字莫属。文与图的结合，可以相得益彰，达到珠联璧合的最佳效果。

7）声文并茂

在广播广告和影视广告中，声文并茂，无疑是增强广告宣传效果的重要举措。声音不仅可以增加听觉美感，达到悦耳动人的效果，还可以配合文案内容共同表现思想与情感，从而创造出一个极具感染力的艺术形象。

广告方案要达到声文并茂，首先在文案创作精心雕琢文字的提炼与修饰的同时，还要注意到文字的语言表达和音响的结合，其中包括应该是什么样的播音员，用什么样的音色、音韵、音调、节奏，配什么样的音乐和音响效果等，都是文案整个构思与创作过程中应当思考和把握的因素。

3. 写作技巧

广告文案的创作作为广告的重要部分，不只是文字的撰写，也是有一定的技巧的。下面就对广告文案的写作技巧进行详细的讲解。

1) 准确规范,点明主题

准确规范是广告文案中最基本的要求。要实现对广告主题和广告创意的有效表现和对广告信息的有效传播。首先要求广告文案中语言表达要规范完整,避免语法错误或表达残缺。其次,广告文案中所使用的语言要准确无误,避免产生歧义。第三,广告文案中的语言要符合语言表达习惯,不可生搬硬套,自己创造众所不知的词汇。第四,广告文案中的语言要尽量通俗化、大众化,避免使用生僻以及过于专业化的词语。

2) 简明精炼,言简意赅

广告文案在文字语言的使用上,要简明扼要、精练概括。首先,要以尽可能少的语言和文字表达出广告产品的核心卖点,实现有效的广告信息传播。其次,简明精练的广告文案有助于吸引广告受众的注意力和迅速记忆下广告内容。第三,要尽量使用简短的句子,以防止受众因繁长语句所带来的反感。

3) 生动形象,表明创意

广告文案中的生动形象能够吸引受众的注意,激发他们的兴趣。国外研究资料表明:文字、图像能引起人们注意的百分比分别是22%和78%;能够唤起记忆的文字是65%,图像是35%。这就要求在进行文案创作时采用生动活泼、新颖独特的语言的同时,辅助以一定的图像来配合。

4) 动听流畅,上口易记

广告文案是广告的整体构思,对于由其中诉之于听觉的广告语言,要注意优美、流畅和动听,使其易识别、易记忆和易传播,从而突出广告定位,很好地表现广告主题和广告创意,产生良好的广告效果。同时,也要避免过分追求语言和音韵美,而忽视广告主题,生搬硬套、牵强附会、因文害意。

4. 注意事项

在广告文案的创作中,还有一些注意事项,具体如下。

1) 语言的信息性

对广告文案来说,语言传递的主要是商品信息,在进行文案创作时,一方面要善于利用这些言外之意为产品传递有利的信息。另一方面,文案创作者还要避免对产品不利的或者伤害消费者情感的潜在信息出现。

2) 语言的理据性

在广告文案中,一般理性诉求型的广告都更注意语言的理据性。可以理解为,语言的理据性,是思维逻辑性的外化和体现,是广告文案理性诉求的先决条件。

3) 语言的情感性

在广告中,情感诉求型的广告文案,更注意对情感的张扬,通过富有感情的语言文字感染用户,使用户产生共鸣。

4) 语言的生命性

语言总是与个体生命的体验与感受联系在一起的,语言能够表达并参与人的生命体验和生命感受。文案创作者要特别培养自己对语言的感觉与感受并迅速与产品"对味儿"的感知与体验,再用适当的词语和句子表达出来。

4.3　网络视频创作

网络视频是“视频”与“互联网”相结合的产物，随着视频网站的发展和视频制作技术的普及，已逐渐成为网络营销的重要手段，本节将对网络视频的类型、特点等知识进行详细讲解。

1. 网络视频广告类型

网络视频广告的类型有很多，不同的展现类型也会达到不同的效果，通常网络视频类型有以下几种。

1）贴片视频广告

在视频开始之前插播的一小段广告为贴片视频广告。贴片广告的时间通常都很短，因为如果广告时间太长，容易引起视频观看者的不满。传统的在土豆、凤凰、新浪、优酷等视频中都存在贴片广告，谷果视频、亿动视频等则是运用在移动应用（如手机应用、手机游戏）上的一种贴片广告模式，主要是在应用开启或过渡时插播。

2）水印广告

在视频中添加透明的水印作为广告，这样做的优势是不会影响用户对视频节目的观看。在视频的正文中适当位置增加水印品牌名称网站地址，片头片尾适当位置增加水印品牌名称网站地址、微信公众号、企业微博。

2. 网络视频的特点

1）感官冲击力大

文字、图片、视频三种形式中，视频对人的视觉和大脑感官冲击力是最大的，也最容易抓住顾客的心。这是由于视频直观，可连续的刺激使用户。

2）网络媒体更灵活主动

网络视频可以将信息 24 小时不间断地传播到世界的每一个角落，并且可重复观看，可以通过网络搜索查询播放，更精准和主动。

3）网络用户忠诚度高

根据调查研究显示，网络视频用户的忠诚度远高于电视观众的忠诚度，电视观众在看电视时有 40％的人在阅读、21％的人在做家务、13％的人在吃喝、12％的人在玩赏他物、10％在烹饪、9％在写作、8％在打电话。而网络用户在看视频时有 55％在使用计算机（手机）时不做任何其他事、6％同时在打电话、5％在吃喝、4％在写作。

4）推广宣传成本低廉

相对于传统电视媒体和门户网站等几十万乃至上百万的广告费用，视频的成本更加低廉，视频网站为吸引用户流量提供免费的视频发布渠道，企业只需要将视频发布到网络视频平台上即可。

5）传播速度快

网络视频传播的速度更加快捷，例如，2010 年 10 月流行的网络电影《老男孩》以“病毒式”传播速度迅速地席卷了整个网络，截至 2010 年年底，因为受到《老男孩》的影响，《11 度青春》①的短片总播放量已超过 6200 万次。

6）互动性高

网络视频平台往往会提供留言板功能，在用户观看视频后可以通过留言板发布对视频的评价，视频发布者通过回复这些留言达到与视频观看者互动的效果；同时视频的分享功能通过视频观看者分享视频，与其好友之间提供互动的机会；而视频网站的弹幕（直接显现在视频上的评论，如图 4-2 所示）功能则为视频观看者之间的互动提供了方便。

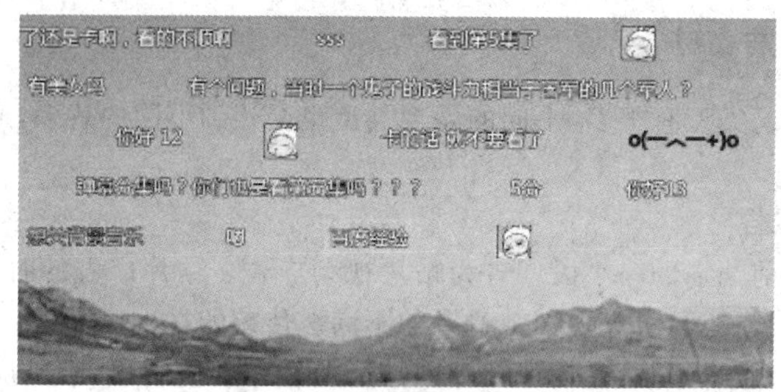

图 4-2　弹幕视频

3. 网络视频创意类型

随着视频网站上传功能的出现和视频录制技术的普及，越来越多的用户上传网络视频成为可能，网络视频的类型也越来越丰富，流行的创意视频一般分为以下几种类型。

1）高

基本上是用高人进行高超技艺表演，通过专业人员表演的高难度动作、高难度创作或者高质量来吸引用户，用户一方面因为高难度的内容不自主地怀疑视频的真假，同时也会让用户高兴地观赏，并且乐意与他人分享和谈论。

2）炒

利用某个因素、某个新闻或者某个人，为扩大人或事物的影响而通过媒体做反复的宣传。古永锵离开搜狐进军视频领域，建立优酷网，靠张钰视频一举成名，还获得了 1200 万美元的融资。其中的关键就是借用张钰对潜规则的炒作。后来古永锵和他的优酷网又靠张德托夫的《流血的黄色录象》这个很有争议的短篇赚了大把的眼球和人气。仅预告片，已经有了几十万的浏览量，而且各种由片中导演和演员的访谈不断出炉，越炒越火。

3）情

传递一种真情，用祝福游戏的方式快速病毒性传播。

4）笑

创意视频中的笑是指能够通过视频广告带给人很多欢乐，促使人们愿意去传播，往往采用搞笑的方式。例如，2009 年法国依云矿泉水通过一群穿着纸尿裤的可爱宝宝滑旱冰的广告视频引起强烈的反响，短时间内这则视频广告取得 400 万的播放量。如图 4-3 所示为此

---

① 《11 度青春》汇集了 11 位年轻新锐导演执导的系列新媒体短片，呈现了青春、奋斗的主题，《老男孩》是其中的一部短片。

视频在优酷上的截图。

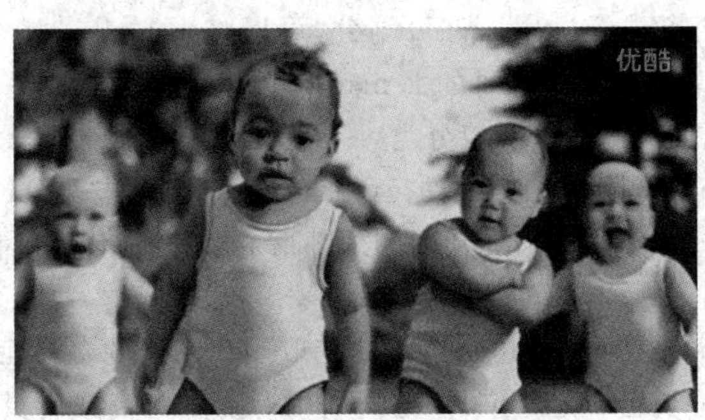

图 4-3　创意视频——依云滑轮宝宝

5）恶

创意视频中的恶主要表现为恶俗、恶心及恶搞，通过对传统观念或作品进行颠覆性的解读来吸引用户的眼球。

（1）恶俗视频往往因为俗所以招人鄙视，但是在被鄙视的同时也会受到人们的关注。传统的电视媒体中经常出现恶俗广告。例如，2008 年春节期间，恒源祥在央视黄金时段推出了一段重复轰炸式广告视频。在长达一分钟的电视广告中，广告配音从“恒源祥，鼠鼠鼠”，一直念到“恒源祥，猪猪猪”，将 12 个生肖轮番念过，简单的语调重复了 12 次。

（2）恶心视频与恶俗视频类似，通过恶心的言论（如自恋）或画面刺激用户，并引导用户产生持续性的吐槽。例如，芙蓉姐姐在网络上的走红。

（3）恶搞视频通常是对某作品进行吐槽性的改编，经典例子有《一个馒头引发的血案》，通过对电影《无极》的改编引起用户的共鸣。恶搞视频往往具有突发性、临时权重的特点，能够在短时间内获得很高的关注度，但是会随着时间的流逝逐渐下降。

4.4　电子邮件制作

电子邮件是互联网应用最广的服务，是企业进行网络营销的重要手段之一，而其成本低廉、精准度高、覆盖范围广等特点深受企业营销者的青睐，本节将针对电子邮件制作的问题进行详细的讲解。

4.4.1　电子邮件概述

当前，电子邮件已经成为互联网上最常用的服务之一，电子邮件不仅是人们日常生活中的一种交流工具，同时也日益与企业的经营活动密不可分。人们与电子邮件的“亲密接触”使得电子邮件成为网络营销的最佳手段之一。电子邮件（Electronic Mail，E-mail）又称电子信箱，是一种用电子手段提供信息交换的通信方式。

1. 电子邮件分类

电子邮件的类型多种多样，通常可以分为电子邮件的用户是否许可、邮件地址所有权、营销计划、电子邮件营销功能及邮件的应用方式等几类，以下就每个类别进行详细解读。

1）按照是否经过用户许可分类

按照发送信息是否事先经过用户许可划分，可以将 E-mail 营销分为许可 E-mail 营销和未经许可的 E-mail 营销。未经许可的 E-mail 营销也就是通常所说的垃圾邮件。

2）按照 E-mail 地址资源的所有权分类

潜在用户的 E-mail 地址是企业重要的营销资源，根据对用户 E-mail 地址资源的所有形式，可将 E-mail 营销分为内部 E-mail 营销和外部 E-mail 营销，或者简称为内部列表和外部列表。

（1）内部列表是指企业网站通过一定方式获取用户注册的资料而开展的 E-mail 营销；

（2）外部列表也被称为 E-mail 广告，是指利用专业服务商或者具有与专业服务商一样可以提供 E-mail 营销专业服务的服务商，自己并不拥有用户的 E-mail 地址资料，也无须管理维护这些用户资料。

3）按照营销计划分类

根据企业的营销计划，可分为临时性的 E-mail 营销和长期的 E-mail 营销。

（1）临时性的 E-mail 营销如不定期的产品促销、市场调研、节假日问候、新产品通知等；

（2）长期的 E-mail 营销通常以企业内部注册会员资料为基础，主要表现为新闻邮件、电子杂志、顾客服务等各种形式的邮件列表。

4）按照 E-mail 营销的功能分类

根据 E-mail 营销的功能，可分为顾客关系 E-mail 营销、顾客服务 E-mail 营销、在线调查 E-mail 营销、产品促销 E-mail 营销等。

5）按照 E-mail 营销的应用方式分类

按照是否将 E-mail 营销资源用于为其他企业提供服务，E-mail 营销分为经营性和非经营性两类。

2. 电子邮件的作用

电子邮件在网络营销中可以扮演多种角色，在网络营销的不同阶段可以应用电子邮件完成不同的营销任务，下面介绍电子邮件营销的一些作用。

1）电子邮件信息宣传

企业可以利用电子邮箱巨大的用户资源来销售软件、音像制品、电子图书等数字产品。这些产品不需要利用传统的物流渠道进行配送，可以大大降低商品销售和相关广告费用。用户付款后销售商就可以把数字产品资料发送到用户的邮箱里。

2）电子邮件广告

利用电子邮件发布广告信息具有比传统电视广告和旗帜广告更大的优势，主要表现在以下几个方面。

（1）一对一的广告效果：电子邮件营销可以针对用户发布完全的“个性化定制”的广告信息。这是任何其他广告形式难以得到的效果。

（2）管理和控制：随着技术进步，电子邮件营销在消息的发送.管理控制方面也具有其他广告形式无法比拟的优势。

（3）成本低廉：电子邮件信息的成本约为传统的直邮广告、优惠卡以及其他营销方式成本的 1/4 左右。

3）客户意见反馈

电子邮件是吸引回头客的有力工具，而回头客又是电子商务获得成功的关键所在。电子邮件在网络营销中最经常的应用就是建立客户意见反馈的渠道。实现企业和客户一对一的直接联系，拉近企业与客户之间的关系。但必须及时处理客户的邮件，否则无法实现营销的目的。

3. 电子邮件营销特点

1）范围广

电子邮件的传递不受时空的限制，只要拥有足够的电子邮箱地址，就可以在短时间内向这些邮箱所有者发送电子邮件，营销范围可以是全国甚至是全球。

2）操作简单

使用专业的邮件群发软件，一台计算机每天可以发送上万封甚至更多的电子邮件，同时操作不需要高深的计算机知识，也不需要烦琐的制作及发送过程。

3）成本低廉

E-mail 营销是一种低成本的营销方式，专业的电子邮件发送平台中单封电子邮件的计算费用低至几分钱甚至只有一分钱，其他费用支出主要是上网费和人员工资，整体成本比传统广告形式要低得多。

4）应用范围广

广告的内容不受限制，适合各行各业。因为广告的载体就是电子邮件，所以具有信息量大、保存期长的特点，具有长期的宣传效果，而且收藏和传阅非常简单方便。

5）反馈率高

电子邮件本身具有定向性，可以针对某一特定的人群发送特定的广告邮件，也可以根据需要按行业或地域等进行分类，然后针对目标客户进行广告邮件群发，使宣传一步到位，这样做可使营销目标明确，效果非常好。

6）精准度高

由于电子邮件是点对点的传播，所以可以实现非常有针对性、高精准的传播，比如可以针对某一特点的人群发送特定邮件，也可以根据需要按行业、地域等进行分类，然后针对目标客户进行邮件群发，使宣传一步到位。

4.4.2　电子邮件制作

使用邮箱的朋友经常会收到一些非常美观绚丽的电子邮件。即使是广告邮件，吸引人的效果也往往会引发大家的好奇心去单击和访问。通常电子邮件的制作主要包括内容类型的确定和文案创意，具体如下。

1. 内容类型

电子邮件的内容多种多样，可以是简单的一句话或大段的文章分享等，但是用于营销的许可式电子邮件的内容则通常有以下几种。

1）自动提醒

此类邮件是网站对用户的简单提醒，通常包括订单提醒、好友动态等内容，如图 4-4 所示是万网在客户下单后发送给客户的付款提醒邮件。

万网 WWW.NET.CN 此信为系统邮件，请不要直接回复。 万网首页 产品管理/续费 帮助中心

尊敬的用户 您好！

感谢您在阿里云选购产品，详细信息如下：

订单编号： 订单金额： 元

下单时间： 订单状态：未付款 立即付款

产品名称	产品内容	年限
虚拟主机极速共享版		12个月

重要提示：

1、请您在7天内结算此订单，以免订单失效被删除；

2、域名届即时产品，无法预订，以最终付款成功为准，如果您未付款订单中包含域名产品，请尽快结算。

帮助：查看支付介绍、在线支付帮助

如果在使用过程中遇到问题，您可以选择以下两种方式解决：

1、进入帮助中心查看相关帮助信息；

2、点击提交工单反馈问题，我们将在一个工作日内回复，您可以通过邮件或登录会员中心查看；

本邮件内容仅供参考，业务详情如有变动，请以阿里云网站公示为准。

图 4-4 电子邮件内容——自动提醒

2）网站公告

此类内容主要包含网站公告、公司新闻等内容，一般用于企业需要告知客户的重要通知和公司重大新闻的发送，如图 4-5 所示是服务器维护时发送的维护公告。

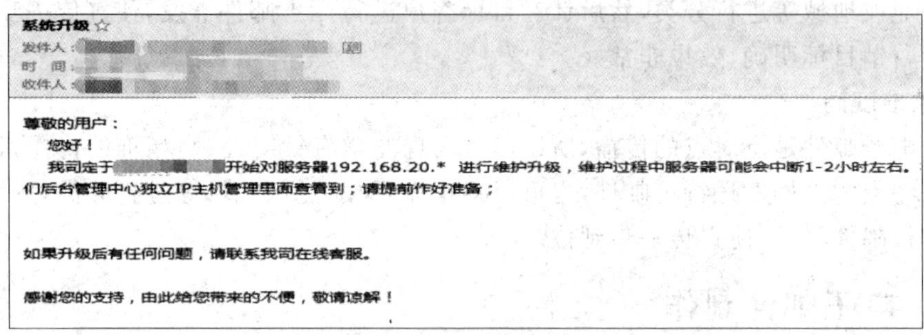

系统升级 ☆

发件人：

时 间：

收件人：

尊敬的用户：

您好！

我司定于 开始对服务器192.168.20.* 进行维护升级，维护过程中服务器可能会中断1-2小时左右。们后台管理中心独立IP主机管理里面查看到；请提前作好准备；

如果升级后有任何问题，请联系我司在线客服。

感谢您的支持，由此给您带来的不便，敬请谅解！

图 4-5 电子邮件内容——公告

3）客户关怀

此类内容是网站对用户的关怀，一般包括生日祝福、节日问候等，是企业维护客户关系、进行互动的重要手段之一，如图 4-6 所示是腾讯 QQ 邮箱向用户发送的生日祝福。

4）活动促销

此类邮件是最常见的一种，垃圾邮件最多的一种，往往会被列为垃圾邮件，在制作过程中一定要符合邮件制作规范。此类邮件的内容一般包括客户回馈、试用、免费等信息，用于

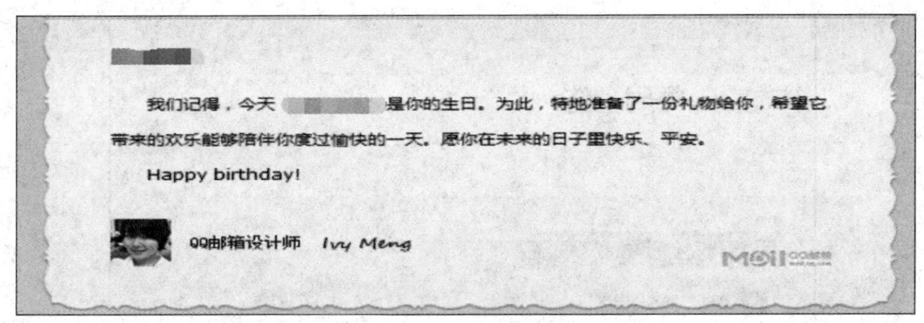

图 4-6　电子邮件内容——客户关怀

传递产品信息，促进消费者购买，如图 4-7 所示是苏宁发送的产品活动宣传邮件。

图 4-7　电子邮件内容——活动促销

5）期刊资讯

此类内容一般是企业推送的电子期刊、内部资料等，用于向用户推广网站内容和内部资料以吸引用户到访，如图 4-8 所示。

2. 文案创意设计

从技术角度，邮件文案创意和普通文案写作一样，需具备基础的文案写作功底，及掌握文案写作的基本技巧，文案的创意设计主要包含以下几个方面。

1）主题创意

电子邮件的创意设计首先要表现在标题，合适的邮件主题（标题）和发件人，保证邮件打开率，除了标题之外，邮件设计结构需要简约风格，通过搭配愉悦的色彩，给观看者营造轻松的环境又不失美观的特点。而邮件如果配有清晰的行动指示，则能让有兴趣的收件人更方便、快捷地访问网站，如图 4-9 所示的"查看详情"按钮能快捷地将用户引向网站。

2）创意活动

在制作电子邮件时需要考虑邮件的主题内容，也就是策划一些有创意的营销活动，一些

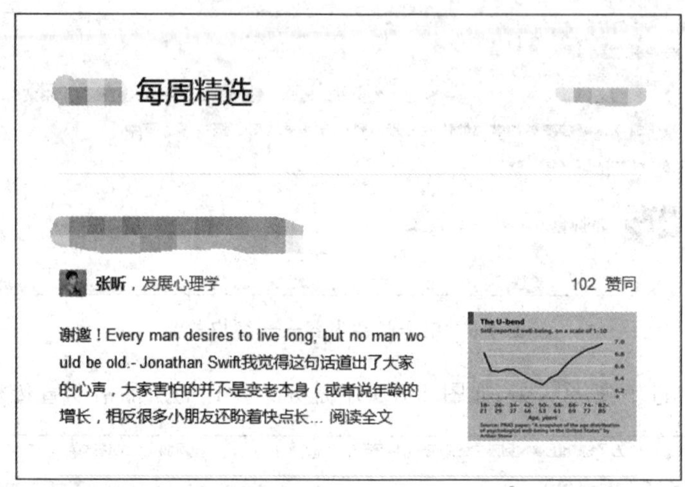

图 4-8　电子邮件内容——期刊资讯

图 4-9　电子邮件创意设计

好的营销活动能够激发起用户对产品或服务的兴趣和关注。例如，增加一些优惠措施鼓励收件人进行邮件转发或进行朋友推荐。

3）刺激因素

邮件中常用的刺激因素有两种，一种是情感刺激，通过邮件给予用户被尊重、被关怀的感觉，或者利用用户的好奇心理创造收件人与企业之间的情感纽带；例如，支付宝通过邮件发送的十年账单，给每一位客户提供专属的账单服务，充分显示了支付宝对用户的尊重与关怀。另一种是物质刺激，通过给予用户有分量的物资优惠来吸引用户了解邮件内容，例如，注册送入会积分以及门店电子优惠券、抽奖活动（奖品一般为企业的产品或服务），如图 4-10 所示，即为电子邮件中的物质刺激因素。

4）设计要点

公司 LOGO 或名称在邮件开头位置。重要推广内容最突出，其他产品或服务放在不醒

图 4-10　电子邮件物质刺激因素

目位置。转化行为入口、各种联系方式的设置也是必要的，如图 4-11 所示为苹果公司在母亲节前夕向用户发送的电子邮件宣传页，开头位置列出 LOGO，头版列出活动宣传语和清晰的转化行为入口，同时在邮件底部设置了多种联系方式，提升用户体验友好度，如图 4-12 所示。

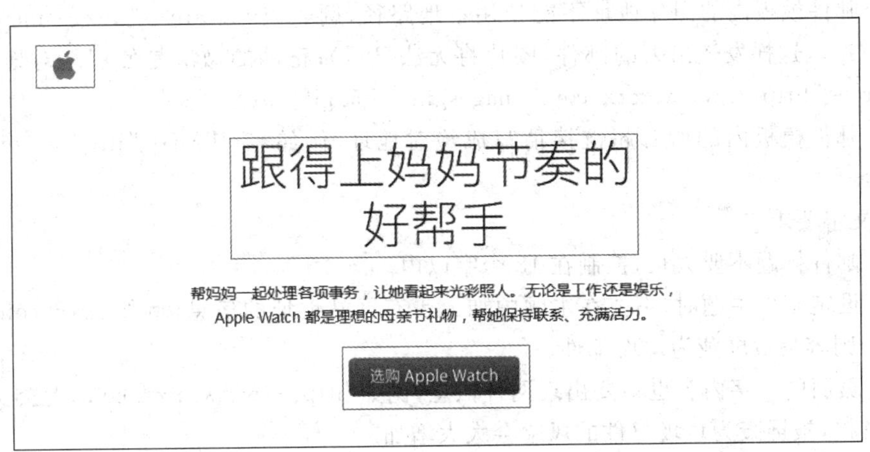

图 4-11　电子邮件设计要点——转化行为入口

3. 电子邮件制作规范

电子邮件的制作有其严格的标准，一封电子邮件制作是否规范可以从格式编码、文字、图片、外链和其他规范等方面来衡量，对这些规范的讲解如下。

1）格式编码要求

电子邮件的格式编码要求比较严格，在制作电子邮件时需要严格按照下面的要求来进行，否则发送出去的邮件可能无法显示。

(1) 制作 HTML 的 E-mail 页面时，尽量使用 Table 表格来布局，HTML 编码最好使用 UTF-8 格式。

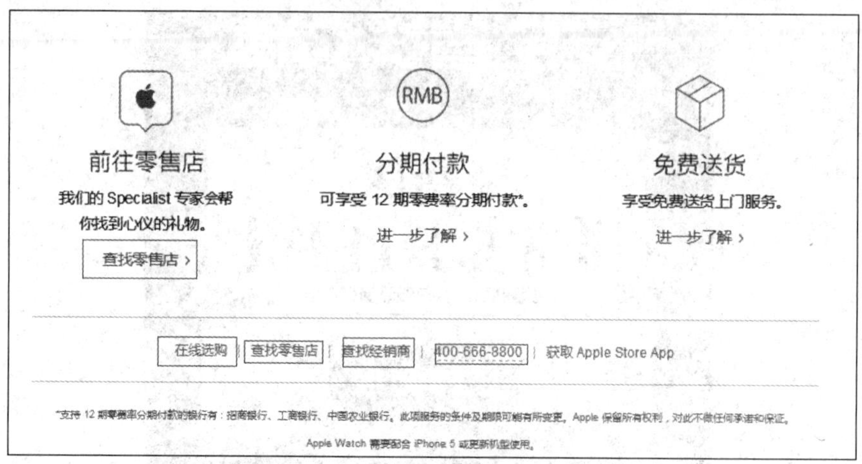

图 4-12 电子邮件实际要点——联系方式

(2) 定义文字或图片的样式时,请不要使用外链的 CSS 样式,外链 CSS 样式不能被读取。

(3) 不要使用动态语言进行编写,也不要使用动态效果,如果页面中一定需要动态效果可以转换成 GIF 动画再使用。

(4) 邮件模板内的图片地址不能使用本地路径,例如<img src="image/menu-5. gif" alt="" />,(这样发送出去的邮件,图片将无法显示);正确的做法是使用绝对地址,例如<img src="http://www. xxx. com/images/menu-5. gif" alt="" />。

(5) 邮件模板内的所有超链接请写成绝对地址,例如<a href="http://www. xxx. com. ">。

2) 文字要求

(1) 邮件标题不要太长,控制在 18 个字以内。

(2) 设定邮件主题时,不要在主题中加入带有网站地址的信息,例如"xxx. com 祝您新年好",否则容易被屏蔽为垃圾邮件。

(3) 页面的文字内容也不要出现网址信息,例如 http://www. xxx. com,此类文字即使加了超链接,被屏蔽为垃圾邮件的风险会大大增加。

(4) 书写标题时,标点符号需要切换成英文字符,这是因为中文字符的标点符号在某些标题中会显示乱码。

(5) 少用惊叹号、夸张颜色、加粗字体、大写英文。这些是典型的垃圾邮件吸引用户眼球方法,使用后邮件容易被屏蔽为垃圾邮件。

(6) 不要使用垃圾邮件敏感词,使用了垃圾邮件敏感词的邮件容易被判定为垃圾邮件,常见的垃圾邮件敏感词一般带有促销性质的文字,例如免费、优惠、特惠、特价、低价、便宜、廉价、视频、赚钱、发财、致富、薪水、交友、支付、商机、法宝、宝典、秘密、情报、机密、保密、绝密、神秘、秘诀等。

3) 图片要求

(1) 尽量使用图片,以避免文字在各个主流邮箱中的显示不同。例如 QQ 邮箱,如果未在代码中设置,邮件中的文字不能自动换行,Gmail 邮箱邮件内容的字体会自动放大。

（2）在切图时，需要为文字区域留出一定的边距（5px 左右，视行数和字数的多少调整），预留边距可以防止出现不必要的换行和图片缝隙。

（3）如果整个邮件模板只有一张图，需要将图片切成两三张小图，并适当保留一些文字信息。

4）外链要求

（1）邮件中所包含的外部链接数量不要太多，控制在 10 个以内为宜。

（2）制作一份和邮件内容一样的 Web 页面，然后在邮件顶部添加超链接指向这个页面，常见的超链接文本为“如果您无法查看邮件内容，请点击这里查看”，这样做能够有效地帮助邮件图片无法浏览的用户通过链接正常查看邮件内容。

5）其他要求

（1）邮件大小要适当，大附件、大图片所占空间都比较大，邮件中如果包含大附件或大图片很容易造成邮件被垃圾过滤器过滤掉，导致发送失败，所以在编辑邮件时，应尽量避免添加大附件或是大图，以致邮件过大，制作出的邮件页面大小建议限制在 50KB 以内。

（2）邮件的页面宽度尽量在 600～800px 之间，最大不要超过 800px，长度建议在 1024px 以内。

（3）提供清晰的订阅/退订链接。提供清晰的“订阅”按钮，用户单击即可生效。订阅后将大大降低收件人拒收或标记为垃圾邮件的概率。而“退订”按钮能显示出企业对用户的尊重，从而获得用户的好感。

4.5　着陆页策划

着陆页是需要网络营销人员专门设计的吸引用户访问，并且通过各种手段提高用户转化的一组进入页面。所以想要带来转化，着陆页的策划在网络营销中就显得尤为重要。本节将对着陆页策划的相关知识进行详细讲解。

4.5.1　着陆页概述

在互联网营销中，着陆页就是当潜在用户单击广告或者利用搜索引擎搜索后显示给用户的网页，是网站运营的关键因素之一。下面将对着陆页的类型和构成进行详细分析，使读者对着陆页有一个基本的了解。

1. 着陆页类型

1）参考型

参考型着陆页即提供相关参考信息给访问者。它们可以显示文字、图片、动态的相关链接或其他元素。参考型着陆页对满足协会、机构或公共服务组织的目标来说是非常有效的。对很多参考型着陆页来说，是否达到效果可以通过页面上所显示广告的产出来衡量。

2）交易型

交易型着陆页旨在说服访问用户完成一次交易行为，比如填写某个表单、与某个广告进行互动或者着陆页上的其他目标，而交易型着陆页的最终目的是尽可能使用户购买某个产品或服务。此类网页一般会确保得到用户的信息，至少也要得到用户的联系方法，典型的比如邮件地址、姓名和联系电话，直到有足够的信息能保证用户能“收到广告信息”，将来这些用户信息可以被用作邮件列表的地址。

访问用户在交易型着陆页进行一次交易的行为称为一次“转化”。着陆页的效率或质量可以通过“转化率”来衡量，也就是完成所期望行为的访问用户百分比。因为许多互联网营销项目的经济效应都是由转化率来决定的，市场营销人员需要反复地选择、调试和优化着陆页。在这些测试中，经常使用的有 A/B 测试和多变量测试。

3）压缩型

压缩型着陆页通常用于直接营销，也称压缩页。这种着陆页侧重于获取用户信息，通常该类型的着陆页转化率较高，并且收集到的用户信息可作为将来企业进行网络营销的潜在目标用户。

4）引流型

引流型着陆页，又称为跳转页或桥页，主要作用是在网络营销活动中关键词引入流量页与目标转化页之间搭建的一个跳转页面，大多数是以关联产品链接为主要展示元素，实现泛词大词的二次流量精准转化。此类型着陆页的主要目的是完成流量的精准二次转化，类似于网站主页通过各种分类导航将网站引入的流量分化出去。

2. 着陆页的构成

着陆页不同于一般的网站页面，它比一般网页更加简洁，同时具有更强的营销性，一个经典的着陆页一般包含主标题、副标题、内容概要、信息访客利益与产品与服务特性展示、企业优势展示、用户行为召唤、成功案例与数据证明展示等几部分，具体介绍如下。

1）主标题

主标题的作用是展示着陆页核心卖点，需要吸引访客的注意力，将访客的注意力继续保持下去。如果访客是通过关键词、主图、主图核心卖点进入的，那么着陆页的主标题和小标题应该起到承接这些内容的作用，应该是这个独特卖点的延伸，让受访用户进入着陆页后能够看到他想看到的信息，即进入着陆页的关键词、主图、主图核心卖点的延伸解释。

2）副标题

副标题是对主标题进行的解释补充部分，主标题不能够将卖点说清楚时需要副标题来把主标题完善，但是有的副标题是独立的，用来讲述支撑主标题信息的其他信息或卖点。

3）内容概要

内容概要是关于着陆页整体内容的简单概括，通常在标题之下，能够简略地概括着陆页详细阐述的内容，让访客了解着陆页中存在什么样的信息。

4）产品特点

产品特点是企业对着陆页主推产品特性的概括介绍，通过展示产品的核心卖点以及给用户带来的需求满足，吸引着访客饶有兴趣地进行下一步的阅读，如图 4-13 所示是传智播客电子商务专业的产品特点概括“只要会打字，不用敲代码，一样拿高薪”，简洁地概括出了电子商务专业的特点和优势。

5）企业优势

企业优势是指企业在同行业中的优势内容，是自身优于同行业其他企业的具体表现，这点区别于产品特点，如图 4-14 所示，是传智播客电子商务专业的企业优势的展现。

图 4-13　着陆页构成——产品特点

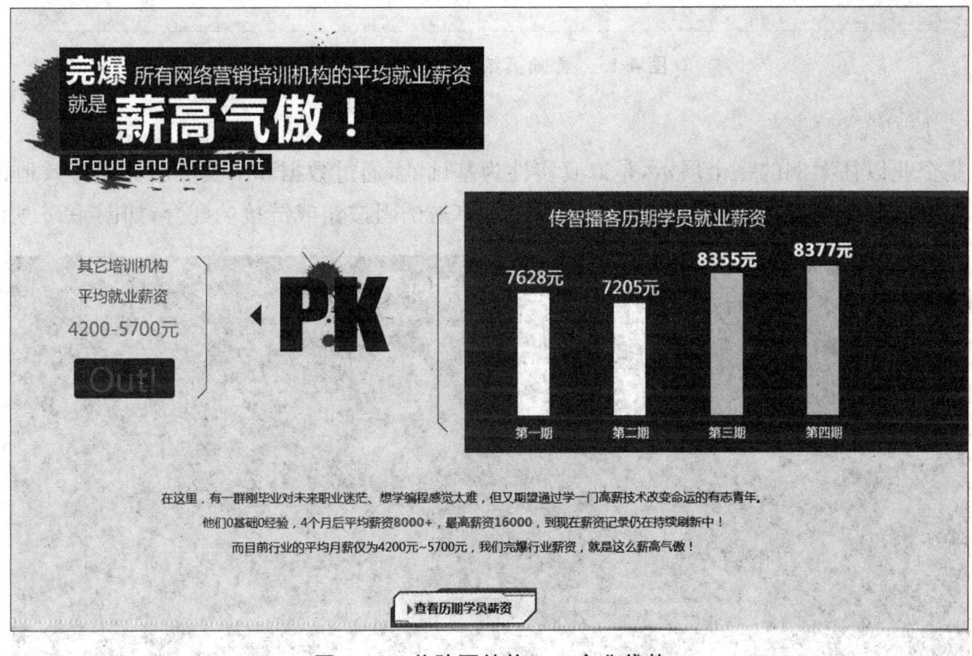

图 4-14　着陆页结构——企业优势

6）单击诱因

单击诱因按钮是促使受访者进行下一步转化的按钮或链接，通常有“我要咨询”、“立即行动”等表现形式，如图 4-15 所示。

在图 4-15 中的“不想敲代码”和“我想拿高薪”是传智播客电子商务学科着陆页中正文之前的单击诱因按钮，而此按钮一方面起到了促进咨询的功能，同时也是电子商务课程的卖点展示。单击诱因按钮一般出现在正文之前、正文中间和正文之后，可布局多个，正文之后的单击诱因按钮需要再次指出核心卖点来提醒访客立刻行动。

图 4-15　着陆页结构——单击诱因

7）成功案例

是企业以往案例的一个展示，是以真实性为基础的，通过数据和事实能够更加有效地说服访问者做出购买决策，一般在案例展示之后会有单击诱因按钮或链接的配合，如图 4-16 所示。

图 4-16　着陆页结构——成功案例

4.5.2 着陆页布局

着陆页是网站潜在用户单击广告或者利用搜索引擎搜索后单击进入的网页，一般这个页面是对所单击广告或搜索结果的扩展，所以在网站优化过程中，着陆页的优化至关重要，因为它直接决定了用户的转化。着陆页的来源可以是活动、广告、特定的推广页面、电子邮件、搜索引擎等，网站专题页就是典型的着陆页。那么如何更好地进行着陆页布局呢？

1. 着陆页设计规范

着陆页的设计应当遵循以下原则。

1）版面留白

版面留白量设计可以容易地改变背景颜色，因此当提到空白时，所指的就是背景颜色，或是所谓的图像与背景的关系的背景部分。在一个页面的组合中，留白的部分和被置于其上的元素同样重要。

2）视觉平衡与视觉焦点

在安排页面上的各个元素时，应当考虑每个元素之间的比重，这个比重可以由组件的大小、亮度以及纹路或内文的密度决定。视觉对比也很重要，如果加以有效运用，对比可以很快地抓住读者的注意力。

3）对称式平衡和不对称平衡

在设计 HTML 页面时，有许多方法可以达成平衡，其中最简单的就是通过对称来解决，例如左右两半或是上下部分彼此相似，也可以将页面上的每个元素向中央对齐。

4）文字为设计基本元素

网页上的标题必须具有号召性、鼓动性。文字说明要提供易读、较短的段落，优势特色要以大字体、粗体等醒目方式进行突出。当然有时也会有效果不错的穿插文字，但它必须跟其他元素达到良好平衡。

2. 着陆页设计原则和技巧

着陆页是企业网站进行营销的重点页面，在设计的时候需要遵循一定的原则，掌握一定的技巧才能使着陆页效果最大化，这些原则和技巧主要表现在以下几点。

1）真实性原则

信息不符是着陆页设计中最为常见的情况，据电子邮件营销服务商针对用户的调研显示，大部分浏览者是为了电子邮件中的促销信息或者网站投放的关键词而访问对应的着陆页，如果着陆页并没有与之相关的信息，往往会让网页访客有上当受骗的感觉，导致访问者对网站失去信任，跳出率增加。

2）提供的内容要有价值

着陆页提供的内容要言之有物，能够帮助访问者了解产品信息并做出有利于转化的决策，如果着陆页提供的信息没有什么使用价值，就不能打动访问者做出购买的决定。确定着陆页的内容是否有价值，要从受访用户的角度来考虑他们是否会喜欢这样的着陆页。

同时不能在着陆页中放入太多东西，尤其是跳往其他页面的链接，这样的链接往往将访问者导向其他页面，使得潜在用户不知不觉地打开其他不相关链接，造成访客流失及流量的截取。

3）标题要以客户利益为导向

标题要以醒目的方式告诉潜在用户该产品可以满足用户的需求或者给予其利益，不断重复这次活动有多好，这样有利于提高着陆页的转化率，一个以产品为导向的标题会突出产品或服务可以做什么。一个以客户利益为导向的标题则告诉客户你的产品和服务能为他们做什么。

4）突出强调“单击诱因”

“单击诱因”强调的是引导访客采取下一步行动的按钮或链接。当访客打开着陆页，选择你所提供的产品服务，接下来就要确保他们知道下一步该怎么做。将“单击诱因”放在明显位置，同时选择适合的文字标签进行注释。通常，着陆页的提交按钮上只写着“提交”字样的效果会逊于更有行动性的文字，例如“立即下载”或“注册”。按钮一定要醒目，容易被受访用户发现。

5）保持简单

收集购买意向时，只要求对方提供最相关的信息。主要理念是排除访问者进行下一步行动的一切阻力，诱导他们参与到企业营销活动中，而不是打消访问者的积极性。简单还意味着将页面所用的文字和图片削减到最精华的部分。着陆页的内容越少，重要位置的访问者无须向下滚动页面就可以看到重点内容。

6）利用信用证明

通过传递企业的可信度来建立信任感，例如荣誉证明、媒体报道等。还可以加入“社会认可”，例如用户评论或企业的品牌口碑。“社会认可”元素可以增强可信度，例如企业品牌的口碑、老客户的正面评价等信息，代表其他人对你的公司的认可。

7）需进行测试

设计着陆页面时，需要设计多套方案进行测试，测试哪一种设计的转化效果最好，即哪一种对受访用户的效果最好。然后从测试结果中总结出原因并对着陆页进行适当的修改，经过多重测试后选择出转化效果更好的页面。

8）广告要适当

着陆页不能简单地理解成为广告页，它不是简单地将广告信息堆砌在一起的页面，而是通过向潜在客户传递有效信息并与之沟通促成其转化的页面。因此着陆页所传递的信息必须是对用户有价值的或者是对用户有帮助的信息。例如产品信息、交易方式、企业优势、用户利益点等，通过指出并解答这些问题可以很好地将用户需要的信息展现给用户，同时又对产品做了适当的广告宣传，最终才能够获得好的转化。

小　　结

本章首先讲述了软文写作的相关内容，主要有软文广告植入技巧、新闻式软文的优势和写作技巧等内容。其次介绍了广告文案创作、网络视频的创意、电子邮件的制作和着陆页策划等内容。

通过本章的学习，读者应该了解各个网络平台营销推广的特点，熟悉文案创意和视频类型，掌握软文、电子邮件、着陆页等常见的网络营销物料的准备制作以及制作过程中需注意的事项。

课下练习

一、填空题

1. 软文的表现形式多种多样,根据这些形式的不同可以将软文分为悬念式、________、情感式、________、________、新闻式和________,即为网络营销常见的软文类型。

2. 诱惑式软文一般分为________、________、占便宜这三种。

3. 网络视频广告有________、________两种类型。

4. 电子邮件的类型多种多样,通常可以分为电子邮件的用户是否许可、________、________、电子邮件营销功能及邮件的应用方式等几类。

5. 着陆页/专题策划主要分为产品销售型、产品展示型、________和________。

二、判断题

1. 软文营销可以辅助网站搜索引擎优化。　(　　)

2. 软文创作中只要对自己的产品了解深入就可以取得好的效果。　(　　)

3. 软文广告植入可以通过故事揭秘的形式使文章更有吸引力。　(　　)

4. 新闻式软文具有二次传播的特性。　(　　)

5. 广告文案的标题是广告中最重要的、最吸引人的信息。　(　　)

6. 网络视频传播速度快但推广宣传成本高。　(　　)

7. 电子邮件营销可以针对用户发布完全“个性化定制”的广告信息。　(　　)

8. 电子邮件营销的特点有简单、粗暴、高效。　(　　)

9. 狭义的软文是指企业花钱在报纸或杂志等宣传载体上刊登的纯文字性的广告。　(　　)

10. 制作邮件时可以多用一些惊叹号、夸张颜色、加粗字体、大写英文来吸引用户关注。　(　　)

三、选择题

1. 软文创作的禁忌有哪些?(　　)

A. 篇幅过长　　B. 知己不知彼

C. 拖泥带水　　D. 传播无战略规划

2. 下面哪几项是广告文案的标题特点?(　　)

A. 提纲挈领

B. 广告中最重要的、最吸引人的信息

C. 引起受众注意

D. 富于创意

3. 以下哪几项是广告文案的组成部分?(　　)

A. 标题　　B. 正文　　C. 广告口号　　D. 随文

4. 下列选项中，可以起到临门一脚作用的有（　　）。
   A. 图片刺激　　B. 情感刺激
   C. 有分量的物质刺激　　D. 企业文化刺激
5. 以下哪种网络营销方式最不适合做品牌？（　　）
   A. 网络广告　　B. 新闻营销
   C. 非许可电子邮件营销　　D. 事件营销
6. 下列选项中，不符合邮件设计要点的是（　　）。
   A. 公司 LOGO 或名称在邮件开头位置
   B. 转化行为入口
   C. 产品的详细介绍
   D. 各种联系方式
7. 下列选项中，是按营销计划分类的有（　　）。
   A. 临时电子邮件营销　　B. 许可式电子邮件营销
   C. 未许可式电子邮件营销　　D. 长期电子邮件营销
8. 下列选项中，属于邮件营销的创意活动中应包含的是（　　）。
   A. 鼓励收件人进行邮件转发
   B. 特别优惠
   C. 跟随企业的品牌宣传或营销活动
   D. 每月发送内容相同
9. 下列选项中不符合邮件制作规范的是（　　）。
   A. 页面宽度为 800px
   B. 使用表格布局
   C. 将 Flash 文件转换成 GIF 动画使用
   D. 在同一个 Table 里面可以放多张图片
10. 邮件营销按照是否经过许可可以分为哪些？（　　）
   A. 电子邮件营销　　B. 式电子邮件营销
   C. 可式电子邮件营销　　D. 电子邮件营销

四、简答题

1. 着陆页/专题设计后的检查应该注意什么？
2. 什么是广告文案？

第 5 章 网络营销推广

学习目标

- 掌握 QQ 推广的相关知识，包括 QQ 推广的流程和推广技巧
- 掌握电子邮件营销流程，包括策划、执行、分析和优化
- 熟悉网站搜索引擎优化技巧，能够提高网站收录、排名和权重
- 掌握百度系列产品推广技巧，能够利用百度产品进行推广
- 熟悉天猫、淘宝各推广渠道能够扩大产品展现

【案例引导】

2008 年 5 月 18 日，中央电视台为汶川大地震举行赈灾晚会，加多宝公司(凉茶王老吉的生产商)捐出了高达一亿元的善款。次日晚，国内知名网络论坛天涯上出现了一个叫嚣要“封杀王老吉”的帖子，帖子标题为《让王老吉从中国的货架上消失！封杀它!》。

帖子内容只是简单的一句话“王老吉你够狠，捐一个亿！为了整治这个嚣张的企业，买光超市的王老吉！上一罐买一罐!!”却引来了许多支持者，到 2008 年 6 月 2 日，这个帖子的浏览量已经超过 52 万，回帖多达五千多条。加多宝公司一时成为“爱心企业”的模板，“封杀王老吉”的帖子也被多次转载，引起众多传媒对这一事件的关注和跟进报道。数日后，网上出现了王老吉在一些地方卖断货的传言。

“封杀王老吉”的创意营销传播是一次严密的网络传播案例，在这个事件背后，离不开多渠道的话题传播。

王老吉地震捐款论坛推广中，网络推手不断制造引人注意的话题如“彻底封杀王老吉”等，在百度里输入“封杀王老吉”，可以找到相关网页 74 万多篇。

百度贴吧在超女事件之后，成为最大的中文社区。“封杀王老吉”事件同超女事件一样成为贴吧明星。在百度贴吧中搜索“王老吉”，能搜索到约 17 万篇相关的帖子，网络推手不断地发帖和回复，吸引更多网民的关注。

通过“以后喝王老吉(捐一亿)，存钱工商(捐 8726 万)”、“要捐就捐一个亿，要喝就喝王老吉”等易于传播的文字，让王老吉在多个 QQ 群和博客之间疯狂传播。

【案例思考】

王老吉通过策划和推广这次事件，让我们见证了论坛营销的影响是如此之大。它通过借助汶川地震这一社会热点巧妙地将企业和社会热点结合在了一起，并通过在天涯论坛、百度贴吧等网络平台进行炒作吸引了大量网民的眼球，仅几篇软文和帖子就成功地将王老吉品牌推送出去，促进了产品销量的大幅提升，给企业带来了丰厚的经济效益。此次策划“封杀王老吉”事件不同于常见的硬广告，它更多的是通过策划报道事件的形式将事先准备好的软文或帖子发布在论坛贴吧这类信息平台引起大量网民的关注和讨论，用较低的成本使企

业和产品在短期内达到高曝光率，这样的性价比高的营销手段和方法，企业又何乐而不为呢？网络营销作为一项系统工程，从目标制定到创意策划，从物料制作到推广优化，各环节之间密切相关，这样才能达到良好的营销效果。本章将围绕QQ推广、电子邮件营销、百度系列推广、天猫与淘宝活动推广以及其他常见推广方式等知识，介绍常见的网络营销推广方法与技巧。

5.1 QQ推广

QQ是腾讯公司开发的一款基于Internet的即时通信(IM)软件，支持在线聊天、视频通话、点对点及离线传输文件、共享文件、网络硬盘、自定义面板、QQ邮箱等多种功能，并可与多种通信终端相连。QQ的这些功能和沟通传播方式为企业通过QQ进行营销推广提供了诸多便捷，本节将从QQ推广概述及QQ推广技巧两方面对QQ推广进行详细讲解。

5.1.1 QQ推广概述

QQ作为IM即时通信工具中的代表拥有数以亿计的庞大的QQ用户群体，其推广的优势不言而喻。QQ推广的优势主要表现为高适用性、精准性、成本低、持续高效等特点。了解QQ推广的这些优势特点，对于做好QQ推广具有重要意义和作用。下面就围绕QQ推广优势及推广方式进行详解。

1. QQ推广优势

通常来讲，QQ推广的主要优势有高适用性、精准性、易操作性、低廉成本、持续性、高效性等特点，如图5-1所示，即为QQ推广主要价值的体现。

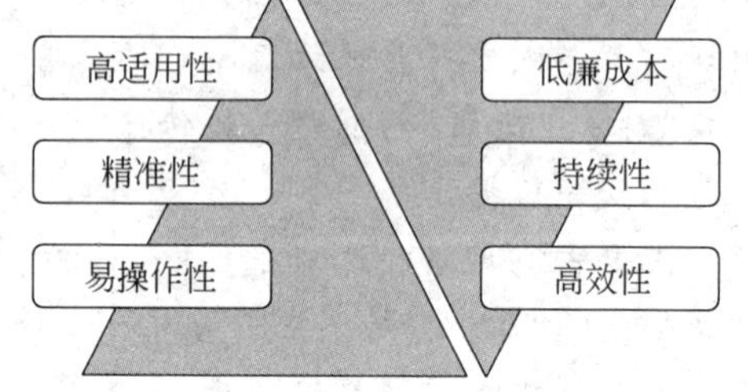

图5-1 QQ推广主要价值

1）高适用性

QQ作为国内最大的即时通信软件，已经成为网民上网的必备工具之一。QQ是腾讯计算机通信公司于1999年2月推出的一款即时通信产品，截止到今日其注册用户已经超过10亿，同时在线用户突破1亿，日均覆盖人数达到2.1亿，日均网民到达率达到57.4%，如图5-2所示是即时通信软件有效使用时间排名。

腾讯QQ是整个即时通信软件行业之中市场占有量最大的通信软件，有着数量庞大的用户群体，因此企业在网络推广中利用腾讯QQ推广有着高适用性。

2）精准性

QQ推广具有精准性，除了可以使用户即时一对一在线交流外还可以将用户以群体的形式组织在一起进行小范围内的群体交流(QQ群交流)。QQ群交流的这种方式可以帮助有某些共同兴趣爱好的用户组织在一起形成不同属性的群体，例如喜欢IT技术的QQ用户可以在一起组建IT技术这类QQ群，大家可以在群里相互讨论IT技术。基于QQ群交流的这一特点，企业在QQ推广中通过搜集分析目标用户这些共同特点明确用户画像后可以开展更具有针对性的精准营销。

iUserTracker-2016年7月即时通讯软件有效使用时间排名

排名	软件	月度有效使用时间	月度有效使用时间比例	排名变化
		万小时	%	
1	腾讯QQ	262102	92.7%	→
2	阿里旺旺	13336	4.7%	→
3	腾讯通RTX	3076	1.1%	→
4	Skype	1328	0.5%	↑
5	飞信	1240	0.4%	↓
6	腾讯TM	754	0.3%	→
7	微博桌面	730	0.3%	→
8	网易泡泡	94	0.0%	→
9	百度Hi	65	0.0%	→
10	飞鸽传书	62	0.0%	↑

注：月度有效使用时间比例=该软件月度有效使用时间/该类别所有软件总月度有效使用时间

Source：iUserTracker. 家庭办公版 2016.7，基于对40万名家庭及办公（不含公共上网地点）样本网络行为的长期监测数据获得。

©2016.8 iResearch Inc.　www.iresearch.com.cn

图 5-2　即时通信软件有效使用时间排名[①]

3）易操作性

QQ 作为一款即时通信软件因其操作界面简单、沟通方便灵活的特点，逐渐成为国内百姓人人必备的社交软件之一。QQ 推广同其他营销推广方法的专业性和复杂程度相比，只需要企业的推广人员通过打字、聊天等方式即可完成，因而备受企业推广青睐。

4）低廉成本

QQ 推广实施非常简单，准备几台可以上网的计算机，申请些 QQ 号码，通过一定的推广方法和策略即可进行有效的 QQ 推广，与其他动则成千上万的营销项目相比，QQ 推广的成本可以忽略不计。

5）持续性

在 QQ 上企业可以通过用户的 QQ 信息搜集目标用户的信息资料，并在第一时间获得反馈。通过 QQ 企业可以与用户建立长期友好的关系，可以对用户进行长期、持续性的推广营销。

6）高效性

由于 QQ 推广的精准性与持续性，使得 QQ 推广所带来的最终转化率要高于一般网络推广方式，为企业营销推广节省了大量的时间与人力成本，提高了工作效率。

2. 常见 QQ 推广方式

QQ 作为一款国人常用的即时通信工具，拥有强大的社交功能，其常见的推广方式有单向聊天推广、QQ 群推广、QQ 空间、漂流瓶及朋友圈等。

1）单向聊天推广

所谓单向聊天推广是指企业推广人员使用 QQ 向目标用户发起会话邀请并通过一对一的会话进行精准营销。这种单向聊天方式常用于意向较高的潜在用户。但是这种推广方式效率较低，除非企业拥有大量高质量的精准用户 QQ 信息。

---

① 此图及相关数据引自艾瑞咨询网

2）QQ 群推广

QQ 群推广是指网络营销推广人员通过申请加入与行业相关或产品相关的 QQ 群，然后在群内聊天互动、上传资料等方式进行推广，也是企业较常用的 QQ 推广方式。使用 QQ 群推广有以下两种方式。

第一种是单人完成（也称独狼战术），以专业人士的角度在群内发言互动，在向群内成员分享有价值的信息资料的过程中推广产品或者增加品牌曝光率。

第二种是多人合作模式（也称唱双簧），通过多个账号的互动聊天软性地植入企业产品或者进行品牌曝光，并在对话过程中引导或营销用户，如例 5-1 所示，即为 QQ 群多人合作推广过程。

例 5-1　QQ 购物群推广京东店铺相关产品

A：马云最近心烦意乱，去求见一位德高望重的禅师。禅师沉默不言，拿出一个电热水袋充电，充满之后，突然爆炸。马云若有所思：禅师的意思是这次的难关会像这热水袋一样不攻自破？禅师摇摇头：这是我在淘宝买的。

B：哈哈！淘宝假货太多。

C：可不啊，前几天我在淘宝花 300 买的靴子感觉和专柜的差好多。

D：干嘛不在京东买啊？都是正品啊。

A：京东现在也有第三方，也需要仔细挑。

D：我一般只选京东自营的，送货也快。

C：楼上你买的什么靴子啊？发个链接看看。

D：进行推广的相关链接。

在上述案例中，通过注册多个马甲账号申请加入目标用户 QQ 群中，各个账号之间分别以专家、小白、群众等不同身份进行互动聊天的方式将广告信息软性植入 QQ 群内，引起群内小范围目标用户的兴趣关注，进而找到对产品感兴趣的意向用户，从而实现持续的营销和转化，为企业带来经济效益。

需要注意的是，在 QQ 群推广之前要准备好营销物料，QQ 推广中不同身份账号的营销话术要准备好。同时，在推广前期准备好加群账号，以免出现加群失败或者因账号较少而无法互动等情况。

3）QQ 空间推广

QQ 空间推广主要有两种方式，一种是通过空间认证后的企业账号吸引大量粉丝，通过此认证账号向网站引入流量，另一种是用专家账号发布动态说说或日志吸引用户关注和品牌曝光。

4）漂流瓶和朋友圈

漂流瓶和朋友圈推广方式顾名思义，即通过漂流瓶和朋友圈进行推广，网络营销人员通过漂流瓶和朋友圈将产品信息及企业品牌推送给用户进行营销。但由于这种方法推送的用户具有不确定性和送达成功率较低，所以营销的精准性较低，营销效果也自然差些，使用这种方式进行推广的企业较少。

5.1.2　QQ 推广技巧

虽然使用 QQ 进行营销推广有巨大优势和重要营销价值，但想要做好 QQ 推广也绝非易事，具有一定的技巧性，主要表现为 QQ 资料设置技巧和 QQ 群推广技巧两方面，具体介绍如下。

1. QQ 资料设置技巧

在 QQ 推广过程中，一个完善权威的 QQ 账号资料设置往往能在第一时间吸引到用户眼球。因此做好 QQ 推广的首要任务是完善 QQ 资料，按照 QQ 推广计划要求将每一个 QQ 账号资料设置为对应角色的属性资料。通常，QQ 资料设置主要包括头像、昵称、资料等几个方面，对它们的讲解如下。

1）头像

QQ 头像代表着 QQ 账号的形象，不同的 QQ 头像代表着不同的形象和风格，试想一个卡通漫画人物的头像与一个端庄成熟的真人头像给人的感受是完全不同的。因此企业营销推广人员在进行 QQ 资料设置时最好使用真人头像，也可以考虑使用自己真实的头像，因为真实的 QQ 头像更有利于取得用户的信任，如图 5-3 所示。

哪一个更吸引你？

图 5-3　QQ 用户头像

在如图 5-3 所示的 QQ 头像图片中，带有企业 LOGO 标志的以及以真人头像用作 QQ 头像的账号在企业 QQ 推广过程中更易于得到用户的信任和青睐。因此企业在设置 QQ 资料时可考虑选择用企业 LOGO 标志或者真人头像作为推广账号的头像。

2）昵称

QQ 昵称直接表明了用户的属性和身份，因此企业营销推广人员在设置 QQ 昵称时，可以参考从事行业或产品和自己的姓名相结合的方式设置，比如从事 IT 教育培训行业的推广人员可以将昵称设为某某高级网络营销培训师，还可以加上地区和从事行业，让用户一眼就明白你的职业身份和从事行业有利于取得对方的信任。

3）资料

关于 QQ 账号的详细资料，专家级的推广人员可以在资料中介绍自己取得的成就和资质，例如某高级网络营销工程师，从事网络营销工作 10 年，操作过千万级账户等这样的简单介绍可以使账号显得更加权威、更具有说服性，如图 5-4 所示。

4）排名

排名是指 QQ 账号在目标用户 QQ 群内的排名。在 QQ 群中，由于群内成员众多，所以

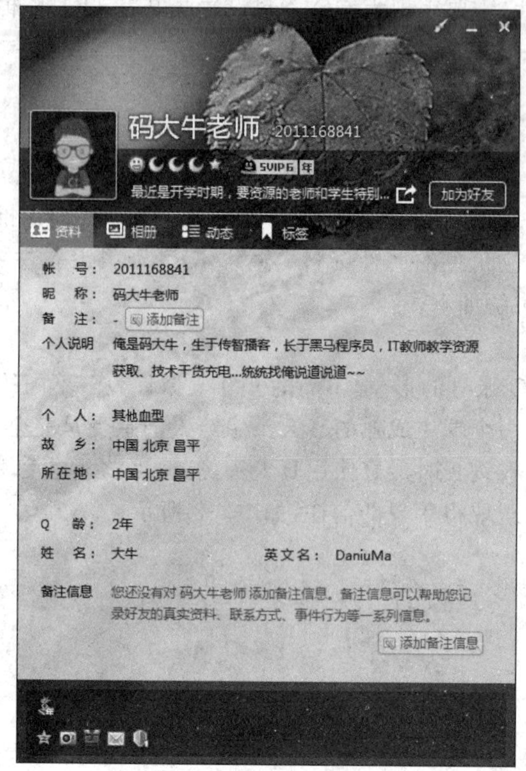

图 5-4 企业 QQ 用户资料

只有排名靠前的账号才能有效增加曝光率，才能有机会吸引更多的用户关注。因此网络营销推广人员在进行 QQ 群推广时，QQ 账号的排名最好靠前些。通常使 QQ 账号排名靠前的方法主要有以下几方面。

(1) 开通 QQ 会员，QQ 会员的排名通常要高于普通 QQ 号码；

(2) 巧用 QQ 状态，将 QQ 状态设置为 Q 我吧，在 QQ 状态中"Q 我吧"优先等级最高；

(3) 在名字前加特殊字符，QQ 排名规则是按照字母昵称首字母进行排序。

2. QQ 群推广技巧

网络营销推广人员面对庞大的 QQ 用户以及众多的 QQ 群体，想要做好 QQ 群推广，实现精准粉丝营销并非易事。QQ 群推广并不是盲目地在群里发送消息就可以实现营销目标的，需要一定的推广技巧。通常利用 QQ 群推广有 QQ 加群推广和自建 QQ 群推广两种方式。两者的主要差别在于推广的 QQ 群是否自有，自建 QQ 群推广多为长期培养意向用户进行营销，而加群推广为短期快速引流推广，因此我们主要围绕 QQ 加群推广进行详细讲解。

QQ 加群推广流程分为 4 个阶段，分别为加群准备、选群、加群申请验证和进群后维护这几方面，如图 5-5 所示，在不同阶段有不同的推广技巧。

1) 加群准备

QQ 群推广首先要申请加入群内成为群内成员，而在加群前进行一定的准备可以取得

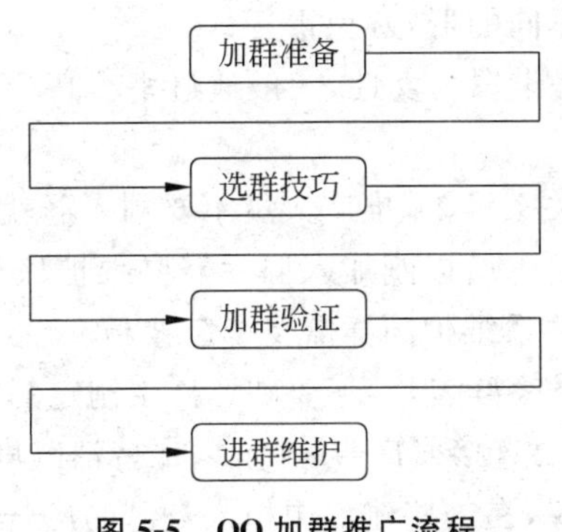

图 5-5　QQ 加群推广流程

事半功倍的效果，主要准备工作有以下几方面。

（1）准备多个 QQ 账号：由于每个 QQ 账号每日可添加的 QQ 群和 QQ 好友数量都有限制，所以在推广前准备多个 QQ 账号，可以有效提高加群的效率和数量。

（2）购买带有级别的 QQ 号：新申请的 QQ 账号等级较低，信息不全面，难以取得用户信任，因此可以购买或者准备些高级别的 QQ 账号，等级较高的账号比新申请的号码更易取得别人的信任，这样也可以提高 QQ 加群成功的几率。

（3）购买 QQ 会员：使用 QQ 会员可以带来两方面好处，一是使用 QQ 会员开通的某些功能有利于推广，二是能够增加目标用户对此账号的信任。

2）选群技巧

在准备好账号资源之后就可以开始加 QQ 群了，但我们应该如何选群，选择什么样的群也需要一些技巧。QQ 群的选择从某种意义上讲是网络营销推广人员在选择自己的目标群体，所以能否找到精准的目标用户 QQ 群对于提高营销推广效果有重要意义。因此，在选群时需要注意以下几点。

（1）选群途径：查找 QQ 群主要是通过 QQ 客户端中的“找群”功能来完成的，通过搜索相关关键词可以找到目标用户群。此外还可以通过搜索引擎以及向身边亲朋好友推荐介绍相关群的方式查找相关群信息，而且通过朋友介绍的方法还能提高加群成功的机会。

（2）拟定群主题：根据企业产品的特点选定要添加群的主题，例如教育、医疗、电商、互联网创业、网络营销等不同主题的 QQ 群。

（3）注意 QQ 群的质量：主要包括成员少的群（人数少的群加了效果也不会很好）、不活跃的群（有些群常年不发声，群成员之间没有互动，这类群的信息往往被人忽视，营销效果差）、同质化严重的群（指人员重复性大的群，例如两个群人员都很多，但群成员基本相同），以及目标人群不集中的群。在 QQ 群质量较低的群内进行推广会严重影响推广效果。

3）加群验证

网络营销推广人员在加群时往往遇到验证信息这种问题，那么我们该如何填写验证信息才能提高加群通过的几率呢？这里总结了以下几点。

（1）提前查看资料，了解群情况，根据群的要求设置验证信息，例如“地区＋行业＋姓名”；

（2）申请被群主拒绝时可以尝试换个昵称和头像隔天再次申请加入，或者换其他号码再次申请；

(3) 不同 QQ 账号加入不同的群,避免重复;

(4) 个人资料及头像最好设置为女性,一般通过率较高。

4) 进群维护

进群之后还需要 QQ 群关系维护,推广人员不要刚入群就直接发广告,这样会在第一时间被群主或管理员清除出该群。所以刚加入群后需要维护该群关系,这样可以为后期的营销推广奠定良好基础。群内关系维护同样需要一定技巧。

(1) 按照 QQ 群规定先修改群名片,不要破坏群主制定的规则;

(2) 先建感情后推广,不要直接发广告,在群内保持活跃度,成为这个群的"专家",以专业角度给群内用户指导性建议,在这些建议中植入自己的广告;

(3) 在 QQ 群活跃时段,根据情况适度推送广告或软文,可以根据群内的人数和活跃度进行推广,原则是少而精,一般每天不要超过三次;

(4) 同群主和群管理员建立良好关系,最好能成为管理员;

(5) 在群成员内找准目标用户,单独添加为好友,进行一对一单聊推广,对已添加过的好友经常进行空间互动关注,包括评论、点赞、节日群发消息、邮件关心问候等;

(6) 通过群文件、群相册共享资料图片,在上传的资料中植入广告信息,例如网址、水印等,但要保证上传资料内容要有价值;

(7) 利用 QQ 群推广软件群发消息,通过 QQ 群发软件向群内成员发布私聊广告,优点是可以跳过群主和管理员的视线,缺点是不够人性化,容易被群成员投诉;

(8) 创建讨论组,将目标用户拉进讨论组内,在讨论组群发消息,这样可以有效避开群主和管理员的监管。

5.2 电子邮件营销

在第 4 章详细讲解了关于电子邮件的基本概念以及邮件制作的相关知识,熟悉了电子邮件的制作方法和流程之后,便可以使用电子邮件开展邮件营销了。本节将围绕电子邮件营销的相关问题详细讲解。

5.2.1 电子邮件营销概述

电子邮件营销是利用电子邮件与受众客户进行商业交流的一种直销方式,同时也广泛地应用于网络营销领域。电子邮件营销是网络营销手法中最古老的一种,可以说电子邮件营销比绝大部分网站推广和网络营销手法都要老,下面介绍电子邮件营销的相关基础知识。

1. 了解电子邮件营销

电子邮件营销(E-mail Direct Marketing)也称 EDM 营销,是一种较为传统和成熟的网络营销方法。企业可以通过使用 EDM 向目标客户发送电子邮件,建立同目标用户的沟通渠道,向其直接传达相关信息,用来宣传品牌或促进销售。电子邮件有多种用途,可以发送多种信息内容,如电子广告、产品信息、市场调查、市场推广活动信息等。

2. 电子邮件营销优势

使用电子邮件进行营销都有哪些优势呢？下面详细讲解电子邮件营销的优势，如图 5-6 所示。

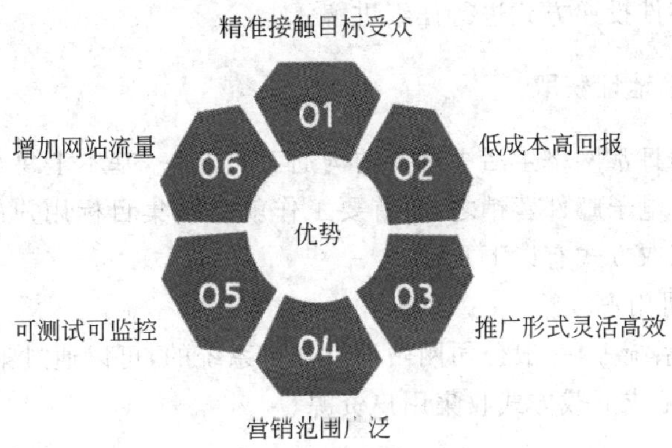

图 5-6　电子邮件的营销优势

1）精准接触目标受众

使用电子邮件进行推广投放，无论是通过采集、收集、购买或者企业自已积累的会员数据信息，都可以精确筛选发送对象，将特定的推广信息投递到特定的用户群体，进行一对一精准营销，针对性非常强。

2）低成本，高回报

电子邮件营销是一种成本低但营销效果好的古老网络营销方式，因而备受网络营销推广人员的青睐。特别适合于中小企业，以较低的成本获得良好的营销效果。使用电子邮件进行营销推广的费用要远远低于传统广告费用。

3）推广形式灵活高效

只要能收集到目标用户邮箱，就可以围绕目标用户开展各种形式的电子邮件营销活动，结合各种活动设计内容页面及推广组合。电子邮件内容设计与制作相对简单，文本、图片、动画、音频、超级链等各种推广形式都可以进行投放，推广形式非常灵活。

4）营销范围较广

利用电子邮件进行营销推广的范围非常广泛，不论是国内还是国外，只要有网络的地方，电子邮件营销就有它的存在，各行各业几乎没有不适合电子邮件营销的地方。

5）可测试和可监控

在使用电子邮件营销进行投放推广的过程中，需要对电子邮件进行测试和监控，这也是电子邮件营销与传统媒体广告最大的不同之处，推广人员可根据测试结果确定或调整推广策略，可避免重大策略失误。根据用户行为，统计打开率、点击量并加以分析，可获得真实、有效的用户信息反馈，提高转化率。

6）增加网站流量

几乎所有电子邮件都有（网站）着陆页的链接，即使没有转化，也会有流量导入。通过对目标群体群发邮件，即使网民无意单击邮件广告打开了网站网页，也会给网站带来一些流量。

5.2.2 电子邮件地址收获取和投递方式

电子邮件营销是企业利用电子邮件与目标用户之间进行商业交流的一种直销方式，邮件在投放推广前必须要收集好目标用户的邮件地址才能投放邮件，下面将对电子邮件地址获取方式以及电子邮件投递方式进行详细讲解。

1. 客户电子邮箱地址获取

电子邮件是人们日常网络生活中重要的沟通工具之一，基本上每个人都有一个自己的电子邮箱。而在进行电子邮件营销之前，首要工作就是搜集目标用户的邮箱地址。常见的用户电子邮件地址获取方式有以下几种。

1）自有网站注册用户

论坛社区、下载系统等，一般公司网站没有会员系统的，可以通过第三方网站，提供有价值资源，提供注册可见或下载方式收集用户资源。

2）在线订阅

通过创建电子邮件期刊以行业资讯、专业资料等方式进行推送，吸引用户订阅。

3）有奖调查

通过设置一些奖品，以网络有奖调查形式，收集用户电子邮箱信息。

4）QQ 群成员提取

通过查找添加 QQ 群，利用相关的软件可以快捷地提取指定主题兴趣的 QQ 群成员邮箱地址。

5）购买地址库

购买第三方平台商提供的行业名录等数据库资源，不过国内现在的第三方平台商提供的数据库资源也鱼龙混杂，良莠不齐。因此，在购买时需综合对比各平台的优劣然后选择购买。

2. 电子邮件投递方式

1）个人或企业邮箱

通过免费、收费邮箱、自建邮件服务器等平台进行群发操作。使用这种方式投放电子邮件成本较低，但要注意如果单次群发数量较少，容易被封账号。而且自建邮件服务器会与各大邮件服务商白名单以及垃圾邮件过滤产生问题，严重的可致使域名被封。

2）群发软件

通过客户端软件方式，使用多组免费或收费邮箱服务器接口代为发送本地 EDM 邮件内容，从而实现标题和内容自动随机更换、插入变量等功能。电子邮件群发软件的功能强大，能够节省推广人员大量的时间，费用较低，但也存在调试成本高、成功率较低等不足，企业需慎重考虑，如图 5-7 所示为“百分百邮件营销软件”的发送界面。

3）邮件营销平台

第三方邮件营销平台与各大邮件服务商有一定的接口优化和白名单机制，只要邮件内容广告不敏感或用户投诉较少，邮件投放都可以达到良好邮件发送成功率。邮件营销平台具有模板完善、发送性能强大、成功率高、单封邮件价格低的特点，发送量较大的企业可以选

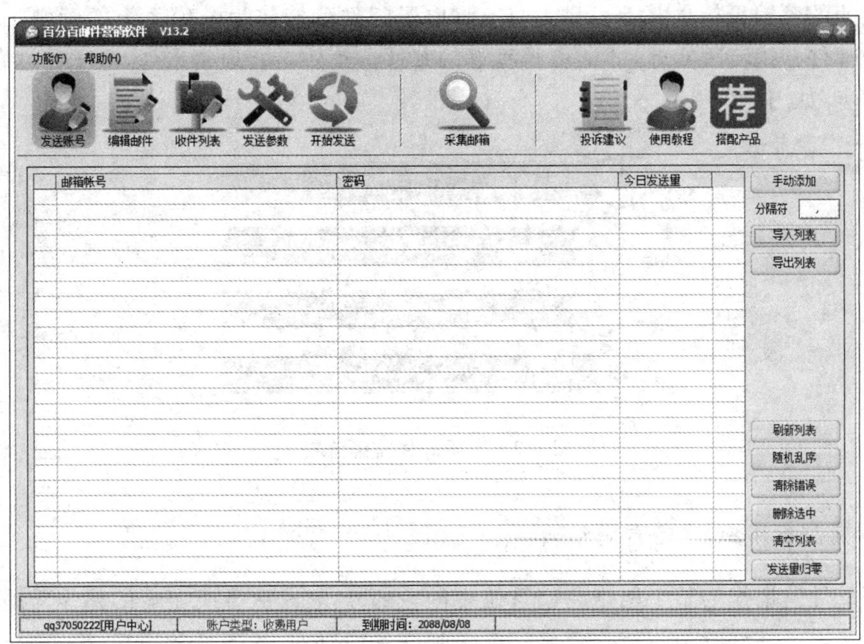

图 5-7　百分百邮件营销软件界面

择这种方式进行电子邮件营销。当前主流的第三方邮件服务平台有 Webpower、易邮通、亿业科技、螺丝帽等，如图 5-8 所示为易邮通邮件营销平台。

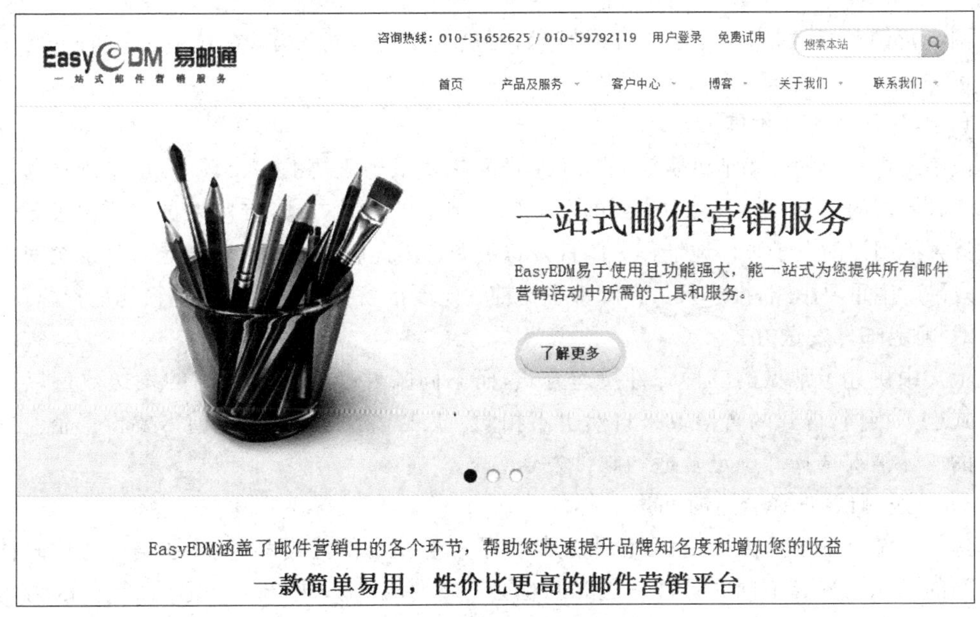

图 5-8　易邮通邮件营销平台

5.2.3　电子邮件营销流程

电子邮件营销虽然具有低成本高回报，操作简单灵活高效的特点，但是想要做好邮件营销实现预期的营销目标也并不容易。只有将电子邮件营销作为一项系统的营销工程，严格按照电子邮件营销流程实施，才能取得良好的邮件营销效果。通常来说，电子邮件营销流程可分为4步，如图5-9所示。

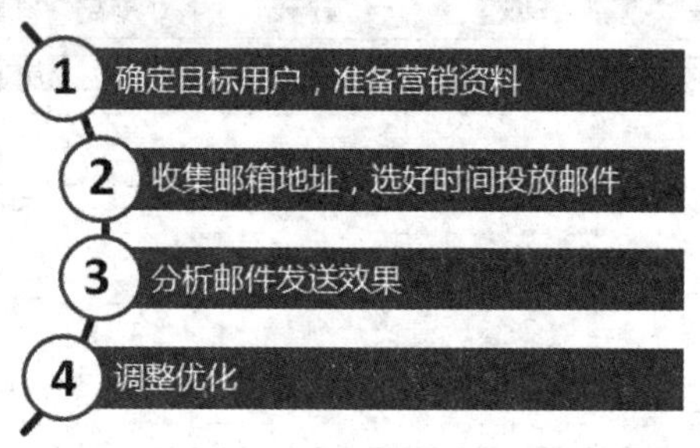

图5-9 电子邮件营销流程

1. 确定目标用户，准备营销物料

电子邮件营销作为整个网络营销系统中的一部分，它是服务于企业的整体营销战略的，因此在开展电子邮件营销前首先要确定电子邮件营销目的，找准目标用户，制定合理的营销目标。在制定营销目标时需要推广人员对产品核心卖点以及目标用户的需求进行分析，并将二者有机结合策划、设计、制作广告文案以及着陆页。

2. 收集邮箱地址，选好时间投放邮件

围绕营销目标，制作好电子邮件内容后，便进入推广执行环节，在这一环节的主要工作任务可分为以下三方面。

1）地址邮件资源收集

收集目标用户的邮箱地址资源是电子邮件营销中最为重要的一个环节，也是邮件营销工作中耗时最长的工作。如上文中讲到的获取邮箱地址的多种方式，推广人员需要通过各个渠道收集大量用户的电子邮件地址作为邮件发送资源。因此收集的用户信息是否精准会对邮件营销效果产生重要影响，推广人员在邮件发送前一定要准备好目标用户的邮箱地址资源。

2）确定邮件发送方式

上文中讲述了常见的三种邮件投递方式，而不同邮件投递方式之间的发送数量以及发送方式也不相同，得到的营销效果自然也不相同。所以，在发送邮件之前需要根据企业发送邮件的实际情况选择并确定合适的邮件发送方式。

3）投送测试，选择合适时间发送邮件

选择完邮件的发送方式，就可以发送邮件了。但在邮件正式发送前，还需要考虑邮件发送时间的问题。选择不同的邮件发送时间也会对邮件营销效果产生一定的影响，因为用户每周和每日的邮件打开时间及邮件阅读时间都相对比较集中。星期一早上8点至9点的邮件阅读率和点击率相比其他工作日要高一些，因为大部分用户都习惯于在周一刚上班的早上查看本周或上周的工作事项和任务安排。换句话说，推广人员需要深入了解目标用户的生活习性，从用户角度出发选择邮件发送时间。

注意：邮件正式投放之前，必须要对发送的邮件进行小范围测试，保证邮件营销活动能

有最佳的邮箱列表、创意设计组合。测试的时候，一般要发三封以上主题相同，但标题以及内容呈现方式不同的邮件，例如每封邮件发 500 个邮箱，一共发 1500 封邮件。这就是为了测试不同标题的打开率，以及不同内容呈现形式吸引用户的点击率哪个更高，哪个最终的转化效果最好。

3. 分析邮件发送结果

电子邮件投送完后，推广人员还需要对本次邮件投放结果进行数据统计分析，一般来说，衡量电子邮件营销效果的指标分别为有效率、阅读率、点击率三项，如图 5-10 所示。

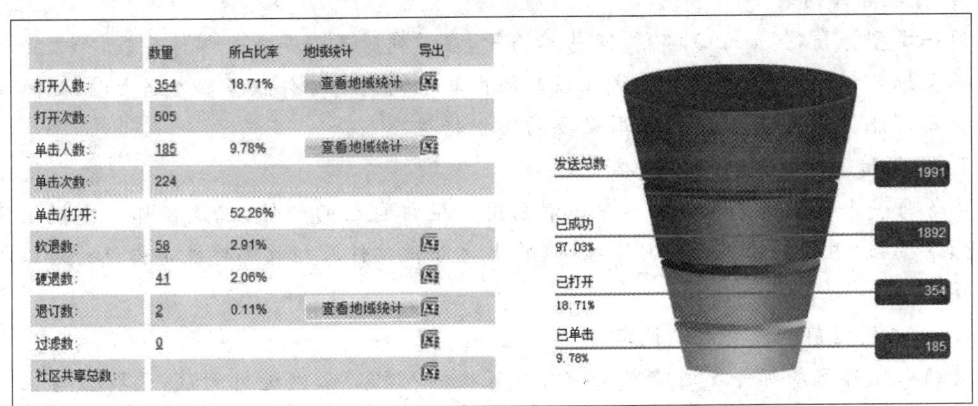

	数量	所占比率	地域统计	导出
打开人数:	354	18.71%	查看地域统计	
打开次数:	505			
单击人数:	185	9.78%	查看地域统计	
单击次数:	224			
单击/打开:		52.26%		
软退数:	58	2.91%		
硬退数:	41	2.06%		
退订数:	2	0.11%	查看地域统计	
过滤数:	0			
社区共享总数:				

图 5-10 电子邮件统计分析

1）有效率或成功率

有效率也称邮件发送成功率，是用来衡量邮件成功送达用户邮箱的指标，证明邮件发送地址是存在的。它的计算公式为：有效率＝成功发送数量/发送总量。其中，发送总量是指电子邮件数据库的数量，成功发送数量是指成功到达邮件地址的数量，即电子邮件数据库的有效量。

2）阅读率

阅读率直接影响着邮件营销活动效果，它表明被用户打开并阅读了的邮件数量。阅读率是用来评估用户对邮件标题的兴趣程度的重要指标。它的计算公式为：阅读率＝打开量/成功发送数量。打开量指的是有效地址的用户接收到电子邮件后，打开邮件的数量。

3）点击率

点击率是用来评估用户对邮件内容的兴趣程度。如果电子邮件的阅读率较高，但点击率却较低，那么就需要调整电子邮件的内容。它的计算方法为点击率＝点击量/打开量。其中，点击量是指用户打开电子邮件后，触发的单击的数量，如果电子邮件中存在多个链接，最好单独统计。这样可以评估出用户对邮件中不同内容的兴趣度，用以调整和优化电子邮件的内容。

4. 调整优化

通过对邮件发送结果的数据统计分析，可以发现在本次邮件营销活动中存在的不足和问题之处，同时通过认真分析用户反馈的有效信息内容，可以作为调整优化邮件内容以及邮件发送方式的重要依据，根据邮件发送情况不断完善会员数据库结构。

 **多学一招：防止邮件进入垃圾邮箱**

在电子邮件营销过程中，邮件常常会因为各种原因而被服务商归入垃圾箱。所以在发送邮件时，需要应用些技巧才能有效降低邮件进入垃圾箱的概率，具体包括以下几点。

1. 填好发件人名称

明确告知对方发件人信息，这样有助于获取对方信任，如果该收件人了解或知道发件人，邮件可能不会被立即删除或直接丢入垃圾箱。

2. 打乱邮件列表

同一类型邮箱，例如QQ邮箱、网易邮箱等，在排列时最好是打乱邮件列表，如果是按照邮箱类型排列邮件列表，那么会造成在短时间内集中向同一邮件服务器发送大量邮件，该邮件服务器可能会认为遭受攻击，采取必要的防护措施。

3. 提供清晰的订阅和退订链接

尽管每一个营销推广人员都不希望看到用户退订自己的邮件，但是在邮件中提供清晰的"退订"按钮，用户轻松单击即可生效，这将大大降低收件人拒收邮件或是标记为垃圾邮件的概率。

4. 正式发送前一定要做测试工作

将精心制作好的邮件发送给列表中的所有收件人之前必须进行测试，选取当前主流的服务商QQ、Gmail、网易、新浪、腾讯、Outlook等进行测试，查看邮件发送成功率、内容显示、打开、点击量等方面的情况，进而对邮件调试优化。

5. 更改IP地址

同一个IP地址在短时间内发送过多邮件，容易被ISP(互联网服务提供商)判定为垃圾邮件IP，被拉入黑名单。经常更换IP地址能够有效地降低被拉入黑名单的几率。

5.3 搜索引擎营销

搜索引擎营销(Search Engine Marketing，SEM)是基于搜索引擎平台而进行的一系列网络营销活动，当用户检索信息的时候将信息传递给目标客户。搜索引擎营销的基本思想是让用户发现信息，并通过单击进入网站或网页，进一步了解其所需要的信息。

1. 搜索引擎概述

搜索引擎(Search Engine)是指根据一定的策略、运用特定的计算机程序从互联网搜集信息，在对信息进行组织和处理后，为用户提供检索服务，将用户检索相关的信息展示给用户的系统。

搜索引擎是网站建设中针对用户使用网站的便利性所提供的必要功能，同时也是研究网站用户行为的一个有效工具。高效的站内检索可以让用户快速准确地找到目标信息，从而更有效地促进产品和服务的销售，而且通过对网站访问者搜索行为的深度分析，对于企业进一步制定网络营销战略具有重要意义。

2. 搜索引擎分类

搜索引擎可以分为全文索引、目录索引、元搜索、垂直搜索、集合式搜索引擎等几类。

1）全文索引

全文搜索引擎是名副其实的搜索引擎，国外代表有Google，国内则有著名的百度搜索。它们从互联网提取各个网站的信息（以网页文字为主），建立起数据库，并能检索与用户查询条件相匹配的记录，按一定的排列顺序返回结果。

2）目录索引

目录索引也称为分类检索，是因特网上最早提供WWW资源查询的服务，主要通过搜集和整理因特网的资源，根据搜索到网页的内容，将其网址分配到相关分类主题目录的不同层次的类目之下，形成像图书馆目录一样的分类树状结构索引。目录索引无须输入任何文字，只要根据网站提供的主题分类目录，层层单击进入，便可查到所需的网络信息资源。

需要注意的是目录检索虽然有搜索功能，但从严格意义上讲却并不能称为真正的搜索引擎，只是按目录分类的网站链接列表而已。用户完全可以按照分类目录找到所需要的信息，不依靠关键词进行查询。

3）元搜索

元搜索引擎是在接受用户查询请求后，通过搜索多个搜索引擎取得反馈结果，并将该结果整理后反馈给用户。

4）垂直搜索

垂直搜索引擎是2006年后逐步兴起的又一种搜索引擎。与常见的网页搜索引擎不同，垂直搜索引擎专注于特定的搜索领域和搜索需求（例如机票搜索、旅游搜索、生活搜索、小说搜索、视频搜索、购物搜索等），用户体验在其特定的搜索领域更好。相比普通搜索动辄数千台检索服务器，垂直搜索需要的硬件成本低、用户需求特定、查询方式多样。

5）集合式搜索

集合式搜索引擎类似于元搜索引擎，区别在于它并非同时调用多个搜索引擎进行搜索，而是由用户从提供的若干搜索引擎中选择。

3. 搜索引擎工作原理

用户通过搜索引擎进行关键词检索，能够在短短几秒钟内获得自己想要检索的内容，那么这一结果又是如何快速实现的呢？这就需要讲解搜索引擎的工作原理。只有了解搜索引擎的工作原理，才能把营销做得更好。搜索引擎工作原理可以简要分为抓取、收录建库预处理、分析搜索企求、对结果排序4个步骤，如图5-11和图5-12所示。

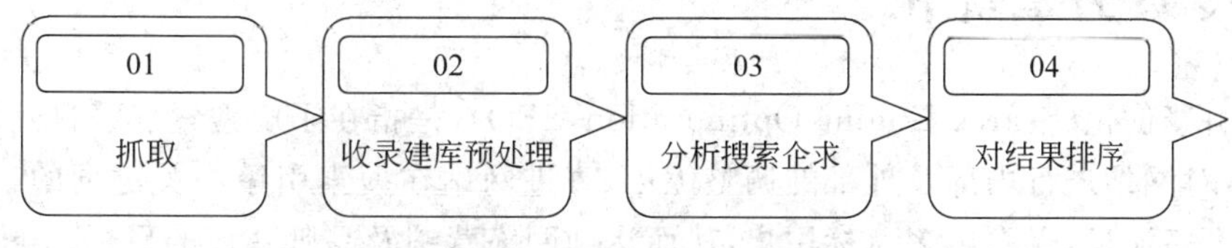

图5-11　搜索引擎工作原理

图5-11和图5-12中表现了搜索引擎工作中各个环节及其相互之间的联系，下面详细

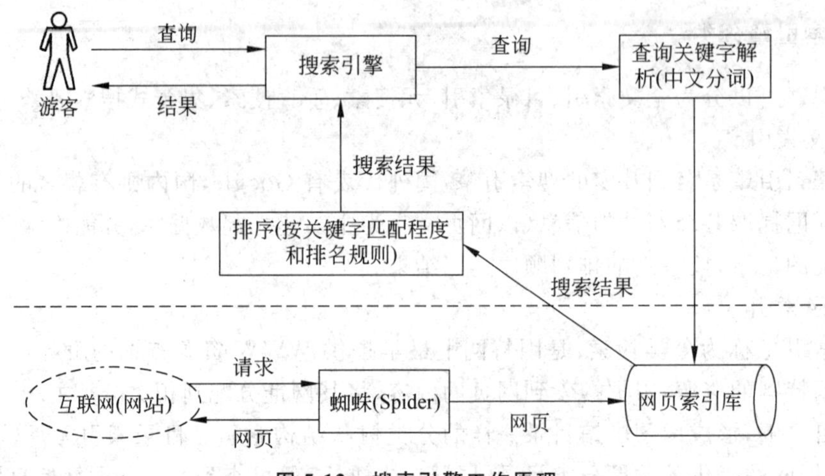

图 5-12　搜索引擎工作原理

讲解搜索引擎各步骤的工作原理。

1）抓取

所谓爬行是指搜索引擎通过一种特殊算法的自动程序跟踪网页链接，从一个链接爬到另外一个链接。这种程序在国内百度搜索称为百度蜘蛛，国外谷歌搜索称为谷歌爬虫，它的作用是访问收集整理互联网上的网页、图片、视频等内容，然后对这些网页分门别类地建立索引数据库，使用户能在搜索引擎中搜索到网站的网页、图片、视频等内容。

2）收录建库预处理

搜索引擎是通过蜘蛛跟踪链接爬行到网页，并将爬行的数据放入到原始页面数据库，这个过程就是收录。但是当用户在检索信息时搜索引擎所展现的却是另一个数据库的网页，称为索引数据库。这是因为搜索引擎在向用户展现检索信息时会提前对蜘蛛爬取的原始页面内容进行处理，一方面提取页面中可用于排名的关键词信息，另一方面检测网页信息内容是否重复，如果页面信息重复或相同，则将该页面移出数据库。

3）分析搜索企求

搜索引擎在收到用户在搜索框中输入的检索信息请求之后，程序会自动对用户输入的信息提取关键词，并进行分析。

4）对结果排序

搜索引擎程序会对输入的检索信息以关键词的形式进行分析，并且按照排名规则将用户检索的相关信息检索结果展现出来。

5.4　搜索引擎优化

搜索引擎优化(Search Engine Optimization，SEO)，是指在了解搜索引擎自然排名机制的基础上，对网站进行内部及外部的调整优化，改进网站在搜索引擎中关键词的自然排名，从而获得更多流量，吸引更多目标用户，从而达到网络营销及品牌建设的目标。下面详细讲解搜索引擎优化技术的相关知识。

5.4.1 SEO 优化特点

搜索引擎优化因其低成本性和高回报性成为重要的搜索引擎营销方式，有着重要的营销意义和作用。而它的营销意义和价值是由它的特点决定的，SEO 优化的特点主要表现为以下几点。

1. SEO 优点

(1) 利用搜索引擎优化技术价格低廉；
(2) 网站优化取得的排名相对稳定；
(3) 因为是推广人员自己将网站优化上去的，所以无须担心恶意单击。

2. SEO 缺点

(1) SEO 优化工作是一项长期的营销工作，所以见效慢；
(2) 利用 SEO 进行网站营销，数量受到限制；
(3) SEO 优化的网站排名基本都排在竞价排行之后。

5.4.2 SEO 优化技巧

SEO 优化是基于搜索引擎技术而言的一项营销工作，所以实际工作中需要懂得一些优化技巧，才能做好 SEO 优化，使网站有好的排名、收录以及权重。简而言之，SEO 优化工作可以从站内优化和站外优化两个方面着手，具体介绍如下。

1. 站内优化

从站内优化角度看，SEO 优化工作基本分为两个方面，一是结构方面的优化，二是页面方面的优化。结构优化主要包括域名、服务器、内链优化等，而页面优化则主要包括 TDK 标签优化、内容优化、关键词布局和密度、网站地图等。

1) 结构优化

(1) 域名：对于网站 SEO 工作的影响主要为域名的年限、域名级别、域名长短等对网站的权重和排名有影响。

(2) 服务器：服务器因素对于网站 SEO 优化工作的影响则主要为服务器的稳定性是否良好。

(3) 内链优化：网站内部链接的合理优化也在搜索引擎的算法之内，它是网站结构优化的核心，利于网站权重传递和搜索引擎蜘蛛爬取。此外，合理的网站内链结构对于增加网站收录、提升页面权重、提高页面排名也有重要作用，最重要的是有利于提升用户体验。

2) 页面优化

(1) TDK 标签优化：T 标签指的是 Title，它在 SEO 优化工作中的作用是突出本页面目标关键词，在页面内部优化工作中非常重要；D 标签全称为 Description，功能是让搜索引擎判断整个页面的内容，它是对目标关键词的重要补充，对于目标关键词的相关搜索有排名辅助作用；K 标签全称为 Keywords，即关键词的意思，主要用来调整关键词密度。

(2) 内容优化：网站内容要具有相关性和实用性，搜索引擎和浏览者都非常喜欢原创优质内容，通过原创优质内容，提高收录及排名。

(3) 关键词布局：网民热力单击图可以反映网站访客对网页局部关注高低的情况，颜色越暖表明网民关注度越高。总体上看，热力图显示为F型。网站关键词布局可按照F型进行布局可提升网站的排名和权重。

(4) 关键词密度：作为用来衡量关键词在网页上的总次数与其他文字的出现比例，一般以百分比表示，合适的关键词密度也是站内优化的一个辅助手段；关键词密度标准应在2%～8%之间。

(5) 制作网站地图(SiteMap)：根据自己的网站结构建立网站地图，使网站对搜索引擎更加友好化。让搜索引擎通过网站地图访问整个站点上所有网页。在设置网站地图时可以设置两套，一套方便客户快速查找站点信息，使用HTML格式；另一套方便搜索引擎得知网站的更新频率、更新时间、页面权重，使用XML格式。

2. 站外优化

站外优化是指网站的外部优化，就是增加外部链接。站外优化是一种较为宽泛的说法，包括网站的外部链接和网站的品牌推广。

1) 外部链接的概念

外部链接又叫"反向链接"或"导入链接"，是指其他网站或者外部网站的链接指向自己的网站。外部链接基本分为单向外链和双向外链(友情链接)两种类型，如图5-13所示。

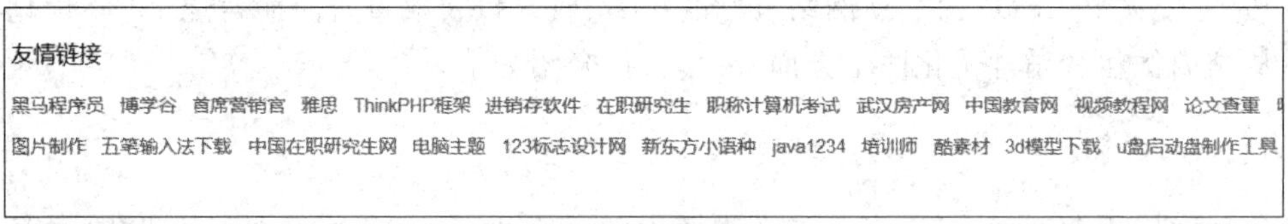

友情链接

黑马程序员 博学谷 首席营销官 雅思 ThinkPHP框架 进销存软件 在职研究生 职称计算机考试 武汉房产网 中国教育网 视频教程网 论文查重

图片制作 五笔输入法下载 中国在职研究生网 电脑主题 123标志设计网 新东方小语种 java1234 培训师 酷素材 3d模型下载 u盘启动盘制作工具

图5-13 文字友情链接

2) 外部链接的意义和作用

外部链接对于网站SEO优化具有重要的作用，主要表现为以下几点。

(1) 通过外部链接的网站，提升自有网站权重；

(2) 外部链接的网站，有利于提升网站关键词的排名；

(3) 外部链接以关键词或者图片等诸多形式发布在其他网站上，搜索引擎在爬取外部网站页面时也会将植入的外部链接收录，从而增加网站的收录；

(4) 通过外部链接，可以向网站引入流量，增加网站流量，例如来自百度文库、百度知道的外部链接可以为网站带来大量的流量。

3) 外部链接优化技巧

外部链接优化作为SEO站外优化的重要内容，网站运营人员在优化网站的外部链接时需要运用一些技巧以提高工作的效率，达到事半功倍。

(1) 发布单向链接，可以选择在网站权重高、排名好、流量较大的网站发布外链，例如可以选择百度知道、百度文库以及百度贴吧等百度产品平台中发布外链，因为百度的权重、排名以及流量都较好。这样的外部链接可以提高网站排名、收录和权重。

(2) 增加网站的友情链接，增加友情链接同样有利于提升网站权重和关键词排名，提高品牌知名度。因此除了可以发布单向外链之外，也可以以锚文本和图片的形式添加友情链接。

注意：发布外链要循序渐进，不要抱着急功近利的想法在短期添加大量友情链接，同时还要注意对外链的质量进行把关，不要单纯追求数量，通常情况下友情链接一般不超过 50 个。同时在交换友情链接时还需考虑对方网站权重、排名及收录量是否与自己网站相对等。最后，发布的外链内容要与网站具有相关性，通过外部链接带动网站整体的权重、排名及收录的提升。

5.5　百度产品推广

百度公司作为全球最大的中文搜索引擎、最大的中文网站公司，为全球数以亿计的中文用户提供着搜索引擎信息服务，给现代人生活带来了极大的便利，使人们在信息时代生活更加快捷高效。基于百度平台之下庞大的用户群体，旗下的百度贴吧、百度百科、百度知道等产品更是具有极高的营销价值，本节将围绕百度百科、百度文库、百度知道等一系列百度产品详细讲解百度产品推广的相关知识。

5.5.1　百度百科推广

百度百科作为一个网络在线百科全书平台，在企业网络营销过程中，对于树立企业的品牌形象，增加企业的信誉度以及宣传企业产品有着重要的营销价值，同时因其成本低廉更是受到众多企业的青睐。下面详细讲解百度百科推广的相关知识。

1. 什么是百度百科

百度百科是百度公司推出的一个可供网友自由编辑的内容开放、自由的网络在线百科全书平台。用户可以通过此平台编辑和发布百科词条，旨在创造一个涵盖所有领域知识、服务所有互联网用户的知识性百科全书。截至 2017 年 11 月，百度百科已经收录了超过 1506 万的词条，参与词条编辑的网友超过 638 万人，同时还出现了诸如“高校百科”“科学百科”“艺术百科”“企业百科”及“史记百科”等具有特色的百科分类。

2. 百度百科的营销价值

由于百度百科的编写和审核流程比较严格，其展现的内容也相对全面和权威，企业利用百科平台营销可以实现以下 4 大价值。

(1) 树立品牌：有效提高企业的知名度、信任感、权威度等。可以在百科词条中创建企业、产品、品牌等词条，增加企业品牌曝光度，进而可以有效提高企业的知名度、信任感、权威性和传播的机会。

(2) 提升权重：百度百科作为百度公司旗下产品，当用户检索信息时，百度搜索引擎会优先展示百度相关产品，同时搜索引擎还会给予百科词条很高的权重。因此企业网站可以通过百度百科提升网站权重和网站关键词排名，对于网站 SEO 优化也非常有利。

(3) 提高转化：企业创建百科词条可以为网站带来大量免费的流量，增加产品和品牌的曝光率，进而吸引更多的潜在用户，促使其成为产品或服务的消费者，提高了转化率。

(4) 成本低廉：百度百科作为一个开放的平台，允许网民在不违反道德和法律的基础上进行自由编辑，因此百度百科适用于所有企业。同时百度百科的编辑不需要任何费用，成本较低。

3. 百度百科编写原则

百度百科虽然作为一个开放的平台，允许网民进行自由编辑，但是企业在创建百科词条时，还需要注意百科的编写原则，这样才能提高词条审核通过率。百度百科词条的编写原则主要分为两个方面，即主题内容原则和词条形式编辑原则。

(1) 主题内容原则是指词条内容编写要准确、客观和全面；

(2) 词条形式编辑原则是指百科词条在编写时需要遵循逻辑顺序、结构合理和严谨的风格。同时这样也有利于保证百科词条的权威性和客观性，如图5-14所示。

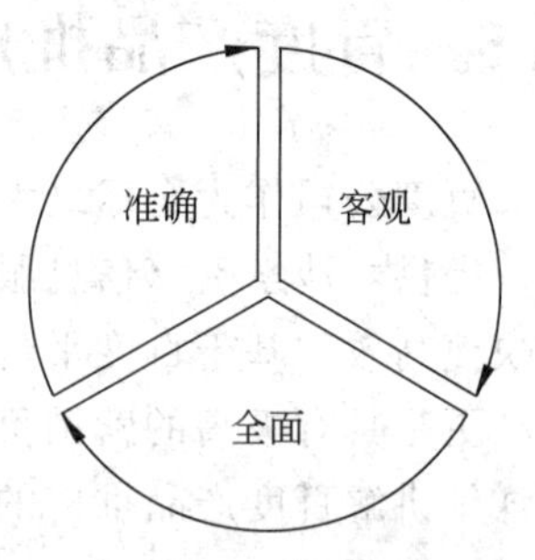

图5-14 百度百科编辑原则

4. 百科词条创建流程

创建百度百科词条，首先要确定想要创建的词条在百度百科里是否已创建。如果已经创建，则只能在原词条上编辑修改。如果没有，那么就可以单击“我来创建”来创建自己想要创建的百科词条。百度百科词条创建流程大致可分为确定词条名、编写主题、编写词条内容、填写参考资料和提交审核5个环节。

【Step1】 确定词条名称

词条名称是指对单一事物内容的介绍，例如人物、事件、物体等。百度百科规范的词条名通常为一个专有名词，需要使用全称或广为人知的常见名称，例如“网络营销”、“鲁迅”和“中国石油化工集团公司”这些词可以进行百度词条的编辑，而“如何进行网络营销”、“周树人”和“中石化”则不能用来编辑百科词条。具体操作可以在百度百科频道首页的搜索栏里输入想要创建的词条名称，然后单击“进入词条”按钮，如果该词条没有被创建，则会出现“我来创建”的提示，如图5-15所示，然后单击“我来创建”按钮进入词条创建流程。

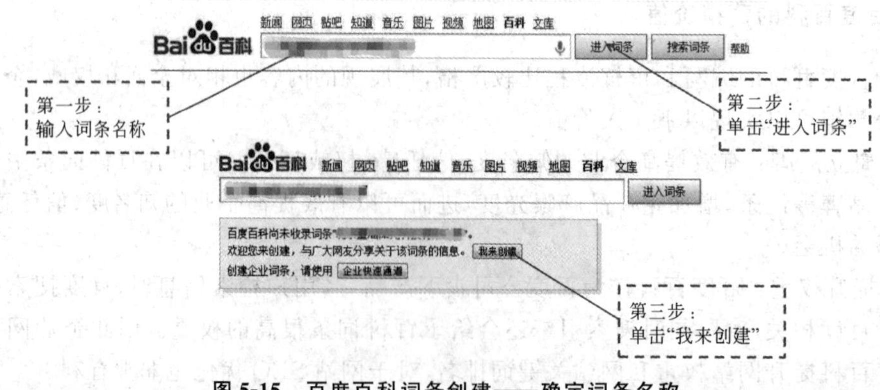

图5-15 百度百科词条创建——确定词条名称

【Step2】 编辑词条主题

进入编辑页面，填写词条概述，单击“下一步”按钮进入词条主题选择页面，如图 5-16 所示，根据要求编辑词条的属性，选择正确的词条主题。

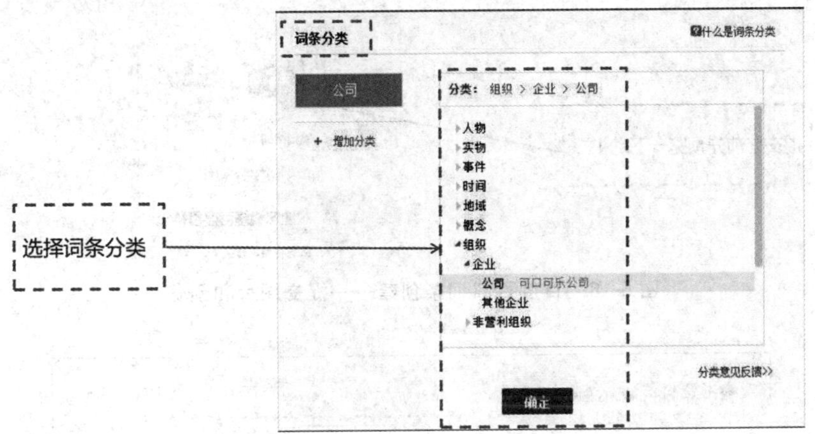

图 5-16　百度百科词条创建——编辑词条主题

【Step3】 编写词条内容

根据词条编写提示编辑该词条内容，不同的词条分类有不同的内容结构，如图 5-17 所示为企业类词条包含的内容，包括经营内容、产品品牌、公司架构及发展历史。同时编写者也可以根据自身需要加入自定义栏目。内容填写完整后还可以添加相关的图片和视频，填写完之后对整体效果预览，如图 5-18 所示。

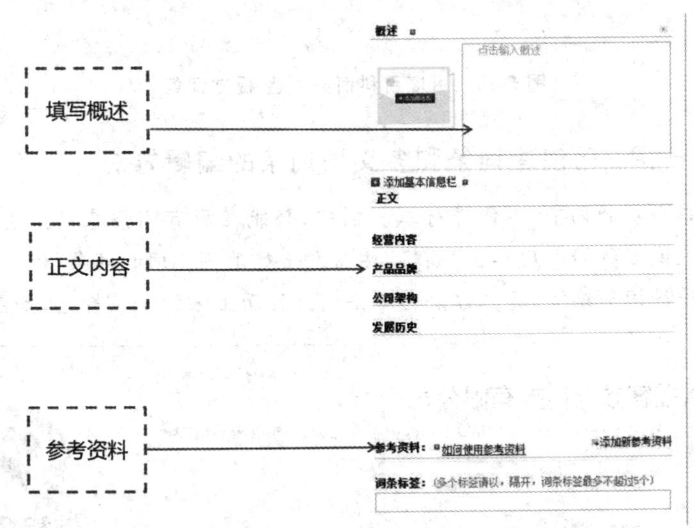

图 5-17　百度百科词条创建——编辑词条内容

【Step4】 添加参考资料

一个合格的百科词条不但内容丰富，而且需要有权威的参考资料来证明其内容的真实性，而这也是词条成功创建的关键一步，权威的参考资料能够证明编写内容的权威性和真实性，还能够增加该词条通过审核的概率。可以在该词条编辑页面的底部单击“添加新参考资料”进行，如图 5-19 所示。

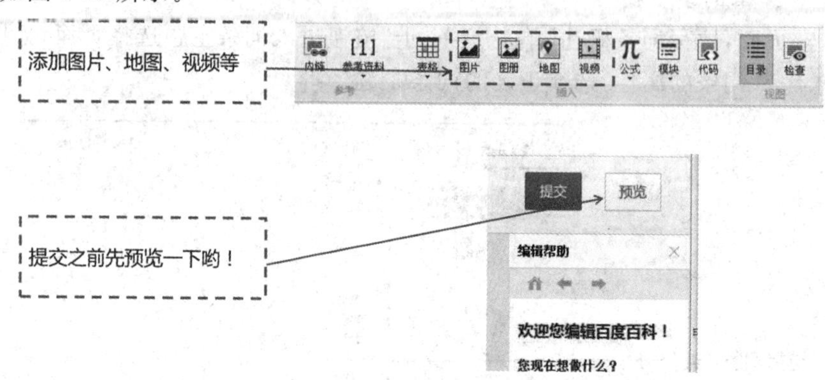

图 5-18　百度百科词条创建——提交图片和预览

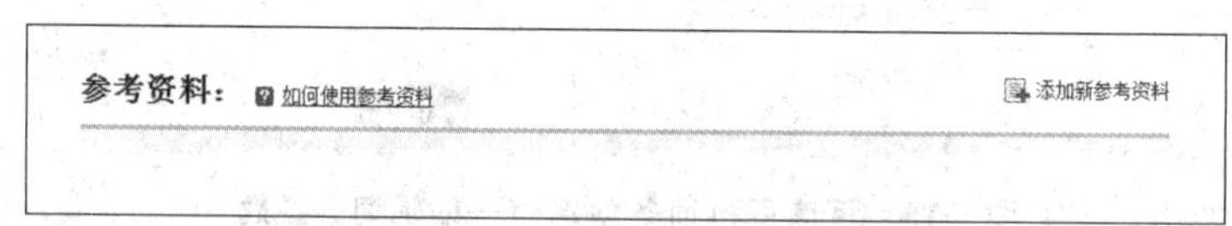

图 5-19　百度百科词条创建——添加参考资料

【Step5】 提交词条

词条内容填写完整后，可以单击该页面上方的“提交”按钮提交词条，如图 5-20 所示，提交后的词条会进入审核期，通过审核后即可在网页检索中展现。

图 5-20　百度百科词条创建-提交词条

多学一招：已创建词条和多义词词条的编辑方法

对于已经创建成功的词条，不能进行二次创建，只能在原有词条基础上进行编辑修改，具体方法可以在进入该百科词条后单击“编辑”按钮。而对于多义词的词条(例如重名人物)可以通过添加释义来进行词条编写，具体方法为单击词条页面上方的“+”标志，如图 5-21 所示。

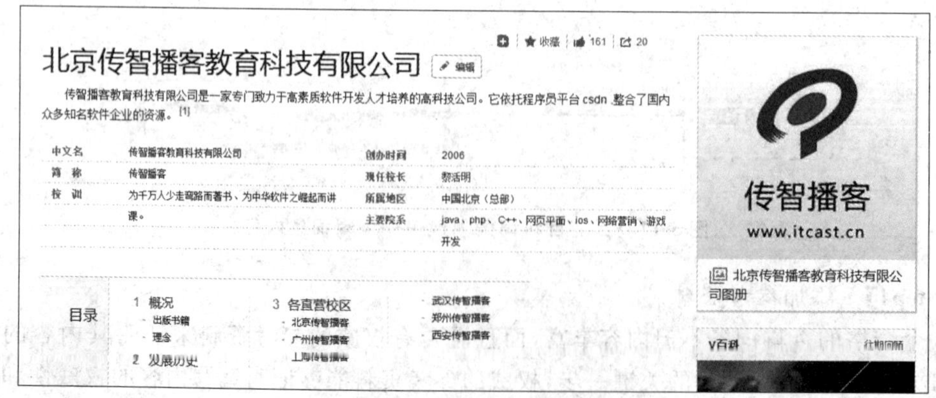

图 5-21　百度百科词条创建——词条编辑

5. 百科词条编写技巧

百度百科词条在创建后，只有通过百度的审核才算创建成功。因此企业在创建百科词条时要严格遵循百科词条编写规则及编写注意事项才能提高词条审核通过的概率，具体表现在以下几个方面。

(1) 创建百科词条应使用规范的语言文字，词条名不能有“☆”等个性化符号。此外，词条名也不能添加修饰词，例如不能以“好看的电影建国大业”作为词条名。

(2) 词条中不能出现QQ号码、电子邮箱、外部链接等信息，否则会被判定为广告。凡是有助于词条质量提升的操作都是可行的，没有最小编辑量的要求。

(3) 标题和概述应当简明扼要，不能与词条正文内容字样直接重复。在词条主体部分不要出现任何网址链接。不要在目录中增加含有品牌名称目录。可以将要推广的网址链接放到参考资料与扩展阅读部分。

5.5.2 百度文库推广

百度文库作为百度旗下供网友在线分享文档的平台，其内容主要以分享知识经验为主，因此，利用百度文库开展软文推广是企业进行网络营销的优质推广渠道，对于辅助企业网站的SEO优化也非常重要。所以开展百度文库推广也是企业营销推广的重要方式之一，下面详细讲解百度文库推广的相关知识。

1. 百度文库的概念

百度文库是百度发布的供网友在线分享文档的平台。百度文库的文档全部来自百度用户上传，百度文库自身不对文档进行编辑或修改，用户上传的文档内容通过百度文库审核后才能发布。通过审核的文章可供用户在线阅读和下载，百度用户上传通过的文档可以获得一定积分奖励，下载有标价的文档则需要消耗积分。当前百度文库平台支持主流的doc(.docx)、.ppt(.pptx)、.xls(.xlsx)、.pot、.pps、.vsd、.rtf、.wps、.et、.dps、.pdf及.txt文件格式。

2. 百度文库营销价值

百度文库在企业网络营销推广过程中有重要的营销价值，其营销价值主要表现为以下几个方面。

(1) 增加曝光率：基于百度产品庞大的用户群体，使得百度文库的阅读浏览量非常高，可以有效增加企业品牌和公司产品的曝光率。同时，百度文库中的资料可以长时间存放在文库里，因此企业可以利用百度文库进行持续的推广，为企业带来源源不断的免费流量。

(2) 辅助SEO优化：百度文库作为百度公司旗下的产品，百度搜索引擎会给予百度文库较高的权重。同时，网民在检索信息时搜索引擎会优先展示百度产品，给百度文库带来很好的搜索结果排名。此外，还可以在百度文库中的文章里添加网址和锚文本，如果进行百度文库推广的企业申请了机构认证，那么在机构简介和其他说明里均可添加网址，这都可以起到辅助SEO的作用。

(3) 权威、专业品牌形象塑造：经过百度文库的机构认证，同时提供能够给网民带来实用价值的优质文档，那么自然会吸引大量网民的关注，进而企业的产品和品牌将获得网民的认同。因此，企业可以通过百度文库树立专业、权威的品牌形象。

3. 百度文库推广流程

企业进行百度文库推广并非只是上传几篇软文到百度文库里就能达到树立企业的品牌形象和权威性的目的，利用文库进行推广也需要遵循相应的流程，才能通过审核，实现既定的营销目标。百度文库推广的操作流程具体分为以下几步。

【Step1】 选定关键词

根据企业网络营销整体策略需求选定关键词，推广人员可以使用百度指数等工具来查找企业的推广关键词，在选出推广关键词后还需检查关键词在搜索结果网页中排名情况，如果在搜索结果页的前三页中已有百度文库本身排名，需要重新筛选推广关键词，因为新上传的文档资料很难在已有的推广关键词文档上取得好的排名。

【Step2】 编写文档标题

文章标题撰写是否有吸引力直接决定了用户会不会单击阅读文章，因此文章的标题需要根据文库内的同质内容排名情况来策划。同时，还要注意文章标题不能带有明显的广告信息，可以从专业知识角度编写，在编写文档标题的同时还需要填写内容摘要。

【Step3】 撰写文档

上传文档的内容对网民一定具有相应的价值，避免上传内容同质化的文章，同时需要注意图文排版，吸引用户。同时，高级账户在上传文档时还可以在文章中的图片、页眉页脚、文章内容恰当处植入公司名称、网址等信息等。最后，上传文档最好为 Word、PDF 格式。

【Step4】 文档分类

根据文档内容选择相应的文库类别，上传发布文档，等待管理员审核。如果审核未通过，则需根据审核未通过的提醒修改文档内容，或重新调整格式、换用其他账号重新发布。

【Step5】 刷新排名

文档上传成功后可以通过适当的下载、浏览、评论等方式提升文档在文库中的排名。

4. 百度文库推广的注意事项

百度文库在推广中需要注意一些细节点才能提高审核通过的几率，概括起来，这些细节点主要表现在以下几方面。

1）推广前准备好账号资源

利用百度文库进行推广时，尽量不要只用一个账号进行推广，因为如果账户提交的文档多次审核不通过，该账号的信用度就会降低，甚至会删掉该账号之前发布过的文档。因此，为降低账号风险，提高审核通过率，可以在文章上传前多准备些账号资源，尤其是等级较高的账号，其上传文档通过审核的概率也相对较高。

2）百度文库标题优化

文档标题最好带有关键词，标题越精简越好，关键词尽量靠前，而且要避免多个关键词同时写入标题内。从网站 SEO 角度看，可以挖掘一些长尾关键词，容易得到较好的结果排名。

3）篇幅控制

上传文档的篇幅不宜过长，最好能控制在 3～6 页内，至多不要超过 10 页，对于篇幅过长的文档可以通过压缩内容来控制篇幅长度，当然对于一些优质文档则可以不用考虑篇幅问题。

4）内容中尽量不要插入联系方式和链接

在上传文章中插入联系方式或留下链接会降低文档审核通过机会，因此要尽量避免。此外，有实力的企业可以申请百度文库认证，通过认证的账户可以添加认证主题网址等联系方式。

5）不能插入违法图片

百度文库对于网民所上传的文章资料审核比较严格，插入违法图片不能通过审核，即便通过也会在短时间内被删除，同时还要承担相应的法律责任。

6）最好以软文形式展现

对于需要宣传的信息最好以软文的形式进行说明，这样不易引起用户的反感，同时可以增加审核通过率。

7）优质文章内容

百度文库推广需要提供对用户有价值的高质量内容，如果是从网上复制或直接转载的文档，审核通过率很低或者直接被私有（即只有上传者才能看到）。因此文章最好为原创的对网民有益的优质内容，这样才能保证高通过率。

8）文档格式

相对而言，百度文库偏爱 PDF 格式文档，审核被通过的概率较大。此外，还有 PPT 文档，虽然在制作的时候费时费力，但因其思路清晰、风格简洁、语言凝练，深受用户的欢迎。

5.5.3　百度贴吧推广

百度贴吧作为全球最大的中文交流社区，按照不同的主题分成了各个行业和领域的贴吧，聚集了大量相关的用户群体。因此企业利用贴吧寻找用户群体开展相应的推广活动，自然有着巨大的优势。下面就百度贴吧推广的相关知识进行详细的讲解。

1. 了解百度贴吧

百度贴吧是百度旗下独立品牌，是一种基于关键词的主题交流社区，目录涵盖社会、地区、生活、教育、娱乐明星、游戏、体育、企业等各个方面，是全球最大的中文交流平台。它与搜索紧密结合，准确把握用户需求，为兴趣而生。与论坛相比，百度贴吧的主题更加开放，只要是某个主题的贴吧没有人建立，用户就可以创建，贴吧的管理更加灵活，用户更加松散复杂，群体多为 90 后。

2. 百度贴吧与论坛的主要区别

论坛的内容更加综合，管理严格，内容价值高，社群关系稳定，多为 70、80 后用户。贴吧的主题更长尾、开放，只要是某个主题吧没人建立，这个贴吧就可以建立。贴吧管理灵活，用户松散复杂，多为 90 后。

3. 百度贴吧推广流程

企业使用百度贴吧进行推广时并不是简单地发布几篇帖子就可以实现快速地传播出去,聚集大量的人气,将企业的品牌和形象宣传出去,树立企业的品牌形象和权威性的,而是需要遵守一定的推广流程,具体操作分为以下几个步骤。

【Step1】 选择贴吧

进行贴吧推广前先要选择适合推广的贴吧。那么,应该如何选择合适的贴吧做推广呢?首先要选择与自己产品主题相关的贴吧,其次还可以选择热门贴吧,增加帖子曝光度。

【Step2】 撰写内容

策划互动炒作内容,持续曝光主题帖子。将产品卖点与用户需求相结合,最好能借助当下的社会热点,筛选出最佳营销亮点。例如,本章案例引导中提到的"封杀王老吉"事件就是通过与社会热点汶川地震相结合进行炒作的。

【Step3】 发布主题帖

选择好相关主题的贴吧后,就可以发布帖子推广了。发帖的时候,尽量长贴短发,贴吧中看贴的人基本没有耐性,如果帖子的篇幅太长,不管它有多大吸引力,都很少有人能够把它读完,所以应发布篇幅较少的帖子。

【Step4】 顶帖回复

帖子发布成功后,还需要顶帖,做贴吧推广需要多准备一些百度账号,这些账号用来作推广时的马甲。帖子发布后需要用其他贴吧账号顶新帖,争取能做到前 5 名。顶贴时需要注意评论回复的帖子不要千篇一律,注意观点的引导和碰撞。要积极回复、参与讨论、引导方向、多方位多角度验证帖子的可信度。同时,使用不同的马甲来提升话题热度,引导讨论方向,以免误入歧途。

【Step5】 数据分析

贴吧推广过程中要做好数据统计分析,以了解策划执行过程中的实际情况,加以改进。具体的检测指标有:发布数量、删帖数量、置顶推荐数量、点击量、回复量、参与用户量和有效回复量、转载和传播量。

4. 贴吧推广注意事项

利用贴吧进行营销是一个持续的推广活动,所以要想获得好的营销效果还需要注意以下几点。

(1) 顶帖时间:帖子发布成功后,还需要后期维护,持续地顶帖不要让帖子沉下去。可以根据上网的高峰期来进行,中午和晚上是上网人数比较多的时候。这时的帖子最好在前面,容易被看到。所以可以把顶帖时间安排在 9～10 点之间,下午在 4～5 点之间再顶一次帖。

(2) 不要重复发帖:同一帖子不要在同一贴吧重复发,可以在多个贴吧发布,但需要修改帖子标题和内容,否则帖子就很难再发出去了,而且这样容易引起百度管理员关注。

(3) 撰写优质内容:帖子要从用户角度出发,为用户带来有价值的信息。贴吧不同于论坛,可以编辑去掉链接地址。

(4) 贴吧其他推广手法:主要利用百度知道做跳转,再利用贴吧做二次跳转,获取高质量的用户。百度知道一旦发布链接，回答就提交不了。可以在百度知道里留百度贴吧的链接，就是所发布帖子的链接了，一般情况下还是能够通过的。这样就可以通过二次跳转来获取一定的流量。

5.5.4　百度问答营销

用户在了解一款产品时，会产生各种各样的疑惑和问题，如果仅从企业官网方面并不能打消客户心中的疑惑，这时候如果能有第三方帮助客户客观全面地解决问题，消释顾客心中的疑虑，那么自然就会增进其对产品的信任度，从而提升产品销量以及服务水平。那么说到第三方平台，企业又该如何利用其开展营销呢？下面详细讲解关于百度问答营销的相关知识。

1. 什么是问答营销

所谓问答营销就是在遵守问答站点（百度知道）规则的前提下，通过发问或回答，巧妙地运用软文，让自己的产品、服务植入问答里面，达到第三方口碑效应。营销方式既能与潜在消费者产生互动，又能植入商家广告，是做品牌口碑、互动营销的重要营销方式。本节主要围绕百度知道问答平台的营销推广进行详细讲解。

2. 百度问答的营销价值

百度问答营销是借力于百度搜索引擎旗下的百度知道从事的营销活动，百度知道营销又叫百度问答推广，从字面分析主要包括“问”和“答”两部分，当用户通过搜索引擎搜索某一个词，展现给用户互动式的问答，也是做推广的绝佳之地。那么利用百度知道做问答营销有什么价值呢？下面具体讲解。

(1) 营销精准度高、转化率高营销效果好。

通过问答类网站寻求帮助和找答案的用户，往往都是对相关问题涉及领域感兴趣或有需求的，如图 5-22 所示。

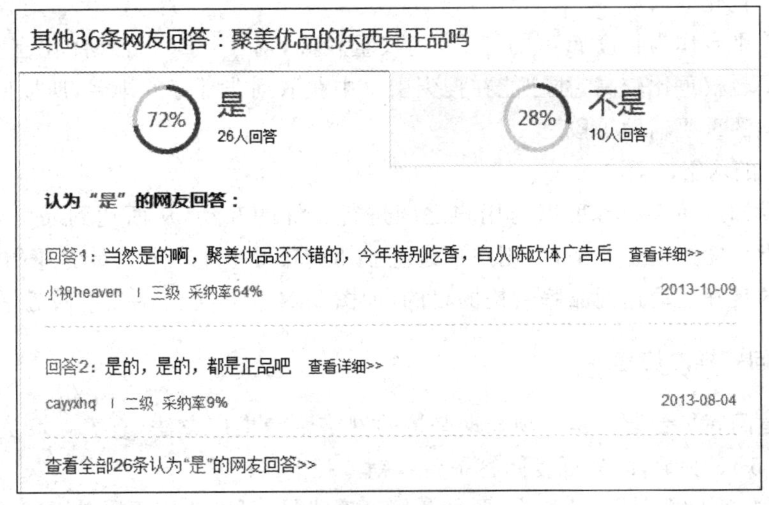

图 5-22　百度知道

提问“聚美优品的化妆品怎么样?”的人,应该是在聚美优品买过化妆品或想在聚美优品上买化妆品的人。

(2) 口碑效果好,超高的可信度。

在百度问答平台中,给人感觉是用户与用户之间相互问答与互助,这种来自第三方的评价回答更能够以客观的旁观者的角度吸引用户。基本是普通用户之间的观点与经验交流,所以里面产生的信息可信度高,也容易在用户中间形成口碑效应,如图 5-23 所示。

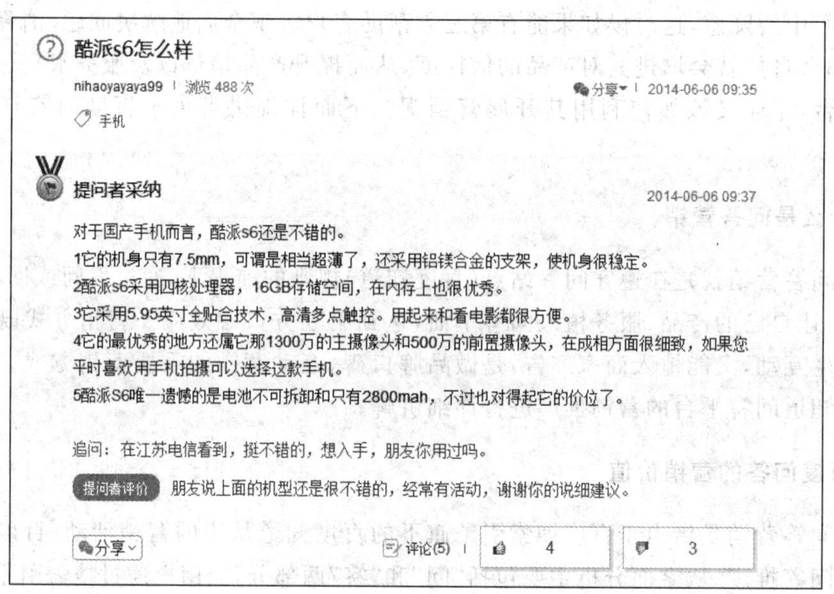

图 5-23　百度知道

提问“酷派 s6 怎么样?”的人,应该是想买酷派手机的人,通过其他用户以个人使用经验的角度回答该问题,有较高的可信度,容易在用户中形成酷派 s6 手机的口碑效应,提高产品销量和品牌形象。

(3) SEO 优化效果好。

百度问答平台作为百度旗下的产品,其权重较高,对于 SEO 站外优化有重要的作用。由于问答类平台权重比较高,往往能在搜索引擎中获取到非常好的排名,所以问答类网站是搜索引擎优化的重要辅助手段之一。

(4) 高效的网络客服。

通过百度知道问答平台可以与用户之间进行良好的互动,从而达到品牌营销的目的。这里主要是指百度知道企业平台,用户通过企业知道获得企业官方人员专业的解答,企业可通过与用户的良好互动达到品牌营销的目的,如图 5-24 所示为三星数字服务平台。

3. 百度问答推广流程

百度知道问答平台营销是一项长期坚持的网络营销推广方法,有着一套完整的营销推广流程,如图 5-25 所示,即为百度问答平台营销流程。

(1) 准备好百度账号:推广前需要准备好百度账号,可以使用不同的 IP 注册多个账号,建议注册 20 个左右,这样可以循环使用。注册账号时需要注意使用不同 IP,用不同计算机

图 5-24　三星数字服务平台

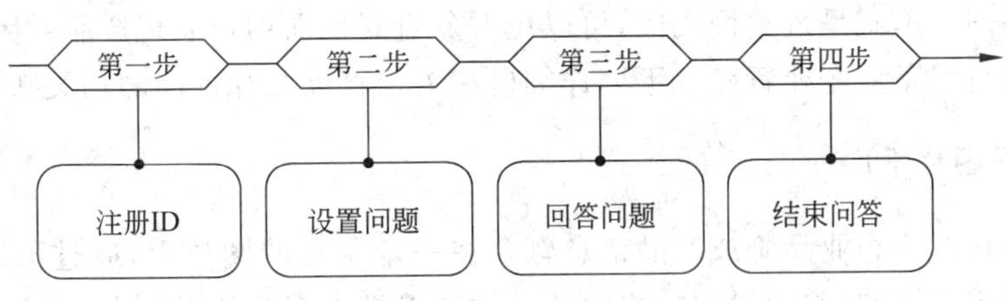

图 5-25　百度问答平台营销流程

在不同时间和地点注册账号。百度知道账号的等级越高，账号回答问题时通过率就越高，因此在推广前期对于等级不高的账号，可以通过做新任务的形式，提高等级和分数，加强账号权重。

(2) 提出问题：账号资源准备好之后，可以开始推广工作。先用 10 个账号提出问题，每天提问 10 个左右(每个账号提问一两个)，提问时间在中午 12 点左右，提问后很容易得到用户答案，这样有利于防止问题提问后失效。

(3) 回答问题：提出问题通过后，需隔天回答前天提出的问题。回答问题注意提问的 IP 要和回答问题的 IP 区别开，因为百度知道可以识别 IP。回答的内容尽量要和问题相符合，围绕着问题来做相关联描述，有利于答案快速得到通过。

(4) 设置最佳答案：回答问题通过后，至少要等三天左右时间用之前提问题的账号把回答的答案设置为最佳答案。

4. 百度问答推广技巧

百度知道作为企业口碑营销和互动营销的重要手段，企业和用户之间通过一问一答的互动沟通方式从而将企业的品牌形象宣传出去，提高产品的销量。但想要做好口碑营销，绝不仅仅就是简单地回答网民提出的问题而已，利用百度问答进行推广具有一定的技巧。下面就百度问答推广技巧进行详解。

(1) 提问时标题关键词技巧：可以从产品特点、用户需求角度提出问题，标题字数在

7～20 左右效果比较好，通过在问题标题中增加关键词，例如“学习网络营销，去哪里学习网络营销好啊？哪位朋友告知网络营销培训哪家好啊？”这样的标题就重复了网络营销这个关键词。

(2) 在回答问题时的技巧：可以采取不同角度和角色来回答问题。可以把自己的回复设置成最佳答案，也可以从售前、售中、售后等出发提问问题。

(3) 自问自答的技巧：这种营销方法风险较大，可以通过加入一些百度知道互答群，让群内成员来帮助回答问题，这样效果较好，也有利于进行 SEO 优化。

(4) 账号使用技巧：回答问题的账号等级对答案排名有一定影响，等级越高，可信度就越高。同时，相关问题数量越多，说明这个页面的通用性越高，能够解决更多的问题。

(5) 其他技巧：自问自答时不要用同一个 IP，回答问题和提问的账号要用两个邮箱申请，回答的和提问的账号可以交替使用，不要将账号简单地划分为提问账号与回答账号。

5.5.5 百度图片推广

在视觉盛行的网络时代，人们在浏览网页时主要以视觉体验为主，所以企业广告也多是以绚丽多彩的图片形式呈现给网民的，可以更形象直观地向用户展现产品。因此，利用图片开展网络营销自然备受企业青睐。下面详细讲解关于百度图片推广的相关知识。

1. 什么是图片推广

图片推广是指将企业品牌或产品信息融合在一定主题的图片上，通过不同的网络平台将图片传播到用户眼前，并通过网友之间的互动传播扩大企业的影响力，进而促使客户产生需求，最终实现营销目的的一种网络推广方式。

百度图片推广是一种针对特定关键词的网络推广方式，推广信息展现与搜索关键词绑定，当网民搜索某个关键词时，即会出现与之相对应的图片推广内容。百度图片推广是按时间段固定付费的，关键词不同价格也不相同。企业购买了图片推广关键词后，当网民在检索与该图片相关的关键词信息时就会向其展现推广信息，如图 5-26 所示为百度图片推广展示。

图 5-26 百度图片推广图展示

当用户搜索联想手机时，百度图片频道下的搜索结果页就会展现出企业推广的商业广告信息，其展现位置在结果页首页的前 6 个图片均为企业推广的图片，可以对目标用户进行精准营销。

2. 图片推广流程

百度图片作为百度旗下的一款产品，对于企业网络推广而言同样有着不可忽视的营销价值和意义。下面详细讲解图片推广流程，主要分为以下几步。

1）确定营销目的

企业利用百度图片开展网络推广前，需要明确营销的目的，即希望通过图片传播可以实现的营销目的。一般来说，图片在网络营销中的应用主要有三大营销目的。

(1) 提升企业产品知名度、美誉度；

(2) 提升企业品牌知名度、美誉度；

(3) 提升产品在线销售量、线下的间接销售量。

2）图片制作

根据企业的目的结合常用题材设计制作图片，图片制作分为生活图片和商机图片两类，生活图片主要应用于提升产品知名度和提升企业品牌知名度方面，商机图片主要应用于产品线上销售。

3）图片命名

当前的各种搜索引擎均提供图片搜索，而图片搜索是根据图片名称或图片所在页面的文字进行收录。因此图片在发布出去后，一定要为图片配上文字或将图片名称命名为和产品相关的名称。

4）图片推广

应将图片广泛地发布于论坛及社交网络群(QQ 群、微信群)中。图片推广时借助于热门事件进行推广，可以进一步地提高图片传播速度和扩大传播范围。

3. 图片推广技巧

1）优化百度图片频道收录和排名

2014 年，百度 CEO 李彦宏在"百度世界大会"上表示，用户搜索的方式正在发生着改变，未来 5 年使用语音和图片搜索来表达需求的比例会超过文字搜索。图片的 alt 属性、title 属性以及图片所在页面的文字内容，这三项要素非常重要。如果推广图片中这三项属性都有关键词，搜索引擎会认为该图是与这些关键词相关性较高。

2）添加企业 LOGO 水印到产品和资源图片上进行推广

在壁纸素材、贺卡、婚纱摄影、广告创意等图片上添加广告水印，是一种不错的推广方法，既能满足用户需求，又不会引起用户反感。将行业知识资源整理成图片，添加企业 LOGO 水印后进行宣传推广，尤其对教育培训行业、管理行业以及服务性行业等领域推广效果很好。

3）将企业产品或品牌信息嵌入到搞笑图片中推广

将推广的广告创意通过相关图像处理软件植入到一些幽默轻松、欢乐搞笑的图片中，制作成 gif 小动画、QQ 表情包、漫画等，也不失为一种有效的图片推广方式。选择一些社交用户流量较大的平台进行图片的传播和推广，潜移默化地培养潜在消费者对于企业形象和品牌的认知度大有帮助。但使用这种方法对设计创意要求较高,如果把握不好,可能会适得其反。

5.6 淘宝天猫活动推广

在前几节讲解了许多企业常见的网络营销的推广渠道和推广方法,主要是针对企业网站的营销推广而言。然而对于淘宝天猫这样的第三方电子商务平台又该如何推广呢?本节以淘宝天猫为主详细讲解关于第三方电子商务平台的推广渠道和推广方法。

5.6.1 直通车推广

淘宝直通车是为专职淘宝卖家量身定制的,按点击量付费的效果营销工具,为卖家实现宝贝的精准推广。它通过对买家搜索的关键词或者淘宝内外的展现位置出价,将宝贝展现在高流量的直通车展位上,让宝贝在众多商品中脱颖而出,为店铺带来源源不断的流量,提升店铺商品的销量。下面详细讲解直通车推广知识。

1. 专业名词解释

直通车推广作为淘宝天猫的商品及店铺营销推广的重要工具,对于店铺引流,提升商品销量有重要作用。为了更好地学习直通车推广,先介绍下关于直通车推广中重要的专业名词。具体包括以下几点。

(1) 关键词:关键词是指买家在淘宝网购物时需要通过输入关键词的形式搜索自己需要购买的商品。因此企业在利用直通车推广某一款宝贝时,需要为该宝贝设置相应的搜索词或关键词,当买家在淘宝网通过输入企业设置的搜索词或关键词搜索商品时,就会展现企业推广的宝贝。

(2) 关键词出价:关键词出价是当买家通过输入关键词检索时,在直通车展示位上单击宝贝,愿意为其支付的最高价格。

(3) 默认出价:对同一个宝贝的关键词和类目设置的统一的出价。

(4) 关键词排名:关键词排名是指淘宝直通车竞价系统会根据关键词价格、类目属性、买家反馈信息等诸多因素对推广宝贝进行综合评估并按照评估结果展现宝贝在直通车上的排名以及位置。

(5) 质量得分:主要用于衡量关键词与宝贝推广信息以及淘宝买家搜索意向三者之间的相关性,其计算依据涉及多种因素。

(6) 推广创意:推广创意即推广宝贝的展现形式。在直通车推广位置上,直通车推广将卖家推广的宝贝以推广图片、推广标题的形式展现。

(7) 展现位:展现位是指参加淘宝直通车推广的宝贝在淘宝网上的展现位置。

(8) 推广平台:推广平台是宝贝推广所选择的投放网站,目前可以选择淘宝站内(即淘宝网)和淘宝站外(即跟淘宝网合作的网站)推广宝贝。

2. 直通车推广流程

1) 开通直通车

目前申请加入直通车推广,店铺需要同时满足以下资质条件。

(1) 淘宝店铺信用等级≥2 心、店铺动态评分各项≥4.4；

(2) 店铺主营商品所属类目需先加入“消保”并交纳保证金之后才能申请使用淘宝直通车软件服务；

(3) 天猫店铺申请加入天猫直通车，店铺只需满足店铺动态评分各项≥4.4。

具体操作为：进入卖家中心——营销中心——我要推广——同意——进入直通车后台，如图 5-27 所示，即为天猫直通车推广后台。

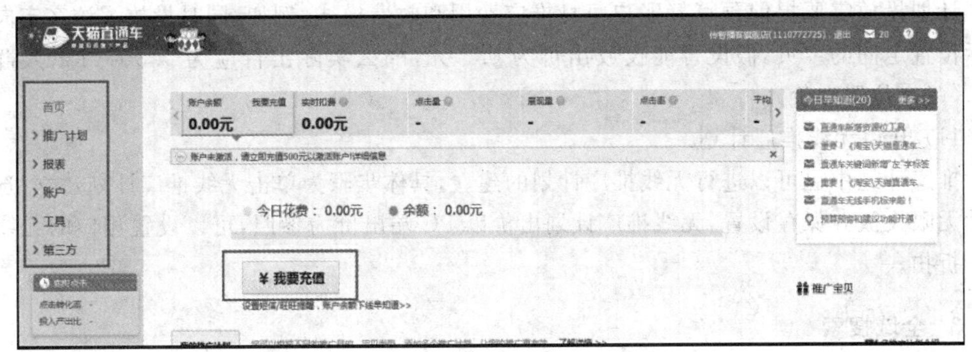

图 5-27　天猫直通车推广后台

直通车开通后可以看到直通车后台各种功能，例如，推广计划、报表、账户、工具、第三方等主要功能。

2) 创建推广计划

创建推广计划是开通直通车后的主要任务，单击“新建推广计划”，然后根据提示输入推广计划，提交后增加推广宝贝。需要注意的是直通车账户目前最多只能建立 8 个标准推广计划。

3) 选择推广宝贝

在搜索营销计划建立后，单击“新建宝贝推广”，然后选择已上架宝贝，推广即可。

4) 推广图片与标题设置

增加推广宝贝后需要为此宝贝选择创意图片并填写推广宝贝标题，图片与标题一定要有吸引力，完成这一步后单击“下一步”进行关键词的选择。

5) 关键词选择

图片和标题选择完之后单击关键词，添加相关的用户搜索关键词，建议 200 个以内，根据宝贝设置默认出价。

6) 修改出价

关键词选取后需要针对不同的关键词设置不同的价格(非默认出价)，具体操作为找到设置好的宝贝推广计划，设置不同关键词出价。

7) 匹配方式设置

直通车推广计划的关键词匹配方式有三种，分别是广泛匹配、中心词匹配及精确匹配。广泛匹配的匹配范围最大，推广费用也最高，新店在刚开始推广时可以选择一些围绕宝贝属性的长尾词进行广泛匹配。

8) 数据报表查看

推广报表数据查看包括单个宝贝推广数据报表和宝贝关键词推广数据报表，数据报表可以直观展现直通车推广的效果如何，直通车推广人员需要每日关注数据变化，并进行数据分析优化调整账户。

9）投放人群选定

定向推广计划可以针对特定人群进行投放，选定后该计划只向选定人群进行投放，能够为店铺和推广宝贝带来有效流量。

10）投放费用计算

计划投放需要提前预算好账户每日推广费用和收费模式，例如，同时投放了访客定向和展示位置定向的宝贝，假设智能投放出价为 0.3 元，那么实际出价应为 0.3×（1＋人群溢价）×（1＋位置溢价）。

11）开启无线推广计划

推广计划中也可以进行无线推广计划的建立，具体步骤为单击无线推广计划建立，选取开始无限投放并保存设置，无线推广计划出价以 PC 端出价为参照，可以设置相应的无线端推广折扣。

3. 全域搜索

全域搜索是指卖家设置与推广宝贝相关的关键词和出价，在买家搜索相应关键词时，推广商品获得展现和流量，实现精准营销，卖家按所获流量（点击量）付费。卖家加入淘宝/天猫直通车，即默认开通搜索营销，下面就全域搜索相关知识进行详细讲解。

1）展现原理

全域搜索在显著位置展示创意图、价格和销量，商品会被打上掌柜热卖或 Hot 标识，其排名规则是根据关键词的质量得分和关键词的出价综合衡量得出商品排名。如图 5-28 所示为全域搜索的工作原理。

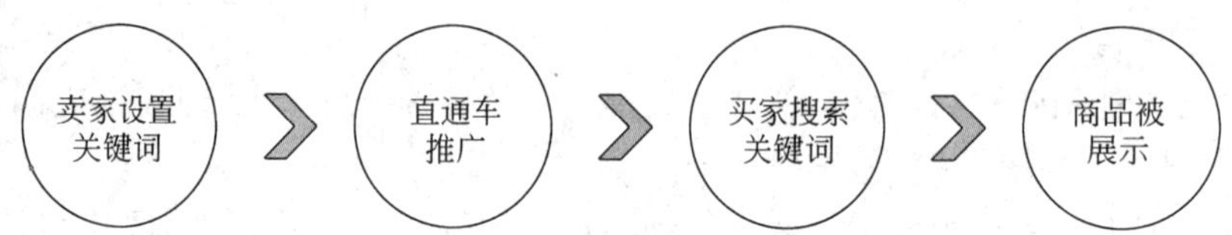

图 5-28 全域搜索的工作原理

全域搜索的商品在不同的客户端展现形式和位置各不相同，其中，PC 端的展示位置主要展现在关键词搜索结果页右侧 12 个位置和底部 5 个位置和首页文字链单击后搜索结果页中部前 4 个位置，此外还有淘宝网的热卖页面等。

2）扣费公式

直通车的扣费计算涉及多种因素，包括基础分、创意效果、相关性、买家体验等，但推广的扣费公式为实际扣费＝下一名出价×下一名质量得分/该产品质量得分＋ 0.01 元，以关键词“雪纺连衣裙”为例，如表 5-1 所示为 4 家淘宝店铺的不同出价及扣费相关数据。

表 5-1 列出了 A、B、C、D 4 家店铺中关键词“雪纺 连衣裙”直通车扣费相关数据。其中，店铺 A 的最终扣费＝店铺 B 的出价×店铺 B 的质量得分（原始得分）/店铺 A 的质量得分（原始得分）＋0.01 元。为了方便理解，淘宝直通车后台显示的质量得分的分值，是经过系统处理后的分数，即表 5-1 中的质量得分（处理后）的数值。

表 5-1　直通车扣费公式

店铺	关键词	出价/元	质量得分（原始得分）	质量得分（处理后）	最终综合排名得分	综合排名	最终扣费/元
A	雪纺 连衣裙	0.68	1358	10	92 344	1	0.64
B	雪纺 连衣裙	0.70	1221	10	85 470	2	0.67
C	雪纺 连衣裙	0.80	1009	9	80 720	3	0.74
D	雪纺 连衣裙	1.20	613	7	73 560	4	1.20

4. 定向推广

定向推广依靠淘宝网庞大的数据库，构建出买家的兴趣模型，它能自动从系统中筛选出那些特征与买家兴趣点相匹配的推广宝贝，展现在潜在消费者浏览的网页上，帮助卖家找到潜在用户，实现精准营销。下面详细介绍定向推广的相关知识。

1）展现原理

定向推广会根据买家浏览购买习惯和网页内容，由系统自动匹配出相关度较高的宝贝，并结合出价以及宝贝推广带来的买家反馈信息进行展现。出价高买家反馈信息好，定向推广展现概率大。同时，系统会根据宝贝所在类目的属性特征及标题去匹配宝贝，因此宝贝属性填写要详细，被匹配概率才大。

定向推广与全域搜索推广的主要区别在于全域搜索是用户找商品，而定向推广则是商品找人。直通车定向推广整合了淘宝站内以及站外两部分展现资源。淘宝站内的展现位置主要集中在买家浏览量较大的热门页面，例如旺旺卖家版每日焦点、我的淘宝首页猜我喜欢、我的淘宝购物车底部、我的淘宝已买到宝贝底部等。淘宝站外的展现位置如新浪、网易、搜狐等多家合作网站，也有定向推广的展现位置。

2）扣费方式

直通车的扣费是按点击量计费，开通直通车后，定向推广按点击量扣费，根据宝贝设置的定向推广出价，单次扣费不会大于企业出价。

3）投放方式

定向推广的广告投放方式比较丰富，可以针对不同需求选择不同的投放方式，具体分为以下几种。

（1）智能投放：根据买家的浏览购买习惯和对应网页内容，由系统自动匹配相关度较高的定向宝贝，结合出价以及宝贝推广带来的买家反馈信息进行展现智能化的投放方式。

（2）搜索重定向：开通搜索重定向会将宝贝投放给搜索过卖家推广时所设置关键词的买家，搜索过该宝贝关键词，表示有强烈兴趣，属于精准目标用户。

（3）喜欢我店铺的访客：即曾经有浏览过、收藏过、购买过以及将店铺的宝贝放入购物车的买家，都属于喜欢我店铺的访客。喜欢同类店铺的访客即跟喜欢你店铺的客户相似的访客。自定义添加受众，即通过自定义的定向标签，找到需要定向的人群进行投放。

（4）兴趣定向：这些标签是直通车系统根据宝贝特征，推荐给与该宝贝最相关的兴趣定向标签。每个宝贝的兴趣定向标签个数和内容都不同。

5. 店铺推广

店铺推广是基于搜索营销推出的一种新的推广方式，满足卖家同时推广多个同类宝贝、推广店铺独特品牌形象的需求。下面详细介绍店铺推广的相关知识。

1）展示位置

店铺推广的展示位置一般为淘宝网关键词搜索结果右下侧“店家精选”区域三个展示位，推广展现形式为图片形式或者图片＋标题形式。具体展示位在店铺推广搜索资源位置、搜索结果页右侧下面三个展现位、搜索结果页店家精选“更多热卖”进去店铺集合页、淘宝类目频道搜索结果页右侧下面三个展示位、推广定向站内资源位置、站内搜索位置、旺旺焦点图位置、淘宝交易详情页位置、收藏夹位置、淘宝购买成功页面位置、淘宝首页两屏右侧Banner位置、焦点图右侧Banner图等位置。

2）推广方式

目前店铺推广分为关键词推广和定向推广两种投放方式。

(1) 店铺推广关键词是基于搜索营销推出的一种通用推广方式，用户通过“店铺推广搜索”可对店铺页面(首页或分类集合页)进行推广，通过设置与推广页面相关的关键词和出价，在买家搜索关键词时获得展现与流量，按照所获得流量(点击量)进行付费。

(2) 店铺推广定向是基于店铺形式的定向推广。它依靠淘宝网庞大的数据库，构建出买家的兴趣模型，从细分类目中抓取与买家兴趣点匹配的推广内容，展现在目标客户浏览的网页上，帮助店铺锁定潜在买家，实现精准营销。它不同于单品的定向推广，可以推广除单品详情页外的店铺任意页面，如店铺首页、导航分类页、活动页面以及宝贝集合页面等。

3）扣费方式

店铺推广无论是关键词推广还是定向推广，都是按点击量计费，根据推广内容设置出价，单次扣费不会大于出价，具体的计算公式与全域搜索相同，即“单次扣费＝下一名出价×下一名质量得分/宝贝质量得分＋0.01元”。

4）店铺推广准入要求

使用店铺推广的资质要求较高，淘宝卖家用户需达到四钻等级以上，同时针对店铺开设的不同类目还需要符合相应开通条件。

6. 影响质量得分因素

影响质量得分的因素很多，大致包括主图、关键词相关度、类目相关性、宝贝详情页、宝贝标题及推广创意标题的相关性和其他的因素，具体解释如下。

1）创意主图

主图应当清晰美观，宝贝应排在图片中间，底色最好选取白色或者其他与宝贝反差较大的纯色，可以适当搭配促销信息。

2）关键词相关度

关键词的相关度对宝贝的质量得分影响较大，例如牛仔裤使用“毛衣”作为关键词只能得到很低的质量得分。所以在选择关键词时需要多方考虑，通常选择关键词有以下几种方式。

(1) 直通车系统推荐词：通过使用“系统推荐词”或者“相关词查询”，可以按照质量得分排序或者按照流量排序，进行关键词的选择。

（2）淘宝首页热搜词：通过淘宝首页查看相关类目关键词和竞争对手的关键词。

（3）淘宝搜索下拉框、搜索框推荐热词、类目搜索中出现的属性热词等。

同时在设置关键词时需要参照宝贝属性，选择与商品最贴切的关键词，对关键词进行拆分组合。例如一款刺绣的连衣裙，可以将"刺绣连衣裙"拆分成三个中心词"刺绣"、"连衣裙"、"刺绣连衣裙"，然后分别按照这三个中心词添加一些宝贝属性更精准的关键词，如"2016年新款网纱刺绣连衣裙女中长修身版"。

3）类目相关性

类目相关性也是影响宝贝质量度的重要因素，卖家对自身宝贝的定位很模糊，容易将宝贝的类目发布错误，这时候关键词的质量得分也会很低。因此，在发布前一定要检查类目发布是否正确。

4）宝贝标题及推广创意标题

关键词与宝贝的相关性如何体现呢？目前主要通过宝贝标题信息和直通车推广内容信息表现。如果关键词在宝贝标题或直通车推广标题中曾使用过，那么该关键词与宝贝的相关性就会提高。

5）合理的详情页

详情页是宝贝的详细介绍页面，它对质量得分也有一定影响，一个设计优美合理的宝贝详情页能够大大提高店铺宝贝的转化率。合理的详情页通常表现为以下几点。

（1）合理使用店招：店招能将店铺整体风格特色表现出来，使买家一眼便可认知店铺，并对该店铺产生兴趣和信任，从而引导买家浏览宝贝。

（2）合理搭配促销活动：将店铺VIP、淘宝VIP、优惠券、包邮、收藏有礼、满就送、秒杀等结合使用，绑定各种类型的消费者，刺激和促进买家购买店铺宝贝。但要注意保持促销活动的程度，避免过于频繁或门槛过低的促销让用户怀疑产品本身的价格和质量。

（3）主图诱人：主图应以正方形清晰大图为佳，能够体现宝贝的质量和视觉感官，价格以同类产品中所具有优势为佳，吸引买家继续浏览。

（4）贴心服务保障：开通消保服务、假一赔三、7天无理由退换、支持分期付款、极速退款都等可以提高买家购买的信心和方便买家购物，从而提升用户对店铺的信任度，可以大大加强用户的购买意向。

（5）消费者评价：采用多种方法（如返现、返优惠券、抽奖免单等），鼓励消费者主动评价并上传买家秀。

7. 直通车优化

直通车推广是淘宝天猫店铺运营中最为重要的营销推广方式之一，对店铺的开通要求较低，店铺只需满足两颗心等级、动态评分不低于4.4即可。但直通车推广属于付费推广，店铺在每日的推广中都需投入一定数目广告费，所以如果直通车推广运营不好的话，不仅不能给店铺带来流量，还会造成高额的广告费用，增加运营成本。因而做好直通车推广显得尤为重要，直通车推广的优化主要包含以下几方面。

1）选款

店铺里所有宝贝并非都适合直通车推广，需要运营人员从店铺运营的整体策略和该款宝贝市场需求等多方面考虑决定是否进行直通车推广。同时,对于准备进行直通车推广的宝贝在推广前,还需进行测试,确定该款宝贝在目标市场的竞争力。

2）主图

推广主图直接影响着了买家对产品的第一印象,同时也是直通车系统评估该款宝贝质量的重要指标,好的推广主图需要做到差异化,与相似宝贝有不同的地方,这样的话,直通车系统在识别时就会认为该款宝贝是新款,会给予宝贝较高的权重。

3）标题

标题是买家了解产品属性的重要渠道之一,直通车系统评估宝贝标题的作用与主图相似,也会给予一定的权重。好的标题同样要与其他相似宝贝有差别,直接抄袭同款宝贝的标题获取不到高展现量。

4）价格

低于买家心理价位的价格更有可能获得点击,但是并不是宝贝价格越低效果就越好,宝贝价格太低会使买家怀疑产品的质量。

5）最近成交笔数

网购群体在网购过程中存在从众的消费心理,看到销量高的宝贝往往更易产生信任感,同时高成交量也会增加宝贝权重,增加宝贝展现量。

6）促销活动

适当的促销活动会使买家认为自己在网购中得到了优惠,这样可以进一步刺激买家消费,这与价格因素和从众心理相关。

7）关键词

关键词的优化主要分为两点,分别是点击率和ROI,具体介绍如下。

（1）点击率：提高点击率和关键词排名;定期删除点击率低的关键词,关注那些维持在平均点击率附近浮动关键词的实际排名情况。但是需注意关键词匹配方式,通常将核心关键词设置为精准匹配模式,长尾关键词设置为广泛匹配模式,把长尾词的出价调低,获得更多展现,为店铺引来精准流量。

（2）ROI(投入产出比)：关键词ROI在利润范围之内的,要保留该关键词,并根据利润情况适当增加该关键词的投入。如果ROI低于利润范围,可以考虑删除。

5.6.2 钻石展位推广

钻石展位简称钻展,是淘宝网图片类广告位竞价投放平台。钻石展位通过图片创意吸引买家单击获取流量,对图片质量要求较高。卖家可以根据群体、访客、兴趣点等不同属性设置定向展现。与直通车相比,钻石展位更容易把流量推送到精准人群面前,更重要的是,目前投放钻石展位的卖家占比不多,处于价值洼地。所以钻展也是淘宝天猫卖家推广引流的重要营销工具。下面就钻展推广相关知识详细讲解。

1. 推广模式

目前,钻展推广主要有单品推广、活动店铺推广、品牌推广三种推广模式。

1）单品推广

适合热卖单品、季节性单品,适合打造爆款,通过打造爆款单品带动整个店铺销量。

2）活动店铺推广

适合有活动的、运营较成熟的店铺。通常在活动开始，当店铺需要大量流量来提升销量的时候可选择这种推广模式。

3）品牌推广

适合有明确品牌定位和品牌个性的卖家。

2. 扣费方式

钻展的扣费方式不同于直通车按照点击量（CPC）付费，它是按照千次展现付费的，即 CPM 付费方式，具体扣费公式为千次展现扣费＝下一名出价＋0.1元。

3. 钻展投放方式

钻展在投放时可以选择多种定向方式，合理利用定向投放方式能够有效地延长钻展在线时间，提高钻展的点击率和店铺的转化率。下面就各投放方式详细讲解。

（1）地区定向：根据淘宝网的数据库选择最适合产品推广的地区。

（2）时间定向：按照投放的时间来进行定向，卖家可以选择自己需要推广的时间段进行推广。

（3）通投定向：这种投放方式匹配范围最广，费用较高，能够给店铺带来大量的流量但是用户不够精准。

（4）群体定向：按照人群特点例如性别、年龄、教育程度等进行投放的方式，群体定向是按人群属性划分，较之通投相对精准，较之兴趣定向相对宽泛。

（5）兴趣点定向：根据买家的浏览和购买兴趣进行投放，刚开通计划时由于目标用户的不确定性建议不要选取太多的兴趣点。

（6）访客定向：作为钻展推广中较为精准的定向投放方式，主要向浏览和访问过店铺及宝贝的买家进行展示。

4. 钻展投放流程

钻展投放流程基本分为 4 个步骤，即选择资源位、创意制作、新建计划、设置定向和出价，具体操作流程进行如下。

1）选择资源位

钻展所有的资源位列表在“资源位”→“资源位列表”下面。选择资源位主要依据日均可竞流量、点击率（CTR）这两方面，寻找那些 CTR 好且日均展现较高的展位，可以加入收藏，进行投放测试，如果效果良好可进行长期投放。

2）创意制作

制作所选择的资源位创意图片，并在创意管理中上传创意图片，等待审核。需要注意的是制作时创意尺寸需要和选择资源位一致，审核通过后就可投放了，一般情况下需要准备两三张创意图片，并且对其进行测试投放，选取较好的一张作为推广创意图。

3）新建计划

单击“新建计划”，选择“展示网络”计划进行创建，然后填写计划基本信息，填写计划名称和预算。在“高级设置”里设置投放地域和时间，时间和地域的选择需根据店铺用户的地域分布和成交高峰来选择。

上述操作完成后还需要选择合适的投放方式，钻展的投放方式有尽快投放和均匀投放两种。尽快投放指的是在合适流量时段预算集中投放，均匀投放指的是全天预算均匀的投放。例如，某家淘宝店铺每日用于钻展推广的预算为300元，投放时间设定为早上10点到晚上10点，共10个小时，那么当选择尽快投放模式时就是300元会在短时间内投放消费完，可能一个小时就花完了广告费用，但如果选择了均匀投放方式则会按投放的10个小时，均匀地进行展现。

4）设置定向和出价

定向和出价的设置直接关系到钻展的点击率和点击单价，钻展中流量越精准价格越高，此外，排名靠前的展现价格也会越高。

5.6.3 淘宝客推广

淘宝客推广是一种按成交计费的推广模式，也指通过推广赚取收益的一类人，淘宝客只有从淘宝客推广专区获取商品代码，并由其他买家通过淘宝客的推广链接进入淘宝卖家店铺完成购买后，该淘宝客就可得到由卖家支付一定的佣金。

1. 淘宝客平台构成

在淘宝客中，由淘宝联盟、卖家、淘客及买家4个角色组成，他们每个都是不可缺失的一个环节，如图5-29所示为淘宝客运营流程。

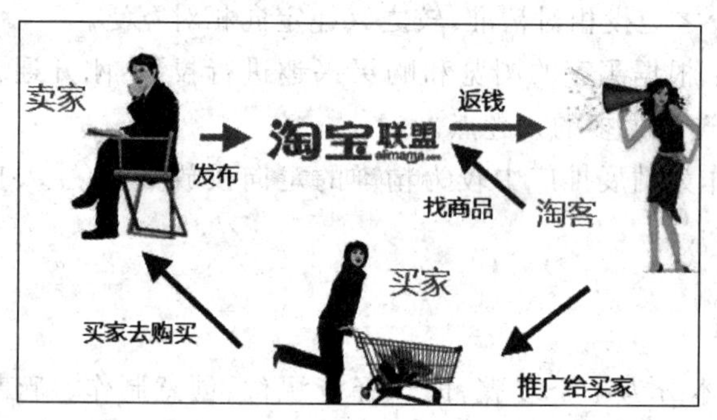

图5-29 淘宝客运营流程

(1) 淘宝联盟：帮助卖家推广产品的推广平台。帮助淘客赚取利润，在每笔推广交易中抽取相应的服务费用。

(2) 卖家：作为佣金支出者，他们将需要推广的商品放到淘宝联盟，并设置为销售出去的每件宝贝愿意支付的佣金比例。

(3) 淘宝客：佣金赚取者，它们在淘宝联盟中找到卖家发布的产品，并且推广出去，当有买家通过其提供的推广链接成交后就能够赚到卖家所提供的佣金(其中一部分需要作为淘宝联盟的服务费)。

(4) 买家：这里主要指网上购物的人群。

2. 推广方式

按照卖家设置不同，淘客可以进行单品推广、类目推广、店铺推广和网站推广等。

1) 单品推广

单品推广是指只推广一件宝贝，企业对要推广的单件宝贝设置相应的佣金比例，淘客可以在淘宝客推广专区复制单件商品的推广代码(即推广链接)后粘贴到自己想要推广的地方，如博客、论坛、个人网站等地方。常见的推广代码有 URL、文字链和图文三种模式。新手推荐使用简单的 URL 模式或者文字链模式。

(1) URL 模式：可以粘贴到聊天对话框中或者是论坛帖子、博客文章、QQ 等做推广。

(2) 文字链模式：同 URL 模式比较相近，但可以选择一串我们提供的文字作为商品展示或者自己撰写希望传达给买家的文字信息，生成代码后粘贴到聊天对话框中，或者是论坛的帖子、自己的博客文章，或者 QQ、个人网站等。

(3) 图文模式：图文模式推广可以单独展示图片，也可以加上文字标题、商品价格及"查看详情"按钮等。另外，还可以选择上下排版还是左右排版，并且可以对图文格式进行定义，设置完成后，单击"复制代码"。如果是要粘贴到博客等位置的，建议选择 iframe 模式下的代码。

2) 页面推广

页面推广又叫频道推广，是阿里妈妈新推出的一种淘宝客推广方式，企业需要将推广的商品加入到相应的频道中进行推广，等待淘客推广该频道。页面推广方式为进入阿里妈妈首页，选择左侧页面推广，选择想要推广的频道页面，单击"获取代码"即可。

使用频道推广比较便捷，而且页面内容丰富，不用自己更新，淘宝小二会定期精选出商品更新页面。

3) 类目推广

类目推广类似于页面推广，企业需要申请将推广的宝贝加入相应的推广类目中，淘客通过推广该类目的链接引入买家，在买家达成交易后企业支付给淘客相应的佣金。

4) 店铺推广

店铺推广是指企业将整个店铺设置一定的佣金比例等待淘客进行推广，买家通过淘客提供的推广链接进入店铺并在 15 天之内产生交易后，企业按照之前商定好的协议把佣金支付给淘客。

5) 优站推广

淘宝优站是以小站集合的形式，成为淘宝、天猫卖家根据兴趣图谱和标签进行站内营销的重要渠道，将资讯和分享导购类信息汇聚集成一个社会化的网络导购平台，卖家之间可以根据消费者的购物和浏览习惯进行联合营销。免费的建站平台，由站长提供丰富的资讯和专业的导购内容，最终汇聚集成一个社会化的网络导购平台。淘宝优站将打破以往单纯给消费者货架的印象，许多可以购物分享的街区组合也成为一种选择。

3. 淘宝客计划

淘宝客计划目前分为 4 种，即通用计划、如意投计划、淘客群计划和定向计划。

1) 通用计划

通用计划为默认计划，所有淘宝客都能参加进行推广。该计划不设定任何门槛，新店建议设类目的基础佣金,佣金一般是1%~5%。主推宝贝30款,不能删除,但能修改。佣金比例最高可以设置成50%,佣金修改之后次日生效,此计划无须申请,且佣金不宜过高。

2) 如意投计划

如意投是为淘宝卖家量身定制、帮助卖家快速提升流量、按成交付费的精准推广营销服务。展示位置:淘宝特卖、中小合作媒体的橱窗推荐、热卖单品等,分为PC和无线两大推广市场。

3) 淘客群计划

淘客群计划是由淘宝联盟工作人员将一些优质、推广较好的淘宝客聚集为一个群体。这些淘宝客,不需要再去申请加入掌柜的定向计划,而是由优质淘宝客群体里的人进行推广,目前有"服饰精品群"和"天天9块9"两个计划。其中,服饰精品群对佣金率要求十分高,一般低于30%的佣金率没有效果。

4) 定向计划

定向推广计划是卖家为淘宝客中某一个细分群体设置的推广计划,可以让淘宝客在阿里妈妈前台看到推广并吸引淘宝客参加;也可由卖家不公开跟某些大网站协商好,以让卖家获取较大的流量、让淘客获取较高的佣金。

此计划不可删除,但可以修改,佣金比率最高可以设置成90%,修改后淘宝客有邮件通知,佣金不易经常改动,能够设定门槛,例如,可以设定为超过1皇冠的淘宝客自动审核通过,其他信誉需要手动审核,这样就能够保证淘宝客的质量。

另外,定向淘宝客计划可以加入淘宝客群,加入淘宝客群之后会吸引很多VIP淘宝客加入定向计划进行推广,可以大大增加宝贝的曝光率。

4. 推广技巧

淘宝客推广作为淘宝内重要的推广渠道之一,历来受到卖家的热捧和青睐,但是卖家希望通过淘宝客实现营销目标,卖家还需要在推广中采用一些技巧才会吸引更多的淘客们帮助进行推广,主要有以下几点。

1) 调整佣金比例

卖家将所有在阿里妈妈中投放的商品佣金比例高于15%,最高设为30%。这样诱人的佣金比例,对淘宝客来说非常有吸引力。能够得到淘客们的大力推广,产品才有希望取得好销量。

2) 挑选优秀商品

高额销量,优质标题,是有效推广的保证之一。淘宝客推广的商品应当是卖家店铺中容易打造爆款的产品,拥有高额的销量和有说服力的标题,才能给淘宝客和买家带来信心。

3) 做好宝贝优化

突出卖家希望传达给买家的商品价值信息,比如推广的该款宝贝正在搞促销活动或给予赠品等优惠条件,最好能在标题和简介里面清晰地表现出,增加商品对买家的吸引力及购买欲望。

4) 额外奖励刺激

如果希望有更多的优秀淘宝客帮助卖家推广商品,那么,卖家还可以在佣金之外,对淘宝客设置推广激励计划。例如,A卖家有很多淘宝客在帮他推广商品,为了激励淘宝客们,除了原定的佣金外，A 卖家给予淘宝客其他的奖励条件，刺激淘宝客加大对商品的推广力度。

5.6.4　聚划算推广

淘宝聚划算是阿里巴巴集团旗下的团购网站，它依托淘宝网庞大的用户群体为淘宝的商家们带去了源源不断的新客流，据相关资料表明，淘宝网近 30%的交易是由聚划算产生的，30%的团购会员会收藏所团商品所在的店铺，由此可见聚划算强大的营销效果。下面详细讲解聚划算的相关知识。

1. 活动类型

聚划算的活动类型主要有商品团、品牌团、聚名品、聚新品、竞拍团等 5 种类型，如图 5-30 所示为聚划算后台各类活动介绍。

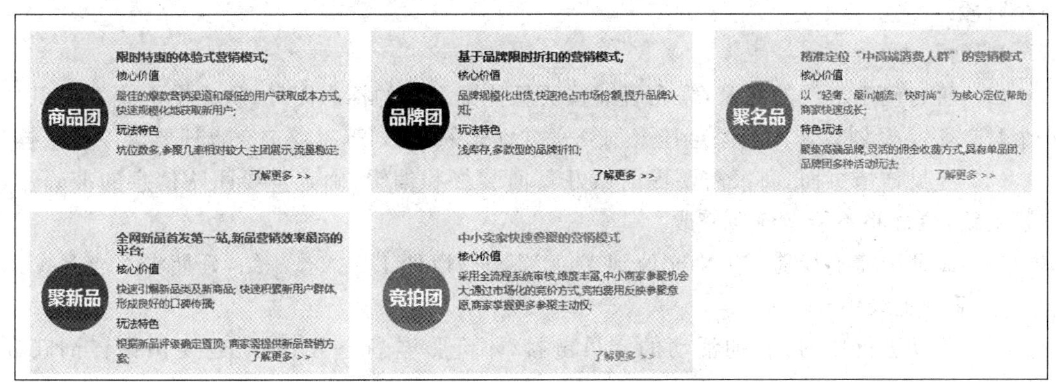

图 5-30　聚划算后台各类活动

2. 报名要求

聚划算活动对于参团的企业资质要求较高，主要分为店铺资质要求和宝贝要求。

1）店铺资质

针对不同的店铺，聚划算活动的参加有不同的要求，主要有以下几个方面。

（1）C 店要求是 3 钻及以上、好评率 98%及以上的消保旺铺。

（2）B 店要求综合动态评分 4.5 及以上；店铺“宝贝与描述相符”项动态评分 4.5 分及以上。

（3）店铺不在处罚期内，不得涉嫌信用炒作，若店铺是虚拟物品转实物交易，虚拟物品交易比例应＜50%。

（4）店铺需承诺在活动下线后 7 天内（最好在 5 日之内）完成发货，并承诺因发货延迟、货不对版等问题，买家申请退货退款，运费由卖家承担。若商家不能完成 7 天内发货，聚划算有权对商家进行处罚。

2）宝贝要求

除了店铺资质的要求，聚划算活动针对参加活动的宝贝也有相应要求，主要表现在以下几点。

（1）同一店铺每次限报三个宝贝，且单个宝贝数量在 1000 件及以上（大型数码电器类、金银珠宝类等，数量可适当放宽)，一周内勿重复报名，同一卖家一个月内最多参加两次活动，同卖家同商品的间隔时间为一个月。

(2) 报名宝贝必须保证是全新商品，不能是违禁品、无证食品、成人用品、二手闲置、清仓货或其他淘宝违规商品。对于非品牌旗舰店的，须出示授权书。

(3) 报名商品所属类目是店铺总交易额占比30%以上的主营类目。

(4) 报名宝贝原则上最近一个月内真实销售记录需在10个及以上。宝贝一个月内成交记录中不得含有低于商品报名时原价的销售记录。若商品前期有折扣活动，上线原价需占销售记录里的60%以上。参团后不得以低于聚划算价格销售。

3. 活动规则

聚划算的活动规则是按照活动的阶段来进行划分的，分为活动上线前、上线中和下线后三个阶段。

1) 活动上线前

(1) 所有确定上线的卖家，需在店铺首页悬挂聚划算的标志图片，从确定上线开始悬挂一个月。不是聚划算合作商家悬挂聚划算官方标志的，聚划算有权追究责任要求停止悬挂。

(2) 宝贝详情页面，商家需要提前做好页面装修和编辑，确定重要团购信息的准确性，一旦上线，页面将不能做任何修改。

(3) 保证金需上线前三天内充值到支付宝账户，以便工作人员冻结，延期将不能上线。

2) 活动上线中

(1) 活动进行中时，参加活动的宝贝链接，不允许自行下线，同时还要保持咨询旺旺在线；

(2) 活动上线后不允许修改宝贝描述信息，包括团购库存，不允许更换商品；

(3) 活动进行中需杜绝一切对聚划算活动不利将造成负面影响的行为。

3) 活动下线后

(1) 活动下线后需按店铺活动承诺及时给予买家发货和相应优质服务；

(2) 店铺宝贝参加聚划算活动后一个月内，不得以聚划算团购活动价格或接近该价格直接销售；

(3) 若由于聚划算活动商品产生投诉的店铺将视情节严重情况取消该店铺之后参加聚划算活动资格。

4. 聚划算参团流程

聚划算参团流程主要分为报名、审核、排期和开团4个阶段，具体讲解如下。

1) 报名

进入聚划算商户中心 https://freeway.ju.taobao.com/seller/sellerHome.htm 熟悉招商公告，了解官方规则，查看符合店铺经营类目的活动列表并选择符合自身条件的活动进行报名，如果之前已报过名，活动名称会有提示。

通过该活动的“活动详情”中可以看到该活动介绍、收费方案、保证金规则、报名要求、坑位规划等信息，符合该活动要求的可以同意活动协议参加报名。

同意协议后需要进行报名商品提交，在选择活动商品时需要从商品本身、商家店铺和待竞拍商品等三个方面考评。

(1) 商品本身的属性需要从商品的质检分、比价、商品成交及评价、报名规范等来进行考虑；

(2) 商家店铺主要由店铺三项 DSR 评分、店铺 30 天内服务及店铺 30 天内成交量来决定；

(3) 待竞拍商品池需要从待竞拍池内商品数、待竞拍池内同类同款情况及待竞拍池内按属性设置后情况来进行考虑。

2) 审核

聚划算报名商品会在规定的时间内完成审核，具体审核根据参报活动而异，例如佣金制(佣金一天模式、佣金两天模式、聚定制、聚定制非标平台等)审核时间为开团日期前 10 个工作日进行审核。而聚划算(整点聚)业务审核时间为报名后 15 个工作日内进行审核。同时对待竞拍商品池中竞拍比例较少的类目会优先审核。

3) 排期

商品审核通过后会进入坑位选择和排期选择阶段，此时的时间为商家希望参加该活动的时间，并不是最后实际开团时间。活动的具体时间以通过审核后的具体通知时间为准。审核通过后，企业需要提前做好活动准备，主要有以下几个方面。

(1) 提前预热：聚划算活动前提醒优惠券领取、收藏店铺、签到换积分等活动，让老用户提前知道聚划算活动的消息。

(2) 确定关联宝贝：关联宝贝尽量不要和报名宝贝的风格太类似，这样可以减少买家选择犹豫，同时最好前期有销量基础，能够增强消费者信心。

(3) 营销活动氛围：首页专题、活动专题页、详情页都做好聚划算活动的相关指引，并营造出紧张抢拍的活动气氛。

(4) 人员安排：活动当天流量会激增，要提前安排好客服、仓储人员，并提前联系快递。

(5) 应急预案：充分考虑到停电、计算机死机、网络不通、断货、尺码不足等问题。

(6) 活动预演：对于第一次参加此类活动的店铺，可以进行一次活动预演，保证员工熟悉聚划算流程及各部分工作，避免活动开始手忙脚乱。

4) 开团

审核通过后，开团之前两天内商家需要将参与竞拍/冻结费用及保证金及时缴纳。商品货值计算公式分为包邮和不包邮两种情况，包邮商品的计算公式为单价×数量，而不包邮商品的计算公式为(单价+10)×数量。冻结金额按卖家报名商品的货值所属的区间计算。

(1) 货值大于等于 0 元，小于 10 万元的，冻结等值的全额保证金；

(2) 货值大于等于 10 万元，小于 30 万元的，冻结 10 万保证金；

(3) 货值大于等于 30 万元，小于 100 万元的，冻结 30 万保证金；

(4) 货值大于等于 100 万元的，冻结 50 万保证金。

缴纳保证金后需要及时上传商品信息，等待活动开始，需要注意的是商品详情页需提前检查，在活动开始后详情页不得再次更改。

5.6.5 淘金币活动

淘金币活动主要分为品牌汇和主题购两类，其中，品牌汇以品牌或 TOP 商家独立成品牌团，一个品牌对应一个商家，以品牌名或店铺名展现出来，而主题购则以购物需求和类目为依据进行细分，实行一个主题对应多个商家。下面详细讲解淘金币活动的相关知识。

1. 品牌汇

品牌汇重视品牌纬度，各类目优秀品牌商家独立成主题，一主题一商家，3 天/期，有单独活动页面且在淘金币首页有独立展示。品牌汇适用于集市头部品牌商家，参报免佣金只收取一定量淘金币、兑换商品及保证金。

1）品牌汇资格要求

品牌汇是淘金币面向集市品牌商家招商的活动类型，采用单品牌商家多商品的活动方式。品牌商家包括线下品牌集市直营店、品牌授权集市店、知名淘品牌和知名集市大卖家。

2）品牌汇店铺资质要求

（1）符合《淘宝网营销活动规则》；

（2）开通卖家淘金币账户，并设置全店抵扣；

（3）卖家淘金币数≥0；

（4）店铺内实物交易占比≥95%（虚拟类目除外）；

（5）店铺创建时间≥90 天；

（6）店铺星级需要达到 3 钻及以上；

（7）近半年店铺评分中“宝贝与描述相符”、“卖家的服务态度”、“卖家发货的速度”三项评分均达 4.6 及以上；

（8）人工介入退款≤6 笔。

3）品牌汇商品资质要求

品牌汇针对商品是否是爆款有不同的资质要求（爆款可参加 5 款宝贝），主要集中在销量和有效评价数量上，而在两类宝贝中又针对不同的单价有不同的要求，主要表现为以下几方面，具体如表 5-2 所示。

表 5-2 品牌汇商品资质要求

<table>
<tr><th>品牌汇商品</th><th colspan="2">单 价</th><th>销 量</th><th>评 价</th></tr>
<tr><td rowspan="4">爆款品宝贝</td><td rowspan="3"><500 元</td><td>≤80 元</td><td>30 天成交量≥200 件</td><td rowspan="3">30 天有效评价数≥30 条</td></tr>
<tr><td>≤200 元</td><td>30 天成交量≥100 件</td></tr>
<tr><td>>200 元</td><td>30 天成交量≥30 件</td></tr>
<tr><td>≥500 元</td><td>≥500 元</td><td>30 天成交量≥10 件</td><td>30 天有效评价数≥10 条</td></tr>
<tr><td>非爆款宝贝</td><td colspan="2"></td><td>30 天成交量≥30 件</td><td>30 天有效评价数≥10 条</td></tr>
</table>

需要注意的是，除了满足以上几点外，还需要满足一个整体的抵扣价值的要求，即报名商品抵扣前单价≤近 30 天最低价，而淘金币抵扣比例在 1%～99%之间。

2. 主题购

主题购活动以购物需求和类目进行细分，可以在同一主题下有多个商家，主题购活动通常一期为三天，有单独活动页面且在淘金币首页有独立展示。适用于集市头部品牌商家和集市类目 TOP 商家，活动费用同样是免佣金，仅需一定量淘金币、兑换商品和缴纳一定保证金。

主题购根据用户购物需求与类目细分规划为各种主题活动，单个主题活动支持多商家同时报名，报名对店铺和宝贝有一定的资质要求。

1）店铺资质要求

（1）符合《淘宝网营销活动规则》；

（2）开通卖家淘金币账户，并设置全店抵扣；

（3）卖家淘金币数≥0；

（4）店铺内实物交易占比≥95%（虚拟类目除外）；

（5）店铺创建时间≥90 天；

（6）店铺星级：3 钻及以上；

（7）近半年店铺评分中"宝贝与描述相符"、"卖家的服务态度"、"卖家发货的速度"三项评分均达 4.6 及以上；

（8）人工介入退款≤6 笔。

2）主题购商品资质要求

主题购对商品的资质要求同样分为销量和有效评价数两个方面，不同的是主题购对于是否爆品不进行细致的划分，具体情况如表 5-3 所示。

表 5-3　主题购商品资质要求

	单价		销量	评价
主题购商品	<500 元	≤80 元	30 天成交量≥200 件	30 天有效评价数≥30 条
		≤200 元	30 天成交量≥100 件	
		>200 元	30 天成交量≥30 件	
	≥500 元	≥500 元	30 天成交量≥10 件	30 天有效评价数≥10 条

表 5-3 中列举了主题购商品的资质要求，与品牌汇相同的是主题购报名也需要满足报名商品抵扣前单价≤近 30 天最低价和淘金币抵扣比例在 1%～99%的范围之间这两个条件。

5.6.6　天天特价

天天特价活动是以扶持中小卖家为宗旨的官方平台，扶持对象为淘宝网集市店铺。天天特价频道目前主要有类目活动、主题活动、底价清仓、10 元包邮 4 大模块招商，其中，底价清仓和 10 元包邮为特色栏目，天天特价类目活动为日常招商，每周还会有不同的主题性活动。下面详细讲解天天特价活动的相关知识。

1. 报名要求

同其他活动一样，天天特价的报名也需要一定的资质要求，主要分为店铺资质要求和商品资质要求。

1）店铺资质要求

（1）卖家信用积分：三钻以上；

（2）店铺主营率≥80%；

（3）店铺主营类目符合招商要求；

（4）实物宝贝交易≥90%；

（5）开店时间≥180 天；

（6）加入消费者保障服务，且消保保证金余额≥1000 元；

（7）在线销售商品数量≥10 款；

（8）描述相符≥4.6、服务态度≥4.6、发货速度≥4.6；

（9）严重违规扣分为 0 分，无售假违规（售假扣分为 0 也不能报名），一般违规扣分不满 12 分；

（10）无因虚假交易被违规扣分；

（11）近一个月人工介入退款成功笔数占店铺交易笔数不得超过 0.1%，或笔数不得超过 6 笔（数码类卖家不得超过 4 笔）；

（12）因各种违规行为而被搜索全店屏蔽的卖家，在屏蔽期间内限制参加活动；

（13）卖家不得存在《淘宝规则》中限制参加营销活动的其他情形。

2）商品资质要求

（1）今日特卖频道将针对特定类目开放报名，报名商品需在规定的类目之内；

（2）商品需加入退货承诺服务；

（3）商品不得有区间价格（可以多个 sku 但是必须是一个价格）；

（4）报名的商品库存数量≥50 件；

（5）活动商品当前价格（原价）必须低于 30 天内最低价格（原价）；

（6）活动价必须低于该款商品报名前 60 天销售最低价（不包括成交价低于 5 元（含 5 元）的交易及秒杀、套餐、聚划算阶梯价、淘金币加钱购、淘金币抵款、淘金币全额兑换、店铺优惠券、单品优惠券、积分加钱购、积分兑换，1212 购物券等优惠活动）；

（7）报名商品必须全国包邮（港澳台地区除外）。

2. 注意事项

天天特价活动整体可以划分为上线前、推广中和结束后三个阶段，在这三个阶段中有一些需要注意的事项，主要表现在以下几个方面。

1）上线前

报名通过的卖家需在其店铺首页和参与活动的宝贝详情页面展示天天特价频道指定 LOGO 图片。报名通过后卖家应立即在指定页面按要求展示图片，展示时间为活动上线后的一个月内。

天天特价的活动预告时间为一天，在活动前一天就有流量进入店铺，因此需要提前一天安排好相关人员。同时天天特价活动时间由每日 10 点开抢，频道 8 点自动更新，这期间流量增长迅速，需要企业提前合理安排人员。

2）推广中

天天特价活动上线后，不得随意更改价格和库存，也不允许宝贝自行下架，同时需要保持阿里旺旺在线，做好店铺内的关联营销工作。活动进行中如果出现流量不足的情况可以向老客户发送短信，回馈老客户，或者提前做好直通车或钻展推广图，当天进行应急投放带来流量。

活动中可以准备两套关联方案，第一套不行马上换第二套，关于活动开始后页面不能再次编辑的问题，可以通过软件插入关联到顶部或是使用店招关联以及店铺左侧关联来解决，店招关联效果比其他效果好。

注意：

（1）天天特价规定拍下 20 分钟内没付款系统会自动关闭订单，需要安排客服及时催付。

（2）活动进行中需要遵守天天特价的活动规则，由于参加活动时出现违规行为而被投诉的卖家将被取消后续活动报名资格。

3）结束后

天天特价活动结束后需要按卖家承诺及时发货，如发货量太大需要紧急调配人手尽快完成。同时参加活动的宝贝在活动结束后一个月内不得以低于当时活动价进行销售。

天天特价的受众往往是较精明的网购群体，稍有不慎很容易引起中差评，可以提前在详情页面上引导。另外，中差评是由哪个客服引起，就由该客服跟进处理，可以提高工作效率。

注意：

（1）活动下线后卖家应做好数据总结工作，帮派内分享活动经验和心得。该类卖家将优先获得下次活动报名资格。

（2）活动结束后记得进行效果监测，重点需要关注顾客评价、动态评分涨跌、关联效果的评估以及后续回头率等问题。

5.6.7　免费试用

免费试用是试用中心推出的用户可以完全免费获取试用品的专业试用平台。会员通过试用报告分享试用感受，给商家的商品做出公正专业的描述和评价，从而帮助其他消费者做出购物决策，为试用品起到口碑推广的作用。下面详细讲解免费试用活动的相关知识。

1. 报名条件

免费试用活动报名条件要求对于商品和店铺各有不同要求，具体要求条件如下。

1）免费试用对于店铺报名条件

（1）集市店铺（淘宝店铺）：店铺信誉等级需要达到 1 钻以上，并且加入消保，店铺综合评分 4.6 分以上且 90 天内没有因产品质量被投诉。

（2）商城（天猫）店铺：只需要店铺综合评分达到 4.6 分以上即可。

2）免费试用对于商品报名条件

（1）试用商品的总价值需大于 1500 元，价格不得虚高，必须为原厂商出产的合格、全新产品，且在良好保质期内，食品商家必须填写食品生产许可证编号（QS 编号），美容、彩妆及日化洗护类商品必须有假一赔三资质或分销平台品牌授权标识。

(2) 同时免费试用谢绝分装、DIY自制、无商标无品牌的商品参加。

(3) 试用品免费发送给消费者,消费者写出试用报告后无须将商品返还给商家。

试用活动期为7天,活动结束后,商品会自动移到"试用报告"继续展示,并一直存档。免费试用活动每周最多报名一次,对于符合要求的商家和商品,可以通过统一报名入口按照相关的报名流程进行报名。

2. 活动审核

商家在报名免费试用活动后会进入活动审核阶段,该阶段需要进行两次审核,即一审和二审,具体介绍如下。

1) 试用中心一审

一审是小二对于店铺及宝贝的初步审核,小二会根据店铺的实际情况进行不定期的抽查收取样品(食品类目要有QS证明或健字号标志)。这个阶段主要查看的是商品图片是否合格、商品价格是否虚高、申报活动数量是否有误、同类商品是否太多及产品综合排名是否符合要求等。一审一般会在试用品上线前3~10个工作日内完成。

2) 试用中心二审

试用中心二审不是通过小二审核的,二审是机审,系统会在试用品上线前进行校验。这一阶段主要验证产品是否是一个价格、产品是否为上架状态及宝贝链接是否存在,如不符合上述条件则审核不通过。二审一般在试用品为待上架状态时进行,审核时间为上线前1~3天。

所有报名试用活动的商品若有审核不通过,商家都会收到系统提示的不通过理由,商家可以查看报名要求并检查自己的报名信息是否符合。常见的不通过原因一般有下面几种。

(1) 价格严重虚高,实际价值不符合试用报名规则;

(2) 报名图片不符合要求(图片失真、大小不符、非白底等);

(3) 同一个商家一次报名多款商品或一款商品重复报名;

(4) 报名商品在同类型商家中竞争力不足。

商家报名后的商品链接无法进行修改,一旦发现报名链接出现错误,只能取消本次活动重新报名,而不能联系小二进行修改链接。若链接错误,在待上架之前可以联系淘宝客服取消活动。如果试用品为待上架状态时,需要取消活动的,试用中心将进行拉黑处理,一定时间内不能参与试用中心的任何活动。

3. 精华报告申请需求

试用者申请成功收到试用品后,将有20天的时间来完成试用报告,如果系统催促提交试用报告时需要尽快完成,否则将会被暂时限制申请新的试用品,直至完成该次试用品的报告提交。卖家可以从已提交的使用报告中选择出优质的报告进行推荐并申请成为精华报告。精华报告的申请一般满足以下几个方面的要求。

1) 内容

报告内容要真实客观,客观描述试用品的优缺点,不过分夸大赞美,也不随意诋毁,比较合理地提出建议,最有场景感的试用过程。

2）图片

报告中使用的图片不得是商家店铺中的商品图片，同时严禁盗取其他的试客图片。如包裹包装没有问题，则不需要展现包裹图，也不需要放上申请成功的旺旺提示截图。图片数量在 15 张左右，图片重点要明确且一目了然，内容需包含商品整体图、商品细节图、场景化试用过程（支持暴力测试）或真人秀三部分。图片不需要边框，也不能使用各种美图、修图软件，试用中心严禁使用试用效果有误导的美图修图行为。

3）文字

文字需要精简明了，一张图配一句描述文字，注重使用过程中感官的文字描述，例如，涂上去感觉很清凉、擦上去有刺痛感、口水鸡闻着很香、吃起来口感很嫩等。试用者的心情、感言可以写在最后。总体来说，试用报告在于把试用中最深刻、最真实、最客观的感受场景化地呈现出来，把其他消费者最迫切需要了解的内容直观展现出来，第一时间触发阅读者的情感共鸣。

4）推荐或建议

可以附带一些在试用后产生的意见或者建议，真实客观是试用报告原则，在称赞试用品的同时，也可以对商品提出宝贵的建议。

5.7 其他推广方式

除了上面讲述的推广方式外，网络营销还有一些其他的推广方式，这一节将详细讲解关于企业黄页推广、分类信息推广、论坛推广和博客推广等其他常见的推广方式。

5.7.1 企业黄页

传统黄页是国际通用按企业性质和产品类别编排的工商电话号码簿，相当于一个城市或地区的工商企业的户口本。而黄页网站则是将传统黄页搬到网上，利用互联网为载体，在网上发行、传播、应用的电话号码簿。同时，网上黄页不是传统黄页的翻版，其内容更广泛，服务功能更多元化。对于企业广告宣传、精准营销等有着重要的营销作用，下面就企业黄页相关知识详细讲解。

1. 企业黄页的作用

企业黄页的作用主要体现在 4 个方面，即被动曝光、渠道整合、精准营销和广告宣传。

1）被动曝光

在搜索引擎发展起来之前收集信息的主要渠道就是黄页，根据黄页里提供的企业电话号码与之联系。企业的信息是被消费者找到的，企业的品牌和产品是被动进行曝光的。

2）渠道整合

通过黄页准确查找上下游企业或者合作企业，可与之进行资源和渠道整合。

3）精准营销

在黄页里搜寻信息的用户，都是有着明确的需求的，黄页可以非常精准地把用户需求的广告信息展现给目标受众。

4）广告宣传

在同级目录中通过广告进行优先展示商家信息。黄页里的封面、封页、封底等版面均可刊登广告。

2. 网络黄页的优势

相对于传统黄页，网上黄页的优势表现在以下三个方面。

(1) 内容更完整广泛，服务功能更多样化。

传统纸质媒体的电话号码形式的黄页包括公司地址、电话、公司名称、邮政编码、联系人等简单信息。而网络黄页是拥有企业独立的LOGO的企业网站，提供包括企业邮箱、产品动态、数据库空间、买卖信息、企业简介、即时留言、短信互动等功能。

(2) 信息更新更及时。

传统黄页，受出版印刷时间的限制，更新速度慢，只能在改版时做修改，更新周期一般都是一年，最短也得几个月。网络黄页，企业可以即时地自主更新信息。并且传统黄页企业数据的容量也有限制，而网络黄页没有地域的限制，可以充分利用网络的无限数据空间，做到传播无限制。

(3) 监测更方便有效。

传统黄页无法统计转化效果，而网上黄页可以通过访问统计工具轻松地实现实时在线监测和统计功能。

5.7.2 分类信息

分类信息是Web 2.0的衍生物，也被称为分类广告，分类信息的出现让网络和百姓的日常生活联系更加紧密，使得网络信息涉及日常生活的各种资讯。在分类信息网站里面，用户可以获得免费、便利的信息发布服务。下面就分类信息相关知识进行详细讲解。

1. 分类信息的特点

分类广告多集中在房屋租赁、二手转让、求职招聘等直接关系到使用者切身利益的领域。用户在使用分类信息时往往不会去看那些对他们无用的信息，同时用户通常需要通过比较多个信息来找到最合适的信息，再做出购买决策。归纳起来分类信息有以下4大特点。

1）便捷性

分类信息是一种按钮广告，网民在网上获取信息是主动的，只要对某产品或服务感兴趣，仅需轻按鼠标就能进一步了解更多、详细的信息，从而使网民能够按照自己的选择亲身体验产品、服务。

2）精准性

分类信息是典型有自己阅读率的广告，在Internet上，可以通过访客流量统计系统精确统计出每条分类信息的浏览次数，这些量化的数据有助于广告主正确评估广告效果，审定广告投放策略。

3）海量性

分类信息讲究规模性，报纸分类信息因为报纸版面有限，不能提供更多和更详细的信息。而网络分类信息的信息容量几乎无限，尤其是网络分类信息还利用超链接，可以使用详细的分层类目，构建庞大的数据库，提供最详尽的广告信息。

4）时效性

分类信息具有时效性，网络分类信息在计算机上设计制作后，即可发送到网络进行发布，免去了排版、排印等。同时，网络分类信息具有随时更改信息的功能，广告主可以根据需要 24 小时调整产品价格等商品信息，并及时将最新的产品信息传播给消费者。

2. 分类信息推广技巧

随着一些站点开放免费分类信息的发布，分类信息平台也成为网络推广的重要平台，分类信息网站的管理也愈加规范，所以推广分类信息时要注意一些事项，主要有以下几个方面。

1）选择正确分类

分类信息的特点就是信息量特别大，因此选择一个正确的分类尤为重要，用户可以通过分类快速查找知道自己需要的信息，如果信息分类错误，分类信息往往不能展现给真正需要的用户。

2）避免关键词堆叠

分类信息中适当植入关键词可以帮助用户快速查找到需要的信息，但是如果过分地堆叠关键词往往会掩盖用户真实需要的信息，会让使用者认为该分类信息的作用不大。

3）不要使用敏感词

这一点比较容易理解，敏感词会导致信息发布审核不通过或者被管理员删除，如果必须要出现敏感词，可以用拼音或者将信息制作成图片代替。

4）不要重复发布

重复发布相同信息会被惩罚，不要发重复内容和没有意义的垃圾信息，分类信息网站判定重复内容的能力都很强，一般重复内容会被提示“已发布过相同的信息，垃圾信息很可能被直接被删”。

5.7.3 论坛推广

企业在论坛上通过文字、图片、视频、语音等方式发布企业的产品和服务信息，从而让目标客户更加深入地了解企业的产品和服务。最终达到宣传企业品牌、加深市场认知度的目的。下面就论坛推广相关知识详细讲解。

1. 论坛推广特点

论坛属于社会化媒体中的一种，具有社会化媒体的属性和特点，论坛推广的特点主要体现在以下几个方面。

1）高人气开放性

利用论坛的超高人气，可以有效地为企业提供营销传播服务，而由于论坛话题的开放性，企业论坛营销在现阶段的展现形式的营销诉求都可以通过论坛传播得到有效的实现。

2）强大的聚众能力

论坛活动具有强大的聚众能力，企业推广者可以通过论坛以踩楼、灌水、帖图、视频等方式与潜在用户进行交流，调动网友与品牌之间的互动。

3）可信度高

论坛营销一般是企业以自己的身份或者是伪身份发布的信息，所以对于我们来说，其发布的信息要比单纯的网络广告更加可信。为了迎合网络的需求，不同类型的站点都架构了论坛系统，操作者发布论坛的广度也很明显。

4）精准度高

企业做营销的时候一般都会提出关于论坛营销的需求，其中会有特别的主题和板块内容的要求，操作者多从相关性的角度思考问题，所操作的内容就更有针对性，用户在搜索自己所需要内容的时候，精准度就更高。

5）注重策略和执行

论坛营销需要推广者在主流论坛中发布和维护大量的帖子，重在推广者的执行，同时论坛的推广营销需要遵循一定的策略。例如，对帖子的引导回帖、话题营销等。

6）利于 SEO 优化

通过审核的论坛内容往往会在短时间内就被搜索引擎收录，同时会保留很长时间，通过论坛营销可以有效地辅助网站的 SEO 工作。

2. 论坛营销技巧

论坛营销是企业常用的一种推广方式，不过做好论坛营销也要讲究一些技巧。如果忽略了推广方面的很多细节，胡乱发帖、回复，最终只会让效果缩水。更严重的是会被当成广告帖删除，次数一多就会被封号。这样一来，辛苦积累起来的经验就会荡然无存。本节主要讲解论坛营销的一些技巧。

1）标题技巧

论坛发帖时标题需要紧扣内容，能够反映文章主要内容，同时要能够抓住浏览者心理，提炼文章中的兴奋点。在格式上需要少用半角字符、英文、标点符号，标题中不得出现敏感词汇，避免生僻词汇，标题尽量做到精简，尽量控制在 20 个汉字以内。

2）内容技巧

在帖子内容撰写上首先要求与目标人群、论坛类别帖子标题相关，同时还可以采用经典的结构来重塑帖子的内容，例如，可以将帖子分为三个部分，在第一部分开始呼引标题，对标题所说进行描述和说明。在第二部分中间植入推广的品牌，在第三部分发表自己的评论、感想等内容。

3）维护技巧

在设计论坛回复时，可从多个角度来撰写回复帖，用来引导帖子观点导向、证实帖子的可信度。回复的字数不要太少，建议控制在 15～50 字之间，回复时最好有时间间隔，接近真实，每次回复的时间都要隔开，必要时可以换账户以不同的身份和角度进行回复。

4）个人信息设置技巧

个人信息可以设置一句代表自己个性的话，这里也可以植入品牌的信息。部分论坛可以加入链接地址，辅助 SEO 优化。同时可以把个人头像做成广告图片，看帖的朋友不仅能看到发表的帖子，还可以同时了解到所要宣传的信息。

3. 论坛营销推广流程

论坛营销的推广流程一般包括目标群体定位、账户准备、营销策划选题、发帖、顶帖和回复、效果监测6个部分，对它们的讲解如下。

1）目标群体定位

选择有自己潜在客户所在的论坛，并且是人气旺的论坛，熟悉其特点，深入分析目标用户群体的习惯喜好与活动范围。

2）账户准备

论坛账户应该有专人负责，在论坛上注册多个账号并在发帖前进行一定的培养，积极发布相关主题的帖子，积累人气。对主账号应该尽可能培育成知名账号并分析对应论坛或者用户的习惯和兴趣点，尽量接近版主、管理员等核心管理层。

3）策划营销选题

策划选题是需要将产品卖点与用户需求相结合，筛选出最佳营销亮点，帖子主题要有创意，有一定话题性、争议性、能引起共鸣性、感动互助和能吸引回复。主题要和论坛或者版块相关，同时最好能够和热点事件结合。

4）发帖

在核心论坛进行话题发布。发帖时尽量长帖短发，太长的帖，不管它有多大吸引力，都很少有人能够把它看完。发帖后要及时记录和更新发帖情况，将帖子尽快提高人气，当回帖参与讨论的人多的时候，即使有一些小的违规，管理员一般也不会直接删除。

如果论坛可以修改自己的帖子，那么在发帖的时候可以先不着急发广告信息，可以在帖子有一定的人气后，对其进行编辑，加入推广的内容。

5）顶帖与回复

顶帖也不要千篇一律，注意观点的引导和碰撞，注意顶帖的稳定性，避免波动太大的情况出现。积极回复参与讨论，从多方位多角度验证帖子的可信度。顶新帖时争取能做到前5名，最好第1名，可以使用不同的账号来提升话题热度，引导讨论的方向，以免误入歧途。出现争论时需要对争论进行适当的引导，不要一味地抵制反对意见，以免失控。

6）效果监测

论坛推广后期要进行效果的监测，做好数据统计分析，以便了解策划执行过程中的细节成败，为之后的改进和推广提供依据。

5.7.4 博客营销

博客营销是企业或个人利用博客平台，通过博文等形式进行宣传展示，获得搜索引擎排位，从而达到提升品牌知名度、促进产品销售等目的的营销方法。下面对博客营销的相关知识详细讲解。

1. 博客分类

博客也有不同的分类形式，主要是按照存在方式和用户进行分类。

1）按存在方式分

按存在方式可以分为平台博客、附属博客以及独立博客等。

(1) 平台博客：无须自己注册域名、租用空间和编制网页，只要去免费注册申请即可拥有自己的Blog空间，是最"多快好省"的方式。

(2) 附属博客：将自己的Blog作为某一个网站的一部分(如一个栏目、一个频道或者一个地址)。

(3) 独立博客：一般指采用独立域名和网络主机的博客，即在空间、域名和内容上相对独立的博客。独立博客相当于一个独立的网站，而且不属于任何其他网站。

2) 按用户分

按照用户分类一般能将博客分为个人博客、协作式博客和企业博客三种。

(1) 个人博客：即亲朋之间的博客(家庭博客)，这种类型博客的成员主要由亲属或朋友构成，它们是一种生活圈、一个家庭或一群项目小组的成员。

(2) 协作式博客：主要目的是通过共同讨论使得参与者在某些方法或问题上达成一致。通常把协作式的博客定义为允许任何人参与、发表言论、讨论问题的博客日志。

(3) 企业博客：即商业、企业、广告型的博客，对于这种类型博客的管理类似于通常网站的Web广告管理。企业博客常见的有领袖博客、高管博客、企业员工博客等。另外，企业博客中有一种企业产品博客，即专门为了某个品牌的产品进行公关宣传或以为客户服务为目的所推出的"博客"。

2. 博客营销流程

博客营销的流程包括营销定位、博客装修、制定内容策略和制定推广方式等4个部分，对它们的讲解如下。

【Step1】 博客营销定位

博客营销定位主要包含三个方面，即主题定位、用户定位、内容定位。

(1) 主题定位：可以从一个大行业中细分出一个比较垂直的领域，同时该领域要有一定的内容素材，要有足够多的知识可写。例如网络营销类博客，可以按不同角度细分，例如论坛营销、软文营销、SEO、SEM、SNS、微博营销、微信营销等。

(2) 用户定位：需要明确博客营销的目标用户群体，对于用户特点和需求进行研究。在定位时最好定位于用户数量较大的群体。如果用户量太少，则博客的影响力就难有保证，若用户的需求有限，那博客也就没有内容可写。

(3) 内容定位：博客内容一定要围绕用户的兴趣和需求来写。以分享型为最佳，例如分享各种经验、技巧以帮助用户解决问题。这类博客也最容易赢得用户青睐。其次是传播思想，例如发表观点与评论为主的博客。

【Step2】 博客装修

博客名字是允许重名的，但博客地址是唯一标识，如被占用需要更换其他地址。注册博客时地址可以为空，等下次再完善。个人博客可以是以个人真实姓名或网名作为博客名称，企业博客则可以使用企业名或企业简称。博客的域名也是唯一的，设置好之后不能修改，个人博客建议使用自己的姓名拼音或英文名，或组合作域名，企业官方博客则建议使用公司英文简写或组合。

【Step3】 制定内容策略

作为一个成功的博客，博客内容需要让读者感到实用且独特。可以从实用性、独特性和争议性三个角度来制定博客内容。

（1）实用性：即博客对他人是否有用，比如一些具有娱乐性、教育功能、新闻性的有价值的博客，比较受人们的欢迎，例如“长春国贸”、“月光博客”、“SEO 每天一贴”、“股市风云”、“IT 风云”。

（2）独特性：即怎样才能和其他博客区分开来，可以考虑新颖的主题、独特的语言风格、迥异的文章体裁，例如“小众软件”、“炳叔的一腔吠话”。

（3）争议性：即博客是否能激发阅读者的讨论，往往有悖常理的、耸人听闻的、挑战底线的内容，更能激发用户的兴趣，例如“方舟子 BLOG”。

【Step4】 制定推广方法

博客文章可以在文中提作者的名字及自己博客的名字，让浏览者记住博客作者，引导大家通过搜索引擎登录你的博客。同时在博客运营成熟之后需要进一步考虑其他的网络推广方式，这点可以结合企业的具体推广渠道，将博客有价值的内容推送给目标受众。

小　结

本章主要介绍了网络营销中常用的推广方式，包括 QQ 推广、电子邮件营销、搜索引擎营销、百度文库推广、天猫淘宝活动推广、论坛推广、博客营销等内容。

通过本章的学习，读者应该能够对常见的网络营销推广方式有一个整体的印象，熟练地使用简单的营销推广方式进行网络营销推广活动。

课下练习

一、填空题

1. QQ 加群推广是 QQ 推广中重要的推广方式之一，企业利用 QQ 群在进行推广时基本分为加群准备、________、________、________ 4 个阶段。

2. 使用电子邮件进行营销推广前需要收集客户邮箱地址资源，常见的收集邮箱地址资源的方式有自有网站注册用户、在线订阅、________、________、________、________等几种方式。

3. 百度百科词条的创建可以分为确定词条名称、________、________、________及最后提交词条等几个步骤。

4. 质量得分主要用于________与________和淘宝网用户搜索意向三者之间的相关性，其计算依据涉及多种因素。

5. 钻展在投放时可以选择多种定向方式，主要包括地区定向、时间定向、________、________、________以及________和访客定向几种推广模式。

二、判断题

1. QQ 空间是 QQ 推广的方式之一，企业利用 QQ 空间进行推广的方式有认证过的企业账号推广和专家大号推广两种方式。（　　）

2. 在电子邮件营销流程当中，执行部分的工作包括内容设计制作、地址以及资源收集、邮件的测试和正式投放。（　　）

3. 在搜索引擎优化中，网站的 TDK 标签优化对于提升网站的权重作用不是很大。（　　）

4. 利用百度文库推广时，可以通过在上传的文档中植入链接的方式进行推广。（　　）

5. 百度贴吧推广是一项长期营销过程，因此在帖子发布成功后还需要对帖子进行持续的顶帖和回复。（　　）

6. 在钻展推广中，单品推广适合热卖单品、季节性单品做推广，对于打造店铺的爆款有着重要作用。（　　）

7. 在聚划算活动中，确定上线的卖家，需在店铺首页挂上聚划算的标志图片，而不是聚划算合作商家同样可以悬挂聚划算官方标志。（　　）

8. 报名天天特价通过的卖家需要在其店铺首页和参与活动的宝贝详情页展示天天特价频道指定 LOGO 图片。（　　）

9. 从站内优化角度看，SEO 优化工作基本可以分为结构方面优化和页面方面优化两部分。（　　）

10. 帖子发布成功后，需要持续地顶帖回复，但顶帖时还要注意对观点的引导和碰撞，以免引入歧途。（　　）

三、选择题

1. 在下列选项中，属于 QQ 推广方式的是（　　）。

A. 单项聊天推广　　B. QQ 群推广

C. QQ 空间推广　　D. 朋友圈及漂流瓶

2. 关于电子邮件营销推广的主要优势的说法，下列选项正确的是（　　）。

A. 推广形式灵活高效，可以精准接触目标受众

B. 营销范围广泛，营销过程可测试和监控

C. 低成本，高回报

D. 增加网站流量

3. 在下列选项中，哪些指标是衡量电子邮件营销效果的？（　　）

A. 成功率　　B. 阅读率　　C. 转化率　　D. 点击率

4. 在百度文库上传文档时，下列哪种格式的文档通过率较高？（　　）

A. Word 格式　　B. PDF 格式　　C. xls 格式　　D. rtf 格式

5. 在下列选项中，哪些指标是百度贴吧推广需要分析的数据指标？（　　）

A. 点击量　　B. 回复量

C. 发布数量　　D. 参与用户量和有效回复量

6. 下列选项中，关于直通车的扣费原理正确的是（　　）。

A. 按照展现量　　B. 按照展现时长

C. 按照佣金比例　　D. 按照点击量扣费

7. 关于卖家的广告信息中能否出现聚划算字样的说法，下列选项正确的是（　　）。

A. 可以随便用　　B. 只要曾经上过聚划算就可以

C. 必须在聚划算排期期间内使用　　D. 只要以后有可能上聚划算都可以用

8. 下列选项中，哪些属于钻石展位推广拥有的推广方式？(　　)

A. 单品推广　　B. 店铺推广　　C. 品牌推广　　D. 热卖品推广

9. 下列选项中，关于淘金币的使用正确的有哪几项？(　　)

A. 金币抽奖的订单，只能用优惠价格购买一件

B. 金币兑换折扣，只要金币数量足够，可以多次兑换

C. 支持全额兑换的商品，一次只能兑换一件

D. 金币＋现金的购买方式，一次最多只能购买一件

10. 下列选项中，关于博客营销的说法正确的是(　　)。

A. 博客营销是一种基于个人人际资源的网络信息传递形式

B. 与门户网站发布广告和新闻相比，博客传播具有更大的自主性

C. 与企业网站相比，文章的内容题材和发布方式更为灵活

D. 与论坛营销的信息发布方式相比，博客文章显得更正式，可信度更高

四、简答题

1. 怎样才能防止邮件进入垃圾邮箱？

2. 请简述报名聚划算成功后运营人员需要做哪些工作。

第6章 营销活动策划

学习目标

- 掌握事件营销的策略及流程，能够进行事件营销策划
- 掌握免费营销策略，能够进行免费营销策划
- 掌握精准营销策略，能够进行精准化营销实施

【案例引导】

2008 年 3 月 24 日，举世关注的北京奥运圣火在雅典古奥林匹亚遗址点燃。与此同时，可口可乐公司也通过 QQ 在网络上发起了一个名为“火炬在线传递，可口可乐荣誉呈献”的大型宣传活动。

在这个活动开始前，可口可乐通过网站招募了 8888 名“第一棒火炬在线传递大使”。活动开始以后，就以这 8888 名传递大使作为 8888 条路线的起始点开始推进，所有 QQ 用户都可以参与到活动中来。

成功邀请好友参加活动的在线传递大使均能获得由可口可乐提供的专享奖品，而其他参与用户的 QQ 则拥有点亮的火炬图标和获赠的 QQ 秀胜利徽章。这些成为“火炬大使”或“火炬手”的用户，在其 QQ 好友面板个人头像处都能获得一枚未点亮的图标，图标在 2008 年 5 月 4 日之前为“徽章”样式，之后为“火炬”样式。当鼠标停留在这个“徽章”上时，则将出现一个小页面，展示用户所参与的“火炬在线传递”路线的火炬状态，包括参与人数、目前所处的区域等。

同时可口可乐公司将这个页面链接的是可口可乐的奥运营销网站。截至活动结束，有六千二百多万的 QQ 用户参与了这一活动。通过 QQ 强大的即时通信用户平台，可口可乐成功实现了在较短时间内用户深度参与的品牌营销传播。

【案例思考】

可口可乐公司筹划的这次奥运火炬在线传递活动，在前期没有进行任何宣传，最初只邀请了 8888 名 QQ 用户作为在线火炬传递活动的第一棒火炬手，而最后却成功地让 6000 万人参与其中。可见营销活动策划对于企业营销推广活动的重要性。那么什么是营销活动策划？营销活动方案该如何策划？其意义是什么？企业在日常的营销活动策划中该遵守什么样的策略？这些策略该如何实施？本章将针对这些内容进行详细的讲解。

6.1　营销活动策划概述

在日常生活中，某些商家企业为了更好地传播自身品牌，经常会举行一些商业营销活动来吸引消费者。而一个成功的营销活动，往往离不开前期的策划。那么如何做好营销活动策划，则是许多商家企业需要解决的问题。本节将对营销活动的基本知识和活动策划流程进行详细讲解。

6.1.1　了解营销活动

营销活动是指企业通过介入重大的社会活动或整合有效资源策划大型活动而迅速提高企业及其品牌知名度、美誉度和影响力，促进产品销售的一种营销方式。一般包括应季活动、节日活动、周年庆典活动、促销活动、品牌宣传活动等。下面将从营销活动的意义、优势、切入点以及活动形式等 4 方面深入了解营销活动。

1. 营销活动的意义

企业营销活动最终目的是为了实现产品的销售或服务的消费，因而营销活动的意义主要表现为提升品牌影响力、提升消费者忠诚度和吸引媒体关注度三个方面，具体介绍如下。

1）提升品牌的影响力

一个好的营销活动不仅能够吸引消费者的注意力，还能够传递品牌的核心价值，提升品牌的影响力。然而，如何让品牌的核心价值为消费者所认同呢？关键就是要将品牌核心价值融入营销活动的主题中，让消费者接触营销活动时，在潜移默化中受到品牌核心价值的感染，引起消费者的情感共鸣，进而提升品牌的影响力。

2）提升消费者的忠诚度

营销活动是专为消费者互动参与打造的活动，消费者对于活动的参与度和关注度，直接影响着消费者对企业的品牌形象深度，更能够提升消费者对品牌的美誉度，进而提升消费者的忠诚度。

3）吸引媒体的关注度

营销活动集新闻效应、广告效应、公共关系、形象传播、客户关系于一体，并为新产品宣传推广、品牌展示创造机会，建立品牌识别和品牌定位，形成一种快速提升品牌知名度与美誉度的营销手段。20 世纪 90 年代后期，互联网的飞速发展给营销活动带来了巨大契机。通过网络，一个事件或者一个话题可以更轻松地进行传播和引起关注，成功的营销活动案例开始大量出现。

2. 营销活动的优势

营销活动相对于单纯的媒体传播和广告来说具有两大突出的优势，即能够变被动为主动和拉近与消费者的距离，具体讲解如下。

1）变被动为主动

从消费者角度看，单纯的媒体广告都是受众被动地接受，而企业策划的公关活动，更多的是吸引目标受众主动参与，通过体验，了解产品和品牌信息。

所以,营销活动的传播达到率更高,效果更好,更有利于企业将产品信息和品牌信息传递给目标受众,并最终达到促进销售的目的。

2) 拉近与消费者的距离

单纯的新闻传播和广告都需要载体(电视、报纸、路牌广告等)实现企业与消费者之间的对接,而企业策划的营销活动则是直接与消费者进行互动沟通,能够拉近与消费者之间的距离。

3. 营销活动的切入点

如果企业进行营销活动能够给出消费者满意的活动理由,或者称为噱头,那么营销活动将更令人信服。这个噱头需要与企业的营销活动创意紧密地结合在一起,两者的结合点则是企业营销活动的切入点。通常营销活动的切入点有时间、产品本身、热点以及自我炒作等,具体介绍如下。

1) 时间

以时间为理由做营销活动,比较容易获得用户的认同,用户可能真的相信下周是店庆,而忽视企业先提高了产品的价格然后进行优惠的手段。常见的以时间为理由的营销活动主要有节假日、季节变化和周年庆三种。

(1) 节假日:各类节日往往是企业进行营销活动的好理由,例如五一劳动节、中秋节、情人节、圣诞节等节日是企业进行营销活动的热点。此外,随着电子商务的发展,互联网公司开始自己创造出新的节日来配合新的营销活动,典型代表有天猫的"双 11",以及京东的"618 大促"等。

(2) 季节变化:企业的经营往往有淡旺季之分,因此季节的变化也成为企业进行营销活动的又一切入点,例如换季清仓大甩卖。

(3) 周年庆:周年庆也是企业进行营销活动的良好切入点,常见的周年庆一般有企业的周年庆和重大事件的周年庆。

2) 产品本身

与时间不同,以产品本身为切入点也可以做营销活动,而且不受季节的影响。例如,电商常用的电视节、冰箱节等活动。以产品本身为切入点策划的活动,需要策划人员对产品或者商品有足够的理解,并且能够抓住消费者兴趣点组织和引导他们。

3) 热点

不管是社会热点、娱乐热点,还是生活热点,都是可以用来做营销活动的切入点。但是如果要从这个切入点去设计活动,最起码要知道最近有哪些热点,人们为什么关注这些热点,这些热点可以怎么利用。

4) 自我炒作

即通过企业自身宣传和炒作来作为营销活动的切入点,一般会以宣传企业文化和理念或者重大决策为目标。

4. 营销活动的形式

常见的营销活动形式主要有新闻发布会、路演、专题及广告等,以下对几种常见的营销活动宣传形式进行详细讲解。

1）新闻发布会

大型企业的营销活动主要以新闻发布的形式与媒体建立起信息互动，这是因为新闻媒体能够在短时间内取得爆炸性的传播效果。新闻发布会一般流程如下。

(1) 确定新闻发布会日期、地点、发布会的内容；

(2) 确定新闻发布会的参与人员，如媒体记者、客户和策划新闻发布会的工作人员等；

(3) 按照邀请名单，发送邀请函和请柬，确认参加新闻发布会的名单人数；

(4) 布置好新闻发布会的现场，例如音响、放映设备、领导的发言稿、新闻稿和现场的秩序等。

2）路演

路演也是宣传推广的一个重要形式。例如，超级女声的拉票晚会，不但起到了宣传的效应，也实现了与粉丝的互动。

3）专题

活动专题是活动信息的集锦，主要表现为官方网站或在大型门户网站设置专题活动等形式。

4）广告

任何一个活动都需要适当地投放部分广告，以扩大活动的影响力，让更多人了解活动。广告的投放主要包括电视广告、户外广告、平面媒体广告等。

6.1.2　营销活动策划流程

在进行营销活动策划时，遵循相应的策划流程，能够使公司更加合理地安排人员分工及流程节点，确保营销活动快速有效地执行。下面详细讲解营销活动策划的主要流程。

1. 营销活动策划的结构

营销活动策划由两部分组成，即现有的营销环境的分析和营销策略的设计，这两部分在营销活动策划中是相辅相成、缺一不可的。

(1) 营销环境的分析是为制定企业营销策略所做的基础分析，只有对营销环境进行准确而深入的分析后，企业才有可能了解其营销现状的机遇和挑战，了解要采取某项营销策略来实现营销的目标；

(2) 营销策略的设计是一项营销活动策划中的主体，也是一项营销活动策划所应提供的营销方案中的主要部分，它包括商品或服务从创意、制造、分销到售后服务的各个环节，也涉及营销活动的产品策略、定价策略、分销策略和促销策略。

2. 营销活动策划的分类

营销活动策划可以根据不同的标准或途径进行分类，常见的分类方法有按照时间划分与按照目标和范围划分两种。

1）按时间划分

根据营销活动策划时间长短不同，一般可以将企业的营销活动策划分为营销战略策划和营销战术策划两大类。

(1) 营销战略策划：主要是对未来较长时期内企业发展方向、目标、任务、业务重点和发展阶段等问题进行的规划和设计。它与企业的稳健经营和持续发展具有密切的关系。

(2) 营销战术策划：它是指在企业营销战略的指导下，对营销调研、产品开发与设计、定价、营销渠道、市场促销等营销职能或活动进行的一种中短期规划和设计，它是企业增强产品或服务竞争力，改善和提高企业营销效果的有效手段。

2) 按目标和范围划分

根据营销活动策划的目标和范围不同，又可以将其分为全程营销活动策划和单项营销职能策划两大类。

(1) 全程营销活动策划：对企业某次营销活动进行的全方位、系统性策划，它涵盖了营销调研、市场细分、目标市场选择、市场定位、营销组合策略设计和营销管理等方面。当企业即将推出一种新业务、新产品时，通常需要进行这样的策划。

(2) 单项营销职能策划：在企业营销活动过程中，仅某一方面的营销职能进行某种程度的设计与安排，其目的主要是改善该项职能的营销效果。

3. 营销活动策划的内容和重点

营销活动策划包含多方面内容，具体使用时需根据企业的具体营销活动过程进行调整，下面将通过对“漳州师范学院管理科学系学生会”策划的营销活动大赛策划书进行分解，详细讲解营销活动策划的内容和重点。

1) 活动背景

营销活动背景是指在企业进行营销活动时的内部和外部环境，一般包括企业经营环境分析、目标用户分析、竞争对手分析等问题。例如，漳州师范学院管理科学系学生会策划的营销活动大赛策划书是以学院所处环境作为活动背景分析的，具体内容如下。

【活动背景】

为提供给广大同学一个学习与交流企业管理知识的平台，引导大学生理论联系实际，营造一个主动思考、理性判断以及积极融洽的学习氛围，管理科学系学生会将举办此次营销策划大赛。本届营销策划大赛在以往几届的比赛基础上有所创新与发展，规模相对扩大，全院互动参与商业锻炼性更强，充分挖掘全院师生的商业兴趣以及关心当前商业经济动态，力求锻炼师生的问题观察及解决能力，并充分挖掘全院师生的商业才能，有利于全院互动学习气氛的形成。

2) 活动目的

活动目的即企业进行该营销活动需要达到的目标，也是企业对该营销活动可能达到的效果进行的预估，例如，在漳州师范举办的这次营销活动大赛的策划书中的活动目的如下。

【活动目的】

本次管理科学系第四届营销策划大赛为广大学生群体提供了一个良好的挑战自我的平台。本次活动有助于活跃校园学术气氛，充分凸显管理科学系特色，让更多人走近管理，了解管理，体验管理艺术，感受管理魅力。为同学创造了机会，累计了经验。本次活动主要通过三个方面来锻炼考验同学们的表达能力、营销能力、领导组织能力、决策能力等。对商家来说，可充分利用师院的人才储备资源，挖掘学生潜力，为企业未来培养所需人才，扩大企业知名度。

3）活动主题

活动主题是对营销活动围绕的创意中心的突出和集中概括，让用户一眼就明白企业营销活动的主题。同时也可作为企业进行营销活动的口号，活动主题务必鲜明、吸引眼球。例如，漳州师范学院管理科学系学生会策划的营销活动大赛策划书中其活动主题为"营销——走进新时代"。

4）活动对象

企业营销活动的受众，即营销活动针对的目标用户，应当选取企业的目标用户进行营销活动，这样才能使营销活动有的放矢，取得良好的效果。例如，在漳州师范举办的这次营销活动大赛的策划书中的活动对象如下。

【活动对象】

漳州师范学院全体学生（以团队形式参赛，每队 4 人）

5）活动时间

企业进行营销活动的时间，一般包括活动的开始时间、结束时间、奖励的发放时间、领取时间等，活动时间的确定能够帮助企业很好地把控整个营销活动。例如，在漳州师范举办的这次营销活动大赛的策划书中的时间安排如下。

【活动时间】

2012 年 10 月 30 日—2012 年 11 月 30 日，详细时间见表 6-1。

表 6-1　营销活动大赛时间安排表

	时　间	项　目	备　注
宣传	11 月 1 日—11 月 6 日	宣传工作及报名工作	准备海报、喷绘、宣传单、板块，安排定点宣传人员
	11 月 7 日晚 19:00	开讲座	
初赛	11 月 9 日中午 12:00	收集应聘书	秘书处或学习部负责
	11 月 10 日	面试	
复赛	11 月 11 日	复赛说明会	进行分组（不在宣传单中体现）
	11 月 12 日—11 月 17 日	实战＋市场调研	搜集调研结果及方案
	11 月 18 日—11 月 21 日	撰写策划书	
决赛	11 月 30 日晚 19:00	决赛	颁奖

6）人员配置

营销活动前需要对人员进行有效的分工，这样在活动进行中才能各司其职，解决哪些人负责礼品采购，哪些人负责广告制作，哪些人负责活动宣传等问题，保证活动能顺利开展和执行。例如，在漳州师范举办的这次营销活动大赛的策划书中的人员安排如下。

【人员安排】

主席：活动的全程宏观调控。

副主席：负责赛事的跟进及评委老师的邀请与接待。

秘书处：负责人为秘书处部长，负责活动所需所有宣传工作的人员安排、营销方案的收集及每一轮晋级选手的通知。

学习部：负责人为学习部部长，负责时间提示牌的制作、确定决赛统分与计时人员。

外联部：负责人为外联部部长，负责喷绘制作、宣传单制作及分发（各部门协从）、与赞助商的联系。

生活部：负责人为生活部部长，负责与宣信联系，海报板块的制作、粘贴与摆放，VCR的制作及宣信干事的邀请及摄影工作。

女生部：负责人为女生部部长，负责制作活动宣传的PPT，并安排学生会人员到各个班级宣传及决赛教室的申请及话筒租借及负责音箱、麦克风等设备和检查。

体育部：负责人为体育部部长，负责决赛现场的布场、控制与清场工作及决赛现场的灯光调控员的安排。

企划部：负责人为企划部部长，负责主持人及礼仪小姐的确定、大众评审团的邀请及确认，其中主持人需要撰写主持稿，并熟悉复决赛流程。

7）规则详情

规则详情属于活动文案的部分内容，需要尽可能详细的描述，通过配图来让规则直观展现，确保参与活动人员和工作人员都能明白，规则详情一般分为两部分：一是向参与活动的用户传达的，让用户了解活动的规则和进行流程以及内容；二是让用户了解活动目标以及评估结果。

8）投放渠道

活动开始前期需要进行大力的宣传推广以确保营销活动能够顺利进行，常见的宣传渠道主要有电视、广播、报纸等大众传播媒介。同时，近年来随着网络平台的发展日益丰富，企业宣传推广的重心逐渐从传统媒介渠道转向网络媒体。例如，漳州师范举办的这次营销活动大赛的策划书中关于活动宣传方案的介绍如下。

【活动宣传】

(1) 前期宣传(10月18日—10月27日)：

① 海报宣传：宣传展板设置在瑞京公寓大门、达理隧道；海报5张张贴在达理篮球场宣传栏、瑞京男女生公寓入口处、达理隧道及公寓入口各一张；宣传单3000份，在瑞金、达理定点宣传(板块附近)。

② 班级宣传：将报名表和宣传单下发到各班班长或者团支书手中，并制作PPT到各班级播放，让他们在班级中进行宣传。

③ 关系网宣传：利用人际关系资源，向全校传达相关信息。

④ 网络宣传：通过学生会QQ、学生会成员转载活动流程；制作活动专属网页，及时更新动态、活动进程与准备情况。

⑤ 定点宣传及报名：在达理隧道和瑞京大门口摆点宣传及报名。并且在定点宣传时可以做一下定点创新宣传。

(2) 中期宣传。

① 确任和通知入围同学(短信通知)；

② 及时公布比赛信息(海报)；

③ 复赛、决赛的宣传。

(3) 后期宣传。

① 获奖名单的公布(红榜公示)；

② 后期总结，相关反馈；

③ 将商品宣传效果反馈赞助商。

（注：对外系的宣传，学生会分支下的每个部门负责两个系，对外系也进行下班级 PPT 宣传，并让各系出宣传板块，以达到比较理想的宣传效果。）

9）风险控制

即对营销活动中可能出现的风险环节做出充分的预估并给出相应的解决方案，风险控制能加强企业对营销活动的控制，在出现突发情况时可尽快地找出解决方案。例如，在漳州师范举办的这次营销活动大赛的策划书中的应急方案如下。

【应急方案】

为了更好地完成此次活动，我们必须采取一定的应急措施，以期能在工作中弥补缺陷，具体方案如下。

（1）报名人数过少，鼓励学生会成员参与，但要保证公正、公平、公开。

（2）若宣传效果不理想，则应增设瑞京达理咨询点。

（3）决赛时为避免话筒故障，应先租借两支备用话筒。

（4）复赛选手销售商品不足：每组派一名学生会干事负责监督及联系总部补充货物。

（5）复制参赛者作品时时间不足：多预备 U 盘或提前三小时截止上交时间。

10）监测指标

涵盖大多数相关指标，包括投放渠道的监控、用户参与情况的监控、奖励发放的监控等，可以帮助营销活动主导者通过查看数据找到营销活动中的问题点，并针对这些问题进行优化。监测指标的相应数据应该在活动过程中实时记录，以备活动结束后进行效果分析使用。

11）成本预估

成本预估即对营销活动经费的预算，根据企业进行的具体营销活动的规模和类型而定。企业的营销活动成本一般包括宣传成本、人力成本、物料成本及场地租赁成本等。例如，在漳州师范举办的这次营销活动大赛的策划书中的活动经费预算如下。

【活动预算】

初赛：宣传费用 920 元＋租赁费用 320 元＋其他费用 50 元，合计 1290 元。

决赛：奖品费用 4520 元＋人员费用（演出＋评审）600 元＋其他费用 140 元，合计 5260 元。

总计：6550 元（此处仅列出主要项目和总费用，详细开支附表不再列出）。

12）效果评估

对于网络营销活动的效果需要进行监测和评估，该部分的工作是在营销活动结束后对于活动期间的各项数据进行统计分析得来的。通过对各项指标的统计和分析能够掌握本次营销活动的效果，同时也为后续的营销活动起到良好的指导作用。

6.2 事件营销策略

20 世纪 90 年代后期，互联网的飞速发展给事件营销带来了巨大契机。通过网络，一个事件或者一个话题可以在短时间内实现大面积范围传播效果，利用事件开展营销案例开始大量出现。本节将对事件营销的相关知识进行详细讲解。

6.2.1 事件营销概述

事件营销是国内外常见的一种公关传播与市场推广手段，集新闻效应、广告效应、公共关系、形象传播、客户关系于一体，并为新产品推介、品牌展示创造机会，也是一种快速提升品牌知名度与美誉度的营销手段。

1. 事件营销的定义

事件营销的本质是炒作，即“没事找事”。企业通过策划、组织和利用具有新闻价值、社会影响以及名人效应的人物或事件，吸引媒体、社会团体和消费者的兴趣与关注，以求提高企业或产品的知名度、美誉度，树立良好品牌形象，并最终促成产品或服务的销售。

2. 事件营销的作用

事件营销的作用主要表现在三个方面，即新闻效应、广告效应和公共关系效应。

1）新闻效应

事件营销的第一个作用，或者说最大特点，就是可以引发新闻效应。借助于媒体专业的新闻媒介机构对事件进行广泛报道，可以迅速地传播到世界各地，取得良好的传播效果。同时，由事件营销引发出来的新闻传播一般为免费的，可引起其他新闻媒体的转载。

2）广告效应

不管使用什么营销手段，都是为了达到广告效应。而事件营销的广告效应，效果可以说是最好的。因为一个热门事件往往都是社会的焦点，是人们茶余饭后的热点话题，而由于人们对事件保持了高度的关注，自然就会记住事件背后的产品和品牌，广告效应非常明显。

3）公关关系

通过事件营销，可以极大地改善公关关系。例如在封杀王老吉的营销事件中，王老吉的正面企业形象瞬间在百姓心中形成，消费者对于王老吉的认知度达到大幅度的提升。在消费者追捧中，王老吉的企业知名度和销售量也再创新高。

3. 事件营销常用模式

事件营销模式主要有两种，即主动模式和借力模式。

1）主动模式

主动模式是由事件发起者主动设置一些结合自身发展需要的议题，通过传播，使之成为公众所关注的公共热点。主动模式的事件营销必须遵循创新性、公共性及互惠性的原则。

(1) 创新性：事件发起者所设置的话题必须独特新颖有创意，以达到获得大量公众关注的目的。

(2) 公共性：事件营销中设置的话题必须是公众关注的，同时也是适合广大用户参与的。

(3) 互惠性：营销事件要想获得一个持续性的关注必须要做到双赢，能够让关注人群得到情感或利益上的满足。

2）借力模式

借力模式是推广者将组织的议题向社会热点话题靠拢，从而实现公众对热点话题的关注向组织议题的关注的转变。采用借力模式进行事件营销必须实时关注社会热点及焦点事件，对事件进行深刻洞察，敏锐地挖掘出事件炒作营销点，同时还需要遵循相关性、可控性和系统性原则。

（1）相关性：选用的社会热门事件必须与企业自身产品或服务相关，或者与企业的目标受众密切相关。如果违反这一原则往往会使该事件无法吸引用户关注。

（2）可控性：营销事件应当在组织的可控范围内，企业能够对事件的发展势态进行充分的估计和考虑，并能推动事件营销达到既定的营销目的。

（3）系统性：企业借助外部热点话题必须策划和实施一系列与之配套的公共关系策略，整合多种手段，达到外部议题与组织议题相结合。否则容易造成事件跟踪与进行不协调，造成企业对事件的失控。

6.2.2　事件营销策略实施

事件营销的进行需要讲究一定的策略和流程，但是在了解事件营销的策略和技巧之前需要先了解事件营销的特性。

1. 事件营销特性

事件营销的特性主要表现在 7 个方面，具体介绍如下。

1）针对性

借势型事件营销关键在于对最热门事件的敏锐洞察和挖掘，将热门事情中最吸引公众视线的高潮同企业相关产品或服务相结合形成新的创意，创造与这个事件相关的事件，具有明显的针对性。而主动型事件营销是通过自创事件与话题进行的营销活动，其针对性更加明显。

2）主动性

不论是主动型营销，还是借势型营销，事件营销的主动权都归营销者所有，营销者具有充分的主动权。同时，企业在进行事件营销时一定要主动，要擅于去发现事件，不能等到事件都出来很久了，才去借势营销。

3）保密性

在做事件营销时，主动权就往往取决于事件的隐秘性，在没有进行营销之前，一切策划活动都是保密的，同时在事件营销进行中也需要保证其秘密性才能获得一个持续性关注，否则参与者一旦知道事件是企业的炒作行为往往会产生负面影响。

4）不可控的风险

借势营销是事件营销的关键所在，那么事件营销也就存在被别人借势的可能，存在着一些不可能预测到的风险，营销做得越大，风险也就越大。

5）可亲性

可亲性是最先借了别人发生的事，那这个事情也就继承了一部分原事件的可亲性。不论是借势模式还是主动模式的事件营销，都是借用已发生的事情进行的营销活动。

每一天都有很多的事件发生，但是不可能每一件事都成为热点。从心理学角度出发，事件具有一定的可观性和趣味性，那就可以作为事件营销的素材了。

6）临时权重性

事件的影响力具有阶段性，当轰动性的事件发生时会在短时间内引起社会范围的广泛关注，事件营销会被公众大量关注进而通过大众媒体传播赋予其一定社会地位，成为大家关注的焦点，而随着事件的慢慢消失，关注度也随之降低，该事件营销的热度也会随之下降。

7）可引导性

事件营销的临时权重对网络营销具有可引导性，在运用搜索引擎给我们的临时权重时，如果能及时处理好，那可以让它在短时间里具有重要的权重引导功能。

2. 事件营销常用策略

事件营销的策略多种多样，常见的事件营销策略主要有以下几种。

1）活动炒作

活动炒作是指企业为推广自己的产品而组织策划的一系列宣传活动，吸引消费者和媒体的眼球达到传播自己产品的目的。例如，百事可乐采用巡回音乐演唱会这种方式同目标消费群进行对话，用音乐而不是广告来传播百事文化和百事营销理念。

2）叫板炒作

通过叫板某知名人士、名企业或产品，吸引公众和媒体关注，通过大众媒体广泛的新闻报道，让企业自己变成可读性新闻。

3）第一炒作

第一炒作是利用人们对第一的追捧心理，因为人人都想争第一。新鲜的事物往往让人们记忆最深，而跟风者将不会引起太多关注，甚至只是带来更多批评与嘲讽。

4）悬念炒作

悬念炒作是在事件中提炼出神秘的卖点，根据事件营销的进度依次抛出这些神秘卖点，造成人们持续地对事件的关注。

5）落差炒作

落差炒作利用了人们在日常生活中产生的思维定式，通过抛出一个另类的现象打破这种思维定式，制造一种强烈的落差感。这种炒作方法要有平中见奇的功夫，善于提炼普通的素材，让受众耳目一新。

6）内幕炒作

内幕炒作法是通过策划自曝"内幕"或者别人揭"内幕"进行炒作。通过揭露行业内幕或他人的缺点突出自身优点，其实质是一种正反对比形式，通过爆料别人的短处来反衬企业的突出优势，让公众对行业内幕或竞争者恶劣行径产生痛恨的同时对自己产生认可。

7）借势炒作

所谓借势，是指企业及时地抓住广受关注的社会新闻、炒作以及人物的明星效应等，结合企业或产品在传播上想达到的目的而展开的一系列相关活动。借势炒作就是借人们关注的焦点，借势推广自己，让更多人关注自己，以此提高企业的知名度。

8）明星炒作

明星效应属于典型的人物炒作策略，明星作为公众人物，人们对其关注度自然很高，他们的一言一行都会对许多人产生影响，拥有较高的号召力和社会影响力。例如，娱乐明星余文乐结婚，许多不知名演员纷纷出现在镜头前声称该事件如何如何，借用他人提高自己的人气和公众的关注度。

9）双簧炒作

双簧炒作的对象是爱看热闹的人，通过双簧制造一种对立感，对立得越强烈则关注得越热烈。而差异化的心理感应让读者在不知不觉中对事件有一个完整的认识，结果不置可否，而炒作的目的已达到。

10）纠纷炒作

策划一个与企业相关的纠纷话题吸引社会关注，一段时间后不了了之，但企业的品牌在纠纷中获得大量曝光，实现了炒作目标，例如腾讯和 360 之间的纠纷。

11）赞助炒作

赞助炒作一般应用于大型企业，费用从百万元到千万元不等，主要就是借助赞助、冠名等手段，通过所赞助的活动来推广自己的品牌。例如蒙牛乳业赞助中国航天，伊利乳业赞助奥运会等。

12）危机炒作

危机炒作是在企业发生危机后，借助危机公关进行炒作，一方面能够有效地将公众视线进行转移，化解企业危机；另一方面能重新塑造企业的正面形象，增加企业曝光量，树立起企业正面形象。

13）新闻炒作

企业利用社会上有价值、影响面广的新闻，不失时机地将其与自己的品牌联系在一起，来达到借势取径的传播效果。企业也可通过策划、组织和制造具有新闻价值的事件进行炒作，吸引媒体、公众的兴趣与关注。

3. 事件营销流程

事件营销的流程分为 6 个步骤，即选择炒作事件、审核炒作事件、策划炒作内容、选择炒作平台、执行炒作和后续推广。

1）选择炒作事件

即企业根据实时发生的热门事件选择适合炒作的事件，在选择时需要目标明确，选择与企业、产品或服务相关的事件；同时要避冷就热，利用热门事件聚集大量的人气；最后在事件选择上要注意法律纬度，坚决不用违法乱纪的事件进行炒作。

2）审核炒作事件

炒作事件选取后需要进行审核，可以通过小范围实验来监测人们对该热点事件的关注度和认可度，在审核阶段尽量不要出现企业的信息，以免影响测试任务的意见。

3）策划炒作内容

对于炒作内容进行策划，可以参考相关文章，最好具有故事性，以长短帖的形式发布文章内容。同时，在文章发布之前，要先在小范围内进行测试，并根据受众反馈情况进行适当的调整优化。

4）选择炒作平台

事件营销的平台渠道有很多，因此企业在投放炒作内容时需选择合适的网络平台。实力雄厚的企业可以选择权威新闻媒体进行炒作，其优势在于能够短时间在大范围进行传播，也可以利用社会化媒体平台进行宣传推广，其优势在于事件发酵到一定程度会引起新闻媒体的关注报道，进入公众的视野。

5）执行炒作

执行炒作分为三个阶段，即导入、争议和高潮。

（1）导入：即将热门事件推出，利用独特的角度针对热门事件发表评论，吸引用户关注。

（2）争议：是将话题打开的步骤，通过争议进一步吸引用户的关注和参与。

（3）高潮：是炒作的高峰期，事件能够得到持续性、高强度的曝光。

6）后续推广

在事件营销高潮过去之后，企业品牌和形象得到一个良好的宣传，此时可以进一步推广企业和企业产品，根据之前人们对事件的关注点软性植入企业广告信息，介绍品牌、产品和服务等信息，从而促进用户的购买转化。

4. 事件营销的原则

事件营销要遵循实事求是、多方共赢和社会和谐的原则才能取得良好、持续的曝光，树立正面的企业形象。

1）实事求是原则

由于事件营销的不可预测的风险性，企业营销人员在做事件营销的时候应该坚持实事求是原则，从自身的实际情况出发，不浮夸，要对事件的可能后果负责，由于不可预测，浮夸的效果反而增加各方面的负担。

2）多方共赢原则

事件营销要秉持多方共赢的原则，而不是我们踩着别人的肩膀诋毁原事件，我们应该尊重事实，在营销推广中找到双方的利益共同点，合作共赢。

3）社会和谐原则

由于事件营销的趣味性可能会无限地传播扩大，从而会造成一定的社会影响，所以在进行事件营销时就需要对炒作的事件进行监测控制，确保和谐社会和稳定，防止给社会以及百姓生活带来负面影响。

5. 事件营销的注意事项

事件营销的风险较大，在炒作过程中稍有不当，不仅达不到预期营销效果，而且还会给企业带来负面影响，因此事件营销操作过程中需要注意以下几点。

1）谨慎新闻手段

由于新闻事件受国家各项规定的限制，在实际操作中一定要谨慎，一定要符合国家各项法律法规，如果不是新闻专业单位建议不要使用。

2）谨慎侵权

事件营销可能涉及各项版权、名誉、形象的限制，所以在实际操作中应该考虑各个细节，从多方利益考虑。

3）谨慎文字

对于策划的营销事件，在创作内容时一定要谨慎用词，切忌文字不可使用国家法律、主权、生命等容易引起敏感的词语，应严格遵守国家的法律法规以及社会道德底线。

4）推荐手段

事件营销的过程中，应该多运用趣味性方式，增添事件的色彩，但是要注意自己的保护“别被对手借力打力”。

6.3　免费营销策略

免费营销策略是市场营销中常用的营销策略，它主要用于促销和推广产品，通过向自己的目标消费群采用免费赠送手段，来达到抢占市场、培育市场和进入消费者心智的目的。免费营销策略可以帮助企业在较短时间内实现对目标用户的营销目的，为企业带来经济效益。下面详细讲解免费营销策略相关知识。

6.3.1　免费营销概述

免费营销是企业为了达到自己的战略目的，通过向自己的目标消费群采用免费赠送的手段，来达到抢占市场、培育市场和进入消费者心智的目的而采取的市场营销战略和策略。作为一种病毒性的营销策略，由于免费的原因，使得用户可以没有心理负担地向其他人推荐，因此企业也就可以用免费的东西获得用户。下面将从目的、原因、模式以及特点等 4 方面对免费营销进行详细讲解。

1. 免费营销的目的

企业无论做什么类型的营销，都是有目的性的，免费营销也不会例外，一般来说，免费的目的主要分为 5 种，具体介绍如下。

1）初期免费

通过免费的产品、资源、服务等来吸引用户。需要注意的是，虽然是免费提供，但是也要注意产品、资源、服务的品质，即使是白送，但如果质量非常差，也一样不会受到用户的青睐，甚至遭到消费者反感。

2）成为会员

单纯提供免费的产品不是营销的主要目的，而是要在提供免费、优质产品的同时，引导用户成为企业的会员，或是获取用户资料。

3）关怀引导

当用户成为企业的会员后，还应该适当地对用户进行一些关怀和引导，提升用户对企业的好感度和忠诚度，成为忠实会员。

4）推销付费产品

在经过前面的一些铺垫后，开始推出各种付费的产品，通常的策略是初级产品免费，但升级后就要付费了。但要注意，收费服务一定是免费服务所不能代替的，如果代替了可能就会没什么意义了。

5）占领市场份额

免费价格策略就是将企业的产品和服务以免费形式提供给顾客使用，满足顾客需求。在网络营销过程中，免费不仅是一种促销策略，其主要的目的是占领市场，然后再在市场上获取收益。例如360杀毒软件免费向用户提供个人杀毒服务，就是想让消费者形成使用习惯，从而打击了竞争对手，最终占领个人杀毒工具的大部分市场份额。

2. 实施免费营销的原因

企业实施免费营销的主要原因可以分为以下两方面。

(1) 在互联网经济时代，企业的利润由传统的销售转向于其服务的品质，或者说企业实施免费营销也是得益于互联网的发展。

(2) 互联网经济的显著特点在于其高速发展，这意味着巨大的市场潜力，因而对于企业而言，占领市场成为企业的第一要务，然后再从市场获利，免费营销是占领市场的有效手段。

3. 免费营销模式

免费营销的目的不是免费，而是通过免费的模式吸引用户关注，进而实现转化，常见的免费模式有下面几种。

1) 附件收费

所谓附件收费是指企业的产品利润不仅在于其提供的低价或免费的产品，而在于用户在使用产品中所需要的材料和服务。例如，我们所使用的喷墨打印机，打印机是一次性收费的，但是打印机所使用的油墨却是根据档次分成了不同价位，并且是一个长期消耗品，没有油墨用户就无法使用打印机。

2) 企业用户收费

这种免费模式主要是对产品而言的，通常企业对于用户的一般需求采取免费服务的方式，占领产品市场，同时对于特殊用户的个性化需求进行付费服务。例如，我们常见的电子邮箱，对于普通网民来说，注册以及使用邮箱都是免费的。然而对于企业邮箱则需要收费。因为它满足和实现了企业对于邮箱的个性化需求。一般国内比较流行的有网易邮箱、腾讯QQ邮箱以及商务邮箱、163邮箱等。

3) 伪免费

这是一种类似分期付款和贷款的方式，例如，消费者可以通过信用贷款、零首付购得自己想要买但目前没钱购买的商品，然后分期偿还购买款。例如，国内的趣分期，是针对大学生推送出的借贷平台，立足于当前国内大学生较强的消费欲望，以低额还款度而广受大学生欢迎，特别是对于高档的产品，有许多大学生喜欢苹果手机，会使用这种方式购买。

4) 替代式免费

这种免费是指通过为合作客户制定一套营销方案，并将自己的产品植入，在帮助对方解决问题的同时，实现自己的盈利。例如，手机制造商设计出一款应用产品，以捆绑式服务的盈利模式，推荐给移动运营商，双方达成协议后移动运营商通过付费或其他方式购买手机，替消费者承担这笔费用，而后免费送给消费者。

5) 间接收费

许多游乐场采取这种免费营销策略，例如游乐园对儿童免门票，但是儿童去游乐场消费通常和父母在一起，因而带来了成人的消费。这种免费策略的关键是要设计出既能吸引免费顾客带动人气，同时也能吸引更多顾客消费一套模式。

6）免费消费

这种策略是先免费提供商品，然后通过商品对用户进行二次消费获利。因为消费者不用付一分钱就可以得到商品或者服务，看似划算，认为自己得到了便宜，事实上商家同样达到了自己的目的。这种模式经常出现在网络上，网络游戏免费注册，但是要玩得尽兴就要花钱。先免费提供商品，而后通过该商品再慢慢赚取利润，成为商家常用的营销手段，而这种模式从线上移植到线下后，威力更加强大，而且较容易复制，如果创新得当模式巧妙，应该会有意想不到的惊喜回报。

7）互利免费

这种免费是指企业为消费者提供免费产品或服务，在消费者受益的同时，成为广告的接收者或传递者，最终促进企业收费产品销售。

不仅企业与消费者之间可以互利免费，尤其是处于供应链上下游的企业可以相互联合采取这种方式，例如，一些洗衣机生产者在说明书中推荐使用某洗衣粉或洗涤液，而洗衣粉生产企业则在洗衣粉包装上推荐特定品牌洗衣机或其他产品等。这种互利形式使双方都可以免费得到广告宣传的机会，而这种建立于双方品牌影响力基础之上的相互背书式推荐宣传的效果又远胜过硬性广告传播。

8）免费转嫁

这种转嫁就是让别人花钱提供免费产品，自己从中受益。通过与企业产品和服务有互补关系的企业进行合作，在连接客户与消费者的过程中，将自己融入其中，达到免费宣传自身商品的目的。这种免费转嫁的形式要注意，不要为别人作嫁衣，同时也不可过于喧宾夺主，那样很难找到愿意合作的伙伴。

9）吸引人气

一个眼球资源稀缺的时代，能够网罗到消费者的眼球就意味着财富，因此通过对消费者免费来吸引消费者的眼球后再把这些关注的目光出售给广告客户，成了报刊和网站基本的盈利模式，但是随着时代的进步，这种模式已经不仅限于报刊、网络等媒体，企业完全可以根据具体情况进行创新。

10）综合收益

采取免费营销的企业其思路必须要拓宽，要知道，不仅仅免费就是为了促销商品，如果那样将无法发挥免费的更大作用，其为企业所带来的价值也将非常有限。其实免费还可以获得很多间接的收益，例如品牌知名度的提升、压制竞争对手、获得市场信息数据等。这样思考不仅扩大了免费的价值，同时拓宽了我们的思路。

总之，免费作为一个具有极强包容力与扩张力的市场营销工具，只要我们拥有创新意识，构思够新颖、巧妙，就有机会以免费作为杠杆，开启市场的黄金之门。最后，提醒一下打算实施免费营销的企业，在采取行动前需要设计谋划出一个理想的免费模式，思考的方式就显得非常重要，如果以如何赚钱、赚更多的钱的角度进行思考将很难产生出优秀的免费模式。正确的做法是企业必须从利人的角度进行思考，想一想能为顾客提供什么价值，如何提供这些价值。

4. 免费营销的特点

典型的免费营销模式具有三大特点，即不以购买为条件、具有一定价值并且会配合其他营销方式，具体介绍如下。

1）不以购买为条件

免费营销的核心在于其以免费的噱头吸引消费者的兴趣关注，让用户接受企业的营销广告，进而占领这一消费市场。所以免费营销的首要特点就是不以购买为条件。

2）具有一定价值

免费营销赠送的礼品需要有一定的价值，如果赠送的东西没有一定的价值，那么免费营销只能是一个噱头，或者是常规营销的一个小引子，并不能得到用户的广泛关注，从而产生免费所应有的爆炸效应。

3）配合其他营销方式

免费营销并不仅仅是免费赠送商品就能达到营销目的了，前期在通过免费产品成功吸引到消费者之后并不能直接将其转化，还需要和其他促销手段相互配合，尽力促成消费者的消费，这样才能达到营销的目的。

6.3.2 免费营销策略实施

免费营销策略虽然可以帮助企业在较短时间内实现对目标用户的营销目的，但是免费营销策略的实施却需要一定的实施理论依据，同时还要注意一些事项才能达到营销目的。

1. 免费营销实施理论依据

免费营销策略主要以“企业定价策略”和“交叉补贴策略”两个理论作依据，具体讲解如下。

1）企业定价策略

在网络营销中，免费营销还是一种能够长期运行且行之有效的企业定价策略。采用免费营销的产品一般都是利于成长并推动占领市场的产品，帮助企业通过其他渠道获取收益，为未来市场发展打下基础。但是，并不是所有的产品都适合免费定价策略。受企业成本影响，如果产品开发成功后，只需通过简单复制就可以实现无限制的生产，使免费商品的边际成本趋近于零或通过海量的用户，使其成本摊薄，这就是最适合用免费定价策略的产品。

2）交叉补贴策略

交叉补贴策略是利用互补产品之间存在的密切联系实行综合定价，以盈利产品的收入来补贴因优惠价格出售产品而带来的损失，从而促进互补产品的销售，获取更大盈利。这种通过以优惠甚至亏本的价格出售一种产品，而达到促销盈利更多的产品的目的的方法在零售业中被称为“亏本领先”。将一些产品的价格定在成本甚至低于成本的水平，用来吸引那些对价格很敏感的客户光顾，希望这些买方在光顾时会购买店中其他盈利更多的产品。

2. 免费营销注意事项

从免费营销特点看，实体市场的免费营销较之于其他营销方式，门槛显然更高。在营销过程中需要注意以下几点。

1）成本压力大，风险性较高

为什么免费模式最通行的行业不外乎网游、电子商务等纯数字领域？因为它们的产品边际成本几乎为零，可以免费无限复制。而线下实体商品的免费赠送，其背后是实物成本，需要纳入商品成本的核算范畴。不论目标用户群体是否购买都会免费赠送，如果达不到预期销量，这一成本就无法实现利润的转化，成了亏本的买卖。

2）对品牌力的要求更高

在社会诚信缺失、各类质量门层出不穷的市场背景下，消费者对花钱购买的商品尚且无法放心消费，更何况是不花钱就能得到的赠品？市场环境正在倒逼消费者提高自我保护意识，如果没有一定的品牌力作为免费营销的后盾，商家敢送，消费者也不一定敢于接受，尤其是对于安全性要求较高的产品，例如食品、化妆品等。

3）需要系统营销

免费只是敲门砖，目的是为了提升销量或者扩大市场规模，开拓新市场。免费之外，一是要充分造势，二是要大量吸引人气，三是要有效制造购买气氛。因此，一场成功的免费活动，离不开宣传、预热、现场气氛、购买欲望的调动，以及派送对象的精准化。

4）避免免费过度

过度地使用免费营销不仅达不到企业的营销目标，甚至会带来适得其反的效果，在免费日渐盛行的当下，选择免费模式，如果企业有能力、有条件，也有成功经验，那么企业就能够通过免费营销带来更多的经济效益。但是免费虽有效，毕竟只是竞争的战术之一，不能将免费营销当作企业营销的主要战略。

5）避开弊端

免费的弊端至少有两点，一是容易引发消费者形成产品不值钱的负面联想，即大街上随处可见的物品是不值钱的；二是可能宠坏消费者，形成期待免费的心理，从而使消费者不乐于购买产品而坐等企业免费发放。

6）成功要素

免费营销的目的追根究底不是为了免费而免费，而在于如何提高客户满意度，增强客户黏性。所以，要想长远发展，任何时候都应把服务摆在第一位，任何时候都不要一味追求高毛利率，因为毛利率越高，顾客满意度通常就会越低，顾客流失就会越快。同理，对付竞争对手的免费营销冲击，也重在未雨绸缪，增强黏性。免费的营销模式虽好，也得权衡利弊，切莫盲目贪多。

3. 免费营销的关键

免费营销想要达到预估的效果需要把握住免费营销的关键点，而免费营销的关键点主要分为 4 个部分。

1）吸引眼球

通过消费者将自己的消费体验传播出去，能够为企业带来大量新的用户，也就是通常所说的口碑营销。而免费营销的关键是要吸引第一波用户进行体验然后将企业产品传播出去，所以拥有一个吸引眼球的免费营销，是引发消费者口碑营销的基础。

2）标新立异

经济衰退时正是真正的创新蓬勃发展时，从消费者的角度来说，在经济衰退或金融危机时刻，免费更具吸引力。当人们口袋空空或口袋的预期收入减少时，零价格就会更加吸引人们的眼球了。由于企业竞争的激烈，免费营销不仅要求产品和服务方面要推陈出新，更应该是在经营模式方面的标新立异。

3）洞察需求

免费营销更要善于洞察消费者存在需求及潜在需求。存在需求是已经体现出的需求，潜在需求则是指尚未表现出来的、将来的需求，它需要通过一些市场行为进行引导才会体现出来，进而转化为真实存在的需求。

4）创造价值

免费营销的本质在于如何免费并同时盈利，只有当免费的过程本身能够创造新价值，同时，免费过程中的所有参与者都能部分地分享到这份新创造的价值时，才算真正的免费。通过资源整合创造新价值，免费部分通过新价值来弥补，只要新价值足够大，全部免费也能盈利。

4. 免费营销适用范围

免费赠送这一战略和策略虽然有效，但并不是所有行业、企业的所有时间段都适用于免费赠送这一策略。那么哪些行业和企业应该在什么时候采取呢？下面详细讲解免费营销策略适用范围的相关知识。

1）培育市场阶段

实力雄厚的跨国公司和国内的开发出新技术和产品但还没有消费群体的公司在培育市场阶段适合采用免费营销。免费赠送是资金实力雄厚的公司才可以使用的一种市场营销战略。企业长时间的免费赠送势必会对企业资金运作提出更高的要求，否则活动还没有结束但资金链就断裂是极为危险的。但对开发出新产品的公司而言，由于技术和产品还没有现实的消费群体存在，企业为了市场培育而不得不采用此策略。

2）高利润企业

一般来讲，采取免费赠送战略或策略的行业多发生在成本不高但产品利润丰厚的行业，企业在前期免费赠送所产生的费用都可以被后期上市的产品或结束赠送后所销售的产品的利润快速消化这一部分费用。例如保健品行业、游戏软件行业等。

3）培养用户习惯阶段

没有现实消费群体的新技术和产品，由于消费者对这些技术和产品不了解，如果让他们拿现金去购买这些技术和产品障碍较大，而且市场开拓速度会非常慢，企业为了快速培育市场而不得不采取该战略或策略。

4）开拓新市场阶段

企业为了开拓新市场，会进入其他陌生的市场，按部就班的市场开发方式往往会降低市场开发的速度和效果，甚至被竞争对手扼杀在萌芽状态。为了快速占领该区域市场，免费赠送就会成为一种有效的市场战略和策略。例如，作为软件杀毒行业领导者的卡巴斯基。在进入中国市场之初，中国杀毒软件市场早已群雄割据，使得其市场占有率一直很低。为了改变困境，吸引消费者试用自己的产品，卡巴斯基开始实施免费营销策略，待消费者适应以后再进行收费，成功打开了中国市场。

5）发动进攻时期

如果企业处于行业第二、三位，往往要挑战行业老大的位置，而直接的进攻往往会冒很大的风险。但是为了有效打击行业老大，进攻者可以针对老大的主导产品开发针对性的产品采取免费赠送的市场战略和策略有效瓦解对手的目标消费群从而有效打击对手。

6）进入防御阶段

企业在面对行业对手的挑战时，往往需要进行防御战，为了打好防御战，也可以针对竞争产品发动进攻的产品采取免费赠送战略和策略，从而有效瓦解竞争对手的进攻，打击对手的进攻锋芒，迫使对手放弃进攻。

5. 免费营销原则

由于使用这一战略和策略会使企业付出巨大的代价，所以企业在使用这一战略和策略时，有一些原则还是要把握的。下面详细讲解免费营销原则。

1）明确战略目的

明确战略目的也就是企业必须要明白实施这一战略和策略必须要服务于企业的战略，为了配合企业的战略目的而采取的。这个目的可能是为了培育市场、可能是为了开拓新市场、可能是为了打好进攻战、也可能是为了打好防御战。目的不明确而采取这一免费营销就会在推广过程中失去目标，即便花费大量精力和资源也无法达到企业希望的推广效果。

2）控制节奏和范围

在明确战略目的的前提下，企业就要考虑如何控制这一活动的节奏，是持续进行还是阶段性进行，持续进行一般来讲对培育市场和要长期占领市场资金实力雄厚的并有其他盈利渠道的企业比较适用。阶段性进行一般来讲是企业结合企业阶段性的目的来进行，如果在一个阶段后企业达到一个目的取消这一活动，而要达到另一个阶段的目的时，再采取另一阶段的活动，这一般比较适合企业在进行进攻战和防御战时使用。例如瑞星公司，为了阻击竞品，就会阶段性推出免费杀毒软件活动。

控制范围是指企业实施这一活动在明确战略目的的前提下，要明确实施这一活动的区域范围。有两层意思，一是针对哪些消费群进行，另一是在哪些市场范围内进行，是局部市场还是全部市场。如果企业只是为了开拓新区域市场使用，就没有必要在所有区域内开展活动。

3）收缩战线

由于免费赠送会使企业付出一定的代价，所以企业在推出这一活动时，最好采取单品或少量产品突破的方式，而不宜把企业所有的产品都列入免费赠送的范围，这使发动进攻战的企业必须引起重视的。这是因为企业不至于陷入自杀的状态，而且单一进攻更容易达到企业目的，而不是让消费者在企业的一堆产品面前无所适从，反而使活动效果大打折扣。

4）确定目标消费群

为了使这一战略和策略发挥最大的效果，企业就必须让自己免费赠送的消费群范围锁定在目标消费群，目标消费群范围之外的赠送只会增加企业的费用而难以发挥最大的效率。所以企业在实施活动前，就要认真研究消费群体，分清楚哪些消费群是企业的目标消费群，哪些不是，然后在此基础上围绕目标消费群去开展这些活动。

5）相关产品跟进

企业实施免费营销必须明确进行免费赠送只是企业的营销手段而并非最终目的。所以在采取这一策略时，就必须要做好相关产品的跟进工作，以确保活动进行中或活动结束后能有盈利的产品来确保企业的利润。例如，门户网站的免费电子邮箱，免费的电子邮箱是不收费的，但是这些企业都推出了功能更强大和完善的收费电子邮箱和在免费电子邮箱界面做广告来实现盈利。

6.4 精准营销策略

在传统市场营销领域，企业由于没有找到精准的目标用户群体，使得其在广告投放中花费的巨额费用有许多被浪费掉，同时加重了企业的成本。然而在网络营销时代，基于海量的大数据，广告主却可以按照受众需求和关注点实现精准营销。本节详细讲解关于精准营销策略的相关知识。

6.4.1 精准营销概述

在互联网大数据时代，我们经常在市场中听到有些公司提出精准营销策略。那么何为精准营销呢？精准营销的依据又是什么呢？企业实施精准营销策略可以实现什么目的？下面详细讲解精准营销的定义、理论依据以及营销目的等相关知识。

1. 精准营销的含义

精准营销主要可以理解为精准的、可衡量的、低成本营销策略三层含义，详细讲解如下。

(1) 精准营销意味着精准的营销思想，营销的终极追求就是无营销的营销，达到终极思想的过程就是逐步精准。

(2) 精准营销的过程是可衡量、可控制的，也是实施精准的体系保证和手段。

(3) 精准营销能够实现企业低成本可持续发展的目标。

2. 精准营销理论依据

精准营销理论依据主要来源于传统市场营销 4C 理论、让客价值、沟通理论及反应原理等 4 大理论，下面详细讲解各理论依据。

1) 4C 理论

传统市场营销学中的 4C 理论是指企业营销围绕顾客、成本、便利以及沟通 4 个方面，核心是强调购买一方在市场营销活动中的主动性与积极参与，强调顾客购买的便利性。精准营销为买卖双方创造了得以即时交流的小环境，符合消费者导向、成本低廉、购买的便利以及充分沟通的 4C 要求，属于 4C 理论的实际应用。

2) 让客价值

“让客价值”是指顾客总价值与顾客总成本之间的差额。其中，顾客总价值是指顾客购买某一产品或服务所期望获得的一组利益，包括产品价值、服务价值和形象价值等。顾客总成本是指顾客为购买某一产品或服务所支付的货币及所耗费的时间、精力等，包括货币成本、时间成本及精力成本等。

由于顾客在购买时，总希望把有关成本降至最低，同时又希望从中获得更多的实际利益，因此，总是倾向于选择“让客价值”最大的方式。企业为在竞争中战胜对手，吸引更多的潜在客户，就必须向顾客提供比竞争对手更多的“让客价值”。

3) 沟通理论

这点基于两点之间最短的距离是直线的理论，即精准营销在和客户的沟通联系上采取了最短的直线距离，这种最短直线的直接沟通，使沟通的距离达到了最短，强化了沟通的效果。

4）反应原理

这里的反应原理是指物理学关于链式反应的，当铀核裂变时，同时放出两三个中子，如果这些中子再引起其他铀核裂变，就可以使裂变反应不断地进行下去。我们把物理学的链式反应引入精准营销，精准营销客户保留价值更重要的是客户增值管理。传销是一种典型的链式反应过程，通过“一传十，十传百”形成爆炸式发展。而精准营销形成链式反应的条件是对客户关系的维护达到形成链式反应的临界点。这种不断进行的裂变反应使企业低成本扩张成为可能。

3. 精准营销的推动力

精准个性化营销出现在传统的全方位覆盖模式的营销不再适应的基础上，其推动力主要有市场细分需求的出现和技术的进步两个方面。

1）市场细分需求

随着市场的日益完善和全球化的发展，市场上出现的商品种类日益繁盛，市场的主导权逐渐转移到消费者手中，而面对品类繁多的商品，消费者对商品的需求日益细致化，这就要求企业针对消费者的需求进行市场细分，同时转变以往的营销方式，从传统的、大众的和粗放的营销模式，向深度化、细分化和精准化的营销模式发展。

2）技术进步的刺激

技术进步对精准个性化营销的刺激主要表现在两个方面，首先是工业技术的进步降低了商品成本、增加了商品种类，这导致了市场细分需求的产生；其次，网络技术的发展为精准个性化营销提供了技术保证，企业利用网络技术可以完成精准寻找自己的目标客户、针对目标客户做出行为分析并定向推广的整个流程，如图 6-1 所示。

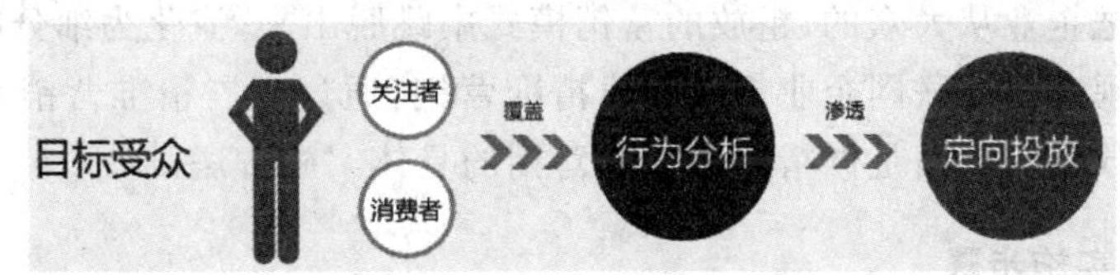

图 6-1　精准营销定向投放流程

4. 精准营销的目的

精准营销的目的主要是以提高顾客忠诚度、对客户终身价值管理等，下面对精准营销的目的进行讲解。

1）客户终身价值管理

精准营销进行的是一个长期的关系型营销，企业抓取客户不是为了促成简单的一次性的销售任务，而是为了建立良好的客户关系，将顾客培养成为企业忠实的粉丝，不断地购买企业的产品和服务。

2）提高顾客忠诚度

这点也是精准营销的关键之处，营销过程中顾客对品牌的忠诚度会随着时间的变化而变化，精准营销就是要发现顾客对企业心里印象的变化，挽救有离开心思的顾客，保证用户对企业的忠诚度。

3）辨识最有潜力的新客户

精准营销除了对于老客户关系的维护还需要发掘有潜力的新客户，这样可以有效增加企业的市场占有率，同时随着用户年龄的增长，顾客的需求也会发生转变，发掘新客户是企业长期保持一定市场份额不可缺少的工作。

4）使利润最大化

精装营销还可以使企业产品利润最大化，当用户对企业产生相应的忠诚度后往往对产品价格的在意程度不再明显，此时企业通过价格歧视可以合理地提高产品单价，使利润最大化。

5）选择最佳的营销时机

精准营销就是在正确的时间通过正确的方式向正确的顾客传达正确的信息，根据对用户行为的记录和分析，能够选择最好的营销时机。

6）寻找新的利润增长点

精准营销可以根据大数据的分析，找出拥有相同目标用户的企业进行异业合作，利用客户资料与相关行业开展广泛的交叉业务。例如，四川航空公司通过与风行汽车和出租车司机的合作成功地寻找到新的利润增长点。

7）帮助企业规避风险

精准营销使得企业对用户行为进行长期的记录和分析，从这些数据中能够有效地得出用户习惯的变化轨迹，能够很好地预见市场的动态，规避行业风险。

6.4.2　精准营销实施

在经济增速放缓的新常态下，精准营销将成为今后互联网企业选择的必用营销模式，精准营销个性化是把企业从大众的、粗放的营销模式中跳脱出来，演化为细分的、深度的、精准化的模式。所以现在的互联网企业都在转战精准营销，通过开展精准营销来提高企业的知名度和增加粉丝数量。下面是做精准个性化营销的具体实施方法。

1. 精准营销实施步骤

精准营销的关键在于如何在正确的时间使用正确的方式向正确的用户推送正确的内容，并对老顾客进行维护，具体讲解如下。

1）确定企业的目标

企业实施任何营销活动都必须围绕营销目标，精准营销策略更是如此。没有明确的目标作为行动指导，那么之后所做的一系列营销活动都会徒劳无功。因为精准营销是建立在对目标用户的个性化服务基础之上的，产品和服务在受众市场不断细分过程中而逐渐导向垂直目标用户。因此，企业实施精准营销策略一定要制定明确目标。

2）客户在哪里

没有企业是要去做所有的产品和服务，甚至一类的产品或服务的市场也不可能全做，那么谁是目标客户呢？网络营销首先要进行市场细分，先找到目标客户，分析其分布特征、信息来源和购买倾向，然后针对性地考虑推广营销推广方式。

3）确定推广方式

现在可用的网络推广方式有很多，并且每一种都可以达到一定的效果，但如果企业全面投入其中，除非公司极具实力且运气极好，又或者只是推广一下企业形象才能同时进行很多种推广方式。推广的方式选择是要吸引目标客户，所以推广方式一定要精选一两种，集中精力、人力和财力重点突击，只有等到现有的方式达到预期效果并能保持后，再考虑适当加入新的其他方式。

4）让客户选择你

企业形象推广出去了，将企业产品或服务信息有效传递给目标客户，客户会自动接受企业推广的产品或服务。告诉客户这里的产品/服务最好、价格最实惠、售后服务最好、公司信誉良好，甚至可以告诉客户，从哪里可以得到证明，例如自己的重点客户，一句话"舍我其谁"，让客户下定决心选择企业的产品和服务。

5）客户关系维护

让客户准备购买企业的产品和服务，但这不是最终目的，还需要确保购买率，还有回头率和推荐率。在这个竞争激烈的市场，必须比客户想得再多那么一点点儿，才能做到真正的精益求精，而不是关上门自我感觉良好。通过网络营销中及时和迅速地收集客户的想法和建议，并根据相关信息提供更多更好的产品和服务，形成公司的品牌效应，才能将网络营销的效果长期保持并不断提高。

2. 精准营销的关键点

精准营销的关键在于精准市场定位、与顾客建立个性传播沟通渠道、建立一对一的分销组织、提供个性化产品和完善顾客增值服务体系等 5 点，下面详细讲解各关键点。

1）精准的市场定位

市场的区分和定位是现代营销活动中关键的一环。只有对市场进行准确区分，才能保证有效的市场、产品和品牌定位。通过对消费者的消费行为的精准衡量和分析，并建立相应的数据体系，通过数据分析进行客户优选，并通过市场测试验证来区分所做定位是否准确有效。对一个大规模上市的产品投入很少的测试费用就可以知道上千万元投入的效果。

2）与顾客建立个性传播沟通渠道

从精准营销的字面上就可以看出其采用的不是大众传播，而是目标精准的传播方式。这种传播大概有以下几种形式，例如 EDM、电话、短信、网络推广等。

3）建立一对一分销组织

精准营销的销售组织包括两个核心组成部分，一个是全面可靠的物流配送及结算系统，另一个是顾客个性沟通主渠道的 Call Center。全面可靠的物流配送及结算系统是精准营销的重要因素。

传统营销关注的是市场份额，而精准营销关注的是客户价值和增值。精准营销的运营核心是 CRM，而 Call Center 就是通过网络技术和电话建立起来的实现和顾客一对一沟通的平台，它的主要职能是处理客户订单、解答客户问题、通过客户关怀来维系客户关系。就是这样精准营销摆脱了传统体系对渠道及营销层级架构组织的过分依赖，实现一对一的分销。

4）提供个性化的产品

与精准的定位和沟通相适应，只有针对不同的消费者、不同的消费需求，设计、制造、提供个性化的产品和服务，才能精准地满足市场需求。

个性化的产品和服务的关键点就是定制，而对于其他标准化程度不高、客户需求更加复杂，既要实现大规模生产、成本最优，又要适应日益差异化的客户需求，就必须有选择地满足能够实现规模和差异化均衡的客户需求。通过精准定位、精准沟通找到并"唤醒"大量的、差异化的需求，通过个性化设计、制造或提供产品、服务，才能最大程度满足有效需求，获得理想的经济效益。

5）顾客增值服务体系

精准营销最后一环就是售后客户保留和增值服务。对于任何一个企业来说，完美的质量和服务只有在售后阶段才能实现。同时营销界通常认为，忠诚的顾客带来的利润远远高于新顾客。只有通过精准的顾客服务体系，才能留住老顾客，吸引新顾客，达到顾客的链式反应。

小　结

本章主要讲解了网络营销活动策划、事件营销、免费营销和精准个性化营销的相关知识内容。通过这些知识的学习，读者应当熟练地掌握网络营销活动策划的流程和技巧，能够根据企业的具体情况运用不同的营销策略策划具体的网络营销活动。

课下练习

一、填空题

1. 企业营销活动的意义主要表现在提升品牌影响力、________、________等三个方面。

2. 根据营销活动策划时间长短的不同，可以将企业的营销活动策划分为________和________两类。

3. 事件营销可以帮助企业________、________、________、________。

4. 企业开展免费营销的主要目的有________、________、________、________ 4 个方面。

5. 企业实施免费营销想要达到预估效果，需要把握免费营销的关键点，免费营销的关键点主要由________、________、________、________ 4 部分组成。

二、判断题

1. 营销活动相对于单纯的媒体传播和广告来说至少具有两大优势，即能够变被动为主动和拉近与消费者的距离。（　）

2. 事件营销的最大特点是可以实现广告效应。（　）

3. 事件营销的本质就是炒作，即没事找事。（　）

4. 在事件营销流程中，选好炒作事件之后，就可以到相关平台进行炒作推广了。（　）

5. 伪免费作为常见的免费营销模式，在国内金融借贷行业广泛运用。（　　）

6. 许多游乐场采用的免费营销模式属于免费消费方式。（　　）

7. 企业实施免费营销战略，需要系统的营销流程，否则会因为代价太大而拖垮企业。（　　）

8. 对于传统的企业，可以尝试使用免费营销策略在开拓市场，培养新用户阶段。（　　）

9. 精准营销理论主要来源于传统的市场营销 4P 理论、让客价值、沟通理论及反应原理 4 个方面。（　　）

10. 推动精准营销发展的动力主要来自市场细分需求和技术的进步。（　　）

三、选择题

1. 下列选项中，属于事件营销的作用的是(　　)。

   A. 公共关系　B. 广告效应　C. 新闻效应　D. 客户关系

2. 下列选项中，哪些属于事件营销的模式？(　　)

   A. 借力　B. 第三方　C. 主动　D. 托管

3. 一度备受关注的热门娱乐新闻“冰晨恋”，属于以下哪种炒作策略？(　　)

   A. 第一炒作策略　B. 明星炒作策略
   C. 争议炒作策略　D. 双簧炒作策略

4. “好声音致歉汪峰，原话内容曝光，现场与周董撕逼真相终曝光”对这一文章标题，属于以下哪种炒作策略？(　　)

   A. 第一炒作策略　B. 明星炒作策略
   C. 内幕炒作策略　D. 双簧炒作策略

5. 在事件营销中，以下哪个选项属于事件开炒时的第一步？(　　)

   A. 选择推广平台　B. 引发争议
   C. 引爆高潮　D. 导入事件

6. 下列选项中，哪些策略属于免费营销策略？(　　)

   A. P2P 平台，新注册用户返现 10 元
   B. 京东推出打白条，购物分期付款
   C. 腾讯针对企业推出的付费版企业营销 QQ 服务
   D. 中国移动推出预交话费赠手机

7. 下列选项中，哪些企业公司适合开展免费营销战略？(　　)

   A. 实力雄厚的跨国公司　B. 创业型高新科技公司
   C. 高利润公司　D. 行业内的佼佼者

8. 下列选项中，关于精准营销极致的说法正确的是(　　)。

   A. 个性化　B. 用户体验　C. 服务质量　D. 产品规模化

9. 以下属于精准个性化营销成功的前提是(　　)。

   A. 建设官网　B. 投入大量广告
   C. 引入多维度人群数据　D. 开通微信公众号

10. 以下人物当中，哪一位人物提出了“精准营销”的概念？(　　)

A. 罗伯特·西奥迪尼　　　　B. 菲利普·科特勒
C. 凯文·莱恩·凯勒　　　　D. 彼得·德鲁克

四、简答题

1. 请简要概述企业实施免费营销的原因有哪些。
2. 企业在实施免费营销策略的过程中应当注意哪些事项？

第7章 客户关系管理

学习目标

- 掌握微信公众平台推广技巧，能够对微信公众号进行推广
- 熟悉微信公众号运营流程，能够运营微信公众号
- 掌握微博的日常运营流程，能够进行微博的日常运营
- 了解APP及APP营销，能够搭建简单的APP并进行APP营销
- 熟悉APP推广方式及推广渠道，能够在不同渠道进行APP推广

【案例引导】

网络营销在很大程度上改变了传统营销的模式和理念，营销活动需要以用户为中心，因此客户关系管理的作用也日益突出，企业需要不断为客户创造价值，满足客户多样化的需求，提高客户满意度和忠诚度，才能与客户建立长期合作的友好关系。而传统的客户关系管理模式中企业需要投入巨大的成本，如何运用网络模式进行客户关系管理成为企业营销活动中的重点，新媒体的出现为企业新型客户关系管理的发展指出了方向。华为荣耀3X上市时通过微信推广的预约活动就是一个很好的例子。

首先，活动前华为通过微信内容推送和微博进行宣传预热，并联合易迅将活动信息大量曝光；活动前期，华为荣耀、华为商城、花粉俱乐部等官方微博都对此次活动进行大量曝光并用图解的方式说明了具体操作流程，易迅也尝试在微信上做出精选商品的经典案例，当时的微信正在试推让微信用户绑定银行卡，就这样一拍三合达成合作，使本次活动得到大范围的持续曝光。

其次，预约界面加入奖品驱动，即预约用户关注华为荣耀公众账号后可参与抽奖活动，开放预约时用微信支付1分钱即可完成预约；最后，付款的灵活便利，预约成功后进入原预约页面即可购买，并且支付方式也支持微信支付和货到付款，使得本次活动也取得了良好的效果。荣耀3X的总预约量达到30万。

【案例思考】

网络营销在很大程度上改变了传统营销的模式和理念，但是它的本质仍是维系客户的忠诚度，保障企业的生存空间以及长远发展。然而网络营销是在虚拟的市场、虚拟的平台上进行的，商家很难和顾客进行面对面的沟通与交流，企业很难获得一个新顾客的信任，因此，企业开发新客户往往需要付出巨大的成本，这时进行有效的客户关系管理就能为企业降低成本。

那么什么是客户关系管理呢？客户关系管理就是企业为提高核心竞争力，利用相应的信息技术以及互联网技术协调企业与顾客之间在销售、营销和服务上的交互，从而提升客户管理方式，向客户提供创新式的、个性化的客户交互和服务的过程。其最终目标是吸引新客

户、保留老客户以及将已有客户转为忠实客户，增加市场份额。本章将从微信营销、微博营销以及APP运营三种新媒体营销模式对客户关系管理进行具体讲解。

7.1 微信营销

微信营销是网络经济时代下企业或个人营销模式的一种，是伴随着微信的流行而兴起的一种网络营销方式。通过微信，用户可以订阅公众号获得自己所需的信息，而商家可以通过公众号提供用户需要的信息，推广自己的产品，从而实现点对点的营销，所以微信是网络时代企业进行客户关系管理的优质平台。本节将从微信公众号推广、微信公众平台日常运营和微信运营技巧三个方面对微信营销进行详细的讲解。

7.1.1 微信公众号推广

随着微信用户不断增长，越来越多的商家开通了公众号用来推广企业产品或服务。通过低廉的成本、精准的定位将企业品牌展示给客户，建立企业与消费者的一对一沟通渠道。一般来说，微信公众号的推广主要包括微信平台推广和非微信平台推广两种类型，具体介绍如下。

1. 微信平台推广

微信平台推广是指在微信平台内部对于微信公众号的推广。通常包括草根大号直推、图文消息分享、公众号广告、朋友圈广告投放、以小带大以及微信朋友圈分享等几个方面。

1）草根大号直推

微信公众账号注册后需要吸引粉丝进行关注，这时可以借助一些草根大号进行推广。草根大号是指微信上较有名气的普通人（非明星、公众人物）的微信公众号，这些草根大号的大部分粉丝数超过两万，现在微信公众平台上拥有大量的草根大号。

通过在他们发布的文章中直接加入所要推广的公众号信息被称为草根大号直推。草根大号直推的优点是到达率可以达到100%，打开率一般在50%左右，根据某旅游网站微信号推广效果来看，粉丝转化率大概为0.5%。但草根大号直推也有一定缺点，成本比较高，获得一个高质量的真实粉丝的成本一般为5～7元。

2）图文消息分享

图文消息分享（即微信公众号文章发布）指的是公众号运营者将编辑好的文章分享给粉丝的过程，通过图文精美、趣味性强的微信软文，吸引粉丝关注微信公众号，达到推广的目的。如图7-1所示就是微信公众平台图文消息分享的群发功能界面。

3）公众号广告

微信公众号广告是一个基于微信公众平台，利用专业数据处理技术实现成本可控、效益可观、精准定位等效果的广告投放系统。微信公众号广告可以为广告主提供多种广告投放形式，如图7-2所示就是微信公众平台广告投放设置页面。

4）朋友圈广告投放

朋友圈广告是指基于微信朋友圈，以类似朋友圈原创内容形式展现，可互动传播的广告。广告主只需通过官网的自主申请，审核通过后交付一定的费用即可接入微信朋友圈广

图 7-1　图文消息编辑

以下转化指标、曝光量、点击量等均为今日数据。

全部广告　全部广告位　全部推广目标　全部状态(17)　+新建广告

广告名称	推广目标	转化指标	曝光量	点击量	消耗(元)	状态
411蜜纱	公众号	0	0	0	0.00	已结束

已结束　修改广告　数据报表　更多操作

广告ID	2754640	
基本信息	广告名称	411蜜纱
	推广目标	公众号
广告位	广告位位置	图文消息正文底部
	广告位规格	公众号卡片
	引导文字	接蜜纱首扇一元，你还在等什么？快关注
	点击关注按钮	弹窗提示用户关注
	点击非按钮区域	跳转公众号详情页
投放设置	投放时间	2016-04-11至2016-04-18; 0: 00 - 24: 00
	用户定向	年龄不限；性别不限；北京市；系统不限；联网环境不限
	公众号媒体类型	金融，汽车，家居，房产，电子数码/软件/互联网，母婴
	用户兴趣	不限
	广告出价	1.03元/点击
	广告限额	100.00元/天

广告名称	推广目标	转化指标	曝光量	点击量	消耗(元)	状态
4.11品牌推广	公众号	0	0	0	0.00	暂停投放
4.11品牌推广	公众号	0	0	0	0.00	已结束
一元炒蜜04	公众号	0	0	0	0.00	已结束

图 7-2　公众号广告投放

告。微信官方接收中小企业投放广告，投放时可以设置投放地区、性别等相关属性。朋友圈广告也是一种高效、精准的推送方式。

下面以一汽丰田在朋友圈广告投放的案例做具体分析，如例 7-1 所示。

例 7-1 一汽丰田朋友圈广告

一汽丰田与微粒贷合作，面向微粒贷用户推出专属优惠。通过微信广告的精准定向能力，广告精准触达这批用户，引发用户与微信广告的积极互动。借助微信广告与微信卡券的无缝连接，用户可以在广告中领取购车优惠券，并在线下4S店购车时使用，成功打通线上与线下的营销通道，取得良好的推广效果。本次推广成功促进五百余辆车的销售，销售额高达8500万以上。如图7-3所示，即为丰田在朋友圈广告投放的截图。

图 7-3 一汽丰田朋友圈广告投放截图

一汽丰田通过与微众银行微粒贷合作，结合微信的大数据能力，将广告精准投放给优质高信用用户。广告以优惠购车为促销核心内容，用户可以领取价值1000元的购车优惠券，优惠券以微信卡券的方式领取。卡券会引导用户前往距离最近的4S店使用。本次投放打通线上与线下的营销渠道，实现线上营销与线下购买的完美整合。

5）以小带大

公众号推广中的以小带大是指通过运营多个小号为大号带来粉丝的过程。小号是指普通个人微信号，大号是指公众号。运营者可以先通过小号增加粉丝，再通过小号的朋友圈或群组将公众号的信息推送出去，小号的粉丝通过该信息"关注"公众号，完成吸粉过程。小号粉丝到大号粉丝的转换率大约为60%。

6）微信朋友圈分享

微信朋友圈分享是指通过将高质量的文章分享转发到朋友圈的形式吸引粉丝。公众号粉丝来源最多的渠道便是微信朋友圈，很多文章通过朋友圈的扩散会使阅读人数超过送达人数的几十倍。所以想要达到高倍数的阅读数就可以转发文章到朋友圈，给更多的人看，但前提是朋友圈的数量一定要大。想要增加粉丝还可以通过大量加好友并转发公众号文章的方式进行增粉。

2. 非微信平台推广

非微信平台推广是指在除微信平台之外的平台进行推广，例如微博平台、网站论坛、QQ群推广等。非微信平台推广的推广渠道及方式有以下几种。

1）微博平台转化

微信平台转化是指在微博平台推广自己的公众号，借助微博上的粉丝，达到快速传递、推广的目的。早期的微信草根大号，大多是通过这种方式成长起来的。这些草根大号通过在微博上不断推自己的微信，收获了第一批粉丝。但这种推广方式转化率很低、成本偏高，若不是自有微博，建议不要轻易采用。

2）网站转化

网站论坛转化是指通过论坛推广自己的公众号，这些通道主要的采用者为网站媒体，将网站很好地利用起来。利用网站论坛可以使网站用户群转化为微信粉丝。但这种方式转化率依然很低，若非自有媒体，建议不要采用。

3）QQ 群推广

QQ 群推广是指通过添加与企业相关的用户群在群内进行二维码的推广。做 QQ 推广时可以一对一互动或者在群内互动。

4）活动推广

活动推广就是通过活动的形式吸引用户并对二维码进行推广。活动推广的效果是最直接也是最有效的方法，不论是线上活动还是线下活动，一个鲜明的活动主题最容易让人们记住。尤其是线下活动导流的效果比较明显，例如做亲子 O2O 的，可以在剧院门口发放荧光棒，通过这种利用线下向线上导流的方式一天的增粉量可以超过 1000 个。

5）软文推广

软文推广就是将二维码放到软文中，以软文的形式将二维码推广出去。软文推广是一种很好的方法，利用信息来源推广公众号也是最能让用户关注的。

6）邮件推广

邮件推广就是以邮件的形式将二维码推广出去。将二维码放到邮件中，策划几个比较好的邮件模板，每天坚持给用户推送会有一定的效果。弊端是现在邮箱的反营销信息和垃圾邮件防范做得很好，所以做不做邮件推广要视情况而定，如果有目标群体并且邮箱都是真实存在的可以去做邮件推广。

7）论坛推广

论坛推广就是通过在各大论坛平台（如豆瓣、贴吧等），发布高质量的文章，引起别人的注意。在各资源分享网站发帖时，要注重质量，例如经典学习资料、高端技术文章等。高质量的帖子可以快速地传播公众号推广信息，获得高的曝光率。

8）其他平台

除了上述推广平台之外，还可以通过个人名片、公司宣传手册、杂志等渠道进行推广，微信的推广需要每天坚持不懈地进行才能获得粉丝的持续增长。如果推广资源有限，也可以动用员工朋友的朋友圈（建议在员工自愿的基础上建立一定的奖励机制，避免引起员工反感）。

无论用户从哪个推广渠道来的，一定要让来的用户有惊喜，有用户想要的，而不是失望而去，所以一定要根据账号的定位以及数据分析判定用户的喜好，然后做好内容，促使用户自己进行分享，这样才能实现粉丝数量的持续增长，达到公众号推广的目的。

7.1.2　微信公众平台日常运营

做微信公众账号的目的是服务好用户，黏住用户，通过这些用户为个人或者企业创造一定的价值！要做好一个微信公众账号，日常运营很重要，运营微信公众号通常会从以下几个方面着手。

1. 微信公众平台定位

微信公众平台定位是微信公众账号建设的基础，也是一个微信公众平台对外的形象展示。为微信平台定位不但有利于设置账号名称，而且有利于内容生产，建立清晰的账号形象，吸引更多的精准用户。

1）市场空白点定位

通过细分市场，寻找未被人重视或者竞争对手还未来得及占领的市场，推出满足这一细分市场需求的产品或服务。

2）类别定位

公众号平台分为订阅号、服务号和企业号。根据需求选定自己所需的类别。服务号每月可推送 4 次消息，属于完善服务类。订阅号每天都可推送消息，属于推广分享类。企业号主要针对企业、组织内部管理使用。

3）目标群体定位

群体细分是新媒体发展的天然属性。开始运营公众号之前一定要选择好自己的目标群体。

4）文字风格定位

公众号的文风是严肃的、活泼的、文艺的还是幽默的一定要选择好。其实这直接取决于去面对账号的目标群体是什么。如果是年轻人，那么幽默、活泼的最好。如果是专业报道，还是严肃朴实点儿的风格比较好。

2. 设置欢迎语

设置欢迎语时，文字要与企业形象相符、言简意赅、产生互动，让用户做一件事情，加深印象。粉丝添加关注你的账号的时候，在这个页面里设置的文字、语音、图片、视频会自动发送到粉丝的手机里。通常欢迎语的设置流程包括以下几个步骤。

【Step1】 登录后台界面。具体后台设置情况，如图 7-4 所示。

图 7-4　后台设置情况

【Step2】 添加欢迎语。编辑欢迎语如图 7-5 所示。

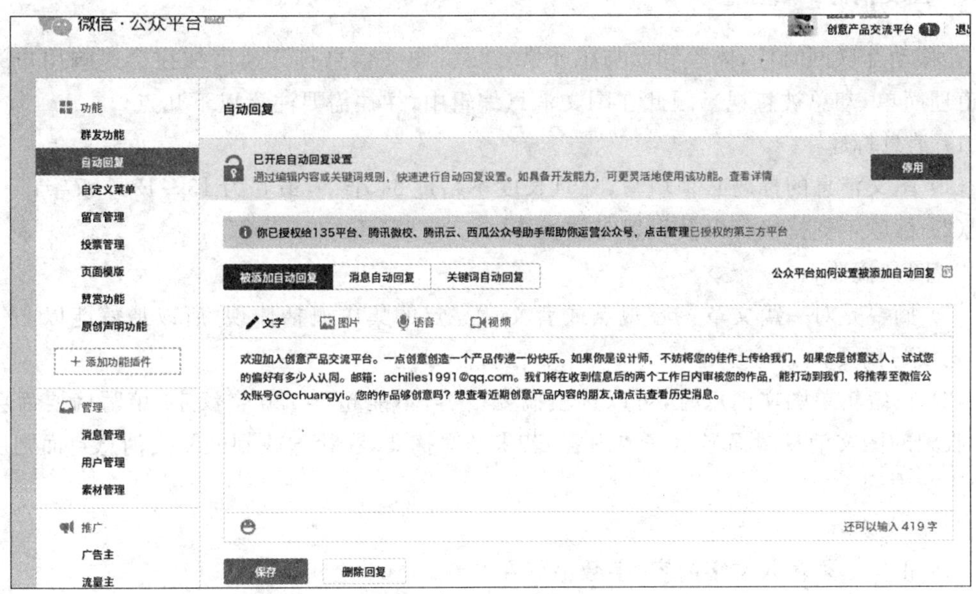

图 7-5　欢迎语设置

【Step3】 欢迎语发布。设置好欢迎语，粉丝添加公众号时就会收到一段设置好的欢迎语，如图 7-6 所示。

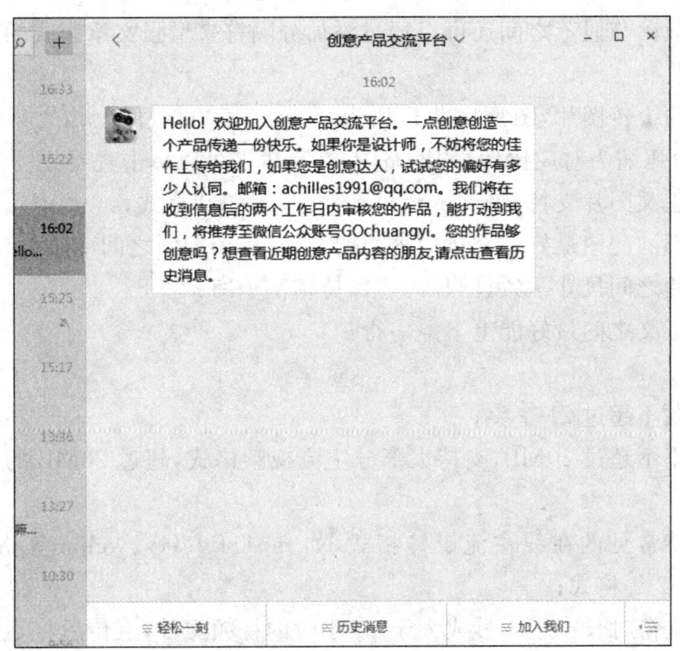

图 7-6　欢迎语

3. 图文消息编辑注意事项

在移动互联网时代，体验和参与感非常重要。图文信息打开速度往往会影响用户阅读率，道理简单，却总被忽视。因此在图文消息编辑中，往往需要注意以下几点。

1) 消息标题

(1) 图文消息的标题必须填写，并且长度不超过 64 个字，最好为 13～15 个汉字；

(2) 标题不支持换行以及设置字体大小。

2) 图文摘要

(1) 摘要是对一篇文章核心观点或者文章亮点的集中概括体现，所以最好能以一句话的形式填写摘要；

(2) 在编辑单图文消息时，可以选填摘要内容，不能超过 120 个汉字，填写摘要后会在粉丝收到的图文消息封面显示摘要内容，若未填写摘要，在粉丝收到的图文消息封面则展示部分正文内容。

3) 正文内容

(1) 正文必须输入文字内容，字数最好在 800～1000 之间；

(2) 正文标题字体建议为 20px，颜色要突出，正文标题如果过长，可以分为主标题和副标题两行；

(3) 正文文字大小在 14～16px 之间；

(4) 正文之间的行距最好在 1.5～1.75 倍行距之间；

(5) 文章的段落与段落之间还可以通过添加分隔符来增强文章版式的整体美感。

4) 正文配图

(1) 封面必须上传图片，图片尺寸建议为 900px×500px，但上传之后图片会自动压缩为 640px 宽(高会压缩为对应比例)的缩略图，在手机端可以单击查看原图；

(2) 封面和正文图片支持上传 bmp、png、jpeg、jpg、gif 格式；

(3) 文章里面的配图最好与文章内容主题相似，各个配图之间冷暖色调一致；

(4) 正文图片之间尺寸一致，图片内容保持整洁干净；

(5) 图片和正文之间最好能上下空一行。

5) 视频

(1) 视频标题不超过 21 个字；

(2) 视频大小不超过 20MB，支持大部分主流视频格式，超过 20MB 的视频可在腾讯视频上传后添加；

(3) 视频支持常见的在线主流媒体格式，如 mp4、flv、f4v、webm 等格式，移动端支持 m4v、mov、3gp、sg2 等格式；

(4) 视频不支持时长小于 1 秒或大于 10 小时的视频文件，上传后将不能成功转码。

6) 引导关注

在每篇图文消息的开头可以添加引导关注，提醒阅读者关注公众号。

文章最后，还可以附带添加公众号或者二维码信息。增加公众号的曝光率，也增加了粉丝入口。引导关注的样式如图 7-7 所示。

图 7-7　引导关注样式

4. 自动回复设置

自动回复功能是指公众号运营者可以通过简单的编辑，设置"关键词自动回复"、"被添加自动回复"、"用户消息自动回复"等功能。通常可以设定常用的文字、语言、图片、录音等作为回复消息，并制定自动回复的规则。当订阅用户的行为符合自动回复规则的时候，就会收到自动回复的消息。

1）被添加自动回复

在微信公众平台设置被添加自动回复后，粉丝在关注该公众号时，会自动发送设置好的文字、图片、视频给粉丝，设置后可根据需要"修改"或"删除"内容。

2）用户消息自动回复

微信公众平台设置用户消息回复后，当粉丝向公众号发送微信消息时，公众号后台会自动回复所设置的文字、图片、视频给粉丝。设置用户消息自动回复时需注意以下几点。

（1）一个小时内最好回复一两条内容；

（2）暂不支持设置图文、网页地址消息回复；

（3）消息自动回复只能设置一条信息回复。

3）关键词自动回复

在微信公众平台设置关键词自动回复，可以通过添加规则，订阅用户发送的消息内如果有设置的关键字，即可把设置在此规则名中回复的内容自动发送给订阅用户。在设置自动回复时，有相关的规则和注意事项，具体如下。

（1）微信公众平台的关键字自动回复设置规则上限为 200 条规则（每条规则名最多可设置 60 个汉字），每条规则内最多设置 10 条关键字（每条关键字，最多可设置 30 个汉字）、5 条回复（每条回复，最多可设置 300 个汉字）；

(2) 同一规则中可设置5条回复内容,如果设置了“回复全部”,粉丝发送信息中含有设置的关键字,会将设置的多条回复全部发送,若未设置“回复全部”,则会随机回复;

(3) 关键字设置中每个规则里可设置10个关键字,若设置了相同的关键字,但回复内容不同,系统会随机回复,每个规则里可设置5条回复内容,若设置了多个回复内容(没有设置“回复全部”),系统会随机回复。当设置多条回复时需要进入编辑者模式,单击关键词自动回复→添加规则→输入关键词匹配内容后,再添加内容,然后选择“回复全部”即可;

(4) 若选择了完全匹配,在编辑页面则会显示“已全匹配”,那么对方发送的内容与设置的关键字须完全一样,才会触发关键字回复;

(5) 若没有选择全匹配的情况下,编辑页面则会显示“未全匹配”,这时只要对方发送内容包含设置的整个关键词,就会触发关键字回复给对方。

7.1.3 微信运营技巧

微信公众账号出现订阅号和服务号后,订阅号出现了折叠,订阅号的打开率大大降低,如何提高订阅号的打开率是每一个运营者必须思考的问题。想要提高打开率,微信运营的技巧也尤为重要,以下为微信运营的一些技巧。

1. 确定推广内容

微信营销本质是互动,传递价值,维护老客户,影响新客户,很多企业把微信当成宣传工具,每天广告准时发送,这样的微信号是没有生命力的。微信营销关键在内容的质量,因此在确定推送内容时,需要注意每次推送的重点,图文消息不要超过三条,以统一的主题内容告诉用户消息重点。

2. 以用户需求为出发点

用户想要什么,喜欢什么就给他们看什么,提供什么,这是任何时候都不会改变的黄金守则。当然,每一家企业所处的行业、所面对的客户也是各种各样的,哪怕是同一家企业,新客户和老客户的需求也是不一样的。这个时候就要结合企业自身的实际情况,研究用户的喜好,做到取悦于用户。比如一家做服装的企业,那么可以准备一些穿衣搭配、选衣技巧、流行趋势等类型的文章,不仅能够让粉丝有兴趣,而且还能够很巧妙地把企业的产品信息嵌入进去。

3. 推送信息要适度

如果一个公众平台推送的信息太多的话,不仅用户会觉得烦,也会显得没有重点。当然,如果推送的信息太少的话,又不能完全满足用户的胃口,很多事情也阐述不清楚。所以平时在给顾客推送信息的时候一定要严格把控数量。如果是比较重要的信息,可以用一条信息来单独推送,如果信息是资讯类知识类的,一般来说三条也就够了。

4. 做好平台内容

在SEO领域有一句话叫“内容为王,外链为皇”,这句话用在公众微信平台运营也有一定的意义。虽说微信不需要发外链,但是专注于内容建设也是非常重要的。对于平时推送的内容，要进行深度策划，一词一句地推敲，无论是文案还是美工都要进行修饰，千万不要发一些粗制滥造的内容给用户。

5. 本质是互动

微信创造的初衷是作为一款沟通互动的工具，所以运营微信要充分把握这个核心，利用微信的互动特征来传递信息，维护老客户开发新客户。及时回复用户发来的信息，做到有问必答。千万不要让顾客感觉公众平台是一个机器，而是一个有血有肉，有喜怒哀乐的人，这样才是成功。

6. 善用“阅读原文”

设置“阅读原文”首先单击素材管理，新建图文消息，编辑好正文内容，在页面底部有一个“添加原文链接”然后单击“添加原文链接”，将原文链接地址粘贴入框内，最后保存即可。“阅读原文”是给自己网站引流量的重要工具，通过这个链接可以让用户了解到企业网站的更多资讯和信息，可以说微信在这个时候成为企业网站的一个重要的流量入口。当然，前提是所发布的内容确实有让顾客阅读的兴趣。

7. 进行二次开发

就微信公众账号后台自身而言，其提供的功能非常有限，有一定局限性，主要为推送消息和用户简单互动而已。因此，腾讯公司还针对高级用户开放了微信的 API，企业可以实现微信的二次开发，企业可以按照业务需求进行相应的开发。

8. 做好数据分析

数据是美丽的语言，微信公众平台究竟运营得怎么样、效果如何，完全可以通过数据分析得出结论。微信公众号后台带有数据统计分析工具，可以通过后台自带工具对公众号运营效果进行分析。当然，仅仅是这些数据还是不够的，还要根据公众号运营中的实际情况，分析转化率、成交率等其他影响因素。如图 7-8 所示为公众号后台数据。

详细数据　导出CSV

时间	新关注人数	取消关注人数	净增关注人数	累积关注人数
2013-10-25	58	10	48	17,203
2013-10-24	78	19	59	17,144
2013-10-23	93	14	79	17,071
2013-10-22	375	26	349	16,712
2013-10-21	55	16	39	16,666
2013-10-20	60	9	51	16,619
2013-10-19	57	11	46	16,576
2013-10-18	70	16	54	16,513
2013-10-17	70	20	50	16,471

图 7-8　公众号后台数据

7.2 微博营销

除了微信之外，新浪微博也是企业进行客户关系管理，开展粉丝经济的必要平台，这取决于微博平台开放性的特点和庞大的用户群体。本节将从微博内容规划、时间规划、粉丝增长和日常运营等几个方面讲解微博平台上的客户关系管理。

7.2.1 企业微博内容规划

如同微信公众号内容规划一样，企业微博也需要做内容规划。合理的内容规划可以有效地提升企业品牌形象。本节将从内容类型定位、撰写技巧等对微博内容规划进行详细介绍。

1. 内容类型定位

定位是微博内容规划时最先需要做的，精准的定位可以帮助企业了解自身的情况。在内容定位过程中，企业需要结合自身的品牌定位总结出品牌的简单调性，也就是品牌定位下目标消费者对品牌的看法或感觉。例如，企业的品牌调性是“年轻无极限，给爱挑战生活向往自由的你一片属于自己的天空”，那么品牌调性的关键词就是“年轻”、“刺激”、“自由”等。利用品牌调性，结合品牌自身的受众，就可以总结出品牌的内容个性。说明企业品牌的微博内容在风格上面需要展示一个青春有活力的形象，而在内容选取上就要适当倾向和大家分享一些积极向上的博文。

2. 企业微博内容撰写技巧

微博的内容撰写也有一定的技巧，可以从实用性、趣味性、故事性和个性化这几方面进行撰写，以下是企业微博内容撰写的一些实用技巧。

1）实用性

撰写的微博内容要提供实用性、知识性、有价值的内容，这样才更利于传播，增加粉丝数量和粉丝黏性。

2）趣味性

微博内容要有趣、好玩并具有趣味性，总是能够吸引眼球的。如果经常性地发布单调的广告，会直接导致粉丝厌烦。

3）故事性

可以偶尔发布一些心灵鸡汤、情感小故事、励志文章等，这样的故事能够以情感人，引起共鸣。

4）个性化

这是一个追求个性化的时代，个性化的微博内容才会引起用户的关注。

注意：在规划企业微博内容时，要注重内容的娱乐性和趣味性，能与粉丝互动的内容才是企业所需要的。切勿长期发布单调的广告，这样会直接导致粉丝厌烦，降低推广效果。

7.2.2 企业微博时间规划

企业微博的发布不是随意发送的，而是要进行一定的时间规划。企业微博时间规划一般分为每日时间规划、每周时间规划、每月时间规划和每季度时间规划4个部分。

1. 每天时间规划

日常生活中，微博粉丝活跃的高峰期通常是在上下班途中，主要集中在下午4点后，高峰期在晚上6点及以后。因此企业微博发布的时间不能只是工作时间的8小时，而应该在8～24点都有更新发布。同时，企业微博的发布可在每天固定时间有规律地进行，这样有利于培养用户的使用习惯。重点博文可以选择在晚上高峰时间进行发布。具体发布时间建议如图7-9所示。

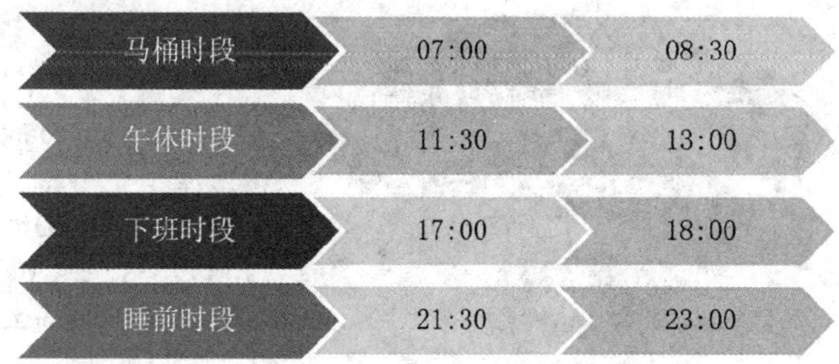

图7-9 发布时间建议

2. 每周时间规划

微博运营的重点在与粉丝的互动上，根据运营数据统计，随着每周时间的不同，微博的运营效果也不同，整体来说每周三与周四微博用户相对活跃，用户更愿意参与企业的互动，企业可以在这两天发布比较热门的内容，适当加入品牌、产品相关内容，与粉丝互动。

另外，周末时期粉丝也相对活跃，并且用户更愿意转发微博内容。企业可以利用周末进行转发有奖活动来扩大微博辐射范围，也可以发一些有意思的内容，让用户扩散。

3. 每月时间规划

关于微博每月运营时间规划可以按照日常事件、活动事件、热门事件、突发事件4个方面进行运营时间规划，具体介绍如下。

1）日常事件

在了解目标受众需求的基础上，选择他们喜欢的内容，并将产品或品牌融入进去。可选择发布行业资讯动态、娱乐休闲、生活感悟、企业资讯等。

2）活动发布时间

对于本月企业要举办的活动在微博上通过活动预告、现场直播等方式发布图片和消息。在活动的前期发布活动预告，在中期发布现场活动，最后在活动结束之后发布活动结果。

3）热点事件

当有热点事件发生时，需要第一时间关注该事件并发表对其的观点，做到借势营销。

4）突发事件

这里主要针对公司的突发事件，当事件发生后，需要第一时间发布消息，真诚地向广大用户表态，快速处理事件，把负面影响降到最低。

4. 每季度时间规划

每季度时间规划是指在一些企业的特殊纪念日或者季度中的重要节日，发布一些纪念活动的微博文章、活动预告以及现场直播等方式和粉丝进行互动。

7.2.3 企业微博涨粉攻略

按照微博粉丝数量的不同，可以将企业微博账号简单地分为三个阶段，即初级建设阶段、增加粉丝阶段和商务基础阶段，如图 7-10 所示。

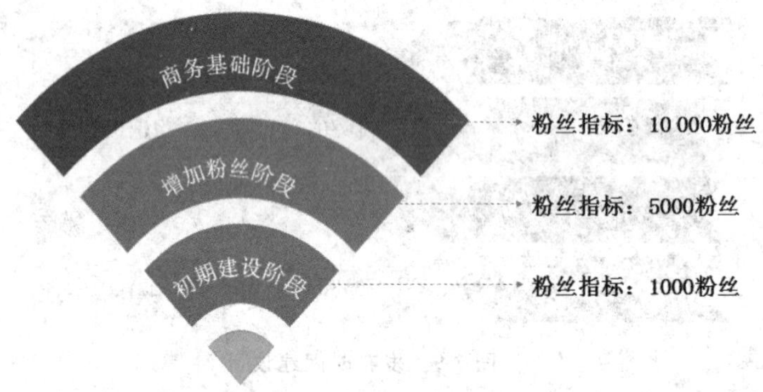

图 7-10 企业微博成长阶段

在不同的阶段有不同的加粉策略。

1. 初级建设阶段

初级建设阶段粉丝数量一般在 1000 粉丝以内，这个阶段需要企业对自身的用户资源进行聚合，需要发展企业账号的第一批粉丝。可以从自己身边的资源做起，具体可以在企业网站或者其他营销平台添加自己的微博账号的链接，同时也可以通过员工手机好友、QQ 好友、QQ 群好友、人人网好友等渠道来完成粉丝的原始积累。

2. 增加粉丝阶段

增加粉丝阶段的粉丝数量一般会在 5000 粉丝以内，这个阶段的粉丝增长主要通过互粉策略。运营者可以在 QQ 群搜索中搜索“互粉”、“新浪微博互粉”、“新浪微博粉丝”等关键词。找到专业的互粉群，需要注意的是做互粉时并不能无限地去关注别人，微博总的关注数量是 2000 人，每天最多可以关注 500 人，同时如果关注频率高的话，每关注 10～20 个后，会出现验证码。所以做互粉是一个完全靠执行力的推广方式，如果加够 2000 粉丝后，可以取消一部分人，然后重新再去关注新的微博。

互粉带来的是真人粉丝，但这种粉丝不是非常精准，只是为了增加粉丝数量而采取的一种方法。通过互粉带来的粉丝很多人会取消关注，但从长期互粉来看，粉丝量仍然是持续增长的。因为大多数情况下,用户看到加V的账号也会跳过取消关注。除了QQ群互粉,还有一种方法是利用新浪微博内置应用互粉,例如推兔。

3. 商务基础阶段

商务基础阶段的粉丝一般会在10 000粉丝以内,粉丝跨过5000达到10 000,是个比较艰苦的过程,这个阶段一般会采取下面4种策略来进行。

1) 僵尸粉丝策略

僵尸粉一般是指微博或百度贴吧上的虚假粉丝,花钱就可以买到"关注",有名无实的微博粉丝,他们通常是由系统自动产生的恶意注册的用户。

从营销的角度来讲,跟互粉道理是一样的,我们增加粉丝虽然不活跃,不会与我们产生互动,但是这些粉丝能让我们的粉丝数量看上去显得很高,从而更容易吸引对我们微博内容感兴趣的微博粉丝。所以也有必要去刷一下微博的粉丝。

僵尸粉可以直接找做刷粉丝服务的团队做。用刷粉丝的方式刷粉数量是有限制的,到底刷多少合适、保持怎么样的增长没有一个固定的模式,但是有个大概的比例供大家参考。一般来说,账号发的微博平均转发量小于5的,可以刷两万粉丝;平均转发数5～10的,可以刷10万粉丝;平均转发数大于10的,可以刷大于10万的粉丝。

需要注意的是,新注册的账号以及还没发过太多内容的账号,如果刷僵尸粉丝就很容易掉,甚至会被封账号,例如刷了1000粉丝的账号,刷完后往往会回到200粉丝,这是因为新浪会定期去过滤这些僵尸账号,如果此时再反复刷的话,账号很可能会被封掉。但是对于老账号和加V的账号进行刷粉,粉丝数量不会掉,也不会被轻易地封账号。

2) 转发引导策略

当企业微博的粉丝数量超过一万之后,就可以通过联系一些同等质量粉丝的账号进行互相转发推广,当然也要找一些粉丝群体类似的微博,例如做IT培训的微博,就可以找一些大学生活动微博互相转发,达到粉丝互换的效果。这就需要运营者去和一些有意向的同类微博建立联系。加到企业的QQ群中,一旦有了转发的需求,可以在群内进行任务发布,形成资源互换。

3) 话题推广策略

话题推广是相对简单的操作策略,可以使用账号发起一个话题或申请已存在话题的主持人身份,然后来炒作这个话题,话题炒作起来以后,主持人的粉丝自然也就来了。话题互助推广执行时间跨度比较大,周期比较长,适合事先有团队的情况执行。

7.2.4　企业微博日常运营

企业微博是企业在微博上的代言人,其日常运营不能像个人账号一样随意。通常企业微博运营的关键主要表现在5个方面,即关注策略、评论策略、回复策略、转发策略及运营策略。

1. 关注策略

企业微博作为企业在微博上的形象代言需要从多维度选择关注账号,一般企业微博需要关注5种微博账号类型,具体如下。

1）行业资讯号

企业微博关注行业资讯号可以在第一时间得到行业内的信息，同时可以关注到该行业资讯的动态，在适当的时候与资讯号进行互动，常见的资讯号类型主要有行业资讯、时事新闻、笑话趣闻等。

2）舆论领袖

舆论领袖一般是指业内知名人士、公众人物、微博名人等。他们地位超然，拥有大量的粉丝，一言一行均会对粉丝产生很大的影响，可以在适当的时候进行借势营销。

3）目标网友

企业账号需要关注的目标一般为品牌的目标用户和积极互动的网友，前者是企业的目标用户，是企业下一步转化的目标，后者是企业的关注者，能够从第三者的身份给予企业公正评价，增加企业微博的可信度和活跃度。

4）企业内部账号

企业在进行微博营销时往往不是简单地运营一个账号，而是同时注册多个账号进行推广，常见的有子品牌账号、公司领导人号、相关事宜负责人账号等，这些账号相互关注起来可以形成企业微博矩阵，在必要的时候能够推动企业微博的营销推广活动。

5）其他

除了上述需要企业微博关注的账号外，还有一些微博账号也需要企业微博进行关注，例如，竞争对手、知名企业、微博营销成功企业、新浪官方等账号。其中，关注竞争对手的微博可以及时得到对方的信息，而关注新浪微博广泛账户可以第一时间知道微博相关规则的改变。

2. 评论策略

企业微博能像个人微博一样依据个人的喜好来进行评论，企业微博在评论其他微博时需要与发布微博时的语气一致，见什么人说什么话。同时需要注意不能涉及敏感话题，也不能主动引起争议，遇到负面信息时需要及时耐心地通过私信与对方沟通。

3. 回复策略

对于一个企业微博账号来说，在日产运营活动中可以简单地将用户分为负面情绪的网友、提出建议的网友、认证的大V、和企业互动频繁的网友以及其他网友等几类。在与这些用户进行互动的时候除了需要注意前面讲到的评论策略外，还需要注意这些账号的回复顺序，一般来说在活动忙碌时需要优先回复负面情绪的网友，这是因为负面情绪的网友等待的耐心有限，一旦拖延肯定给用户造成对企业的负面印象，严重时甚至会诱发危机公关。

整体来说，回复的顺序应该为负面情绪的网友→提出建议的网友→认证的大V→和企业互动频繁的网友→其他网友。同时在回复时需要优先回复重点，做到有询问必回复。网友对企业的赞扬，是最具说服力的品牌宣传素材，为保持这类用户的活跃，应对经常给企业提出表扬和意见的网友给予一定的奖励。

4. 转发策略

互联网上信息共享十分普遍，在选择转发信息时，企业官微应首选网友对企业的正面评价，同时在转载时，注意标注内容出处（通常会标明来自@其他账号），尊重原创作者。如果转载时没有标注出处，容易导致企业产生版权纠纷问题。

下面以 2016 年 4 月热门微博“友谊的小船说翻就翻”的案例做具体分析，如例 7-2 所示。

例 7-2　企业未经授权转发“翻船体”，作者愤怒发布声明

2016 年 4 月微博博主喃东尼创作的《友谊的小船说翻就翻》系列漫画遭到全民疯传，多个企业在未经授权、未标明出处的情况下运用该漫画进行商业推广。这一行为使得作者喃东尼受到很大伤害，并发布《关于全民创作“翻船体”以及商业使用的声明》，如图 7-11 所示。

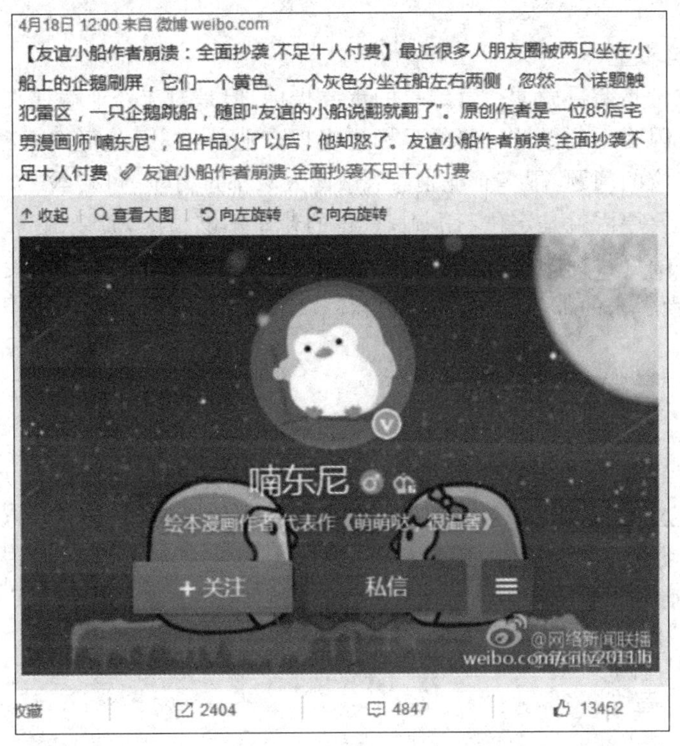

图 7-11　微博转发策略——重视版权

在例 7-2 中，“翻船体”在网红之后，被大量地疯狂转发，特别是一些企业在未经授权的情况之下，运用该漫画进行商业推广，这对原创作者@喃东尼造成了极大的伤害，致使作者愤怒进而发布关于商业使用的声明，所以企业微博在转发时一定要标出内容出处，尊重原创作者。此外，企业在转发微博时，以下几点还需要注意。

(1) 转发要适量适度，保持语言简洁；

(2) 转发和原创保持一定比例，避免纯转发；

(3) 转发时应加入观点，负面评论勿转发。

5. 运营策略

根据企业性质和开设微博的目的不同，企业微博的运营策略也不同，然而不论什么样的企业账号，在运营时都需要把握下面几点。

1）做好微博内容

所谓做好内容是指微博发布的内容不能是泛泛的心灵鸡汤，而应该保证与自己企业或是产品有一定量的相关内容，例如，企业如果是做IT培训的，那么微博发布的内容应该和IT培训相关，如IT知识、优惠活动等。

2）举办活动

社会化媒体运营中，活动往往能够带来良好的营销效果，在做活动的时候需要将客服和运营团队紧密结合起来，必要的时候，业务团队也需要参加，例如，2015年流行的地面扫码活动就需要大量业务人员的参与。整体来说，活动的举办需要结合企业性质和开设微博的目的。

3）重视粉丝质量

微博粉丝数量是衡量微博运营结果的重要指标，但是对于企业微博来说，"粉丝"质量也十分重要。这是因为企业微博最终的目标是实现商业价值，因此更需要高质量的粉丝。这一点涉及微博定位的问题，很多企业抱怨：微博人数都过万了，可转载、留言的人很少，宣传效果不明显。主要原因就是定位不准确，获得的粉丝不够精准，质量偏低。企业想要获得高质量的粉丝就要围绕目标顾客关注的相关信息来发布，吸引目标顾客的关注，而非是只考虑吸引眼球，导致吸引来的都不是潜在消费群体。

7.3 APP运营

APP是指智能手机的应用程序，是企业在移动互联网时期进行客户关系管理的优质平台，通过APP，企业可以与用户建立一对一的客户关系，更好地进行客户关系管理工作。然而，对于一款成功的APP来说，开发只是第一步，更重要的是如何进行APP运营工作。APP运营是指网络营销体系中一切与APP的营销、推广有关的工作，本节将针对APP的营销和推广进行详细的讲解。

7.3.1 APP营销

APP营销是通过特制手机、社区、SNS等平台上运行的应用程序来开展营销活动，是企业APP运营的组成部分，下面将从APP营销的模式、活动策划要点和常见活动形式讲解APP营销的相关内容。

1. APP营销模式

不同的应用类别需要不同的营销模式，通常APP主要的营销模式有广告模式、植入模式、用户参与模式、购物网站模式和内容营销模式。

1）广告模式

在众多的功能性应用和游戏应用中，广告是最基本的模式，广告主通过植入动态广告栏的形式进行广告植入。当用户单击广告栏的时候就会进入链接网站，通过网站内容可以了解广告主详情或是否参与活动。这种模式操作简单，只要将广告投放到下载量比较大的应用上就能达到良好的传播效果，但是投放价格相对较高。

2）植入模式

所谓植入模式是指将产品或服务的信息转化为某一个应用的一部分出现在该应用中，当用户下载该应用后可以通过该应用看到产品或服务的信息。植入模式通常分为三种形式，即内容植入、道具植入和背景植入。

（1）内容植入：是指将产品或服务信息转化为应用的内容展现在应用中，比较典型的例子是较为流行的游戏类应用“疯狂猜图”。该游戏融入广告品牌营销，把 Nike 等品牌名称作为游戏题目的关键词，既达到了广告宣传效果，又不影响用户玩游戏的乐趣，而且因为融入了用户的互动，广告效果更好，如图 7-12 所示是疯狂猜图中的品牌植入信息。

图 7-12　内容植入模式——疯狂猜图

（2）道具植入：一般出现在游戏类应用中，是将现实生活中的产品或服务作为游戏的道具出现在游戏当中，例如，在人人网开发的人人餐厅 APP 游戏中，将“伊利舒化奶”作为游戏的一个道具植入其中。

（3）背景植入：模式主要的应用类型是网站移植类和品牌应用类。依托的应用往往具有独特的增强现实功能，具体是指用户可以从应用目录中选择一个元素并将其客观地展现到用户面前。这种展现通常不是简单的 2D 平板照片，而是可以调整角度的、立体的，能够使该元素更形象、更真实、更有参考性，如图 7-13 所示为故宫全景游中的展现效果。

3）用户参与模式

用户参与模式是指企业 APP 具有很强的实践价值，可以让用户了解产品，增强对产品的信心，提升品牌美誉度。同时，这种模式也是最难实现的，除了对研发技术要求高以外，还需要有与众不同的创意，如图 7-14 所示是手机应用 IKEA 的用户参与场景。

4）购物网站模式

该模式是购物网站在手机端的新发展，由于互联网技术的发展，碎片化时间成为企业营销的重点，将购物网站搬到移动互联网上，用户可以随时随地地浏览网站获取商品信息，进行下单。这种模式相对于手机购物网站的优势是快速便捷，内容丰富，同时为了促进购买，通常会有很多优惠措施，例如手机淘宝、天猫的手机专享价等。

图 7-13 背景植入-故宫全景游

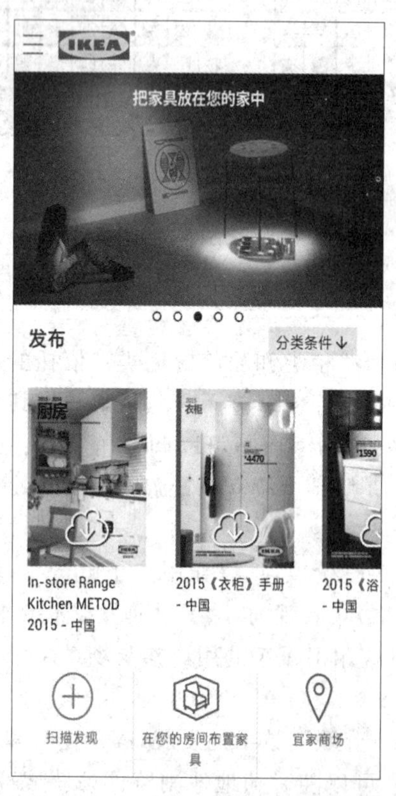

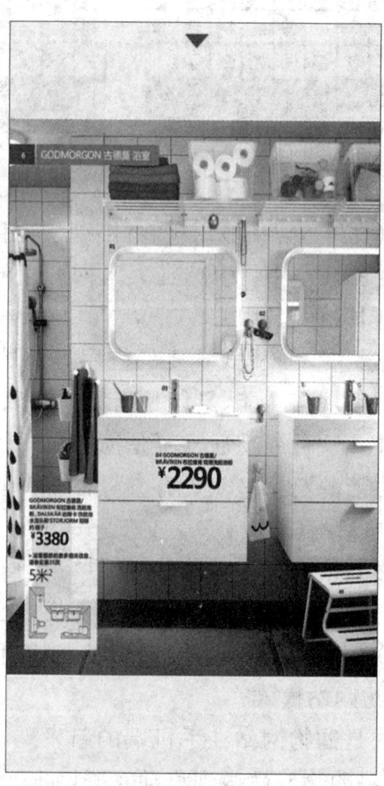

图 7-14 用户参与——IKEA 移动应用

5）内容营销模式

内容营销模式需要通过优质的内容来吸引精准的客户和潜在客户，从而达到实现营销的目的。例如“汇搭”这款服装搭配软件，通过为消费者提供实实在在的搭配技巧，吸引有服饰搭配需求的用户，并向其推荐合适的商品，为用户提供了有实用价值的内容。

2. APP营销活动策划要点

企业在进行APP营销活动时需要提前进行策划，根据APP营销活动的要点进行更有效的推广，在策划过程中需要注意以下几点。

1）明确活动目的

目前很多企业进行APP营销活动主要是看到其他企业做了活动而进行跟风行为，纯粹是为了做活动而做活动，这就造成了营销活动成本高，但收效甚低。因此，在进行活动策划时，首先需要明确活动的主要目的是什么，例如拉新数，活动页PV、UV等。

2）降低参与门槛

将用户吸引过来，接下来一步就是让用户参与。参与门槛低的活动，用户的参与度自然就会高。在控制成本的基础上应尽量让更多的用户参与进来，这就需要降低活动参与的门槛，例如，很多企业的营销活动设置为会员和非会员都可以参与，降低了参与门槛，吸引更多未注册用户参与。

3）给用户明确的视觉导向

对于没有主线的页面，用户在参与活动、浏览页面时多是漫不经心和随心所欲的。因此企业在设计上应给用户明确的视觉线索，让用户闭着眼睛也能走完对的流程。

4）给用户一个分享的理由

普通的页面很难获得用户的分享和持续关注，而对于需要用户持续回访的活动，可以通过物质奖品来激励用户分享，为用户制造一个分享的理由，增强用户持续参与的意愿。

5）营造活动氛围

现在用户已经对各式各样的广告形成一定的免疫力。例如，PC端右下角的弹窗广告、Banner以及弹窗和浮层，很多都会被用户直接忽视甚至厌烦。因此，活动推广位的呈现可以通过合理的动画效果和音乐帮助营造或喜庆或温馨的活动氛围，增强活动代入感，营造良好的营销活动氛围，从而提高转化。

3. 常见的活动形式

移动APP往往是企业根据自身业务需求编写的，在编写过程中可以灵活地加入各种功能，因此APP的活动形式比较丰富，网络上常见的活动形式一般都可以通过APP实现。下面简单地介绍几种APP营销中常见的活动形式。

1）页面游戏有奖

这种页面游戏多在大型网络促销前上线，通过游戏发放大量红包和优惠券，短时间内吸引大量用户参与，起到完美的预热作用。常见的游戏主题有砸金蛋、炸红包、抢礼盒（或保卫礼盒）、摇一摇赢福利、吹一吹获惊喜、猜价格、玩拼图、拼实力、猜拳等，都可以起到良好的营销效果。

2）刮刮卡刮奖

当刮卡中奖后，能刺激用户注册或登录账号以领取福利，从而为APP带来新用户和提高用户活跃度。同时抵用券之类的奖品还能刺激用户体验和购买APP平台的商品和服务，从而提高流量转化率。如图7-15所示是京东在618活动时推出的刮刮卡刮奖活动。

图 7-15　京东618刮刮卡刮奖

3）100%中奖

由于用户对企业举办的活动无法进行有效监督，同时一些商家进行虚假的中奖活动，导致部分用户不再相信此类中奖活动，认为奖品的发放是企业内部暗箱操作的，而通过100%中奖类活动，企业能够有效地打消用户的这种顾虑。

但是，100%中奖活动会因为奖品发放会造成活动成本增加，一般企业只有在急迫的APP推广需求时才会使用这种方式，例如，希望能在短时间内提高APP的下载量、新用户注册量等指标。同时，该模式往往会对活动参与门槛提出一定的要求（如新用户、首单），从而更针对性地面向目标用户，如图7-16所示是网易火车票面向新用户推出的100%中奖活动。

4）充值有奖

为了鼓励用户绑定账号、开通支付功能，进而下单购买APP平台的商品和服务等，可以策划充值类活动，让用户先把钱存进账号。一般可选用的方式有买红包送红包、低价秒杀红包、充值直送红包等。如图7-17所示是网易彩票针对新用户进行的充值有奖活动。

图 7-16　网易火车票 100%中奖活动

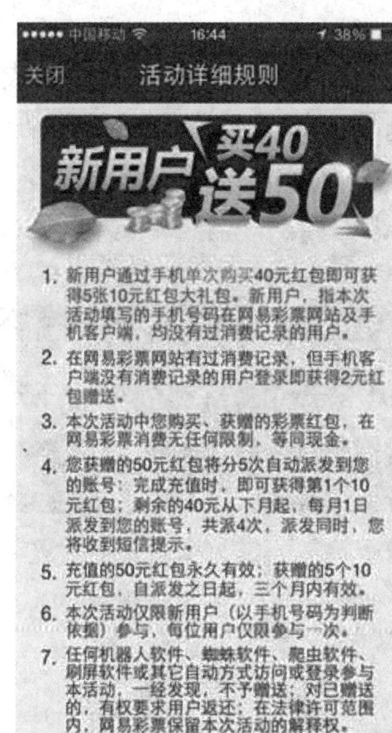

图 7-17　网易彩票充值有奖活动

5）定向支付有奖

除了独自策划活动，APP 活动还可以联合当下热门的支付方式进行交叉推广。支付方可以借此增加新用户，而 APP 方也可以在节约营销成本的情况下获得用户订单。如图 7-18 所示是美团针对微信支付用户做出的定向支付有奖活动。

图 7-18 美团定向支付有奖活动

6）大转盘抽奖

大转盘抽奖是网络活动的常规方式，与刮奖类似，大转盘抽奖的活动形式直观，用户参与难度低，能够很好地吸引用户关注平台或登录账号。如图 7-19 所示是移动应用驴妈妈进行的大转盘抽奖活动。

图 7-19 驴妈妈大转盘抽奖活动

7）后台系统抽奖

相比幸运大转盘对视觉的直接刺激，后台系统随机抽奖表现得相对"温和"。后台系统抽奖采取的方式一般有两种，一种是在活动页面上提供"抽奖"按钮，用户自行单击获取幸运奖；另一种是用户打开或登录 APP 后，根据活动页面提示，直接去指定路径查看和领取奖励。

7.3.2　APP 推广

APP 推广是企业 APP 运营中不可缺少的一环，通过推广企业的 APP 才会得到展现，才能促使用户进行下载。在 APP 推广过程中，企业需要注意 APP 推广策略、推广渠道和一些注意事项。

1. APP 推广策略

根据企业 APP 运营的不同阶段可以将 APP 的推广分为前期、中期和成熟期三个阶段，在这三个不同的阶段，APP 推广应该遵守不同的策略，具体如下。

1）APP 推广前期

产品推广前期，需要使用基础的推广方式进行大范围的渠道铺设。应用市场、下载市场、运营商、广告平台需要同时进行，这一阶段的核心就是通过各种方式进行最大范围的推广。

2）APP 推广中期

APP 推广中期主要以维护为主，这个时候企业 APP 有了一定的用户，可以根据这些用户数据进行相关数据分析，进而对产品进行优化。例如，可以分析用户是通过什么渠道进入 APP 下载页面的，进而优化推广渠道；分析用户行为，及时对产品进行维护，让 APP 下载量稳固增长等。

3）APP 推广成熟期

APP 推广进入成熟期后，产品已经积攒了相对稳定的用户量，各种渠道已经发挥充分。但是用户下载量却很难迎来爆发式的增长，长久下去，就会淹没在 APP 的海洋中。因此在这一阶段，企业可以发展多平台的版本，以拓展提高用户口碑为策略，必要情况下可以利用现有用户发布新 APP，交叉推广多个 APP。

2. APP 推广主要渠道

APP 的推广渠道有很多，主要有应用市场推广、应用内推广、社会媒体化推广、线下推广等 4 种推广渠道。下面详细讲解各个推广渠道及方式。

1）应用市场推广

应用市场推广是指将 APP 上传到各个手机应用市场进行推广的方法，目前手机应用市场较多，主要有手机厂商应用市场（如联想乐商店、华为应用商城、小米商城等）、手机运营商应用商店（如中国移动、联通、电信三大运营商）、手机系统商应用商店（如谷歌、IOS 等官方应用商店）、第三方应用商店（如豌豆荚、应用宝等）和 PC 端常用的软件下载站（如天空下载、华军软件下载、百度软件中心等）。

2）应用内推广

应用内推广是指通过其他应用进行推广的一种互推的方式，需要与其他应用进行合作或支付一定的费用来实现，主要推广方式可以分为以下几种。

（1）应用内互推：又称换量，就是通过与应用合作的方式互换流量，简单来说，就是在对方应用中植入自己应用广告进行推广，同时也在自己的应用中也植入合作方应用的广告。

（2）消息通知推广：是比较重要的手机应用程序运营手段，通过向用户推送通知来提醒用户进行相关应用的下载，需要用户授权进行。

（3）广告弹窗推广：是一种当用户在应用开启时弹出的广告形式，推广效果较好，但是用户体验较差。广告的焦点图通常放在应用内较为明显的位置，多为首页或频道首页，使用图片组合播放的形式，有一定的吸引力。

（4）开放平台：是指将网站的服务封装成一系列计算机易识别的数据接口开放出去，供第三方开发者使用的平台。企业可以将成熟的APP应用提交到互联网开放平台享受海量用户。目前主流的开放平台主要有腾讯开放平台、360开放平台、百度开放平台、人人网开放平台等。

3）社会化网络推广

社会化营销是目前流行的网络营销方式，虽然社会化营销很难带来直接的转化，但是对于品牌宣传起到了举足轻重的作用。同时社会化营销的方式也是多种多样的，针对不同的社会化媒体，可以进行不同的推广，主要有以下几种方式。

（1）内容平台推广：例如，可以在百度百科、360百科建立品牌词条或是在百度知道、搜搜问答、新浪爱问、知乎等网站建立问答。

（2）论坛贴吧推广：推广者可以以官方帖、用户帖两种方式发帖推广，同时可联系论坛管理员做一些活动推广，也可以发布产品相关内容，征求用户意见和反馈。推广者在发完帖后，应当定期维护帖子，及时回答用户提出的问题，搜集用户反馈的信息，以便下个版本更新改进。

（3）微博推广：利用微博将推广的内容产品拟人化，讲故事，定位微博特性，坚持原创内容的产出。在微博上抓住当周或当天的热点跟进，保持一定的持续创新力。这里可以参考同行业运营比较成功的微博大号，借鉴他们的经验。关注业内相关微博账号，保持互动，提高品牌曝光率，必要时可以策划活动，转发微博等。

（4）微信推广：所谓微信推广也就是在微信公众号进行推广，通过找一些主题相似APP的公众号进行推广，例如，推广一家医药商城APP，可以找到公众号养生、保健等目标用户相似的公众号进行推广，提高APP的下载量。

4）线下推广

线下推广的方式主要分为手机厂商预装和线下店铺合作两种推广方式。

（1）手机厂商预装：这种方式需要和手机厂商的合作，在手机生产出来时预装应用。这种方式的用户转化率高，同时这类预装可以是最直接的发展用户的一种方式。但是用户起量周期也比较长，这是因为从手机厂商的合作，到手机新品上市、用户购买需要一段时间，一般在3～5个月。

（2）线下店铺合作：线下店铺合作方式比较多样，除了在店铺灯箱、门头设置应用信息外、还可以为店铺提供带有企业APP信息的装置等。例如，e代驾为大量餐厅免费提供带有宣传信息的纸巾盒与牙签盒。

3. APP推广注意事项

在APP推广中，除了推广策略和推广渠道外还需要考虑到一些注意事项，主要表现在数据、新媒体营销和市场调整上，对它们的讲解如下。

1）数据

任何时候的推广都离不开数据，企业需要从数据中找到问题。在推广中，能正确反映一个APP的生存状况的一样是数据。通过数据能够找到优质渠道，获悉推广爆发的时间段，明白产品内容应该做什么样的调整。例如，在产品刚开始进行推广的时候，推广人员会初步选择部分渠道进行推广，而下载量和激活量等就会反馈出来哪个渠道可以带来更优质的效果。通过对这些数据的分析，企业可以找到更加优质的渠道。

2）新媒体营销

新媒体推广是比较考验推广团队能力的方式，需要做的是创意营销，通过创新的内容和广泛的媒体渠道来进行营销。例如，推广团队策划了一起事件进行宣传，这起事件就是新媒体营销在内容上的展现，在这个过程中推广人员为了让产品得到更广泛的传播，找到了几个微博大V转发，通过多个媒体进行宣传，找网络水军进行贴吧论坛进行话题讨论只是新媒体推广操作中的一个个环节，而这样的整个流程才算是新媒体传播。在策划进行中，推广人员必须对市场有敏锐的嗅觉，做到对突发事件的及时调整，还要有多个预备方案来应对可能出现的各种情况。

3）市场调整

市场调整的本质就是需要灵活使用推广方法，某种推广方式在某个阶段是成功的，但是不能保证这种推广方式时时都是成功的，企业要做的是找出合理的推广渠道并分析其特点，在市场变化时做出合理的调整，而不是盲目地跟风。假设APP在某一渠道上得到了很好的推广效果，那么就需要在这个渠道投入更多的宣传，以获得更多的用户，然后分析这个渠道的特点（同时包括用户特点），最后找出相似的渠道推而广之。

总之，APP推广是有一定的规律可循的，摸清产品的生存规律，明白产品在什么阶段应该做什么样的准备，了解异常数据背后的意义再做出推广的调整是十分必要的。

小　　结

本章首先对客户关系管理进行了简单的讲解，然后主要介绍客户关系管理中的微信营销、微博营销和APP运营这三大模块。

通过本章的学习，读者应该能够了解客户关系管理中的微信营销、微博营销和APP运营，掌握三大新媒体的推广和运营方式，同时有助于后面章节的学习。

课下练习

一、填空题

1. 公众号自动回复具有________、________、________等功能，满足运营人员不同方面同用户沟通的需求。

2. 关于微博每月运营时间规划可以按照________、________、________、________这 4 个方面进行。

3. 按照粉丝数量的不同,可以将企业微博账户简单地分为________、________、________三个阶段。

4. 不同的 APP 应用类别需要不同的营销模式,常见的 APP 营销模式有广告模式、________、________、________、________等几种。

5. APP 的推广渠道有很多,主要有________、________、________、________等 4 种推广渠道。

二、判断题

1. 在利用微博平台进行公众号推广时,可以将二维码以图片形式直接发送出去。 ( )

2. 扫码地推作为早期公众号推广的重要方式,至今仍有许多公司在运营公众号初期选择这种方式,可以在短时间内快速起量。 ( )

3. 在编辑公众号图文消息时,标题长度最好控制在 13~15 个字,如果标题较长的话,可以换行,或者把字号改小。 ( )

4. 在群发消息时,可以对发送的对象进行相应设置,包括性别和和群发地区等。 ( )

5. 今年 7 月份,柏拉图公众号推出的性格测试产品因涉嫌存在诱导分享朋友圈,而遭到腾讯封号。 ( )

6. 由于微博用户每日的活跃度比较稳定,因此对于微博进行每周的内容规划意义不大。 ( )

7. 微博运营需要长期的坚持,并不是仅依靠借助社会热点就可以了,用户的黏性更多方面要考虑内容运营是否对用户有价值。 ( )

8. 宜人贷作为 P2P 理财行业佼佼者,在推广自己的 APP 时,就曾广泛运用 100%中奖的方式来吸引新用户。 ( )

9. 人人网推出的人人餐厅 APP 和疯狂猜图游戏的 APP 营销模式都属于内容植入模式。 ( )

10. 在 APP 推广的中期,已经有了一定量的用户基础,所以该阶段推广的主要任务是分析用户行为,优化产品。 ( )

三、选择题

1. 下列选项中,哪些属于微信平台公众号的推广方式?( )

A. 图文消息分享　　B. 草根大号直推

C. 朋友圈广告投放　　D. 小号带大号

2. 在编辑图文消息时,图文消息的封面必须上传图片,那么下列选项中哪个符合封面图片一般的尺寸?( )

A. 800px×800px　　B. 900px×500px

C. 640px×320px　　D. 950px×480px

3. 在编辑公众号图文消息时，正文之间的行距通常设置为(　　)。

A. 1.3 倍　　B. 1.4 倍　　C. 1.5 倍　　D. 1.75 倍

4. 下列选项中，关于微信公众平台自定义菜单最多可以创建几个一级菜单的说法，正确的是(　　)。

A. 1　　B. 3　　C. 5　　D. 4

5. 关于企业微博应该发布的内容，以下选项中确证的是(　　)。

A. 关于企业的重要信息　　B. 公司内部活动

C. 企业新产品介绍　　D. 企业负面信息

6. 下列选项中，属于微博每日最佳发布时间段的是(　　)。

A. 7:00～9:00　　B. 11:30～13:00

C. 17:00～18:00　　D. 21:30～23:00

7. 在微博涨粉的初期阶段，下列选项中哪些属于初级阶段粉丝来源？(　　)

A. 企业员工　　B. QQ 好友　　C. 亲戚朋友　　D. 网友

8. 下列选项中，哪些属于新浪微博内部推广渠道？(　　)

A. 粉丝通　　B. 广点通　　C. 微任务　　D. 广告位

9. 下列选项中，哪些属于常见的 APP 活动营销活动形式？(　　)

A. 刮刮卡刮奖　　B. 充值有奖

C. 大转盘抽奖　　D. 页面游戏有奖

10. 下列选项中，属于 APP 应用市场推广方式的是(　　)。

A. 小米商城　　B. iOS 应用商店

C. 豌豆荚　　D. 360 浏览器

四、简答题

1. 请概述微信公众号在定位过程中需要考虑的因素。

2. 请概述 APP 营销活动策划中需要注意哪些事项。

第8章 网络营销效果分析

学习目标

- 了解网络营销效果分析流程，能够进行营销效果分析
- 掌握网站访问统计分析指标，能对网站访问统计结果进行分析
- 熟悉电子邮件营销效果分析方法，能策划电子邮件营销
- 掌握新媒体营销效果评估方法，能对新媒体营销效果进行分析
- 熟悉网络营销业绩评估的考核指标，能进行绩效考核

【案例引导】

2009年1月1日—2009年1月30日期间大众公司对旗下发布的新品朗逸进行了一场营销活动。

新品朗逸属于A级车，而目前A级车市场的主流消费群体，有很多是新浪的忠实用户，他们对新浪新闻和汽车频道拥有较高的忠诚度。针对这一现象，大众公司将此次营销活动选择新浪新闻和汽车频道为主要推广平台。同时借助于新浪微博与博客平台展示网民生活故事，分别采用静态图片故事接龙及视频短片征集两种方式，传播朗逸“现代、品质、乐观”的品牌理念。

活动在执行上，通过新浪新闻及新浪汽车两个优质频道，通过双向交流增强了活动人气，为实现最佳活动效果打下坚实的互动基础。在推广过程中，朗逸充分利用了新浪的优势资源，例如，在博客推荐浮动窗口投入广告、在新浪汽车论坛进行置顶帖推广、在博客频道特别推荐等。

【案例思考】

大众通过对新浪网资源的整合利用，创意及互动产品的灵活应用，取得了较高的传播效果。活动页面PV超过460万，页面UV突破260万，共收到作品689份，网友投票近80万张，活动独立注册人数达5216人。那么这些数据是怎么得到的呢？分析评估这些数据有什么意义呢？网络营销的效果该如何合理地评估呢？本章将对网络营销效果评估的相关内容进行详细讲解。

8.1 网络营销效果评估

因为网络用户群体的多样性与易变性，使得网络推广方案在执行过程中需要对不同的推广渠道、营销策略进行调整优化，分析评估不同的营销效果，以确定最佳的网络营销方案。那么网络营销的效果应该如何评估呢？本节将对网络营销效果评估的相关知识进行详细讲解。

8.1.1 网络营销效果评估概述

企业在网络营销过程中，会围绕营销目标进行一系列的营销推广活动，并且将一些指标纳入考核范围对企业的网络营销效果进行监测评估，检验营销方案的效果如何，以实现最终的网络营销目标。因此网络营销效果评估在企业网络营销过程中有着重要的作用。

1. 网络营销效果评估的作用

网络营销效果评估对企业网络营销的主要作用可以分为 4 个方面，具体介绍如下。

1）减少盲目性推广

科学客观的效果评估可以帮助企业找到更合适的推广策略和推广方式，进行有针对性的营销推广，减少盲目性。

2）准确市场定位

科学客观的效果评估可以协助企业制定不同的营销策略，有利于企业进行很好的市场定位。

3）优化推广方案

通过网络营销效果评估，可以对关键词广告的效果、软文浏览情况等推广效果进行追踪，为制定或调整企业的网络营销策略提供依据，分析网站流量情况，调整网站结构和布局。此外，还可以判断某个来源的访客质量，分析其恶意单击的比率，进而优化网络推广效果。

4）提高客户服务满意度

全面掌握访客信息、有效挖掘访客的需求，可以大大提高客户服务满意度，最大限度地促成订单。

2. 网络营销效果评估的重要性

网络营销效果评估在网络营销中十分重要，通过监测营销效果，可以为企业的营销活动查漏补缺、指明方向，其重要性主要体现在以下几个方面。

1）选择合适的推广平台

通过网络营销效果评估可以有效地评测出哪些推广平台更适合企业进行网络营销推广，为企业的营销推广带来更大的经济效益。信息技术的不断发展催生出越来越多的营销方法和推广渠道，不少企业家看到了网络营销对于企业的巨大价值意义，他们中许多人认为推广的渠道和营销的方法越多越好。但在实际工作中，这样广撒网捞鱼的营销方式不仅没有为企业带来丰厚的经济收益，还花费了巨额广告费用。因此，企业选择合适的营销推广平台就显得非常有意义了。

2）评估企业效益

网络营销效果评估对于评估企业效益有着重要的意义，可以用作衡量企业经济效益的重要指标。网络营销效果的评估需要将营销推广得到的所有数据进行统计分析得出月度、季度、年度投资收益率。通过网络营销效果评估，一方面是对网络营销方案和计划的检验进行调整优化的依据，另一方面也可以通过营销效果的评估去分析评估企业整体效益如何。

3）选择高效营销活动

通过网络营销效果评估不仅有助于企业选择合适的营销推广平台，而且通过评测还可以找到哪些营销活动更有效。例如，淘宝、京东、唯品会等电商推广平台，它们都有各自推广的特点，这时便需要进行网络营销效果评估，从中选择更有效的推广方式。

3. 常用指标

通常对企业网站而言，网络营销的效果评估主要是通过对某些统计数据指标的情况进行评估，常见的统计数据主要包括以下几点。

1）访客数量

所谓访客数量是指网络营销推广活动引来了多少访客。网站访客数量统计以 IP 为基准，即访客来到企业的营销平台后，网络营销人员可以通过相关网络工具记录这些访客的独立 IP，一个 IP 对应一个访客，用来评估该营销平台的人气值与活跃度。

2）访客来源

访客来源是指访客通过哪些推广渠道进入企业营销平台的。通过分析访客来源可以清楚地掌握访客主要是从哪个推广渠道进入企业营销推广平台的，进而得出哪个渠道的网络推广效果更好，按照用户的搜索习惯以及需求调整推广方式，优化企业的网络营销策略。

3）关键词效果跟踪

一些访客是通过搜索某些关键词进入企业网站的，通过关键词分析可以得出百度竞价广告与 Google 的广告哪个效果更好以及哪些词效果更好。

4）访客的站内行为

访客进入网站后，浏览了哪些网页？停留时间多久？上个访问页面是哪里？同时访问的页面有哪些？是否被邀请会话？邀请的次数？最后统计出共有多少名访客？有多少名访客被邀请？有多少访客接受会话？等这些都是访客的站内行为。

8.1.2 网络营销效果评估流程

网络营销效果评估是一项系统工程，因此在进行网络营销效果评估时，需要网络营销人员按照评估流程进行客观公正的效果评估，这样才能得到真实有效的评估效果。网络营销效果评估基本分为以下几步，具体介绍如下。

1. 确定营销目标

企业在网络营销效果评估前，首先要有明确的营销目标。这样在效果评估时将营销目标与营销效果进行对比参照，从而通过数据分析找到问题症结所在，并调整推广的渠道与方式，最终实现营销目标，为企业带来经济效益。通常营销目标的确定有以下几点要求。

（1）要根据现有的营销推广资源科学合理地制定营销目标；

（2）要参考网站实际情况，制定出可测量的网站目标。

严格来讲，科学合理的营销目标的制定需要科学有效的统计数据指标量化显现。所以营销目标在制定时应该可以用简便高效的统计指标和直观转化数据明确表示。以电子商务网站为例，营销目标就是对交易成功的数量及交易额进行统计。电子邮件注册系统，目标完成页面就是用户填写姓名及电子邮件，提交表格后所看到的确认页面，或表示感谢的页面。如果是填写在线联系表格，和订阅电子杂志类似，完成目标页面也是提交表格后的确认页面。如果是下载产品目录或白皮书，就是文件每被下载一次，则标志着完成一次目标。

2. 计算营销目标的价值

明确了营销目标后，还要明确营销目标实现时对网站的意义和价值。目标价值的计算能够对企业网络营销效果进行有效评估，进而可以了解到企业的整体经营状况以及经济效益，能够方便地核算出企业的投入产出比，有利于企业网络营销的策略和方法的优化以及企业经营战略方向的调整。同样以电子商务网站为例，其营销目标价值即产品销售后所产生的利润。

3. 记录网站目标达成次数

这是从网站统计工具角度而言的。例如，电子商务网站，每当有用户付款交易成功后，流量分析系统都会自动记录，这可以记为营销目标达成一次。有用户访问到电子杂志订阅确认页面，流量系统也会相应记录营销目标达成一次。

4. 计算营销目标达成的成本

计算营销目标达成成本，基于网络营销目标的实现计算花费的推广费用。以百度竞价推广为例，营销目标（展现量、点击量、访问量、订单量等）的完成是通过竞价投放实现的，而在推广时间段内，每一关键词的点击消费额、展现消费额、点击量，都可以在竞价推广后台数据报表中显示，推广成本也易于计算。

8.2　网站统计分析

网站流量统计，是指对网站访问的相关指标进行统计。网站访问分析是指在获得网站流量统计基本数据的前提下，对有关数据进行统计、分析，从中发现用户访问网站的规律，并将这些规律与网络营销策略等相结合，从而发现目前网络营销活动中可能存在的问题，并为进一步修正或重新制定网络营销策略提供依据。通常来说，常见的网站统计分析指标可以分为流量分析、用户分析、来源分析、关键词分析和页面分析 5 个方面。

1. 流量分析

流量分析作为网站统计分析中的一个重要环节，是对于网站访问数量的分析，通常包括 IP、PV、UV、CTR 等，具体讲解如下。

1）IP

IP 地址被用来给 Internet 上的计算机一个编号。即独立访客（独立 IP 数），一个 IP 地址就相当于一个“电话号码”，具有唯一性。每台独立上网的计算机被视为一个独立 IP，同一计算机多人使用时，不重复计算，仍视作一个独立 IP 数。

2）PV

PV（Page View）即页面浏览量或者点击量，用户每次对网站的访问均被记录一次。用户每打开一个页面就被记录一次，用户对同一页面多次访问，则该页面的访问量值累计计算。

3）UV

UV(Unique Visitor)即独立访客，将每台独立上网的计算机(以 Cookie 为依据)视为一位访客，指一天之内访问网站的访客数量。与访问量不同的是，独立访客在一天之内重复访问只被计算一次(通过 Cookie 和 IP 为记录依据)。

4）CTR

CTR 即点击率，是指网站页面上某一内容被单击的次数与被显示次数之比，可以反映出网页上这一内容的受关注的程度。点击率常用来衡量广告对用户的吸引程度，计算方法是使用总点击量除以总展现量。

5）CVR

转化率是指在一个统计周期内，完成转化行为的次数占推广信息总单击次数的比率。计算公式为：转化率＝(转化次数/点击量)×100％。例如，有 10 名用户看到某个搜索推广的结果，其中 5 名用户单击了某一推广结果并被跳转到目标 URL 上之后，其中两名用户有转化的行为。那么，这条推广结果的转化率就是(2/5)×100％＝40％。

6）ROI

投资回报率(Return On Investment，ROI)，指通过投资而应返回的价值，即企业从一项投资活动中得到的经济回报。投资回报率＝年利润或年均利润/投资总额×100％。从公式可以看出，企业可以通过降低销售成本，提高利润率，提高资产利用效率来提高投资回报率。

7）访问人次

即网站的访问人次，网站访问人次(Visits)是指从访问者打开一个网站的页面开始，不管单击多少页面，直到离开(或中间停止操作一定时间)这个网站为止，计算为一个访问人次。通常以日访问人次统计，以此表示网站日活跃度。

8）人均 PV 值

即人均访问页数，指访问者平均访问页面数。计算公式：PV 值＝访问总页面数/访问人次。这项指标的重要意义在于，访问者平均访问页数越多，用户的黏性就越好。

2. 用户分析

用户分析一般来讲是对用户行为的分析，用户行为是指用户在访问网站过程中所产生的一系列访问行为。通过对相关数据进行统计，分析用户行为，从中发现用户访问网站的规律，并将这些规律与网络营销策略等相结合，从而发现目前网络营销活动中可能存在的问题，进而调整或重新制定网络营销策略提供依据。用户行为分析应该包含以下重点分析数据：用户在网站的停留时间、跳出率、回访者、新访问者、访问深度、用户所使用的搜索引擎、访问入口、访问出口等。

1）人均停留时间

即访问者在网站停留的时间，计算公式为人均停留时间＝访问人次停留/访问人次。指“独立访问者”平均每次访问某一网站的停留时间。或者说在某周期内，从开始访问这个网站到结束访问这个网站所停留的平均时间。

2）跳出率

即访问者进入网站后仅浏览着陆页网页内容后便离开网站数量占网站全部访客的比率。

3）回访者

回访者即访问站点超过两次以上的访客。回访者的数量能够反映出访问者对站点的接受程度，通常以日为单位进行统计。回访人数越多，说明站点被接受的程度越高，用户对网站的忠诚度也越高，从而有利于实现网站对于回访者或者会员进行二次营销。

4）新访客

即访问站点的访客是否第一次访问该站网。它从侧面表现出网站的人气程度和知名度，通常以日为单位进行统计。每日新访客人数越多，说明人气越高，影响力也越来越大。

5）访问深度

访问深度是指在一次完整的站点访问过程中，该访客所浏览的页面数，可以理解为是平均页面访问数的另一种形式。访问深度是衡量网站黏度的重要指标，访问页面越多，则访问深度越高，说明网站内容受访客的喜欢程度越高。

6）访问入口

每次访问过程中，访客进入的第一个页面即访问入口。此页面可以显示网站对外或搜索引擎的一些链接入口。

7）访问出口

每次访问过程中，访客结束访问，离开前单击的最后一个页面即访问出口。此页面可以显示网站对外或搜索引擎的一些链接入口。

网站用户行为分析除了上述主要分析指标之外，在用户行为分析过程中，还需要从以下几方面把握网站用户行为分析。

（1）用户群体构成和地理分布；

（2）网站流量来源、流量质量和来源关键字；

（3）细分用户群体，关注用户参与度以及网站首页，搜索页，进入和退出页，关注订购流程；

（4）网站用户忠诚度的重复访问、回访周期、访问时长、访问深度，重点关注回访周期；

（5）网站流失用户的原因有哪些（可以参考并结合调研公司的用户未下单原因的分析）。

通过用户行为分析，可以掌握网站用户群体的构成以及用户的区域分布情况，作为制定和调整企业网络营销发展战略的依据。此外，还可以了解网站推广是否起到引流的作用，检测网站导航和搜索引擎是否达到了转化用户的作用，分析网站流量转化和流失原因，优化和完善网站服务，提高整体用户体验。

3. 来源分析

网站来源分析是指对网站访客进入网站的渠道以及访客访问页面的分析。

网站来源分析主要分析指标有总数据、访问量变化率、被访页面、当前访客活跃度、访问路径、访问频率等。以下详细介绍各个指标。

（1）总数据：网站自开通统计系统之日起至今的各数据量总和。

（2）访问量变化率：指对应数据项在当前的时间段，与上一个时间段相比较访问量的变化率。

（3）被访页面：分析网站中各个页面的流量分布，以及其随时间的变化趋势。

(4) 当前访客活跃度：是指企业网站上当前访客的多少，它在一定程度反映网站在当前时间的受欢迎程度。

(5) 访问路径：访客进入网站之后的一系列行为活动的总称，从访客进入网站开始访问，一直到最后离开网站，这个过程中先后浏览的页面称为访问路径。

(6) 访问频度：指企业网站上访问者每日访问的频度，用于揭示企业网站内容对访问者的吸引程度。

这些指标可以帮助网站SEO人员对网站进行搜索引擎优化，以及提高购买搜索产品和直达产品的效果，可以及时调整投资策略，把有限的资金用在更有利于企业网站推广的产品上。

4. 关键词分析

关键词分析是指对用户使用的搜索引擎及关键词进行统计分析，根据这些统计数据，可以初步断定该网站用户使用搜索引擎搜索信息类型，并据此优化网站内容，调整搜索引擎营销策略。关键词分析指标可以分为核心关键词分析和长尾关键词分析两部分，具体讲解如下。

1) 核心关键词

网站核心关键词，是指用以描述网站的核心内容、主要服务等方面特征的词汇。网站的核心关键词代表一个网站的主题，可以是服务或服务。对于企业网站核心关键词分析主要表现为关键词的排名情况的分析，通过SEO优化相关工具，例如站长工具等查询网站核心关键词排名。

对于网站核心关键词的搜索热度以及排名情况，在分析核心关键词时，可以参考竞争对手网站的关键词，或者参考其他工具，例如百度指数、百度下拉框等确定网站核心关键词。

2) 长尾关键词

长尾关键词是指与目标关键词相关的有搜索量、有人关注的关键词。对于长尾关键词的分析主要从用户角度出发，通过对网站后台访客到访网站时使用的关键词以及访客进入网站之后浏览的主要页面内容进行统计分析，发现用户需求，进而调整网站营销策略，为网站带来更多流量。

此外，网站长尾关键词的分析也有利于SEO优化工作，通常核心关键词为竞品词，因其搜索热度较高而竞争力度也较大，可以采取坚持长尾词优化策略，不断提高网站的收录量，增加网站的权重和排名。

5. 页面分析

页面分析对于SEO运营人员而言非常重要，通过页面分析来发现用户访问最多的页面、用户平均访问页面数、用户是从哪些页面离开的等。页面分析一般包括以下几个方面。

1) 热门页面

热门页面罗列出的网站中被访问量最高的页面的排名以及所占流量的比例，可以通过这些数据准确地了解哪些网页是最受欢迎的。

2) 访问入口

访问入口是指用户通过哪个页面进入企业网站，绝大部分客户都是通过特定的网页来找到网站的，通过访问入口能够查找出网站中客户第一次访问量最大的网页。

3）访问出口

访问出口代表了客户在观看完此网页后就退出了网站，这里所列出的网页内容也许是许多客户都不感兴趣的，可以根据这些数据来丰富网站，吸引更多的客户。

4）阅读页数

阅读页数反映了客户在一次登录后所读到的网站的平均页数，这个数据直接反映了客户是否对网站及其内容感兴趣，可以根据这些数据的高低对网站内容做更合理的调整。

5）浏览次数

即客户反复登录网站的次数，此数据反映了网站内容对特定用户的吸引能力，浏览次数越多说明该网站对该指定用户的吸引力越大。通过这些分析，可以明确客户对页面的反应，同时可以明确工作重点，对某些页面进行进一步的优化，对客户不感兴趣的页面进行调整。

8.3　电子邮件营销效果分析

电子邮件营销一般会选择专业的电子邮件营销平台进行，这类专业的电子邮件营销平台对邮件营销的数据有一个详细的记录，用户通过账户后台可以清晰地看到企业自身的相关数据。如图 8-1 所示是亿业科技电子邮件营销平台发布的《2015 年上半年邮件营销行业数据报告》。

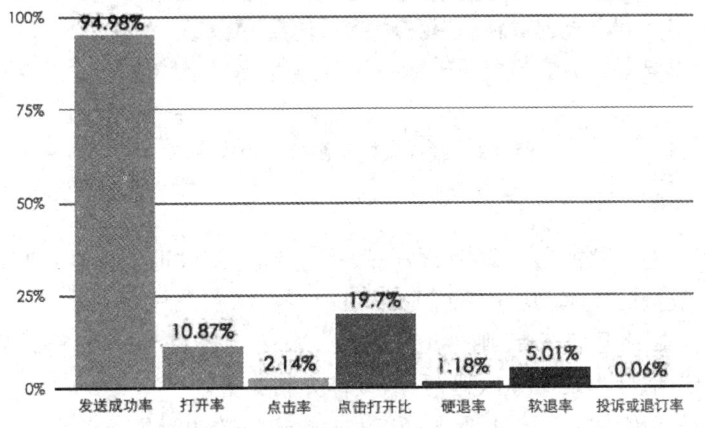

图 8-1　全行业电子邮件营销平均表现

根据电子邮件营销的过程，可以将电子邮件营销效果分析分为两个阶段——发送效果评估指标以及单击效果评估，具体介绍如下。

1. 发送效果评估指标

电子邮件营销在发送阶段的效果评估指标主要包括邮件送达率和邮件退信率两个部分。

1）邮件送达率

邮件送达率是电子邮件营销效果最重要的评估指标。所谓邮件送达率是指成功到达邮件地址的数量占全部邮件发送数量的比重，其计算公式如下：

邮件送达率=(邮件送达总数÷邮件发送总数)×100%

邮件送达率直接影响着电子邮件营销的效果。现今由于垃圾邮件对网络营销环境的破坏十分严重，例如，邮件服务商屏蔽邮件、Rich Media 的影响，使得即使是经过用户许可的邮件列表，同样面临着邮件送达率降低引起的整体效果下降的难题。如图 8-2 所示是《2015 年上半年邮件营销行业数据报告》中各行业的电子邮件平均送达率。

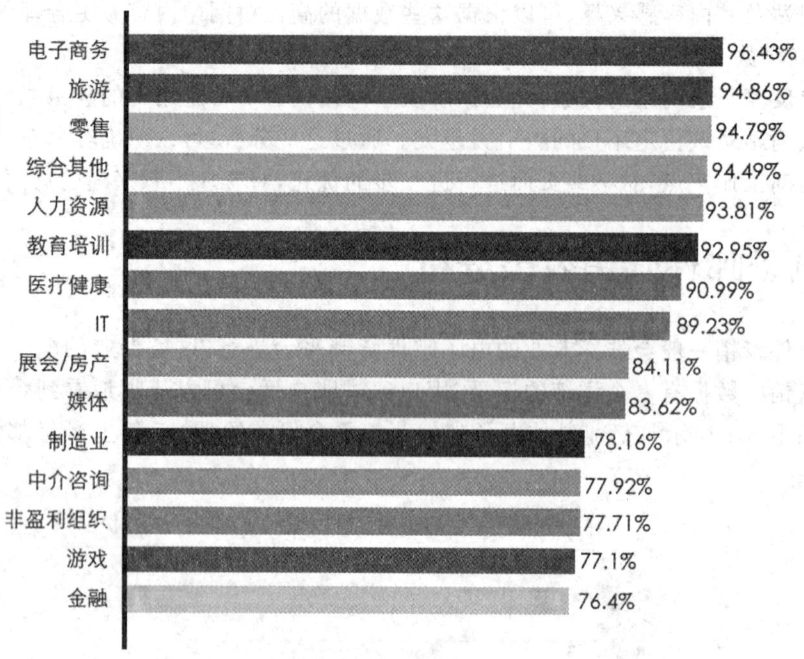

图 8-2 各行业电子邮件平均送达率

2）邮件退信率

邮件退信率是电子邮件营销效果的另一评估指标。邮件退信率是指邮件发送失败的数量占邮件发送总数量的比率，其计算公式如下：

邮件退信率=(邮件退信总数÷邮件发送总数)×100%

通常邮件的退信分为硬退和软退两种，具体介绍如下。

(1) 硬退：是指因为邮箱地址无效而产生的投递失败的行为。

(2) 软退：是指因为收件箱服务器拒收或者邮箱爆满导致的邮件投递失败的行为。

通常硬退数量过多是因为收集的邮箱地址不够准确，而软退信件过多则可能是因为邮件内容被邮箱服务器屏蔽。如图 8-3 所示是《2015 年上半年邮件营销行业数据报告》中各行业发送电子邮件的退信率。

2. 单击效果评估指标

邮件发送成功之后并不一定会得到单击，在衡量单击效果时可以从下面几个方面进行评估。

图 8-3 各行业电子邮件平均退信率

1）邮件打开率

邮件打开率是指邮件发送成功后被用户打开阅读的数量占邮件发送成功数量的比率，其计算公式如下：

邮件打开率=(邮件阅读总数÷邮件送达总数)×100%

造成邮件打开率低的原因主要有以下几个方面。

（1）邮件的主题词没有吸引力；

（2）将邮件广告当作垃圾邮件，泛滥成灾，使用户厌烦；

（3）邮件没有针对性。

如图 8-4 所示是《2015 年上半年邮件营销行业数据报告》中各行业发送电子邮件的平均打开率。

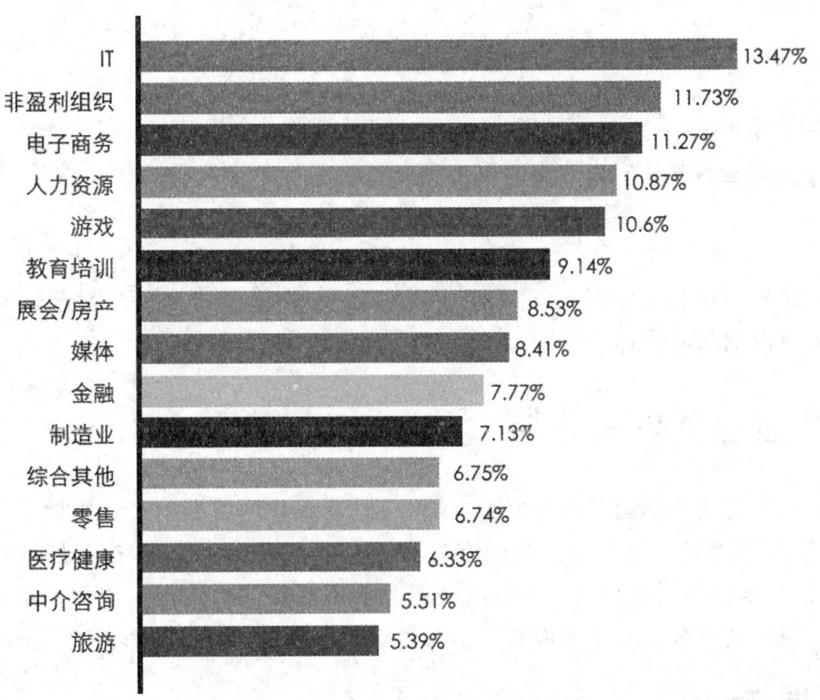

图 8-4 各行业电子邮件平均打开率

2）邮件点击率

邮件点击率是指邮件被用户单击的数量占邮件被用户打开的数量，其计算公式如下：

邮件点击率＝(邮件点击总数÷邮件打开总数)×100％

当营销者在电子邮件中附有广告按钮或附件时，对广告按钮或附件的单击可说明用户对该电子邮件的关注程度。如图 8-5 所示是《2015 年上半年邮件营销行业数据报告》中各行业发送电子邮件的平均点击率。

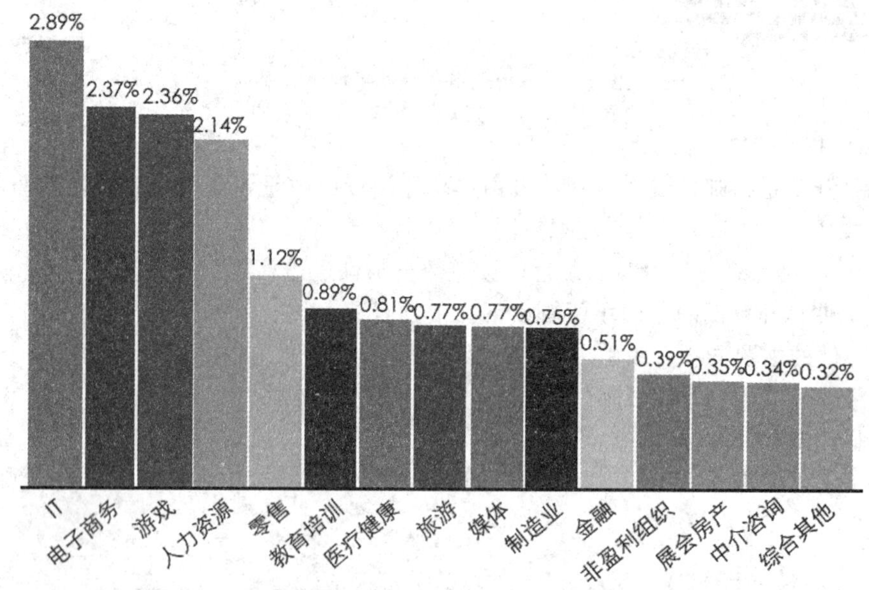

图 8-5 各行业电子邮件平均点击率

3）邮件转化率

邮件转化率是指邮件广告达成的用户成交量占用户单击查看广告的数量，其计算公式如下：

邮件转化率＝(达成成交量÷邮件被单击数量)×100％

邮件转化率不仅和邮件有关，更和企业网站、商品本身、服务水平等因素挂钩，是衡量公司整体运营状况的核心指标。

8.4 微信运营效果分析

微信运营作为新媒体运营的重要组成部分，对于企业网络营销过程中做好自媒体营销平台、进行社群营销以及会员关系管理有着极为重要的意义。然而，运营好微信也绝非易事，只有对微信运营效果进行科学有效的分析才能不断提高微信运营能力。本节通过图文分析、用户分析、消息分析三个方面对微信运营效果分析进行详细讲解。

8.4.1 图文分析

图文分析是从公众号图文消息出发，分析微信公众号运营效果的。通常是对企业公众号推送的图文消息的阅读量、转发量、收藏量等进行分析。图文分析可以直观有效地评估公众号推送的文章内容以及标题是否对用户产生吸引力以及用户对文章内容的关注度。对于微信运营人员调整公众号的运营内容有重要作用。

1. 常见指标

在进行图文分析之前需要先了解下微信图文分析的常见指标，主要有以下几点。

(1) 送达人数：图文消息群发时送达的人数，用户拥有多少粉丝便会有多少送达人数。

(2) 图文页阅读人数：单击图文页的人数(不包括重复单击)，包括非粉丝人数。

(3) 图文页阅读次数：单击图文页的次数(同一粉丝重复单击计算在内)，同时包括非粉丝的阅读。

(4) 图文转化率：图文阅读人数占送达人数的比率。

(5) 原文页阅读人数：单击原文页的人数(不包括重复单击)，包括非粉丝。

(6) 原文页阅读次数：单击原文页的次数(同一粉丝重复单击计算在内)，包括非粉丝的阅读。

(7) 分享转发人数：转发或分享至朋友、朋友圈、微博的用户数(不包括重复转发)，包括非粉丝分享或转发。

(8) 分享转发次数：转发或分享至朋友、朋友圈、微博的总次数，包括非粉丝的分享或转发。

2. 图文统计

图文分析通常指对企业公众号推送的每篇消息具体的阅读量、转发量、收藏量的分析。图文分析的主要作用在于有效评估公众号推送的文章内容以及标题对用户的吸引力和关注度。通常包括昨日关键指标、关键指标详解趋势和阅读来源分析三个部分。

1) 昨日关键指标

昨日关键指标是针对昨日的图文阅读量、转发量、分享转发数变化，以及与前天、7 天前、30 天前进行对比，体现为日、周、月的百分比变化。如图 8-6 所示，即为昨日关键指标的变化图。

昨日关键指标

图文页阅读次数	原文阅读次数	分享转发次数	微信收藏人数
102	1	5	0
日 ↑50%	日 ↑0%	日 ↓16.7%	日 --
周 ↑1033.3%	周 --	周 ↑400%	周 --
月 --	月 --	月 --	月 --

图 8-6　微信公众号昨日关键指标

2) 关键指标详解趋势

可以选择 7、14、30 天或某个时间段的阅读人数、次数变化，也可以选择按时间对比，可查看图文页阅读人数、图文页阅读次数；原文页阅读人数、原文页阅读次数；分享转发人数、分享转发次数，如图 8-7 所示。

3) 阅读来源分析

阅读来源分析指对微信粉丝主要通过哪些渠道进入文章阅读页的分析，常见的阅读来源主要有会话、好友转发、朋友圈、历史消息和其他方式 5 种，如图 8-8 所示。

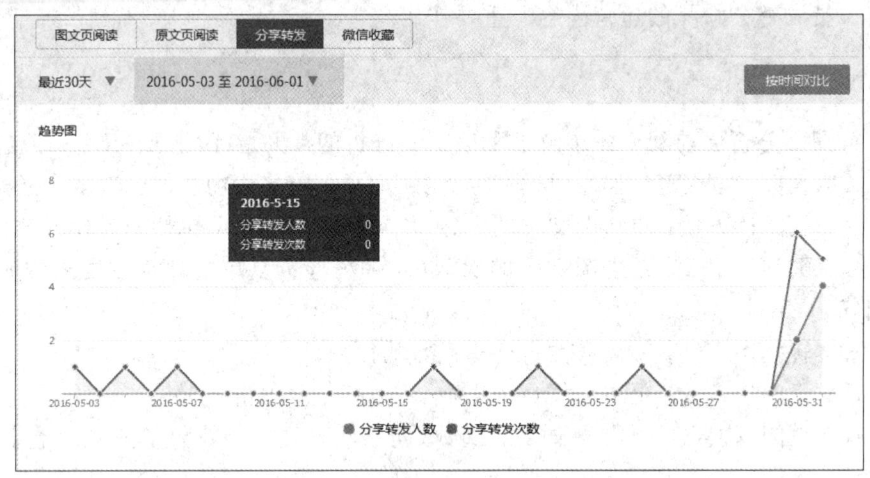

图 8-7 微信公众号图文统计——关键指标趋势

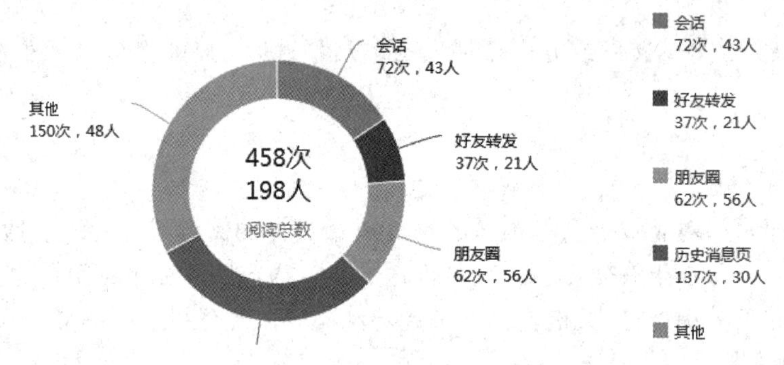

图 8-8 微信公众号阅读来源分析

其中，会话是指用户通过与公众号发起会话的方式获得内容页链接，进而进入阅读页的方法。而历史消息是指用户通过查找历史消息翻看之前内容进行阅读的行为。其他方式则是通过各种站外分享的链接进入文章阅读页。

8.4.2 用户分析

用户分析是指对关注该公众号的用户按照不同的属性进行分析。通过用户分析，一方面可以更加清晰公众号的用户相关属性，掌握公众号粉丝用户画像，发现更多用户需求；另一方面用户分析可以指导微信运营人员不断优化公众号的内容或服务，提高用户体验度。用户分析主要包括对用户增长量分析、用户来源分析、用户属性分析三方面。下面详细讲解用户分析相关知识。

1. 用户增长

用户增长能够直观反映当前关注该公众号的用户数量的增长趋势，从侧面表现出某一时间段内该公众号受用户的欢迎程度。主要从新关注人数、取消关注人数、净增关注人数、累积关注人数等 4 个方面分析用户增长，如图 8-9 所示。

时间	新关注人数	取消关注人数	净增关注人数	累积关注人数
2016-06-01	0	0	0	624
2016-05-31	3	0	3	624
2016-05-30	3	1	2	621
2016-05-29	1	0	1	619
2016-05-28	0	0	0	618
2016-05-27	0	0	0	618
2016-05-26	3	0	3	618
2016-05-25	3	0	3	615
2016-05-24	2	2	0	612
2016-05-23	1	0	1	612
2016-05-22	1	1	0	611
2016-05-21	1	1	0	611
2016-05-20	1	2	-1	611
2016-05-19	2	0	2	612

图 8-9　微信公众号用户增长明细

图 8-9 列举了微信公众号用户增长明细，其中，“新关注人数”表示公众号在某一时间段内新增加的用户数量，也可以理解为该公众号带来的粉丝流量。“取消关注人数”则表示在某一时间段内丢失的用户数量，而“累积关注人数”是指该公众号当前所拥有的用户总量。

2. 用户来源

用户增长来源分析是对微信用户是从哪些渠道进入该公众号成为其粉丝的分析，通过用户增长来源分析，微信运营人员可以清楚地掌握各个来源渠道的用户所占比重多少，并从中找到最佳用户来源渠道，为公众号带来更多精准的粉丝。

公众号用户来源可以有多个渠道，主要可以分为公众号搜索、扫描二维码、图文页右上角菜单、图文页内公众号名称等 4 个方面。通过对这几方面的用户来源进行分析，进而找到用户来源的最佳有效渠道。同时，对于其他来源方面的不足之处进行针对性的优化，比如该公众号通过扫码增加的用户较多，那么微信运营人员可以增强公众号二维码的曝光度。通过扬长避短，查漏补缺，找到有效推广渠道，为公众号带来源源不断的精准用户，如图 8-10 所示。

3. 用户属性

用户属性分析主要从用户性别、语言、地域和终端等几方面进行，根据不同的用户属性可以了解用户分属于哪些地域和群体，明确公众号的用户画像，从而制作推送出针对该群体属性的优质内容，调整公众号的运营方向，为更多用户提供优质服务。

(1) 用户性别和语言：通过对男女性别比例的统计，可以了解该公众号用户群体是偏女性化还是男性化。语言上，微信后台分为简体中文、繁体中文、英文和未知语言，根据后台

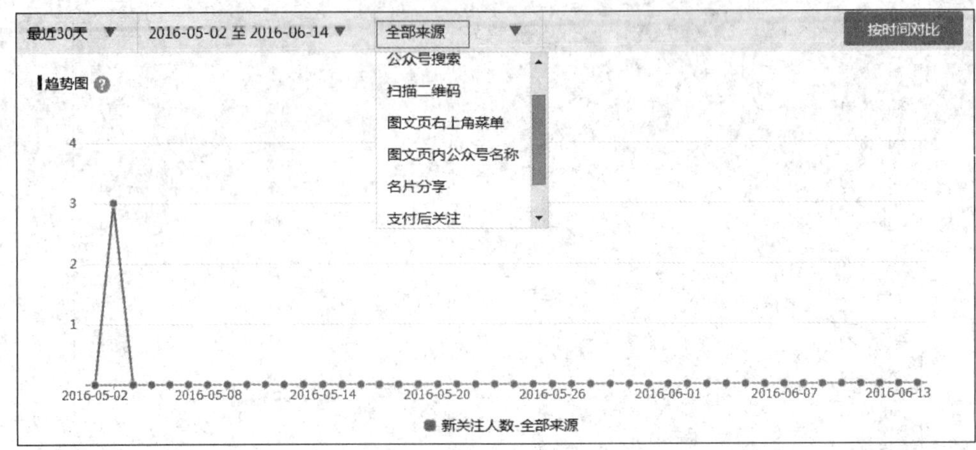

图 8-10 微信公众号用户增长来源

的用户语言统计可以清楚哪种语言用户比例最大，指导微信运营人员在制作图文消息时使用哪种语言，如图 8-11 所示。

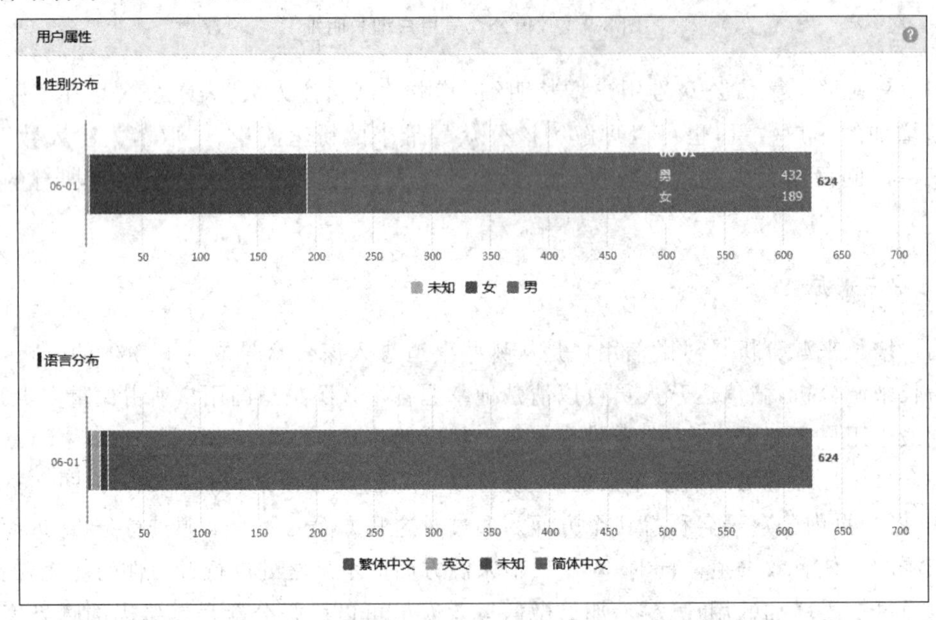

图 8-11 微信公众号用户属性——性别和语言

(2) 地域分布：是指用户所在地的分布，通常以省为划分单位。地域分布分析可以了解用户主要分布地区，这对于微信付费推广有重要参考价值，可以按照用户的地域分布情况，在用户分布多的省份进行重点付费推广，在人数较少的省份城市减少投入，如图 8-12 所示。

(3) 终端分布：指对于公众号用户使用微信终端的统计分析。公众号后台终端分布可以分为安卓用户、苹果用户、Wp7 用户三类，如图 8-13 所示。通过终端机和机型的分布情况可以判断出用户群体的基本经济状况，可以更有针对性地调整产品的价格和服务。

图 8-12　微信公众号用户属性——省份分布

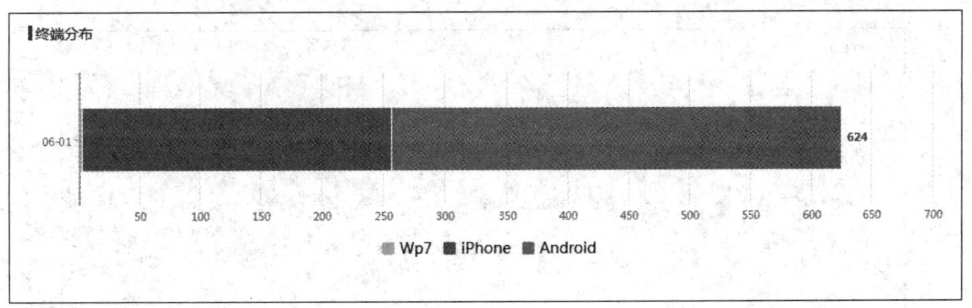

图 8-13　微信公众号用户属性——终端分布

8.4.3　消息分析

消息分析是指对公众号的用户与公众号之间互动的次数的分析，它是衡量公众号用户黏性的重要指标。消息分析主要包括消息分析及关键词分析两方面内容，下面详细讲解消息分析的相关知识。

1. 消息分析

微信公众号的消息分析主要包括消息发送人数、消息发送次数、人均发送次数三项指标，这三项指标可以按小时、日、周、月精心统计，如图 8-14 所示。通过对消息发送人数、消息发送次数进行分析，可以清楚地掌握用户与公众号之间的互动情况，进而可以判断出用户的黏性如何。

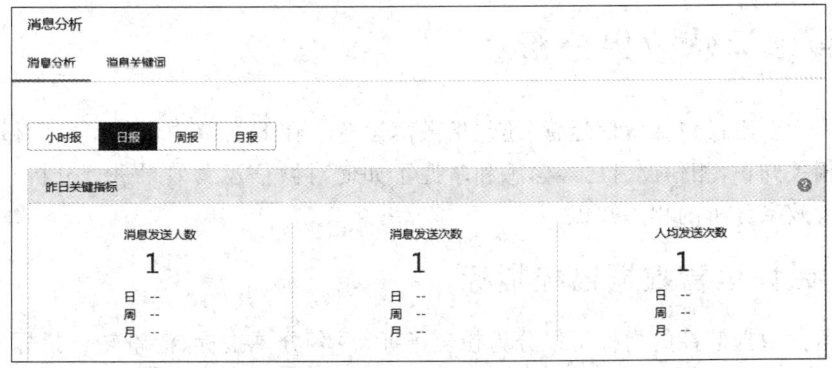

图 8-14　微信公众号消息分析

需要注意的是，由于公众号的类型以及公众号的定位不同，用户与公众号之间互动的次数和人数也不尽相同。通常公众服务号定位于客户关系管理，因而服务号与用户之间互动的频率和用户数量会比订阅号相对较多一点儿。此外，公众号的活动也会对用户和公众号的互动次数有一定影响。

2. 消息关键词分析

消息关键词分析作为消息分析的一部分，主要是用来衡量公众号活动期间，用户对于公众号策划的营销活动的参与度如何。通常用户会以回复关键词的形式参加活动，因此用户回复的关键词从侧面反映着用户的需求以及对产品或服务的有效反馈，如图 8-15 所示。

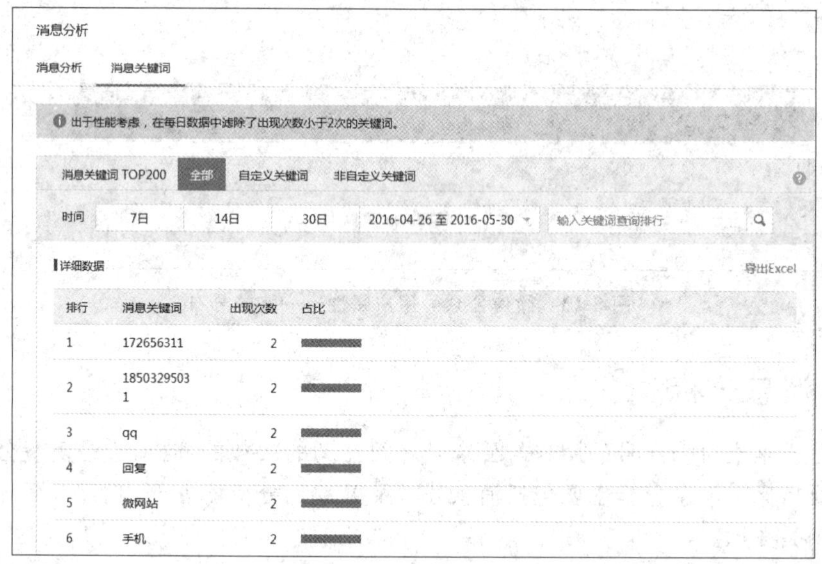

图 8-15　微信公众号消息关键词分析

在图 8-15 中，通过对 2016 年 4 月 26 日到 5 月 30 日这一时间段内用户回复的这些消息关键词进行分析，将其作为优化企业的产品和服务的重要依据，从而更好地满足用户的需求，提高用户的黏性。

8.5　微博运营效果分析

新媒体运营不仅包括微信运营，还包括微博运营。在 8.4 节中讲解了关于微信运营效果分析的相关知识，相信读者已经熟悉和掌握了如何对微信运营效果进行分析。本节将讲解微博运营效果分析的相关知识。

8.5.1　微博运营数据监控指标

微博运营数据监控的指标可以分为粉丝指标、内容分享指标、流量转化指标三方面，具体讲解如下。

1. 粉丝指标

粉丝指标分析主要为微博粉丝数量的分析和对高质量粉丝数量分析两部分。下面详细讲解新增粉丝数量分析和高质量粉丝分析。

1）新增粉丝数量

新增粉丝数量是指微博在某一时间段内最新关注用户数量的变化情况，也是衡量微博实时运营效果的重要指标。如图 8-16 所示，为该微博在 2016 年 5 月 23 日至 5 月 30 日进行的活动前后粉丝增长数量变化的趋势。

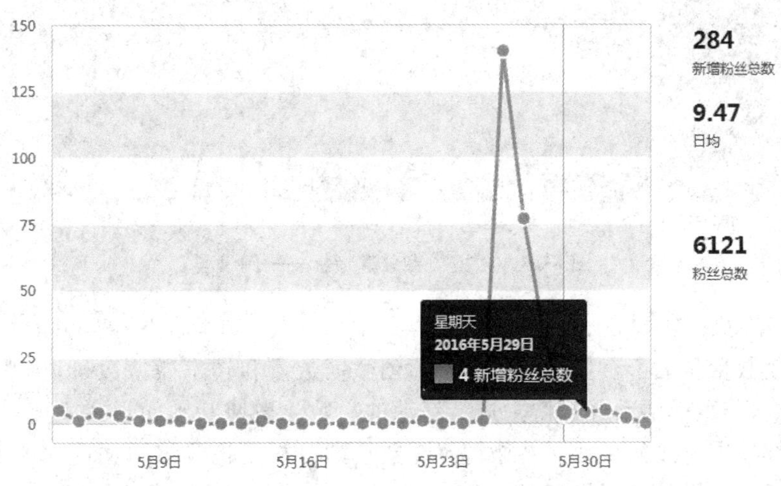

图 8-16　微博粉丝指标——粉丝数量增长

2）高质量粉丝数量

微博粉丝按照活跃度和是否认证可以分为普通用户、认证用户和微博达人。其中，认证用户和微博达人因其经常活跃在微博平台，有着较高的人气和影响力，所以是高质量粉丝。这类用户本身拥有较大的粉丝数量，通过他们能够扩大博主的影响力，进而扩大微博的营销效果。因此高质量的粉丝数量变化对微博运营的影响也很重要，如图 8-17 所示。

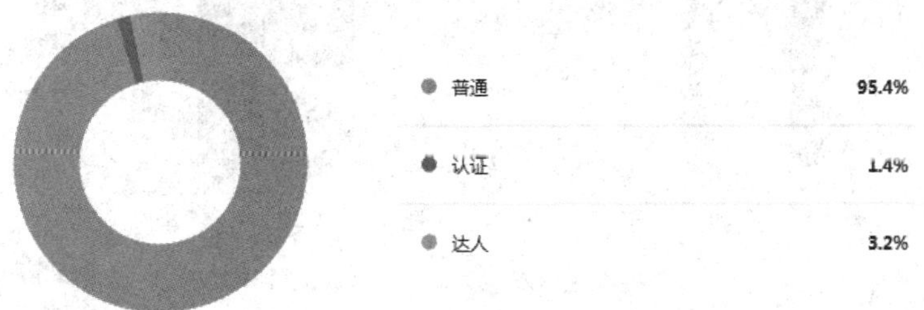

图 8-17　微博粉丝指标——粉丝分类

2. 内容分享指标

内容分享指标主要分为微博被阅读数量和微博互动数量这两项内容，具体讲解如下。

1）微博被阅读数量

微博被阅读数量是指该账户原创微博和转发微博被阅读浏览的次数。微博的阅读浏览量表明粉丝对于其发布的信息内容是否感兴趣或吸引其打开原文单击链接的程度，如图 8-18 所示。

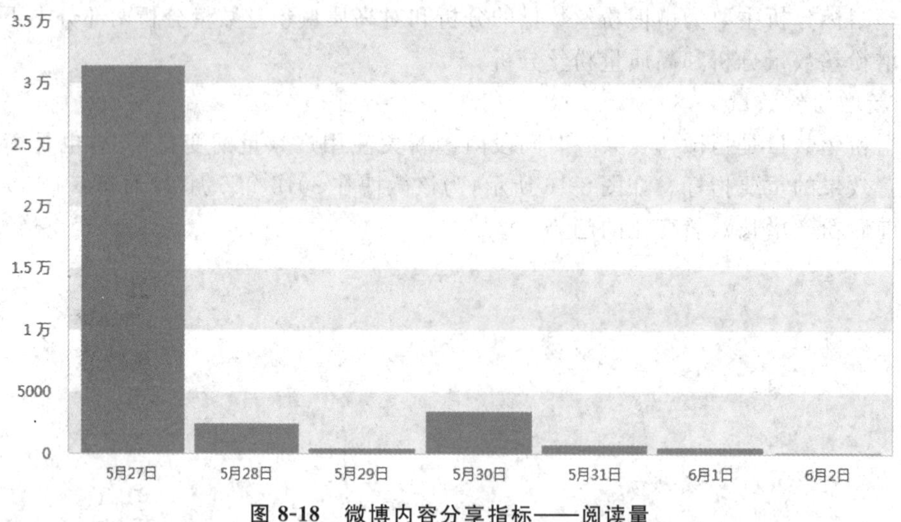

图 8-18 微博内容分享指标——阅读量

2）微博互动数量

微博互动数量是关于企业微博发布的原创微博数量和转发微博数量，在粉丝阅读浏览过程中，自愿参与微博活动并与博主进行互动的次数。微博互动的形式主要有转发、评论、赞以及单击博文中链接的次数。对微博互动数量的分析是检测该博文内容的重要因素，也是衡量微博运营效果的重要指标，如图 8-19 所示。

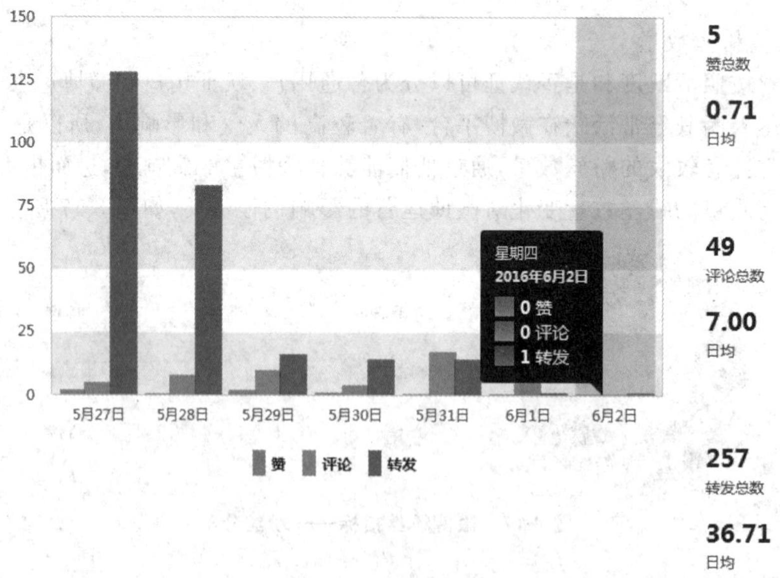

图 8-19 微博内容分享指标——互动数量

3. 流量转化指标

流量转化指标作为微博运营效果分析的最重要指标，主要分为直接流量转化和间接流量转化两方面，具体讲解如下。

1）直接流量转化

直接流量是指通过在微博内容中插入官方网站或网店的网址，用户通过该网址链接直接进入网站而带来的流量，如图 8-20 所示的“网页链接”，用户如果通过单击该链接进入内容页面即属于直接流量。直接流量同时也可以用来检测推广效果如何，用户的点击量反映了推广效果。

图 8-20　微博内容分享指标——流量转化

2）间接流量转化

间接流量是指用户在微博中看到相关信息后，通过自己搜索或直接输入网址等方式进入了官方网站或网店。如图 8-20 中涵盖了传智播客 RxJava 免费公开课的信息，用户如果通过搜索该信息进入到宣传页面即属于间接流量。

8.5.2　微博运营数据监测方法及工具

微博运营数据的监控贯穿整个营销活动的始终，监测方法和工具一般分为三种，即手动方法、新浪官方统计和第三方工具等。

1. 手动方法

手动方法一般通过 Excel 表格来完成，运营者结合企业微博的需要选定检测的指标列入表格中，每天针对这些指标的数据进行监督和登记，通常统计时按照一定的周期（活动周期或自然月周期等）进行汇总分析，如表 8-1 所示，即为微博日常数据登记表的模板。

表 8-1　微博日常数据登记表

日期	微博类型	微博内容	新增粉丝	阅读量	转发量	评论量
	微博博文					
	长微博					
	微博活动					

2. 新浪官方统计

新浪官方统计是通过新浪微博的后台进行查询，从“账户管理中心”进入，单击“数据中心”工具，如图 8-21 所示。

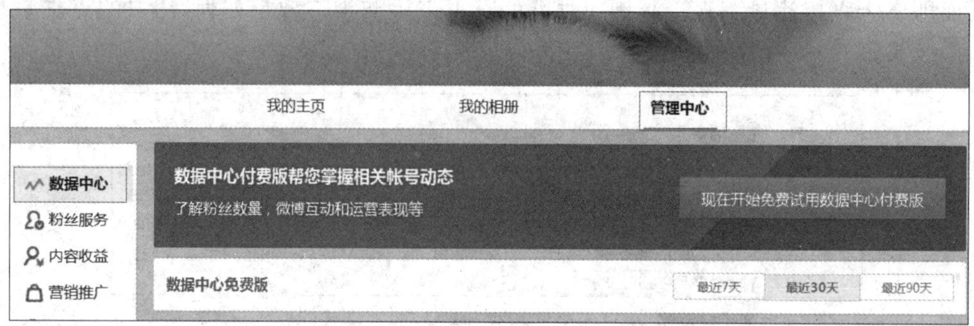

图 8-21　微博数据分析工具——管理中心

在微博的数据中心按照缴费情况可以分为免费版、会员版和收费版，不同的版本，数据中心的服务项目也有所不同，具体差异如表 8-2 所示。

表 8-2　微博管理中心——数据中心版本差异

模　块	功　能	免费版	会员版	付费版
一般功能	历史数据	最近 30 天	最近 30 天	最近 90 天
	导出功能	无	无	有
	行业相关微博账号	无	无	最多 50 个账户
粉丝分析	新增粉丝	有	有	有
	粉丝细分	有	有	有
	取消关注粉丝	无	有	有
	关注人总数	有	有	有
	互粉	有	有	有
	粉丝性别年龄细分	无	无	有
	粉丝地区分布	无	无	有
	粉丝来源	无	无	有
内容分析	我的微博	有	有	有
	我的转发和评论	有	有	有
	微博内容列表	无	无	有
互动分析	我的影响力	无	无	有
	页面访问分析	有	有	有
	微博效果分析	无	无	有

续表

模　块	功　能	免费版	会员版	付费版
	阅读数	有	有	有
	触达数	无	无	有
	单击趋势分析	无	无	有
	单击细分	无	无	
互动分析	互动趋势分析	有	有	有
	互动细分	无	无	有
	最活跃粉丝前 10 名	无	无	有
	转发最多粉丝前 10 名	无	无	有
	长微博阅读数和展开数	无	无	有
行业趋势分析	行业相关微博账号	无	无	有

3. 第三方工具(应用)

除了上述微博分析工具之外,还有许多第三方开发的微博分析应用工具,不同应用工具之间各有其不同的作用。因此,微博运营者在选择时,可以根据自己的实际需求选择相应的分析工具。目前常见的微博分析工具主要有以下几种。

1) 知微

免费版提供 2000 以下转发传播分析,提供可视化的微博传播路径图、传播关键人物分析、转发粉丝属性分析、传播层级比例分析等。

2) 粉多客

多客平台提供除常见的微博运营、定时微博任务、消息管理、客户管理等功能外,还提供专门针对本地化服务而推出的功能,如智能助手、客户挖掘、微博销售、商盟互推等。

3) 独到

可以提供可视化的微博传播路径图、传播关键人物、转发粉丝属性分析、传播层级分析等,与"知微"功能相似。

4) 粉丝传播分析

该款应用可以提供微博的转发传播路径图,采集转发者基本转发信息,一般提供 1000 以内的转发者信息,相对于上面讲的工具,主要着眼于转发分析,缺少路径传播的细致分析及对粉丝属性的具体分析。

5) 企业微博 360

可对微博的粉丝属性、单条微博进行分析,提供微博层级转发的曲线图及转发排行榜(即传播路径上的关键人物)。

8.5.3　微博运营评估优化

微博运营效果的评估主要作用在于为微博内容优化、微博互动方式的优化和微博社交关系的优化提供依据,如图 8-22 所示。

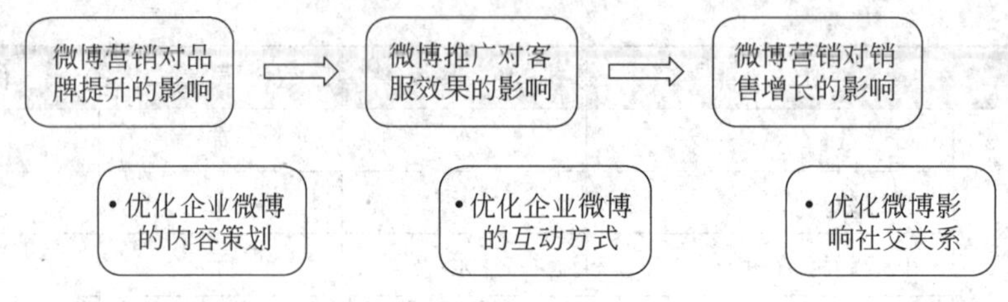

图 8-22 微博运营评估优化

1. 微博内容优化

微博营销效果评估和分析对企业微博内容策划的优化主要体现在内容类型和语言风格两部分上，具体介绍如下。

1）内容类型

一般来说，社会化媒体平台在运营之初会确立多种类型的内容进行多维度的尝试，经过一段时间的运营后根据运营的效果选择合适的内容类型。微博平台的内容以娱乐化为主，例如娱乐新闻、笑话段子等。其次可以选择社会关注度较高的事件，例如公益事件、新政策颁布等。另外，可以分享行业相关的专业知识。三者之间的内容占比通常为40％、20％、40％。

2）语言风格

社会化媒体是企业与用户之间直接沟通的渠道，其语言风格要贴近粉丝的阅读习惯和阅读喜好。企业微博在运营之初可以选定多个风格的语言进行测试，通过统计数据分析出最优的语言风格，这点尤其适用于以年轻一代为目标用户的企业，这是由用户群体本身喜欢多样化的语言风格的特性决定的。

同时，企业微博的语言风格也要与其产品和服务信息相符合，不能选择与产品和服务信息相冲突的语言风格。

2. 互动方式优化

作为社会化媒体的微博，在互动方式上具有多样化的特点，常用的主要有关注、转发、评论、赞、私信、@好友等诸多方式，日常运营中企业微博可以通过这些方式邀请其他有一定影响力的博主或企业账号参与企业微博策划的活动，从而扩大传播范围和增强营销效果，然而这些方式的效果往往不尽相同，企业可以通过对以往数据的对比选择合适的方式与这些账号进行互动。

3. 社交关系优化

在社会化媒体中，微博的社交关系属于弱关系，微信的社交关系属于强关系。从阿里5.86亿美元注资新浪，到新浪宣布与淘宝战略合作，实现账号互通，微博的社交关系与电商进行结合为企业通过社会化媒体实现直接转化提供了更多的机会。特别是以零售为主要业务的企业可以通过对微博运营效果的分析选取合适的营销活动和营销方式将弱关系向强关系进行转换。

8.6　网络营销业绩评估

网络营销业绩评估作为一项系统工程，有一套完整的运营流程，虽然还没有一套较为可靠的评价方法，但通过对某些与网络营销业绩紧密相关的一些环节的评价，可以反映网络营销的业绩情况。本节将对网络营销业绩评估的相关知识进行详细讲解。

8.6.1　网络营销业绩考核指标

网路营销业绩考核指标主要包括投入产出比、KPI 考核、KCI 考核以及 KBI 考核 4 个方面，下面详细讲解各个考核指标的相关知识。

1. 投入产出比

投入产出比简称 ROI，可以理解为项目投入资金与产出资金之比，即项目投入一个单位资金能产出多少单位资金。其数量常用 1∶N 的形式表达，N 值越大，经济效果越好。

将投入产出比借用到网络营销业绩考核，对企业网络营销效果进行投入产出比的计算，它能够较为直观地表现出企业所进行的一系列网络营销活动为企业带来了多少经济效益，也是对企业网络营销活动的最终结果的考核和评估。

2. KPI 考核

KPI 考核即关键业绩指标。通过对组织内部某一流程的输入端、输出端的关键参数进行设置、取样、计算、分析，衡量流程绩效的一种目标式量化管理指标，是把企业的战略目标分解为可运作的远景目标的工具，是企业绩效管理系统的基础。如表 8-3 所示，即为某企业的 KPI 考核量化表。

表 8-3　KPI 考核量化表

被考核人	考核面	指标		权重分	自评	主管	备注
网站编辑	能力（20）	1	转载文章	3 分			转载其他网站内容
		2	专题策划	2 分			策划、制作专题内容
		3	网页制作	3 分			使用工具制作网页
		4	图片处理	2 分			使用工具处理图片
		5	软文编写	2 分			
		6	文档排版	2 分			公司其他文档编排
		7	站内交互式回复	2 分			
		8	线上推广执行	2 分			博客、口碑推广等
		9	线上活动策划	2 分			吸引访问的线上活动

续表

被考核人	考核面	指	标	权重分	自评	主管	备 注
网站编辑	态度（30）	1	出勤率	5 分			迟到、早退、请假
		2	是否遵守上级指示，并及时准确向上级汇报工作	5 分			
		3	是否主动承担更多的责任	5 分			
		4	是否注重协作	5 分			
		5	是否积极主动，行为得体	5 分			
		6	工作日志，工作周报	5 分			
	业绩（50）	1	按时完成工作	10 分			
		2	无内容错误、大批量错别字	5 分			
		3	完成专题策划数量、质量要求	10 分			根据月计划比例
		4	完成软文编写数量、质量要求	10 分			根据月计划比例
		5	按时按量执行线上推广	5 分			根据月计划比例
		6	上级综合评定	10 分			

3. KCI 考核

KCI 是指对考核对象的高绩效达成的关键胜任力的评定，通过工作行为评定把能力、个性、动机、态度等进行量化和定性，最终使得反映绩效的过程影响因素是可控、可观察、可培养的。

KCI 考核通常与 KPI 结合起来对企业员工进行量化考核，将 KPI 与 KCI 结合考核，通常会面临两种问题，具体如下。

1）KCI 如何打分？

只要企业有胜任能力的模型，根据能力等级对应的行为，评估绝大多数行为表现符合哪一个能力等级，并进行相应的评分即可解决。

2）KPI 和 KCI 各自在考核指标中所占的比例是多少？

KPI 和 KCI 的权重一般而言会有三种方案，三种方案具体的百分比可做调整，如图 8-23 所示。

	KPI	KCI
方案一	30%	70%
方案二	70%	30%
方案三	100%	只反馈不计入评分

图 8-23　KPI 考核与 KCI 考核

在如图 8-23 所示的三种方案中，使用哪一种方案没有标准答案，而是要根据企业和行业特点、业务特征以及层级和职能的特点进行调整。通常会是根据不同层级、职能的要求，三种方案结合使用。三种方案的差别在于每个方案给员工传达的信息是不同的。

(1) KPI 为主 KCI 为辅

公司给员工传达的信息是更看重员工达成工作结果的过程,这种方案对于管理人员或者研发类人员更为适用,因为它们的工作很多不能单纯地用结果来评价,工作过程很重要。

(2) KCI 为主 KPI 为辅

公司给员工传达的信息是更看重员工的工作结果,但是也关注达成结果的过程,这个方案更适用于基层的一些员工,或者如销售这类靠数字说话的工作。但它跟方案三的区别在于,方案二也关注员工达成结果的过程,通俗地说,就是产品卖出去很重要,但怎么卖出去也重要。因此,这一方案对于销售而言,适用的是对塑造品牌形象、公司品质比较看重的公司。

(3) KCI 只反馈不计分

这一方案的风险在于:第一,不计入绩效分数,员工就不会关注能力要求的行为;第二,完全以结果论英雄,可能会使员工为达目的不惜不择手段。因此,通常会推荐公司将这种方案作为引入 KCI 开始考核的过渡方案,先让员工学会运用胜任能力模型观察行为,通过行为打分,待熟悉了解了模型后再换成方案一或方案二,将 KCI 的结果计入评分。

总的来说,KPI 重点关注的是结果,有利于提高管理效率,KCI 重点关注的是过程,有利于保证控制效果。KPI 与 KCI 指标的选择与管理对象相关。同时,KPI 重点关注可量化指标,不可量化即不可考核。KCI 重点关注难以量化考核的工作指标或其他因素,有助于更加全面地考核不同岗位的绩效,更好地衡量绩效。

4. KBI 考核

KBI 是指关键行为指标,是考察各部门及各级员工在一定时间、一定空间和一定职责范围内关键工作行为履行状况的量化指标,是对各部门和各级员工工作行为管理的集中体现。部门 KBI 得分不仅取决于所属全体员工 KBI 得分的简单叠加,也取决于部门本身的组织结构和管理模式。科学、合理的组织结构和管理模式有助于所属全体员工 KBI 得分相同的情况下部门 KBI 成绩的大幅度提升。

8.6.2　成本核算

成本核算不只是财务部门、财务人员的事情,而是全部门、全体员工共同的事情。尤其是对于营销部门来说,成本核算是进行部门自我评定的有效依据。通常营销部门的成本核算可以简单地分为两方面,即人力成本和推广成本。下面详细讲解成本核算的相关知识。

1. 人力成本

人力成本是指企业在一定时期内的生产、经营活动中,因其使用劳动力而发生的全部费用总和,包括直接费用与间接费用。主要有人员招聘、培训学习、工资、福利待遇及离职等一系列的费用支出。

2. 推广成本

网络营销的推广成本主要表现在付费推广上。目前国内众多网络营销平台中都有其付费推广服务,例如百度的竞价广告、淘宝的直通车、微博的粉丝通及腾讯的社交广告。这些付费推广能够帮助企业在短期时间内达到设定的营销效果,成本根据企业的运营状况各不相同。企业可以根据自身情况选择合适的推广方式，设定推广预算，其成本核算比较简单，通过企业账户后台可以导出相关数据，企业将这些数据汇总就能够清楚地算出推广成本，如表 8-4 所示，即为某企业推广成本的核算表。

表 8-4 推广成本核算表

日 期	账面消费	总展现量	总点击量	总点击率	平均点击价格	有效对话	对话成本	留电数量	留电成本	订单数量
2015/4/19										
2015/4/20										
2015/4/21										
2015/4/22										
2015/4/23										
2015/4/24										
2015/4/25										
2015/4/26										
2015/4/27										
2015/4/28										
2015/4/29										
2015/4/30										

小 结

本章主要讲解了网络营销效果分析的相关知识，首先介绍了企业网站统计分析和电子邮件营销效果分析，然后讲解了微信运营效果分析以及微博运营效果分析相关知识，最后对网络营销业绩评估做了简单讲解。

通过本章学习，读者应该了解网络营销效果分析的流程，熟悉对企业网站访问统计进行分析，掌握电子邮件营销效果分析方法以及新媒体营销效果评估方法，能够对企业的网络营销活动进行效果评估。

课 下 练 习

一、填空题

1. 网站来源分析主要分析的指标有总数据、访问量变化率、________、________、________、________等几个方面。

2. 对于用户增长量分析，可以从________、________、________、________等 4 个方面进行把握分析。

3. 微博运营数据监控的指标基本可以分为________、________、________三方面。

4. 微博粉丝按照活跃度和是否认证可以分为________和________，其中，________和________因其经常活跃在微博平台，有着较高的人气和影响力，所以是高质量粉丝。

5. 网络营销业绩考核指标主要包括________、________、________以及________4 个方面。

二、判断题

1. 在确定营销目标时，一定要根据网站当前现有资源情况实事求是地制定出可以量化显现的营销目标。（　　）

2. 通常，电子商务网站的营销目标主要以交易量和交易额作为目标进行统计。（　　）

3. 常见的网站统计分析指标主要有流量分析、来源分析、用户分析、关键词分析、页面分析等 5 个方面。（　　）

4. 关键词分析指标可以分为核心关键词和普通关键词分析两部分。（　　）

5. 从用户角度看，公众号用户分析对于提高公司服务水平和优化产品用户体验，有着巨大的帮助，但一味地强调用户，在市场环境中也容易导致企业失去自身的核心竞争力。（　　）

6. 就公众号的消息分析而言，对企业微信订阅号和企业微信服务号的意义及价值都差不多。（　　）

7. 在微博运营效果分析中，内容分享指标主要分为微博被阅读数量和微博互动数量这两项内容。（　　）

8. 微博运营效果评估对于微博内容的优化主要体现在内容类型和语言风格两部分上。（　　）

9. 在社会化媒体中，微博的社交关系属于强关系，微信的社交关系属于弱关系。（　　）

10. 人力成本主要包括人员招聘、培训学习、员工工资、福利待遇、保险、公积金等一系列费用支出。（　　）

三、选择题

1. 网络营销效果评估需要计算营销目标达成的成本，以天猫店铺产品成交为目标，下列选项中哪些需要计算为成本？（　　）

A. 人力成本　　B. 广告投放费用
C. 产品成本　　D. 营业税费

2. 下列选项中，哪些指标属于网站统计分析中流量分析的指标？（　　）

A. 新访客　　B. 回访者　　C. 访问深度　　D. 被访页面

3. 如果电子邮件阅读率高，但点击率却很低，则需要（　　）。

A. 修改电子邮件标题　　B. 调整电子邮件内容
C. 增加电子邮件发送数量　　D. 更换邮件发送平台

4. 下列选项中，对于邮件转化率会产生影响的是（　　）。

A. 邮件发送时间　　B. 企业网站
C. 产品或活动本身不吸引人　　D. 邮件内容

5. 以下选项中，属于微信公众号阅读来源的是（　　）。
A. 好友转发　B. 朋友圈　C. 会话　D. 其他
6. 下列选项中，属于微信公众号用户来源的有哪些指标？（　　）
A. 扫描二维码　B. 公众号搜索　C. 名片分享　D. 历史消息
7. 下列选项中，属于微博数量与转评的 KPI 是（　　）。
A. 微博发布条数　B. 微博被阅读数量
C. 微博互动数量　D. 微博置顶条数
8. 下列选项中，哪些行为属于微博互动行为？（　　）
A. 点赞　B. 评论　C. 转发　D. 私信
9. 下列选项中，属于常见的第三方微博分析工具的是（　　）。
A. 知微　B. 粉多客　C. 独到　D. 皮皮时光机
10. 下列选项中属于手动方法进行微博分析的指标是（　　）。
A. 微博内容形式　B. 新增粉丝
C. 阅读量　D. 评论量

四、简答题

1. 请分别概述电子邮件营销分析送达率、点击率、转化率。它们的作用是什么？
2. 请简要概述微信公众号运营消息分析的主要指标。消息分析有哪些作用？

第 9 章
危机公关

学习目标

- 了解危机公关策略，包括其含义、特点、类别及阶段
- 掌握网络舆情监测和管理方法，包括5S原则和3T原则
- 掌握危机公关处理策略和处理流程，能够制定危机公关方案

【案例引导】

2007年年底全国各地陆续出现多起食用过三鹿奶粉的婴幼儿患肾结石的病例，与此同时，三鹿并没有对奶粉问题进行公开，而其原奶事业部、销售部、传媒部各自分工，试图通过奶源检查、产品调换、加大品牌广告投放和宣传软文，将“三鹿”、“肾结石”的关联封杀于无形。

2008年8月，三鹿集团的外资股东，占43%股份的三鹿控股方新西兰恒天然在得知情况后，要求三鹿在最短时间内召回市场上销售的受污染奶粉，并立即向中国政府有关部门报告。

2008年9月9日新西兰恒天然集团将三鹿奶粉含不安全成分的相关报告送交新西兰驻华使馆，卫生部立即通过外交部信息确认“三鹿”奶粉含有三聚氰胺。

2008年9月11日，三鹿集团面对来自多方的质疑，坚决否认自己奶粉出现问题，并拿出一些地方的质检报告，证实三鹿奶粉食用安全。同天晚上，卫生部提醒广大消费者，三鹿奶粉含有三聚氰胺，应立即停止购买食用。

随后，“三鹿集团”改口承认自己700吨奶粉受到污染，并表示为对消费者负责，立即从市场回收不安全产品。2008年9月13日，卫生部证实，三鹿牌奶粉中含有的三聚氰胺，是不法分子为了增加原料奶或奶粉的蛋白含量而人为加入的。

2008年12月27日，三鹿毒奶粉案开始在河北开庭研审，“含三聚氰胺奶粉”已经令6个婴孩死亡，逾30万婴幼儿童患病。

2009年2月12日，三鹿宣告破产。

【案例思考】

三鹿集团作为一个几十年的老厂，在国产奶粉行业占有重要的一席之地，本身有着成熟的供货商和市场渠道，然而在仅仅一年多的时间中，曾经盛极一时的中国乳业巨头便宣告破产，这是怎么造成的？三鹿集团在这场危机中做错了什么？企业在面临危机的时候应该怎么做？本章将对危机公关的相关内容进行详细讲解。

9.1 危机公关概述

企业在生产经营中面临着多种危机，并且无论哪种危机发生，都有可能给企业带来致命的打击。那么，企业运营中常见危机有哪些？当危机来临时，企业该遵守怎样的公关原则？该如何通过危机管理将他们的危机消灭在萌芽状态？本节将对上述问题进行详细解答。

9.1.1 危机公关的含义及特点

危机公关是指应对危机的有关机制，它具有意外性、聚焦性、破坏性和紧迫性。根据爱德华·伯尼斯(Edward Bernays)定义，公共关系是一项管理功能，制定政策及程序来获得公众的谅解和接纳。下面对公关危机进行详细讲解。

1. 什么是危机公关

企业在生产经营中由于管理不善、同行竞争或者外界突发事件的影响，往往会给企业带来危机。企业针对危机所采取的一系列自救行动，包括消除影响、恢复形象等，就是危机公关。

2. 危机公关的特点

通常危机公关的主要特点有4个方面，即必然性和普遍性、突发性和渐进性、严重性与建设性以及紧迫性和关注性，对它们的具体介绍如下。

1）必然性和普遍性

危机的必然性和普遍性是指危机是不可避免的，只要有危机事件就会有危机公关的出现，因此可以说它是伴随企业、组织、团体发展而普遍出现的，也是必然出现的事情。造成危机公关这一特点的原因，主要有以下几个方面。

(1) 认识的局限性和隐蔽性：由于人们主观认识的局限性和客观规律的隐蔽性，使人们认识规律、驾驭规律的能力必然会存在偏差，所以任何的错误都可能变为现实。

(2) 不确定因素的复杂性：公共关系是一个层次众多的大系统，包括许多彼此联系的复杂的子系统，是一个多输入、多输出、多干扰的主控系统，不确定因素的复杂性增加了危机产生的必然性。

(3) 信息传播是公共关系不可或缺的因素：公共关系是一种信息传播过程，更是一种控制过程，从信息论的角度看，就是信源通过信道向信宿传递并引发反馈的过程。信息传递的过程中由于噪声的干扰势必产生失真现象，失真即有误差，误差导致错误，错误导致危机。

(4) 信息失真：任何策划和决策都以信息为基础，而且方案的执行过程也是一个信息传播的过程，信息经过多层系、多渠道、多阶段的传输之后，其失真现象必趋严重，导致系统的稳定性减弱，一旦震荡度加大，危机便接踵而至。

2）突发性和渐进性

危机事件通常是在没有准备的情况下突然爆发的、不可预见的突发性事件，因而具有突发性。它作为一个开放的系统，时刻都处于同外界的物质、信息交流当中，其中的任何一个环节都可能出现失衡，导致危机。此外，危机事件的爆发是一个从量变到质变的渐进式的过程。因此，危机事件又具有渐进性。通常可以分为前兆期、加剧期、处理期和消除期 4 个阶段，具体介绍如下。

(1) 前兆期：危机隐患初露端倪，向组织发出警告。这时危机处在一个不稳定的状态，此时重要的是如何使这种状态向好的方面转化，控制事态发展，转危为安。如果对前兆期的危机信号熟视无睹，任由事件继续发展，那么事件就会造成危机爆发，产生连锁反应，公众与组织关系突然恶化，使企业措手不及。

(2) 加剧期：危机的加剧期一旦到来，就不会自行消失。这一阶段内问题暴露、公众投诉、媒介追踪，声誉大降等问题接踵而来，企业或社会公众已较清楚地了解到到底发生了什么事情。相关部门介入，进行抢救工作。

(3) 处理期：处理期是危机灾难发展到顶峰的时期，抢救工作进入关键阶段。在此时期，公关部门设立信息中心，及时向社会公众公布最新事态情况。在发表消息时，要坚持"公开事实真相"的原则，以避免新闻媒介和社会公众的猜疑、质询。危机的处理期主要工作有调查情况、自我分析、安抚公众、联络媒介等。

(4) 消除期：消除期是指评估工作开始，抢救工作告一段落。在这一时期，除着手准备详细的调查报告外，主管部门和公关部门都还需要妥善处理危机后期工作。同时，依靠公共关系手段消除影响、引导公众、重塑企业形象。

3) 严重性与建设性

企业在危机事件中，组织措施一旦失当，会给企业形象和品牌信誉造成极大的负面影响，甚至危及企业生存。因此，危机公关对于企业的健康发展非常重要。西方现代企业一般都将危机公关纳入管理内容，形成了独特的危机管理机制。例如，伦敦证券交易所为避免企业危机对股市的冲击，提出了新规定，要求上市公司必须制定危机管理计划，建立危机管理机制，并要定期提交危机预测分析报告，从而建立起了全行业危机管理的机制和标准。

危机公关并不是一蹴而就的，而是在企业发展过程中长期建设的事情，因此说危机公关具有建设性。企业只有认识到危机公关的建设性，才会采取主动姿态，沉着冷静，满怀信心地面对危机，从中寻找和抓住任何可能的机会。

4) 紧迫性和关注性

公共关系危机总是在短时间内突然爆发，使组织立刻处于高度戒备状态，因此要求公关人员要在第一时间全面掌握事实真相。危机爆发所造成的巨大影响常常会成为社会和舆论关注的焦点和讨论的话题，成为新闻界争相报道的内容，成为竞争对手发现破绽的线索，成为主管部门检查批评的对象。

总之，组织公共关系危机一旦出现，它就会像一颗突然爆炸的炸弹，在社会中迅速传播扩散，对社会造成严重的冲击。同时，它还像一根神经，迅速引起社会各界的不同反应，引起社会各界的关注。

9.1.2 危机公关的分类

危机的形式多种多样，按照不同的评判标准有不同的解决方法。一般情况下会将危机按照存在状态、归咎对象和损失的表现形态三种形式来进行分类，下面将对它们进行具体讲解。

1. 按存在状态分类

公共关系危机按存在状态分类，可以划分为一般性危机和重大危机。

1）一般性危机

一般性危机主要是指常见的公共关系纠纷。从某种意义上说，公共关系纠纷还算不上真正的危机，它只是公共关系危机的一种信号、暗示和征兆。只要及时处理，做好工作，公共关系纠纷就不会转向公共关系危机，甚至于造成危机局面。

2）重大危机

重大危机，主要是指企业的重大工伤事故、重大生产失误、火灾造成的严重损失、突发性的商业危机、大的劳资纠纷等。它是公共关系从业人员面临的必须及时处理的真正危机。如产品或企业的信誉危机、股票交易中的突发性大规模收购等，公关人员必须马上应对处理，因此平时就需要准备着。

2. 按归咎对象分类

公共关系危机按归咎对象分类，可分为内部公关危机和外部公关危机。

1）内部公关危机

发生在企业内部的公共关系危机称为内部公关危机，这种危机的发生主要是由该企业的成员直接造成的，危机的责任主要由该企业内部的成员承担。

2）外部公关危机

外部公关危机与内部公关危机相对。它是指发生在企业外部，影响多数公众利益的一种公关危机。

需要注意的是，从分类对象的角度具体划分公关危机的类型时，内部和外部是相对的。因为危机事件的发生，通常是由内部原因和外部原因共同造成的。因此，对具体公关危机的划分与处理必须进行具体分析。

3. 按损失的表现形态分类

根据危机给企业带来损失的表现形态看，公共关系危机有两种——有形公关危机和无形公关危机。

1）有形公关危机

有形公关危机是指给企业带来直接而明显经济上的损失，凭借肉眼即可观测到这些损失。如房屋倒塌、爆炸、商品流转中的交通事故等造成的人员伤亡或财产损失等都属于有形危机。

2）无形公关危机

无形公关危机是指给企业带来的损失表现得不明显的危机。任何一个给企业的形象带来损害的危机都属于无形公关危机的范畴。如果不采取紧急有效的措施阻止，已受损害的企业形象将使企业蒙受更大的损失。

9.1.3 危机发展的阶段

危机事件是一个渐进的发展过程，在不同阶段具有不同表现特征。因此，企业在进行危机公关处理时就必须要了解危机传播不同阶段的特征。根据危机的发展过程，可将其分为危机潜伏期、危机发展期、危机爆发期以及危机恢复期 4 个阶段，下面具体讲解不同阶段的各个特征。

1. 危机潜伏期

危机的发展是一个从量变到质变的渐进的过程，当事物积累到一定程度，一件小的事情就会成为导火索，引发企业全面危机。这一阶段是危机的孕育时期。危机事件会以很细微的事情初见端倪，使企业难以察觉，但如果能在这一阶段察觉危机就可以简单迅速地将该危机消除在萌芽状态。

2. 危机发展期

危机发展期指的是危机的产生时期，在这个阶段，危机已经暴露，企业付诸行动可以花费较小的代价将危机解决，同时也可能因为企业的处理不当而持续发酵，从而在下一阶段爆发出来。

3. 危机爆发期

危机爆发期是指危机事件发生后，通过媒介组织迅速向外传播，危机不断扩散。传播的信息内容复杂，有准确的，有不准确的、有目击的、也有猜测的，信息传播渠道也呈多样化，危机事件发生的地点、涉事人物、媒体自身、企业、事件相关的组织和人物，都可能因为事态的进一步发展而成为信息传播源。

这一阶段人们的好奇心急需要满足，而事件又处于调查中，媒体、公众获得有效信息的渠道较少。因此会有大量从各种渠道获得的信息在未经证实的情况下爆发出来，导致许多不实报道的产生。

4. 危机恢复期

危机恢复期是指通过企业危机公关处理，危机事件因调查和处理结果的公布得到了有效控制和缓解。事件的社会影响力和公众对其关注度逐渐减弱、消失。当然，危机事件处理的结果是否使当事人满意，以及社会公众满意，直接影响着企业危机公关的效果。

9.2　危机公关原则

对于危机事件，“疏”比“堵”更有效。同时，企业面对的用户是形形色色的，在具体的疏导过程中需要遵守相应的公关原则和处理原则，通常危机公关原则包括危机公关 5S 原则和危机处理 3T 原则，本节将对这些内容进行详细讲解。

9.2.1　危机公关 5S 原则

危机公关 5S 原则是危机发生后为解决危机所采用的原则，包括承担责任原则、真诚沟通原则、速度第一原则、系统运行原则、权威证实原则 5 个方面。

1. 承担责任

危机发生后,公众主要关心两个方面的问题,即利益问题和情感问题。

(1) 利益问题:是公众关注的焦点,无论谁是谁非,企业都应该先承担起责任。即使受害者在事故发生中有一定责任,企业也不应首先追究其责任,否则会加深双方之间的矛盾,引起公众的反感,最终不利于问题的解决。

(2) 感情问题:是指公众很在意企业是否考虑到自己的感受,因此在危机事件发生时企业应该站在受害者的立场上表示同情和安慰,并通过新闻媒介向公众致歉,抚平用户心理、情感上的伤害,从而赢得公众的理解和信任。

实际上在危机事件发生后,公众和媒体往往在心中对企业已经有了心理上的预期,即希望企业做出什么样的反应,怎样安抚此次危机带给用户的伤害才能令公众感到满意。因此企业不能选择直接对抗,而需要通过真诚的沟通获取公众对危机处理的心理预期,从而有针对性地处理该危机事件,在这个过程中,态度至关重要。

2. 真诚沟通

企业处于危机漩涡中时,是公众和媒介的焦点,一举一动都将受到质疑,因此千万不能有侥幸心理,企图随着时间的推移将危机淡化,最终蒙混过关。而应该遵守真诚沟通的原则,主动与新闻媒介和公众联系,说明事实真相,促使双方互相理解,消除公众的疑虑与不安。真诚沟通是处理危机的基本原则之一,主要包括三个方面,即诚意、诚恳、诚实。

1) 诚意

诚意是指企业在危机事件发生后的第一时间向公众说明情况,并致以歉意,从而体现企业对该事件的重视和勇于承担责任、对消费者负责的企业文化,最终通过诚意赢得消费者的同情和理解。

2) 诚恳

诚恳是指企业在处理危机的时候以消费者的利益为重,不回避问题和错误,及时与媒体和公众沟通,向消费者说明消费者的进展情况,重拾消费者的信任和尊重。

3) 诚实

诚实是危机处理最关键也最有效的做法。人们往往会原谅一个人的错误,但不会原谅一个人说谎,公众对企业也是如此。

3. 速度第一

危机发生后,能否首先控制住事态,使其不扩大、不升级、不蔓延,是处理危机的关键。正所谓"好事不出门,坏事行千里",在危机出现的12～24小时内,负面消息往往会像病毒一样,以裂变方式高速传播,同时可靠的消息往往不多,社会上充斥着谣言和猜测。

此时企业的一举一动将是外界评判企业如何处理这次危机的主要根据,媒体、公众及政府都密切注视着公司发出的第一份声明。而对于公司在处理危机方面的做法和立场,舆论赞成与否往往都会立刻出现在传媒报道。因此公司必须当机立断,快速与媒体和公众进行真诚沟通,从而迅速控制事态,防止危机范围持续扩大,控制危机事态发展。

4. 系统运行

企业在进行危机处理时必须系统运作，绝不可顾此失彼。只有这样才能透过表面现象看本质，创造性地解决问题。危机处理时的系统运行主要表现在以下几点。

1）以冷对热、以静制动

危机发生后往往会使人处于焦躁或恐惧之中。对于一般的危机，危机公关小组不需要企业领导者直接担任负责人，对于危机公关小组企业高层应给予充分的信任，镇定自若，以减轻企业员工的心理压力。同时，对于普通员工，企业高层也应以稳定为主要原则，不要急于追究责任，而是做好员工的安抚工作，团结内部，共同度过危机。

2）统一观点、稳住阵脚

在危机发生后企业内部应在短时间内对危机做出准确评估，迅速统一观点，从而稳住阵脚，团结起来共同处理危机事件。

3）组建班子、专项负责

一般情况下，危机公关小组的组成由企业的公关部成员和企业涉及危机的高层领导直接组成。对于较大的危机事件往往会由企业负责人亲自领导危机公关小组进行危机公关。这样，一方面是高效率的保证，另一方面是对外口径一致的保证，使公众能够感受到企业处理危机的诚意。

4）果断决策、迅速实施

由于危机瞬息万变，在危机决策时效性需求和信息匮乏的现实条件下，任何模糊的决策都会产生严重的后果。所以必须最大限度地集中决策，使用资源，以最快的速度做出决策，并付诸实施。

5）借助外力

当危机来临，尤其是大型危机来临时应充分和政府部门、行业协会、同行企业及新闻媒体进行沟通，寻求帮助，联手应对危机，以增强企业发布信息的公信力和影响力。

6）循序渐进、标本兼治

要真正彻底地消除危机，需要在控制事态后，及时准确地找到危机的来源对症下药，谋求治“本”。如果仅停留在将危机事件消除的阶段，往往会因为后续事件的发生而前功尽弃。

5. 权威证实

危机发生时，企业的公信力下降，公众对企业保持怀疑态度，此时企业自已为自己辩护的效果往往会很差，而通过第三方权威机构为自己发声往往能够使消费者解除对自己的警戒心理，重获信任。

9.2.2 危机处理 3T 原则

3T 原则是危机处理的一个法则，有三个关键点，每个关键点的英文都以“T”开头，所以称之为 3T 原则。3T 原则是由英国危机公关专家里杰斯特(M. Regester. Michael)提出的，具体内容是强调危机处理时把握信息发布的重要性，主要表现为以下三方面。

(1) 以我为主提供情况(Tell You Own Tale)：强调政府牢牢掌握信息发布主动权。

(2) 尽快提供情况(Tell It Fast)：强调危机处理时政府应该尽快不断地发布信息。

(3) 提供全部情况(Tell It All)：信息发布要全面、真实，而且必须实言相告。

9.3 危机公关处理

每一个企业的性质不同，面对的危机情况不同，制定的危机公关策略也不同。因此在面对危机时，企业该如何面对？需要制定什么样的危机公关策略呢？本节将对危机公关处理策略和处理流程的相关知识进行详细讲解。

9.3.1 危机公关处理策略

企业在制定危机公关策略时，按照危机事件所处的不同时期，会制定不同的公关处理策略。下面将详细介绍危机公关的处理策略。

1. 做好危机预防工作

危机潜伏期应当注意危机的预兆，以预防为主，使危机消除于潜伏期，从源头防止危机发生。可以在危机爆发前建立企业的舆情监测系统，其基本思路是针对可能发生危机事件的原因，制定和实施预防措施，消除诱因。针对企业或组织团体要监测的关键词，舆情监测系统可以分为日报、周报、月报，舆情监测报告中针对关键词进行分析，也可以针对竞争对手的关键词进行监测，从中发现问题，及时给出解决方案。

2. 正视危机

一旦发生危机事件，企业应该从态度上正视危机并认真对待，如果置之不理或者麻痹大意，任其自由发展，造成事件的恶化，引起众公的不满，将严重影响公司生产经营和品牌形象。

下面通过“埃克森石油泄漏危机”的案例，进行具体分析，如例 9-1 所示。

例 9-1 埃克森石油泄漏危机

1989 年 3 月 24 日，埃克森公司的一艘名为“瓦尔代兹号”的巨型游轮在阿拉斯加州威廉太子湾附近触礁，八百多万加仑原油泄漏，形成一条宽 1km、长 8km 的漂油带。这里是美加两国的交汇处，风景如画，原油的泄漏严重破坏了这里的生态环境，使水产业也蒙受很大损失。

事故发生后，美加两国当地政府敦促埃克森公司尽快采取有效措施处理污染，但公司方面却无动于衷，既不调查事故原因，也不采取有效措施清理泄漏的原油，更不向两国当地政府道歉。

美加两国当地政府、各个环保组织及新闻界对埃克森公司这种不负责任、企图蒙混过关的恶劣态度极为不满，共同发起了一场“反埃克森运动”。同时调查结果显示这起恶性事故是由船长饮酒过量，擅离职守，让缺乏指挥经验的三副代为指挥造成的。消息一经传出，舆论为之哗然，更多的公众加入到对埃克森公司的声讨队伍中。

埃克森公司曾为社会公益事业做出很多贡献，但此时都被公众抛之脑后，公众对埃克森的新印象是“破坏环境，傲慢无理”。埃克森公司陷入极其被动的境地，公司业务大受损失。仅清理泄油一项就花费几百万美元，加上索赔、罚款等，损失达几亿美元。另外，由于公司形象受到损害，欧美的老客户纷纷抵制该公司的产品。

在例 9-1 中，石油泄漏危机事件发生以后，埃克森石油公司并没有正视原油泄漏造成的影响，置政府和社会公众的生活环境安全于不顾，让社会各界极为不满。企业形象和公司生产经营活动也深受影响。因此，企业在危机公关中一定要高度正视危机，以认真负责的态度处理事件。

3. 查明实情

危机事件发生后，在紧急控制事态的同时，也需要展开对危机事件的调查，这是危机处理事件的基础。调查的主要内容包括危机事件的性质、特点、原因、时间、地点、状况、趋势、后果、影响，各方面公众对事件的反应、情绪、意见，尚存的潜在危机因素，连锁危机事件发生的可能性等因素，通过这些对危机实情的查明可以对危机进行准确评估并做出正确应对。

4. 有针对性地处理危机

危机的处理要以“协调现状、利于未来，谦虚自责、坚持原则”为方针。可以邀请权威性机构来解决问题，创新解决办法，把危机事件作为考验企业发展的机会。加强处理问题的针对性，对不同公众群体以及团体组织应采取不同的策略，具体讲解如下。

1）企业内部

对企业内部员工首先要及时通报危机事件的实情，稳定公司内部员工的情绪，号召大家团结一心，共渡难关，制定公司的奖罚机制，奖励在危机处理中有功的人员，惩罚肇事者，防止内部人员的逆反行为。具体操作可分为下面几点。

(1) 迅速成立处理危机事件的专门机构。假如企业已成立危机管理小组，可在该小组的基础上增加部分人员。这个专门小组的领导应由企业负责人担任。负责公关事务的人员必须协同参与，组成一个权威性、高效率的专业组织机构。

(2) 应迅速而准确地把握事态的发展，判明情况。调查引发危机事件的原因，确定危机事件的类型、特点，确认有关的公众对象，并对危机事件影响进行评估。

(3) 制定处理危机事件的基本原则以及实施策略。确定急需协助参与危机公关的部门及各部门的职责划分和沟通方式。

(4) 通告全体职工，以统一口径，统一思想认识，协同行动。建立完善的奖罚机制，奖励处理危机事件的有功人员，危机事件调查清楚后处罚事件相关责任者，并通告社会各界。

2）受害公众

对于受害群体以及关注此事的社会各界，企业要热情接待，耐心倾听，不急于自我辩护。对于受到人身、财产伤害的受众，企业负责人需亲自看望、道歉、安慰、及时回答问题，提出解决办法，并在事后保持联系，继续予以关心，具体讲解如下。

(1) 认真了解受害者情况后，诚恳地向他们其家属道歉，耐心而冷静地听取受害者的意见；

(2) 了解、确认和制定有关赔偿损失的相关规定与处理原则，具体可参照业内案例和相关法律法规，实事求是地承担相应的责任并及时公布赔偿方案；

(3) 避免与受害者家属发生争辩与纠纷，即使受害者有一定责任，也不要在现场追究，更要避免出现为自己辩护、推脱责任的言辞；

(4) 给受害者安慰与同情,并尽可能地提供其所需的服务,尽最大努力做好善后处理工作。

3) 上级主管部门

对于上级主管部门和公司负责人,要及时汇报,请求指示和支持。对于应承担的责任需要主动承担、接受批评和处分。同时要吸取教训,防止类似事件再发生。

(1) 危机事件发生后,应以最快的速度向企业的直属上级部门实事求是地报告,争取他们的援助、支持与关注。

(2) 在危机事件的处理过程中,应定期汇报事态发展的状况,求得上级领导部门的指导。

(3) 危机事件处理完毕后,应向上级领导部门详细地报告处理的经过、解决方法、事件发生的原因等情况,并提出今后的预防计划和措施。

4) 社会公众

对于社会公众要及时通报,说明危机事件的详细情况,防止虚假消息持续扩散,必要时可以邀请代表前往企业参观,请求理解和支持。

(1) 如果危机事件给社区居民带来了损失,企业应组织人员专门向他们致歉;

(2) 根据危机事件的性质,也可派人到社区居民家庭中分别道歉;

(3) 向全国性的报纸和有影响的地方报刊发广告,其内容包括作为道歉对象和公众需要了解的事项;明确而鲜明地表示企业敢于承担社会责任、知错必改的态度;

(4) 必要时应向社区居民赔偿经济损失或提供其他补偿。

5) 竞争对手

针对竞争对手,企业需要通过媒体把真实情况告诉他们,防止对手借题发挥,传播虚假信息损害企业形象,查找可能引发连锁危机的诱因并及时处理,防止对手乘虚而入,占领市场。

6) 新闻媒体

对新闻媒体要有专人热情接待,公开真相,防止失真报道。利用媒体的宣传报道,向正面引导社会公众,重塑企业的形象。同时需要注意的是,媒体作为无冕之王,社会影响力非常大,因此对待新闻媒体需要谨慎些,具体需要注意以下几点。

(1) 向新闻界公布危机事件时使用什么措辞,采用什么形式,具体披露哪些相关信息等,应事先达成共识。

(2) 成立记者接待机构,专人负责发布消息,集中处理与事件相关的新闻采访,向记者提供权威的资料。

(3) 为了避免报道失实,向记者提供的资料应尽可能采用书面形式。介绍危机事件的资料简明扼要,避免使用技术术语或难懂的词汇。

(4) 主动向新闻界提供真实、准确的消息,公开表明企业的立场和态度,以减少新闻界的猜测,帮助新闻界做出正确的报道。

(5) 对新闻界表示出合作、主动和自信的态度,不可采取隐瞒、搪塞、对抗的态度。对确实不便发表的消息,也不要简单地"无可奉告",而应说明理由,求得记者的同情和理解。

(6) 除新闻报道外,可在刊登有关事件消息的报刊上发表歉意广告,向公众说明事实真相,并向公众表示道歉并承担责任。

9.3.2　危机公关处理流程

公关危机是一个系统的建设性工作，企业在危机公关处理时也应该遵循相应的流程，才能做到临危不惧，客观全面地处理危机事件。危机公关的处理可以分为危机预防、危机准备、危机确认、危机处理和危机总结 5 个阶段。

1. 危机预防

危机预防是指企业在危机爆发之前做出的应急预防机制，一般来说主要表现在以下几个方面。

1）树立强烈的危机意识

企业进行危机管理应该树立一种危机理念，营造一个危机氛围，使企业的员工面对激烈的市场竞争，充满危机感，将危机的预防作为日常工作的组成部分。

首先，对员工进行危机管理教育，教育员工认清危机的预防有赖于全体员工的共同努力。全员的危机意识能提高企业抵御危机的能力，有效地防止危机发生。

其次，开展危机管理培训，强化员工的危机意识，让员工掌握危机管理知识，提高危机处理技能和面对危机的心理素质，从而提高整个企业的危机管理水平能力。如例 9-2 所示，美国电报电话公司通过对员工的危机管理培训，有效地避免了危机事件的发生。

例 9-2　危机培训管理的重要性

美国电报电话公司曾经实施过一次非常成功的预防危机事件的方案。由于该公司的业务具有独占性，最担心引起社会舆论的干涉和责难。为预防这一危机事件的发生，该公司制定了一套预防措施，例如改造设备提高服务质量；降低服务价格，取悦公众，引起社会关注；加强与政府及有关业务机构往来，培养公司与政府之间的关系，使公司在行业中拥有特殊的地位；全部接线人员改由女性员工担任，在接收客户来电时不准与顾客发生争执；装线人员要特别小心地对待用户的地板和墙壁，尽一切可能不使用户的房间受到损害等。在以上措施实施后取得了很大的效果，在美国第一次全国电话电报工潮中，该公司超脱于纷争之外，而没有受到公众舆论的指责。

在上述案例中，美国电报公司在企业的发展过程中，一直保持着强烈的危机意识，制定了一套预防措施，提高公司的产品和服务质量，尽力将危险降到最低，防微杜渐，有效预防了危机事件的发生。

2）建立预防危机的预警系统

预防危机必须建立高度灵敏、准确的预警系统。信息监测是预警的核心，随时搜集各方面的信息，及时加以分析和处理，把隐患消灭在萌芽状态。预防危机需要重点做好以下信息的收集与监测工作。

(1) 随时收集消费者市场对产品的反馈信息，对于可能引起危机的各种因素进行严密的监测；

(2) 掌握行业信息，研究和调整企业的发展战略和经营方针；

(3) 对监测到的信息进行鉴别、分类和处理，提前预测对未来可能发生的危机类型及其危害程度，并在必要时发出危机警报。

3）建立危机管理机构

危机管理机构的建立是企业危机管理有效进行的组织保证，不仅是处理危机时必不可少的组织环节，而且在日常危机管理中也非常重要。在危机发生之前，企业要做好危机发生的预防工作，建立危机管理机构，制定出危机公关处理程序，明确主管领导和成员职责。

4）制定危机管理计划

企业应该根据可能发生的不同类型的危机制定一整套危机管理计划，明确怎样防止危机爆发，一旦危机爆发立即做出针对性反应等。事先拟定的危机管理计划应该囊括企业多方面的应酬预案。在计划中要重点体现危机的传播途径和解决办法。

2. 危机准备

危机准备是危机爆发之前企业常备的预案机制，避免在危机爆发时出现无法应付的局面，一般来说危机准备工作包含下面几个部分。

1）成立危机处理小组

在危机爆发之初，往往是危机公关处理的最佳时期，一旦处理不当，就有可能进入危机加剧阶段，甚至导致企业破产。因此在危机爆发之初，企业要迅速成立危机处理领导小组作为企业危机管理的核心，协调各方，统筹全局。

如果企业之前没有建立这样的管理小组的经验，那么应当迅速调动企业人力资源，组成由企业高层管理者、相关的职能部门乃至企业外部专家组成的危机公关处理小组，明确规定危机公关处理小组各成员之间的职责、权限和沟通渠道，必要时可以请外部专业的公关公司进行辅助。

2）进行危机模拟训练

在企业内部进行必要的危机管理教育培训、危机模拟和应急训练，让所有在危机管理计划或应急预案内的人员熟悉情况，具有较强的心理承受能力，增强危机管理意识和能力，一旦危机发生后，能沉着冷静、有条不紊地处理出现的危机问题。

3）与媒介建立良好关系

在危机处理过程中，企业需要通过媒体的报道及时向社会公众报告事态发展状况，处理结果。需要注意的是企业与媒介良好关系的建立是长期积累的结果。对于突发的危机事件，企业在与媒介沟通上需要做好下面几点。

(1) 危机事件经过确认后，如果是企业行为造成的，应尽快配合记者采访，将结果公之于众，并采取相应的积极纠正措施，赢得公众的同情、信任。准备好新闻稿，告诉公众发生了什么，尽快公布有关的背景情况，尽快通过专业的新闻媒体将危机事件的真实情况报道出去。

(2) 使企业或者政府部门本身成为权威消息中心，掌握报道主动权，并与媒体保持沟通。如果一个企业准备好新闻稿件和背景材料，以及相关的设备，媒体将认为企业是合作的，一般会消除敌对情绪，同时视企业为重要的信息来源，企业容易赢得主动。

4）监测危机舆情

在各搜索引擎里搜索与公司的品牌词、产品词、网站名称或公司名称相关的关键词，如果搜索的结果在前5页内有企业相关的负面信息，这表明企业有可能已出现危机。可以采取人工监测的方法进行抽时段检测，也可以通过搜索引擎的邮件订阅功能来完成，以百度为例，可以在百度邮件订阅界面，设置与自己公司相关的关键词之后，填写邮箱地址及验证码，确定订阅即完成设置。这样与本公司相关的所有舆情信息都会及时发送到邮箱中，大大节约了监测的人力和时间成本。

其次还可以在微博、微信、SNS 以及人气比较旺的博客、论坛等社会化媒体网络中进行监测。方法同搜索引擎方法类似，利用搜索功能搜索跟公司相关的信息，定期在与自己公司业务高度相关的博客、论坛里搜索跟公司产品、服务、管理等相关的话题进行检测，对于业务量比较大的企业，可以通过专业的网络舆情监测分析软件进行网络危机的监测。

3. 危机确认

危机确认工作是指企业对危机事件给出明确界定的过程，主要包括确认危机来源、界定危机性质和启动危机管理程序三个部分。

1）确认危机来源

危机来源一般有三个方面，即属实的负面信息、误解的负面信息和捏造的负面信息三种，企业应该针对具体危机事件判定危机来源，并制定相对应的危机公关策略。

（1）属实的负面信息：是指由于企业产品和服务未能达到消费者需求而引发的负面信息。

（2）误解的负面信息：是指企业在产品和服务的宣传上使用户对产品和服务产生了误解，从而引发的负面信息。

（3）捏造的负面信息：是指竞争对手或者其他第三方机构进行恶性竞争，对企业进行诋毁而产生的负面消息。

2）界定危机性质

界定危机性质需要企业分析引起危机的主要原因，梳理清楚危机事件与危机原因之间的因果关系，判定危机的性质和严重程度，为制定危机公关处理策略提供依据。

事物的发展是由内因和外因共同作用形成的，不同性质的原因对于事物的发展造成的影响也不相同。企业危机的发生也是由不同原因造成的，因而需要危机诊断，找到危机根源。危机诊断是企业根据危机的调查和评估，进而探寻危机发生的具体诱因的过程。在危机发生初期，企业需要通过危机诊断判断出危机产生的真正根源，对危机的性质进行界定，不同性质和不同程度的危机采取不同的处理方式。

3）启动危机管理程序

危机事件大多为突发性事件，难以预测，而且会在短时间内迅速扩散，所以，一旦发生便要立即启动危机管理程序，着手成立危机管理小组，评估调查危机事件，商讨如何处理并立即实践行动方案。选定方案前的决策过程，应根据评估结果和诊断结果选择方案。

然而对于没有预设危机管理小组的企业，则需要企业主要负责人在第一时间成立临时应急小组负责处理该危机事件。

4. 危机处理

对于企业公关部工作人员来说，这个时候最为关键。此时的首要任务是组织团队负责。危机刚发生后，企业掌握的真实消息并不多，危机事件原因也正在调查当中，但是不能逃避责任或保持沉默，这样会使企业陷入被动，因此，企业在这一阶段需要遵循下面几点，确保相关消息及时、准确地传达到公众面前。

1）快速建立沟通机制

危机爆发期是整个危机事件的高潮部分，也是危机公关的关键点，在这一阶段企业要高度重视危机，谨慎处理和妥善安排各项事务。

2）确定发言人

在企业内部，确定对外发言人，负责对外媒体传播。对外发言人与其他人都要保持一致的口径。一般人不要随意接受采访，当然也不能简单地拒绝，而是礼貌地告知企业对外传播的负责人和新闻热线。对于深层次的原因，如果没有调查清楚，不要发布猜测的和不准确的信息。

3）及时汇报最新消息

尽力找到相关新闻记者，及时向他们报送相关信息，并明确说明事态情况。在危机的处理当中，企业一般会采取对社会、公众负责的确切的措施，这些措施，有助于减弱社会对企业的敌对，增强社会对企业的信任和信心。

4）倾听受害者意见

对于受害者，要冷静地倾听他们的意见，了解受害者的情况，确认有关的赔偿损失的要求。注意，这个时候不是分清谁对谁错，争辩的时候，要给受害者以安慰和同情，尽可能地提供他们所需要的服务，尽最大努力做好善后工作。

5）及时更正失实报道

失实的报道往往是由于公众不了解事件真相造成的，这种报道会加剧危机发展势态。企业遇到失实的报道应该向新闻媒体的管理部门——新闻出版署求援，向出版署说明情况，由出版署出面要求新闻媒体在原因没有查清前，不要虚假报道，等到事件原因调查清楚后由企业召开新闻发布会，向公众说明事件的真相。

下面通过远大集团对失实报道的处理过程的案例做具体分析，如例 9-3 所示。

例 9-3　危机公关中对失实报道的更正

1999 年 7 月 13 日，《中国经营报》头版发表了一篇《远铃整体浴室砸住 4 个亿》的文章，文章开头写道："对于湖南远大集团公司老总张剑来说，今年的心情一定不会太好，因为他耗资 4 亿元并全心投入的一个项目——远铃整体浴室正面临困境。"文章还说："目前，在中国市场上，销售整体浴室的公司有海尔、韩国 LG 等，但是，这些规模都不太大，而远铃项目上一次性投入 4 亿元，是对市场的判断出现错误。据知情人士透露，这个项目启动前，确实没有做过详尽的市场调查，他承认，这是一个不小的失误。"

当时正是民营企业纷纷出现不良情况的时候，文章一出来，长着"新闻鼻"的传媒立即像鲨鱼闻到血腥一样，不胫而走，纷纷转载，人们也习惯性地想："远大会不会成为下一个?"，情况十分危急。

但这是一篇失实的报道。1999 年 7 月 20 日，张剑接受了中国最有影响力的媒体之一《南方周末》的采访，否定了"远铃整体浴室投资失败"的传言。然后他们与《中国经营报》联系，要求他们更正。

1999 年 7 月 27 日，《中国经营报》发表了一篇《关于"远铃浴室"砸住四个亿报道的更正》的文章对该事件进行澄清，文章说："本报记者采用非正式渠道获得、未经远大公司证实的资料，对'远大空调有限公司'及'远铃''集成房屋'等产品进行了失误的报道，给远大、远铃两企业造成了负面影响，对此本报特表示歉意。”同时，对其报道的失误之处还进行了全面的更正。

在例9-3中，面对媒体的失实报道，远大集团的董事长张剑通过《南方周末》的分采访将此事澄清，之后《中国经营报》终于对自己的失实报道进行更正，降低了事件的负面影响，向正确方向引导了公众。

6）利用新闻发布会

危机爆发后，各界媒体会纷纷关注事件的发展，这时需要企业将危机事件的真实消息告诉给媒体。通过媒体向社会公众报道事件发展情况。但由于媒体较多，各方面了解的信息不全，容易造成失实报道，因此，可以利用新闻发布会的形式向媒体集中时间报告最新发展事态。同时，也有利于企业能够掌握信息发布的主动权，不陷入被动局面。

注意多用事实说话。行胜于言，事实胜于雄辩，多用事实说明事件本身能取得更好的效果。

5. 危机总结

通过危机处理阶段，危机事件得到有效控制，进入危机总结阶段，在这一时期企业的主要工作是消除危机处理后的遗留问题和影响，同时，企业要尽快恢复自身形象、对危机时间进行总结、评估危机处理的效果，并有针对性地制定危机预防措施，最大程度地降低此类危机在今后运营过程中再次发生。

1）恢复企业形象

危机事件在得到有效控制后，需要公关部门继续加强公众对于企业形象的引导，重塑企业形象，努力将负面影响降到最低程度。可以通过权威的媒体发布相关信息，从正面引导受众。如例9-4中娃哈哈集团在危机后期通过媒体报道成功地重塑了企业形象，从而为后期的销售量大增打下了很好的用户基础。

例9-4　娃哈哈在危机恢复期正面形象塑造

娃哈哈“南京事件”发展到后期，负面消息已经渐渐平息，娃哈哈又出现在南京各大商店里，此时娃哈哈集团通过新闻媒体发布娃哈哈全面畅销的报道，报道指出第三方公司纷纷要求销售娃哈哈果奶，希望厂家立即赶运14万多瓶果奶销往南京、上海等地，同时天津、湖南、河南、辽宁、吉林、黑龙江等多地经销商也纷纷要货。杭州市场已经全面恢复旺销，日销量高达24万多瓶。这些消息对进一步打消消费者、经销商的顾虑，为挽回影响、塑造娃哈哈正面形象起到了很大的作用。

在上述案例中，娃哈哈集团在危机事件得到有效控制之后，通过新闻报道娃哈哈全面畅销的消息，进一步打消了消费者、经销商的顾虑，重新塑造了娃哈哈集团形象。

2）进行危机总结

在调查和检查得出的事实基础上，对危机管理工作进行全面的分析与评价，在这一过程中要详尽地列出危机管理工作中存在的各种事项，包括对预警系统的组织和工作程序、危机处理计划、危机决策、应急预案的有效性进行等各方面的分析与评价。

3）对问题进行整顿

多数危机的爆发与企业管理不善有关，通过总结评估可以有针对性地提出改正措施，责成有关部门逐项落实，完善危机管理内容。经过积极的检讨、反思与教育，为避免重蹈历史覆辙，应形成共识的改进方案，及时修正危机预防系统。

小　结

本章主要讲解了危机公关的相关知识，包括危机公关的分类、发展阶段、危机公关的原则、危机公关的处理策略和处理流程等内容。

通过本章的学习，读者应该能够对危机公关有整体的认识，对于企业遇到的危机公关能够给出正确的解决方案。

课下练习

一、填空题

1. 公共关系危机按归咎对象分类，可分为________和________。

2. 危机的发展阶段分为危机潜伏期、________、________和________。

3. 危机公关5S原则是危机发生后为解决危机所采用的原则。其包括承担责任原则、________原则、________原则、________原则、________原则5个方面。

4. 3T原则是由英国危机公关专家________提出的，具体内容是强调危机处理时把握信息发布的重要性。

二、判断题

1. 在与对手的危机公关大战中，妥协并不意味失败。　（　）

2. 危机公关具有必然性和普遍性。　（　）

3. 无形公关危机是指给企业带来的损失表现得不明显的危机。任何一个给企业的形象带来损害的危机都属于无形公关危机的范畴。　（　）

4. 危机爆发期是指危机事件发生后，通过媒介组织迅速向外传播，危机不断扩散。　（　）

5. 危机发生后，能否首先控制住事态，使其不扩大、不升级、不蔓延，是处理危机的关键。　（　）

6. 危机发生后，应当首先由老板站出来承担责任。　（　）

7. 公关就是要建立和公众的良好关系。　（　）

8. 对企业来说，危机公关的策略就是走一步算一步。　（　）

9. 危机发生后，企业为了和媒体处好关系，显示自己的真诚，可以将自己所有的信息都告诉对方。　（　）

10. 公关危机的黄金时间段是24小时。　（　）

三、选择题

1. 危机公关的特点有哪些？（　　）

A. 必然性和普遍性　　B. 严重性和建设性

C. 紧迫性和关注性　　D. 突发性和渐进性

2. 丰田汽车“霸道”广告在中国引起众怒，是因为其忽视了（　　）。

A. 真诚沟通　　B. 文化差异　　C. 适当沉默　　D. 速度第一

3. 真诚沟通原则告诉我们，在危机事件发生时企业最重要的是（　　）。

A. 态度　　B. 方法　　C. 认识　　D. 魅力

4. 下列不属于公关 3T 策略的是（　　）。

A. 告诉公众我所知道的全部

B. 把自己扮演的角色全部展现出来

C. 放松自己，随意表现

D. 迅速发布信息

5. 危机发生后，当公众“有图有真相”，确定责任方在己时，企业应当（　　）。

A. 第一时间站出来承认错误

B. 绝不能站出来承认错误

C. 经过仔细观察，视情况决定是否要承认错误

D. 把责任推脱给他人，或始终保持沉默

6. 在危机公关的系统运行原则中，首要步骤是（　　）。

A. 建立舆情监督体系　　B. 建立组织机制

C. 突发事件应急预案　　D. 新闻发布机制

7. 即使责任不在乙方，企业也必须承担责任的情况是（　　）。

A. 政府或其他权威机构在短时间内证实不是乙方责任

B. 一旦被认定是乙方责任，企业将必死无疑

C. 媒体和公众先入为主地认为责任在乙方

D. 其他机构或个人主动承担了责任

8. 网络危机公关策略中要确认负面舆情类型，那么以下哪几项属于负面舆情的类型？（　　）

A. 属实的负面信息

B. 误解的负面信息

C. 捏造的负面信息

9. 公关一词已深入人心，公关的本质是（　　）。

A. 给予　　B. 接受　　C. 沟通　　D. 妥协

10. 在自媒体时代，每个人都有说话的权利，但决不能突破（　　）的限制。

A. 时间　　B. 空间　　C. 法律　　D. 规则

四、简答题

1. 什么是危机公关？

2. 危机处理 3T 原则主要表现在哪些方面？